[그림 1] 자신의 여행에 관한 기록을 남기고 있는 맨더빌

『맨더빌 여행기』 수록 삽화(보헤미아, 15세기 초) London, British Library, Additional 24189 f. 4.

[그림 2] 불사조

『동물지(Bestiary)』수록 삽화(잉글랜드, 1225~1250년경) London, British Library, Harley 4751 f. 45

피닉스가 제단의 장작더미 안에서 스스로 몸을 불태우는 모습이다. 이 새는 완전히 타서 재가 되면 그 안에서 또 다시 새롭게 태어나며, 이 과정을 영원히 반복해 영생을 누린다고 해서 불사조라고도 불린다. (본문 67쪽 참조)

[그림 3] 예루살렘이 세상의 중심으로 그려진 중세의 세계지도

시편 세계지도(웨스트민스터, 1260년경) London, British Library, Additional 28681 f. 9r.

중세인의 사고와 지리인식을 보여주는 13세기의 세계지도이다. 『시편집』에서 발견되어 '시편 세계지도(Psalter World Map)'라고 불린다. 중세 지도에서는 위쪽이 북쪽이 아니라 동쪽이고 아래쪽이 서쪽이다. 지도에서 원형으로 표현된 세계의 한가운데가 예루살렘이고, 그 아래 흐린 녹색의 'T'자 모양이 지중해이다. 그것을 경계로 위쪽이 아시아와 에덴동산, 아래쪽의 왼편이 유럽, 오른편이 아프리카이다. 지도의 가장 꼭대기에는 축복을 내리는 그리스도와 두 천사가, 가장 밑바닥에는 용 두 마리가 마주보고 있다. 예루살렘은 지리적 중심일 뿐 아니라, 구약과 신약의 세계를 잇는 종교적 중심이기도 했다. 지도를 보면 예루살렘 위쪽에는 '아담과 이브, 노아의 방주, 홍해 횡단' 등 구약성서와 관련된 이미지들이, 아래쪽에는 '예수의 탄생과 기적, 고난, 죽음, 부활' 등 신약성서와 관련된 이미지들이 그려져 있다. 그리고 그러한 기독교 상징들 사이로 '해와 달의 나무'와 같은 고대의 상징들과 관련된 장소들도 표시되어 있다. (본문 13쪽 참고)

[그림 4] 콘스탄티노플로 가는 여러 길들을 알려주는 맨더빌

『맨더빌 여행기』 수록 삽화(보헤미아, 15세기 초) London, British Library, Additional 24189 f. 4v.

[그림 5] 키프로스 섬의 풍속

『맨더빌 여행기』 수록 삽화(보헤미아, 15세기 초) London, British Library, Additional 24189 f. 5v

위는 키프로스 사람들이 파피온을 이용해 사슴 사냥을 하는 모습이고, 아래는 앉아서 음식을 먹는 연회 장면을 나타낸 그림이다. (본문 46쪽 참조)

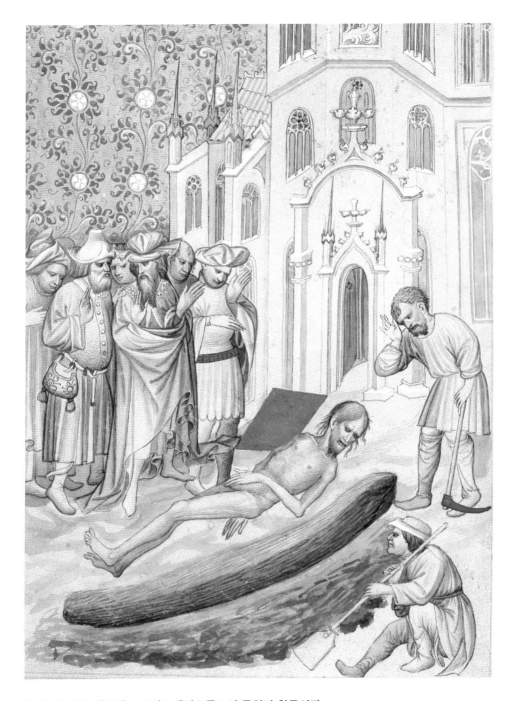

[그림 6] 현자 헤르메스 트리스메기스투스의 무덤과 황금서판
『맨더빌 여행기』 수록 삽화(보헤미아, 15세기 초) London, British Library, Additional 24189 f. 7

콘스탄티노플에서 발견된 현자 헤르메스의 시신 위에는 황금으로 된 커다란 서판이 놓여 있었고, 거기에는 히브리어와 그리스어, 라틴어로 예수의 탄생이 예고되어 있었다. 그 서판은 예수가 탄생하기 2천 년 전에 만들어져 땅에 묻힌 것이었다. (본문 33쪽 참조)

[그림 7] 멘논의 모래구덩이

『맨더빌 여행기』 수록 삽화(보헤미아, 15세기 초) London, British Library, Additional 24189 f. 16

메논의 구덩이는 아름답고 깨끗한 유리를 만들 수 있는 반짝이는 모래로 가득 차 있다. 모래를 아무리 많이 채취해도 다음날 아침이면 다시 모래가 가득 찬다. 구덩이 안에는 늘 거센 바람이 불어서 모래를 휘저어 소용돌이를 만들어 놓는데, 어떤 금속이라도 그 안에 던져 넣으면 유리로 변한다. (본문 51쪽 참조)

[그림 8] 해의 나무와 달의 나무

『탤벗 슈루즈베리의 책(Talbot Shrewsbury book)』수록 삽화(프랑스, 1444~1445년경)
London, British Library, Royal 15 E VI f. 18v

해의 나무와 달의 나무는 알렉산더 대왕에게 말을 걸어 그의 죽음을 예고했다. 그 나무들을 지키는 사람들은 그곳에서 자라는 열매와 발삼을 먹고, 그것들의 효능으로 4백년이나 5백년을 산다고 한다. 그러나 10만 명의 무장한 군대도 사막을 건너 그 나무들이 있는 곳으로 가지 못한다. 수많은 야수들과 거대한 용들, 커다란 뱀들이 그곳에 접근하는 모든 것을 죽이고 잡아먹기 때문이다. (본문 328쪽 참조)

[그림 9] 대칸의 궁전

『맨더빌 여행기』수록 삽화(잉글랜드, 15세기 전반) London, British Library, Harley 3954 f. 46

대칸의 궁전에서는 1년에 4번 성대한 연회가 열린다. 첫 번째는 칸의 탄생일이고, 두 번째는 칸이 할례를 받으려고 사원으로 갔던 날이다. 나머지 두 개의 대축제는 그들의 우상을 위해 열리는데, 하나는 우상이 처음 사원 안의 좌대에 놓인 날에 열리고, 다른 하나는 우상이 처음 입을 열거나 기적을 행한 날에 열린다. 그 밖의 축제는 칸의 자식들의 결혼식을 제외하고는 그다지 성대하게 열리지 않는다. (본문 269쪽 참조)

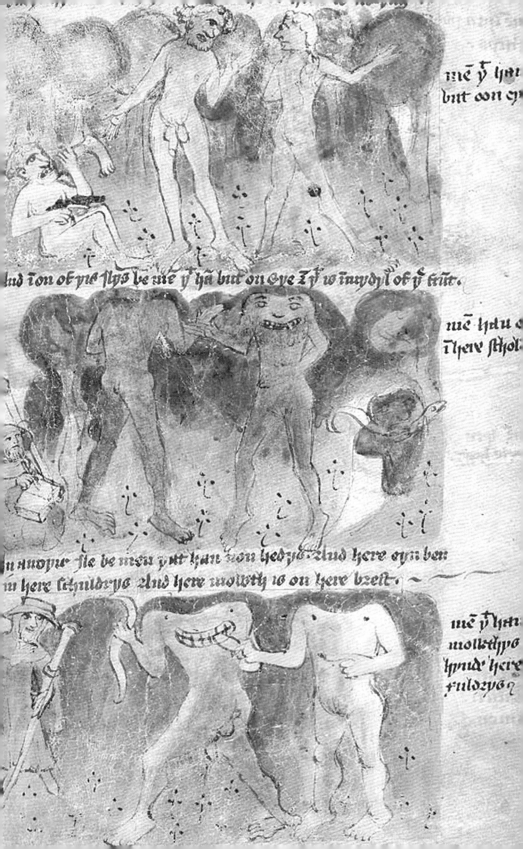

mē ý hā
but oon ey

nd ton of þis ylys be me ý hā but on eye þ is in mydyl of ý face.

mē hau e
þere sthol

in anoþur ile be men þat han non hedys. And here eyn ben
in here schuldrys. And here mowth is on here brest.

mē ý hā
mowthys
hynd' here
suldrys

[그림 10] 그리핀

『맨더빌 여행기』 수록 삽화(잉글랜드, 15세기 전반) London, British Library, Harley 3954 f. 54v

그리핀의 상체가 독수리 형상이고 하체가 사자 형상의 모습을 하고 있다. 그리핀 한 마리는 사자 8마리보다도 강하고 몸집도 훨씬 크다. 그리고 이쪽 세계에 서식하는 독수리 100마리보다도 더 크고 힘도 세다. 그리핀은 사람을 태운 커다란 말 한 마리도 들고 둥지로 날아갈 수 있다. 멍에로 연결된 쟁기질하는 두 마리 소도 마찬가지이다. 그리핀의 발에는 거대한 황소나 큰 수사슴, 소의 뿔만큼이나 길고 큰 발톱이 있는데, 사람들은 그 발톱으로 물을 마실 때 쓰는 진을 만든다. 그리고 갈비뼈와 날개의 깃털로는 화살과 쇠뇌살을 쏘기 위한 매우 강력한 활을 만든다. (본문 302쪽 참조)

[그림 11] 신기한 모습을 한 다양한 종족들

『맨더빌 여행기』 수록 삽화(잉글랜드, 15세기 전반) London, British Library, Harley 3954 f. 42

돈둔의 왕이 다스리는 섬들에는 여러 가지 모습을 한 종족들이 살고 있다. 이마 한가운데 눈이 하나만 있는 거인 종족, 머리가 없고 눈이 양쪽 어깨에 달려 있는 종족, 두 눈과 입이 등에 붙어 있는 종족, 눈과 코가 없이 완전히 평평한 얼굴을 가진 종족, 잠잘 때 얼굴을 감쌀 만큼 윗입술이 몹시 두꺼운 종족, 입 대신에 작고 둥근 구멍만 있어 대롱으로 빨아서 음식을 먹는 종족, 귀가 무릎까지 내려올 만큼 매우 크고 긴 종족, 말 모양의 발을 가진 종족, 온몸이 털로 덮여 손과 발을 다 사용해 걷는 종족, 남자와 여자가 합쳐진 자웅동체의 종족, 언제나 무릎으로만 걸어 다니는 종족, 하나뿐인 다리가 햇볕을 가릴 만큼 커다란 종족, 사과 향기만으로 살아가는 종족 등 다양한 인간들이 있다. (본문 243쪽 참조)

[그림 12] 타타르인
『맨더빌 여행기』수록 삽화(잉글랜드, 15세기 전반) London, British Library, Harley 3954 f. 24v

타타르인은 개와 사자, 표범, 암말, 망아지, 당나귀, 쥐, 생쥐 등 크고 작은 온갖 동물들을 먹는다. 그러나 구약성서에서 금한 새끼돼지만은 먹지 않는다. 그리고 그들은 동물들의 내장이나 껍질도 모두 먹으며, 오물을 제외하고는 그 어떤 것도 버리지 않는다. (본문 284쪽 참조)

[그림 13] 칼데아의 여인과 여인국 아마조니아
『맨더빌 여행기』수록 삽화(잉글랜드, 15세기 전반) London, British Library, Harley 3954 f. 30

칼데아의 여자들은 매우 못생겼고 복장도 추레하다. 그녀들은 모두 맨발로 다니고, 크고 헐렁해서 보기에도 끔찍할 지경인 옷을 입는다. 옷의 길이는 무릎 정도로 짧고, 소매는 발밑까지 길게 내려온다. 그녀들은 새까맣고 더럽고 흉측할 뿐 아니라 못생긴 만큼 행동거지도 나쁘다. 아마조니아는 주민이 모두 여자로 남자는 한 명도 없다. 남자가 그 나라에 살 수 없어서가 아니라 여자가 남자에게 나라의 지배권을 맡기려고 하지 않기 때문이다. 그곳 여자들은 남자와 어울리고 싶으면 국경 너머로 가서 애인을 사귄 뒤 되돌아온다. 그리고 임신해서 사내아이를 낳으면 아이가 혼자서 걷거나 먹을 수 있을 때까지만 키우고는 부친에게 보내거나 죽인다. 만약 여자아이면 불에 달궈진 쇠로 아이의 한쪽 유방을 자른다. 신분이 높은 여자아이는 방패를 들기 편하게 왼쪽 유방을 자르고, 신분이 낮은 아이는 화살을 쏘는 데 방해가 되지 않도록 오른쪽 유방을 자른다. 그녀들은 모두 뛰어난 궁수이다. (본문 188쪽 참조)

ſo þomen þ̄ be ryth forble t̄ euyl cloð. and pe̅r go barfot
eth ſchort clopis al to þ̄ knen. t̄ long ſletuys on to þe fot.

[그림 14] 용으로 변한 히포크라테스의 딸

『맨더빌 여행기』수록 삽화(잉글랜드, 15세기 전반) London, British Library, Harley 3954 f. 8v

랑고 섬에는 거대한 용으로 변한 히포크라테스 딸이 살고 있다. 그곳 사람들은 그녀가 본래 아름다운 처녀였으나 디아나 여신 때문에 용의 모습으로 변했다고 말한다. 그녀에게 다가가 입을 맞출 용감한 기사가 나타날 때까지 그녀는 그 모습으로 살아가야 한다. 그때가 되면 그녀는 다시 본래 모습으로 돌아가 인간이될 수 있다. 지금까지 어떤 기사도 그녀의 모습을 보고 살아남지 못했다. 하지만 그녀에게 입을 맞출 만한용기를 지닌 기사가 나타난다면, 그 기사는 그녀를 본래 모습으로 되돌릴 수 있을 뿐 아니라 그 섬을 모두차지할 수도 있다. (본문 41쪽 참조)

[그림 15]개머리 부족 카노폴로스와 뱀을 먹고 사는 트라코다인

『맨더빌 여행기』수록 삽화(잉글랜드, 15세기 전반) London, British Library, Harley 3954 f. 40v

개 모양의 머리를 가지고 있어서 카노폴로스라고 불리는 부족은 상당히 분별력이 있고 지혜롭다. 그들은소를 신으로 숭배하고, 신을 사랑하고 있다는 징표로 이마에 금이나 은으로 만든 소를 달고 있다. 밖을 다닐 때에도 거의 벌거벗고 있어서 작은 천만 걸치고 있을 뿐이다. 그들은 전장에서 적을 포로로 잡으면 잡아먹는다. 트라코다 섬의 주민들은 이성이 없는 야수이다. 그들은 땅굴에서 살며 이방인이 지나가면 땅굴에 몸을 숨긴다. 그들은 뱀 고기를 먹고, 말을 하지 못해 뱀과 같은 소리를 낸다.(본문 232쪽 참조)

[그림 16] 사제왕 요한(Prester John)

『맨더빌 여행기』 수록 삽화(잉글랜드, 15세기 초) London, British Library, Royal 17 C XXXVIII f. 59v

인도 황제인 사제왕 요한의 나라는 동쪽 땅의 아래쪽에 있다. 그래서 우리가 밤일 때 그들은 낮이고, 거꾸로 우리가 낮일 때 그들은 밤이다. 사제왕 요한은 그리스도교도이고, 그의 영토 안의 주민도 대부분 그렇다. 그들은 매우 신앙심이 두터운 사람이고, 서로에게 성실하다. 그래서 그곳에는 배신이나 사기, 음모 따위가 없다. 사제왕 요한은 72개의 지방을 다스리고 있는데, 지방마다 왕이 한 명씩 있다. 그리고 이 왕들은 다시 하급의 군주들을 지배하고 있는데, 그들은 모두 사제왕 요한에게 복종하고 있다. 사제왕 요한의 나라에는 다양한 종류의 크고 아름다운 보석들이 굉장히 많다. 사람들은 그 보석으로 쟁반이나 접시, 잔과 같은 그릇을 만든다. (303쪽)

맨더빌 여행기

맨더빌 여행기

존 맨더빌 | 주나미 옮김

오롯

목차

프롤로그 _13

1부. 성지로 가는 길

1장 잉글랜드에서 콘스탄티노플로 가는 길 _19
콘스탄티노플로 가는 길 | 유스티니아누스 황제의 기마상

2장 콘스탄티노플 _23
그리스도의 십자가 | 그리스도의 가시관과 성창

3장 그리스인의 신앙과 문자 _30
아토스 산과 올림포스 산 | 그리스인의 신앙과 문자

4장 콘스탄티노플에서 예루살렘으로 가는 길 _38
복음사가 요한의 무덤 | 용으로 변한 히포크라테스의 딸

5장 키프로스에서 예루살렘으로 가는 길 _44
카타일리의 머리괴물 | 키프로스의 다양한 풍습 | 멘논의 구덩이

6장 다섯 왕국을 다스리는 바빌론의 술탄 _54
소 바빌론의 술탄 | 대 바빌론과 바벨탑 | 아라비아와 메소포타미아 | 낙원에서 발원한 기손 강

7장 이집트 _65
이집트의 국토 | 불사조 | 카이로 시의 풍물 | 요셉의 곡물창고와 이집트의 문자

8장 바빌론과 시나이 산으로 가는 길 _74
소 바빌론으로 가는 다른 길들 | 소 바빌론에서 시나이 산으로 가는 길 | 성 카타리나 교회의 기적들

9장 사막을 지나 베들레헴으로 _84
사막의 베두인 족 | 마른 나무 | 장미꽃이 처음 생겨난 이야기 | 포도주와 돼지고기를 먹지 않는 사라센인

10장 예루살렘의 성지들 _95

거룩한 도시 예루살렘 ┃ 성묘 교회 ┃ 십자가와 못

11장 시온 산과 여호사팟 골짜기 _105

주님의 성전 ┃ 성궤와 성유물들 ┃ 시온 산의 성지들 ┃ 유다가 목매어 죽은 나무 ┃ 성모의 무덤

12장 사해와 사마리아 지방 _126

사해와 저주받은 도시들 ┃ 요르단 강의 거대한 삼나무 ┃ 세례 요한의 손가락과 머리 ┃ 사마리아 인의 신앙과 유대인의 글자

13장 갈릴리 지방 _138

적그리스도의 탄생지 ┃ 나사렛과 성모의 나이 ┃ 최후 심판의 날 ┃ 야곱파와 시리아파, 게오르기우스파의 관습

14장 예루살렘으로 가는 세 개의 길 _152

기적의 기름이 나오는 성모 그림 ┃ 가장 빠른 길 ┃ 주로 육로로 가는 길 ┃ 육로만으로 가는 험난한 길

15장 사라센인의 풍속과 신앙 _162

사라센인의 신앙 ┃ 사라센인의 율법 ┃ 술탄과의 대화 ┃ 무함마드

2부. 성지 너머의 세계

16장 페르시아 황제가 다스리는 땅 _177

성지 너머의 나라들 ┃ 새매의 성 ┃ 노아의 방주 ┃ 페르시아 황제의 영토

17장 인도의 다이아몬드와 여인국 아마조니아 _187

욥의 나라와 그의 나이 ┃ 칼데아 왕국의 아름다운 남자들 ┃ 여인국, 아마조니아 ┃ 다리가 하나뿐인 사람들 ┃ 인도와 다이아몬드

18장 인도의 신앙과 풍습 _198

인도인들의 풍습 ┃ 자연물 모상 숭배와 우상 숭배의 차이 ┃ 젊음의 샘 ┃ 소를 숭배하는 풍습

19장 사도 도마의 손과 칼라미의 우상숭배 _209

옳고 그름을 가리는 사도 도마의 손 ┃ 칼라미의 우상 숭배

20장 지구는 둥글다 _215

모든 것을 공유하는 라마리 섬의 풍습 ┃ 지구가 둥글다는 것을 알 수 있는 이유 ┃ 맞은편 세계로 가는 방법

21장 인도 너머 섬들의 풍습 _223

파텐 섬의 신기한 나무들 ┃ 칼로낙 섬의 신기한 풍습 ┃ 새들이 병자를 쪼아 먹게 하는 카폴로스 섬 ┃ 소를 숭배하는 개머리부족 카노폴로스 ┃ 악어가 사는 실라 섬

22장 저 너머의 세계에 사는 다양한 종족들 _239

병자를 잡아먹는 돈둔 섬 ┃ 신기한 모습을 한 다양한 종족들 ┃ 세상에서 가장 풍요로운 만키 왕국 ┃ 세계에서 가장 큰 도시, 카사이 ┃ 원숭이를 숭배하는 사원 ┃ 훌륭한 장인인 피그미 족 ┃ 부유한 도시 얌카이

23장 카타이의 대칸 _254

대칸의 호화로운 왕궁 ┃ 대칸을 섬기는 수많은 신하들

24장 카타이의 황제를 왜 대칸이라고 부르나 _261

카타이의 황제가 칸이라고 불리는 까닭 ┃ 화살다발의 가르침 ┃ 대칸의 도장에 새겨진 글

25장 대칸 궁정의 풍속 _269

카타이의 대축제 ┃ 종이로 만든 화폐 ┃ 다른 지방으로 행차하는 대칸의 행렬 ┃ 대칸의 전령 ┃ 누구나 자신이 원하는 종교를 가질 수 있는 대칸의 나라

26장 타타르인의 풍습 _282

타타르인의 생활과 신앙 ┃ 대칸의 장례식

27장 카타이와 프러시아 사이의 왕국들 _289

타르세, 투르케스탄, 코라산 왕국 ┃ 코마니아 왕국

28장 카타이와 그리스 사이의 왕국들 _292

페르시아 왕국 ┃ 암흑의 땅 ┃ 투르크와 칼데아, 메소포타미아

29장 카타이 너머의 나라와 섬들 _298

칼딜헤 왕국의 신기한 열매 ｜ 산속에 갇혀 있는 유대인 부족 ｜ 바카리아의 불가사
의한 나무와 동물들

30장 사제왕 요한의 나라 _303

사제왕 요한의 왕국으로 가는 길 ｜ 모래바다와 보석으로 가득한 강 ｜ 사제왕 요한
의 행렬과 왕궁 ｜ 가짜 낙원과 암살자

31장 사제왕 요한이 다스리는 섬들의 풍습 _313

위험한 골짜기와 악마의 머리 ｜ 사람을 잡아먹는 거인 종족이 사는 섬 ｜ 첫날밤을
다른 남자와 보내게 하는 섬 ｜ 선거로 왕을 뽑는 섬 ｜ 인도의 진기한 동물들

32장 사제왕 요한이라고 불리게 된 까닭 _323

브라만 섬의 선량한 주민들 ｜ 다른 종교를 가졌다는 이유로 경멸당해서는 안 된다
｜ 해와 달의 나무가 있는 사막 ｜ 인도 황제가 사제왕 요한이라고 불리게 된 사연

33장 지상낙원에서 흘러나오는 4개의 강 _331

금산을 지키는 왕개미 ｜ 낙원과 그곳에서 흘러나오는 4개의 강

34장 되돌아오는 길 _337

사제왕 요한의 나라를 거쳐 되돌아오는 길 ｜ 새들에게 장사를 지내는 리봇 ｜ 귀족들이
손톱을 길게 기르는 풍습

에필로그 _343

주석 _349
해설 _414
찾아보기 _434

일러두기

○ 이 책의 번역은 코튼 필사본(London, British Library, Manuscript Cotton Titus C. XVI)의 원문과 현대 영역본인 Sir John Mandeville, *The travels of Sir John Mandeville: the version of the Cotton manuscript in modern spelling*, trans. Alfred William Pollard(London: Macmillan and Co. edition, 1900)을 저본으로 삼고, 다른 필사본들의 원문과 현대 영역본을 참고해 이루어졌다.

○ 본문 삽화는 1887년 영국에서 출간된 인쇄본에서 가져왔다. (John Mandeville, *The Voiage and Travayle of Sir John Maundeville Knight*, ed. John Ashton, London: Pickering & Chatto, 1887)

○ 코튼 판본에는 없고 에거튼 판본(London, British Library, Manuscript Egerton 1982)에만 있는 내용은 ( )로 표시해 본문에 함께 수록했고, 내용에 차이가 있거나 결손 판본이나 앵글로노르만어 판본과 비교가 필요한 경우에는 책 뒤의 미주에 그 내용을 수록했다.

○ 본문의 〔 〕안의 내용은 옮긴이가 내용 이해를 돕기 위해 덧붙여 놓은 것이다. 본문의 내용과 구분할 수 있도록 옮긴이가 추가한 내용은 고딕으로 서체를 다르게 했다.

○ 내용이 분명히 확인되는 인명이나 지명 등의 고유명사는 현대어에 맞추어 표기했으며, 확인되지 않거나 추정되는 것들은 코튼 필사본의 원문인 Sir John Mandeville, *Mandeville's travels: translated from the French of Jean d'Outremeuse*(British Library. Manuscript. Cotton Titus C.16.), ed. Paul Hamelius(London: Published for the Early English text society by K. Paul, Trench, Trübner & Co, 1919)을 기준으로 표기했다.

본문에 자주 등장하는 **길이 단위**

피트(feet) 성인 남자의 발 크기를 기준으로 삼는 길이 단위. 지역과 시대에 따라 작게는 24cm에서 크게는 35cm까지 다양했다. 13세기 말부터 잉글랜드에서는 1피트를 12인치(약 30.48cm)로 사용하였고, 이것이 현재에도 통용되고 있다.

큐빗(Cubit) 가운뎃손가락 끝에서 팔꿈치까지를 기준으로 삼는 길이 단위. 일찍이 고대 근동지방과 서양에서 사용되었으며, 지역과 시대에 따라 그 구체적인 수치는 약 45~53cm까지 다양하다. 잉글랜드에서 전통적으로 1큐빗은 약 18인치(약 45cm)에 해당하며, 이것이 현재에도 통용되고 있다.

패덤(fathom) 양팔을 벌리고 섰을 때 한쪽 손끝에서 다른쪽 손끝까지의 거리를 기준으로 삼는 길이 단위. 바다나 광산 등에서 깊이를 잴 때 주로 사용하며, 1패덤은 6피트(약 1.83m)에 해당한다.

펄롱(furlong) 1명이 쟁기를 맨 소 하나로 쉬지 않고 경작할 수 있는 밭고랑의 평균길이를 기준으로 삼는 길이 단위. 1펄롱은 8분의 1마일(약 201m)이며, 오늘날에는 주로 경마에서 사용한다.

마일(mile) 중세에 마일는 지역마다 매우 다양하게 사용되었다. 이 책에서 맨더빌은 롬바르드마일을 잉글랜드마일과 동일한 단위로 보고, 프랑스나 독일에서 쓰는 마일들, 예컨대 가스코뉴마일이나 프로방스마일, 알르마뉴마일 등을 그보다 더 큰 수치로 사용하고 있다. 잉글랜드에서 1마일은 1066년 이후에는 5000피트(약 1.52km)로, 1592년 이후에는 5280피트(약 1.6km)로 사용되었다.

뼘(span) 사람의 손을 기준으로 한 길이 단위. 1뼘은 9인치, 22.86cm 정도.

걸음(paces) 보폭으로 한 걸음의 거리를 뜻하는 단위로 약 30인치 정도.

맨더빌이 언급하고 있는 주요 지역들

1492년 마르틴 베하임(Martin Behaim)이 제작한 최초의 지구본에 기초해
맨더빌이 언급하고 있는 주요 지역을 나타낸 지도이다.

대양(Ocean) : 중세 지도에서 대양(*Mare Oceanum*)은 아시아, 아프리카, 유럽 대륙을 둥글게
에워싸고 있는 거대한 바다를 가리킨다.

바빌론(Babylon) : 맨더빌은 바빌론도 대 바빌론(Great Babylon)과 소 바빌론(Less Babylon)
으로 구분한다. 대 바빌론은 메소포타미아의 바빌론이고, 소 바빌론은 이집트의 카이로(Cairo)
근처에 위치하고 있다.

이집트(Egypt) : 이집트는 나일 강 하류의 삼각주 지역인 하 이집트(Lower Egypt)와 카이로
남쪽의 상 이집트(Upper Egypt)로 구분한다.

리비아(Libya) : 오늘날 리비아가 위치하고 있는 지중해 연안을 저지 리비아(Lower Libya), 내
륙 지방을 고지 리비아(Upper Libya)로 구분하고 있다.

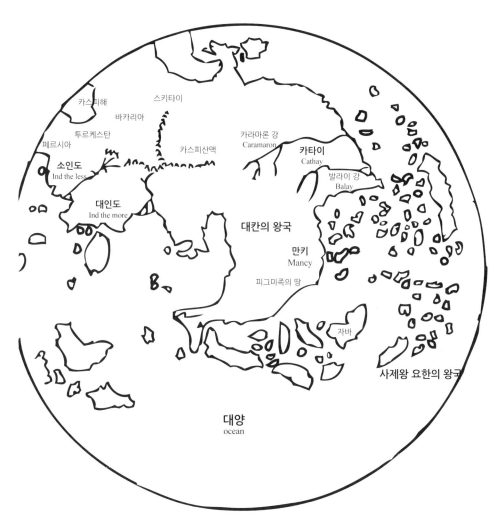

카타이(Cathay) : 오늘날의 중국을 가리키는 옛말이다.

타타르(Tartary) : 오늘날의 몽골을 가리킨다.

인도(Inde) : 중세의 인도는 오늘날의 인도와 경계가 일치하지 않으며, 아시아 동부, 서부, 북부, 아프리카 동부의 다양한 지역을 가리켰다. 맨더빌은 인도를 3개의 지방으로 나누고 있는데, 그것이 어떻게 나누어지는지는 분명하지 않다. 대인도(Great Indo)가 오늘날의 인도와 그 부근 섬들을 가리킨다면, 소인도(Less Indo)는 아라비아 동부와 지금의 인도 사이를 가리키는 것으로 보인다. 북쪽의 고지 인도는 히말라야 산맥 인근 나라들을 가리키는 것으로 보인다.

아르메니아(Armenia) : 대 아르메니아(Great Armenia)는 오늘날 아르메니아가 위치하고 있는 소아시아 북동부 지역을 가리키고, 소 아르메니아(Little Armenia)는 소아시아 남부 킬리키아 지방을 가리킨다.

표기 세칙

① 성서에 등장하는 인명은 성서의 표기에 맞추어 표기했다. 성서는 한국 가톨릭 공용 성서인 '한국천주교주교회의, 『성경』, 서울: 한국천주교중앙협회의, 2008'을 기초로 했다.

② 인명과 지명에 대한 설명은 본문 아래 각주로 넣고 * 기호로 표시했으며, 그 밖의 주석은 본문 뒤에 미주로 넣고 1), 2)와 같이 번호로 표시했다.

③ 서적이나 정기간행물은 『 』, 논문이나 문헌 등은 「 」로 표기했으며 원래의 외국어 제목을 함께 병기했다.

④ 주요 개념은 본문에 외국어를 함께 표기했으나, 자주 등장하는 인명이나 지명 등의 외국어 표기는 책 뒤의 '찾아보기'에 수록했다.

프롤로그

성지라고 불리는 바다 저 너머의 땅, 사람들이 '약속의 땅'이라고 부르는 그곳은 어느 곳보다도 존귀하고 훌륭한, 모든 대지의 여왕이다. 그곳은 우리 주 예수 그리스도의 존귀한 성체와 성혈로 축복된 신성한 땅이다. 주님은 그 땅을 선택해 동정녀 마리아에게서 피와 살을 받으시고, 성스러운 걸음을 하셨다. 거룩한 주님은 그 땅에서 축복과 영광으로 가득 찬 동정녀 마리아에 깃들어 인간이 되어 수많은 기적을 행하셨고, 그리스도의 신앙과 규범을 가르쳐 우리를 자신의 자녀로 만드셨다. 주님은 그 땅에서 우리를 위해 온갖 모욕과 분함을 기꺼이 감내하셨다. 천상과 하늘, 땅과 바다와 그 안에 있는 모든 존재들의 왕인 그분은 무엇보다도 그 땅의 왕으로 불리기를 바라서 "나는 유대의 왕이다(*Rex sum judeorum*)"[1]라고 말씀하셨다. 그곳은 주님이 어떤 나라들보다도 먼저 선택하신, 세상에서 가장 뛰어나고 존귀하며 고결한 땅이다.

철학자가 "사물의 덕은 그 중심에 있다(*Virtus rerum in medio consistit*)"고 말했듯이[2] 그 땅은 온 세상의 심장이자 중심이다. 그 땅에서 주님은 생애를 보내셨다. 그리고 우리의 조상인 아담과 우리 자신들이 저지른 죄에서 비롯된 지옥의 고통과 영겁의 죽음에서 우리들을 구원해 주시기 위해 그 땅에서 유대인에게 고난을 받고 죽임을 당하셨다. 주님 자신은 악한 생각이나 행동에 전혀 더럽혀지지 않았으므로 그런 고통을 받으실 이유가 전혀 없었다. 그 땅이 영광과 환희의 왕인 주님이 죽음을 맞이하기에 가장 적합했던 까닭은, 주님이 다른 곳이 아니라 바로 그곳에서 고난과 죽음을 받겠다고 선택하셨기 때문이다. 무슨 일이든 어떤 것을 세상에 널리 알리려고 하는 사람은 마을 한가운데에서 소리치고 선포하게 마련이다. 그래야 모든 지역에 골고루 포고나 선언을 퍼트릴 수 있기 때문이다. 마찬가지로 이 세상의 창조주도 세계의 한가운데 있는 예루살렘에서 우리를 위해 고난을 당하셨다.[3] 그 땅에서 벌어진 주님의 고난과 죽음은 세상 구석구석에 그것을 전하려는 그분의 뜻이라고 할 수 있다.

보라. 주님은 자신의 형상으로 창조된 인간의 죄를 참으로 커다란 대가를 치르며 대신해서 갚아주셨다. 그것은 인간에게는 과분할 정도로 커다란 사랑이었다. 우리를 위해 핍박을 받으신 그분의 존엄한 성체와 성혈, 거룩한 생명은 티끌만큼도 죄로 더럽혀져 있지 않았으며, 세상 그 무엇하고도 견줄 수 없이 소중한 보상이었다. 아, 주님! 단 한 번도 죄로 더럽혀지지 않은 주님이 죄인들을 대신해 죽음에 이르시니 그 커다란 사랑에 우리 종들은 몸 둘 바를 모르겠습니다.

자신은 아무런 빚을 지고 있지 않으면서도 모든 사람들을 원죄로부터 구원해주신 주님. 그러한 열매를 맺은 성지를 숭배하고 찬양하는 것은 주님을 사랑하고 숭배하고 경외하고 섬기는 것이나 마찬가지다. 우리 주 예수 그리스도의 존귀한 피로 물든 그 땅은 '풍요로운 기쁨의 땅'이라고 불려야 마땅하다. 그곳이야말로 주님이 우리에게 유산으로 남겨주신 약속의 땅이기 때문이다.

주님은 우리 자녀들에게 물려주기 위해 그 땅에서 죽음을 맞이하셨다. 그러므로 모든 선한 그리스도인들은 힘을 모으고 할 수 있는 모든 방법을 써서 우리의 정당한 유산을 되찾고 이교도를 몰아내기 위해 노력해야 한다. 우리가 '그리스도교인Christian men'이라고 불리는 까닭은 그리스도가 아버지이기 때문이다. 그리스도의 참된 자식들이라면 아버지가 남긴 유산을 이교도들의 손에서 되찾아야 마땅하다.

그러나 오늘날 이 세상의 왕과 영주들은 교만과 탐욕, 시기심에 마음이 불타올라 정당한 유산을 요구하고 되찾으려 하기보다는 이웃나라를 약탈하는 데에만 더 몰두하고 있다.[4] 일반 백성들이 몸을 던지고 재산을 바친다 할지라도 왕과 영주들의 도움이 없이는 그리스도의 유산을 되찾을 수 없다. 지도자가 없는 무리는 목자牧者가 없는 양떼처럼 제멋대로 뿔뿔이 흩어져 버리기 십상이기 때문이다. 그러나 신이 허락하셔서 이 세상의 군주들이 뜻을 하나로 모아 백성들과 함께 바다 너머로 거룩한 항해를 떠날 수 있다면! 그렇게만 된다면 우리는 머지않아 정당한 유산을 되찾아 예수 그리스도의 참된 후계자들의 손에 되돌려줄 수 있을 것이다.

오늘날에는 예전에 흔히 다녔던 바닷길이 끊긴 지 오래되었으므로 성지로 가는 길에 관해 새로운 사실들을 듣기 바라는 사람들이 많다. 그래서 내 기꺼이 알려주어 그들의 시름을 덜어주려 한다.

잉글랜드의 세인트올번스에서 태어난 나, 기사 존 맨더빌은 비록 부족함이 많은 사람이지만, 서기 1322년 성 미카엘 축일(9월 29일)에 항해를 떠났다.[5] 그리고 그 뒤 지금까지 오랜 세월에 걸쳐 온갖 바다를 누비면서 수많은 나라와 지방, 왕국과 섬들에 가보았다. 나는 투르크와 대 아르메니아, 소 아르메니아를 거쳐 타타르와 페르시아, 시리아, 아라비아, 상 이집트와 하 이집트에도 가보았다. 그리고 리비아, 칼데아, 에티오피아의 여러 지역들을 돌아보고, 아마조니아*와 인도**의 대다수 지역을 지나서 인도 부근의 수많은 섬들에도 가보았다. 그곳들에는 관습과 규범, 풍습과 생김새가 모두 다른 다양한 사람들이 살고 있다. 그 나라와 섬들에 대해서는 나중에 더 자세히 이야기할 것이다. 여건이 되고 기억이 날 때마다 다른 것들도 틈틈이 이야기할 것이다.

이것은 무엇보다 거룩한 예루살렘과 그 부근의 성지들을 찾아가려고 하는 사람들에게 도움을 주기 위한 일이다. 나는 수많은 제후들을 길동무 삼아서 걷거나 말을 타고 여러 차례 그 길을 오갔기 때문에 그 땅에 이르는 길에 대해 일러줄 수 있다. 신이시여, 감사합니다!

나는 이 책을 라틴어로 썼다가 프랑스어로 옮겼고, 우리나라 사람들이 모두 이해할 수 있도록 다시 프랑스어에서 영어로 옮겼다.[6] 군주들과 기사, 그 밖의 귀족이나 저명한 인사들은 설령 라틴어를 알지 못한다고 해도 바다 너머로 가 보았던 경험이 있다면 내 이야기가 진짜인지 거짓인지 쉽게 판단할 수 있을 것이다. 행여나 기억이 잘못되어 잘못된 내용이 있다면 모쪼록 바로잡고 고쳐주기를 바란다. 마음이나 눈에 담아놓았더라도 시간이 오래 지나면 잊혀지게 마련이다. 우리 인간의 기억이란 마치 우리 자신들처럼 불완전하기 짝이 없어서 오롯이 붙잡아두거나 간직할 수 없으니 말이다.

* 아마조니아(Amazonia) : 여인국으로 스키타이 근처에 있다고 여겨져왔다.
** 중세에 인도(Inde)라는 지명은 오늘날의 인도와 그 경계가 일치하지 않는다. 그것은 아시아 동부, 서부, 북부, 아프리카 동부의 다양한 지역을 가리켰다.

1부
성지로 가는 길

예루살렘 인근의 지도

지 중 해

시리아
Syria
헤르몬 산
다마스쿠스

베이루트
시돈
레바논 산

티레

갈릴리
Galilee

벳사이다

아크레

코라진

카나

갈릴리호

카르멜 산

나사렛

티베리아스

카이사레아

요르단 강

사마리아
Samaria

시켐

야파

예리코

예루살렘

베다니

유대
Judae

베들레헴

아스칼론

사해

헤브론

가자

베르세바

이두메아
Idumea

1장

잉글랜드에서 콘스탄티노플로 가는 길

영광스럽고 전능하신 신의 이름으로!

바다를 건너 예루살렘으로 가려는 사람은 살고 있는 나라에 따라 바다나 육지의 여러 길을 선택할 수 있다. 그리고 그 가운데 어느 길을 골라도 끝내는 목적지에 이를 수 있다. 하지만 내가 사람들이 지나는 모든 마을과 도시, 성들에 관해 이야기하리라고 생각해서는 안 된다. 그러면 이야기가 터무니없이 길어지기 때문이다. 그 대신 올바른 길을 갈 때 사람들이 지나게 될 몇몇 나라들과 중요한 장소들에 관해서만 이야기할 것이다.

콘스탄티노플로 가는 길[1]

우선 잉글랜드, 아일랜드, 웨일스, 스코틀랜드, 노르웨이 등 세계의 서쪽에 사는 사람이라면 〔지금의 독일인〕 알르마뉴Almayne을 거쳐서 폴란드와 판노니아,* 실레지아** 등과 접하고 있는 헝가리 왕국을 지나는 것이 좋다. 헝가리의 왕은 위대하고 강력한 군주로 수많은 영주들을 거

---

* 판노니아(Pannonia) : 오늘날의 헝가리 서부와 유고슬라비아 지방
** 실레지아(Silesia) : 오늘날의 체코 북부와 폴란드 남서부 지방

느리고 넓은 영토를 다스리고 있다. 그의 영향력은 헝가리는 물론이거니와 슬라보니아,* 쿠마니아,** 불가르 인들의 땅이라고 일컬어지는 불가리아, 그가 공국으로 삼고 있는 러시아 상당수의 지방, 니플란[2], 프러시아 국경에까지 뻗치고 있다.[3]

헝가리 왕의 영토를 통과한 사람은 키프론[4]이라는 도시와 네이스부르그 성[5], 헝가리 국경에 있는 에빌타운[6]을 지나 다뉴브 강을 건너라. 이 강은 무척 크다. 그것은 롬바르디아 산지 아래 알르마뉴 지방을 흐르며 40개의 다른 하천들과 합류한다. 그리고 헝가리와 그리스, 트라케를 지나 바다로 들어가 동쪽으로 빠르고 세차게 흘러가는데, 바다와 만나서도 20마일은 민물의 신선함과 달콤함을 유지한다.

이제 베오그라드로 가서 불가르 인들의 땅으로 들어가라. 그리고 마록 강[7]의 돌다리를 건너라. 그런 다음 페체네그족***의 땅을 지나서 그리스로 가라. 거기서 니 시[8]와 피네파페 시[9]를 거쳐 아드리아노플****을 지나면 콘스탄티노플에 다다르게 된다.

유스티니아누스 황제의 기마상[10]

콘스탄티노플은 일찍이 비잔티움이라 불렸던 도시로 그리스의 황제가 평소에 머무르는 장소이다. 그곳에는 세상에서 가장 아름답고 고

---

* 슬라보니아(Slavonia) : 오늘날의 크로아티아 북동부 지방
** 쿠마니아(Cumania) : 오늘날의 헝가리 동부와 우크라이나 지방
*** 페체네그족(Pechenegs) : 투르크 계열의 유목민으로 볼가 강과 우랄 강 유역에 살다가 9~10세기 무렵에 남하해 크림반도에 정착했다. 10세기에 비잔티움 제국을 공격해 11세기 초에는 콘스탄티노플 근처까지 진출했으나 12세기 초에 비잔티움과의 전쟁에서 패한 뒤에는 발칸반도와 헝가리에 흩어져 살았다.
**** 아드리아노플(Adrianople) : 유럽과 터키를 잇는 도시로 지금의 에디르네(edirne)

[그림 1-1] 유스티니아누스 황제의 기마상

귀한 성 소피아 성당이 있다. 그리고 성당 앞에는 왕관을 쓰고 말에 올라탄 모습을 하고 금으로 뒤덮여 있는 유스티니아누스 황제*의 상像이 세워져 있다. 그 황제의 기마상은 예전에는 한 손에 둥근 황금사과를 쥐고 있었으나 지금은 떨어뜨린 지 오래 되었다. 떨어진 사과는 황제가 영토의 대부분을 상실했다는 사실을 나타낸다고 전해진다. 그는 본래 루마니아와 그리스, 소아시아, 시리아, 예루살렘의 유대지구와 이집트, 페르시아, 아라비아의 황제였으나, 나중에 그리스를 제외한 대부분의 영토를 잃었다. 사람들은 여러 차례에 걸쳐 황제의 기마상이

* 유스티니아누스 황제(Justinianus I, 재위 527~565) : 비잔티움 제국의 황제. 콘스탄티노플에 성 소피아 성당을 세웠으며, 로마법을 체계화한 『유스티니아누스 법전』을 편찬했다. 북아프리카, 에스파냐, 이탈리아, 소아시아 등지로 영토를 넓혔기 때문에 로마 제국의 옛 영광을 재현했다는 평가를 받기도 한다. 그러나 그의 말년과 사후에 로마제국은 잦은 전쟁과 전염병, 정치적 분란, 재정 악화 등의 문제에 시달리다 급속히 쇠퇴했고, 정복전쟁으로 얻은 영토도 대부분 상실했다.

다시 사과를 쥐고 있게 하려고 온갖 방법을 써 보았으나 소용없었다. 이 사과는 둥근 모양으로 된 온 세상을 다스렸던 황제의 지배권을 상징한다. 황제의 다른 손은 동쪽을 가리키고 있는데, 이는 죄인들을 향한 경고의 의미였다.[11] 이 황제의 기마상은 콘스탄티노플의 대리석 기둥 위에 세워져 있다.

2장

콘스탄티노플

그리스도의 십자가

콘스탄티노플에는 우리 주님의 십자가와 꿰맨 자국이 없는 주님의 옷 '투니카 인콘수틸리스(Tunica Inconsutilis)', 유대인들이 십자가에 매달린 주님에게 쓸개즙과 신 포도주를 마시게 하는 데 사용했던 해면海綿과 갈대가 있다.[1] 그리고 주님이 십자가에 못 박힐 적에 쓰였던 못도 있다.

그리스도가 못 박혔던 십자가의 절반이 키프로스 섬의 '성 십자가 언덕'이라고 불리는 수도원에 있다고 믿고 있는 사람들도 있지만, 이는 잘못된 것이다. 키프로스에 있는 십자가는 주님과 함께 십자가에 매달렸던 선한 도둑 디스마스*의 것이다. 하지만 대부분의 사람들이 이런 사실을 알지 못한다. 그것을 주님의 십자가라 칭하는 것은 불경

---

* 성 디스마스(Dismas) : 예수와 함께 십자가에 매달려 처형되었다는 도둑. 예수를 조롱하는 다른 죄수를 꾸짖고 회개했으므로 '선한 도둑'이나 '회개한 도둑'이라고 불린다. 「루카복음서」(23:39-43)에는 도둑들의 이름이 나오지 않지만, 중세에는 일반적으로 예수의 오른편에 있던 선한 도둑을 디스마스, 왼편에 있던 악한 도둑을 게스타스(Gestas)라고 불렀다. Jacopo da Varazze, *Legenda aurea*, 윤기향 옮김, 『황금전설』(고양: 크리스챤다이제스트, 2007), 332쪽('주님의 수난' 편) 참조.

[그림 2-1] 콘스탄티노플에 있는 그리스도의 성유물들

스러운 짓이다. 공물供物을 얻기 위해 주 예수 그리스도의 십자가를 사칭하는 것이기 때문이다.

"십자가는 종려나무, 삼나무, 편백나무, 올리브나무로 만들어졌다(In cruce fit palma, cedrus, cypressus, oliva)"라는 어느 시의 구절처럼,[2] 그대들은 우리 주님의 십자가가 네 종류의 나무로 만들어졌다는 사실을 알고 있어야 한다. 땅에서 머리쪽으로 곧게 뻗은 기다란 부분은 편백나무이고, 그것과 가로로 교차해서 주님의 두 팔이 못으로 박힌 부분은 종려나무이다. 장붓구멍을 내서 본체를 땅에 고정시키는 데 사용한 아래쪽 받침대는 삼나무이고, 히브리어·그리스어·라틴어로 이름을 적어 머리 위에 매달아 놓은 길이 1피트 반(약 46cm) 길이의 명판[3]은 올리브나무로 만들어졌다.

유대인들이 이렇게 네 종류의 나무로 십자가를 만든 것은 십자가가 세워져 있는 한 우리 주 그리스도가 계속해서 십자가에 매달려 있을

[그림 2-2] 그리스도의 십자가

것이라 생각했기 때문이다. 그들은 십자가가 언제까지나 오래 남아 있기를 바라는 마음에서 십자가의 밑동을 땅에서나 물에서나 잘 썩지 않는 삼나무로 만들었다. 그리고 오래지 않아 시신에서 악취가 풍길 것을 우려해 그리스도를 매달은 기둥 부분은 편백나무로 만들었다. 그들은 편백나무의 향기가 시신의 악취를 가려서 근처에 있는 사람들에게 불쾌감을 주지 않을 것이라고 여겼다. 그리스도의 두 손을 못으로 박은 가로 부분을 종려나무로 만든 것은 『구약성서』에서 굴복을 당한 자에게는 종려나무 관을 씌우라고 이르고 있기 때문이었다.[4] 유대인들은 자신들이 그리스도에게 승리를 거두었다고 믿었다. 명패를 올리브나무로 만든 것은 그것이 평화의 상징이기 때문이다. 비둘기가 물어온 올리브나무 가지로 신과 인간 사이에 평화가 왔다는 것을 깨달았다는 노아의 이야기처럼 말이다.[5] 유대인들은 그리스도가 그들 사이에 불화와 반목을 가져왔다고 여겼고, 그가 죽으면 평화롭게 되리라고 생각

했다. 그대들은 우리 주님이 십자가에 못 박히는 크나큰 고통을 겪었
다는 사실을 명심해야 한다.

　바다 너머 그리스에 살고 있는 그리스도교도들은 우리가 편백나무
라고 말한 십자가의 나무가 본래는 아담이 사과를 따 먹은 바로 그 나
무였다고 말한다. 이런 내용은 그들이 쓴 글에서도 발견된다. 그리스
인들의 성서에는 아담이 병에 걸리자 그의 아들인 셋Seth에게 낙원으
로 가서 그곳을 지키는 천사에게 자비의 나무에서 나는 기름을 얻어
오라고 했다고 기록되어 있다. 그 기름을 몸에 바르면 아담은 건강을
되찾을 수 있었다. 그러나 천사는 기름을 줄 수 없다며 셋을 낙원으로
들여보내주지 않았다. 그 대신 그에게 예전에 아담이 사과를 따 먹은
나무에서 난 씨앗 세 개[6]를 주면서, 아버지가 죽으면 그 씨앗들을 곧
바로 그의 혀 아래에 넣은 다음에 땅에 묻으라고 시켰다. 그리고 그렇
게 하면 그 세 개의 씨앗이 싹을 틔워 세 그루의 나무로 자라나 하나의
열매를 맺을 것이고, 그 열매 때문에 아담이 구원을 받을 수 있을 것이
라고 말했다. 셋이 집으로 돌아왔을 때 아담은 거의 죽어가고 있었다.
아버지가 죽자 셋은 천사가 시킨 대로 따랐다. 그 뒤 천사가 말한 것처
럼 씨앗들에서 세 개의 나무가 자라났고, 십자가를 만드는 데 사용되
었다.[7] 그 나무들이 맺은 단 하나의 훌륭한 축복받은 열매는 바로 우
리 주 예수 그리스도였다. 그리스도라는 열매 덕분에 아담과, 그에게
서 비롯된 후세의 모든 인간들은 죗값을 치르지 않고도 끝없는 죽음의
공포에서 벗어날 수 있었다.

　유대인들은 그 거룩한 십자가를 갈보리 산의 바위 아래에 숨겼다.
그 십자가는 로마 황제 콘스탄티누스 대제의 어머니인 성 헬레나가 발
견하기 전까지 200년 이상 그곳에 묻혀 있었다.[8] 〔잉글랜드 남동부〕 콜체

[그림 2-3] 그리스도의 가시관과 성창

스터 태생인 그녀는 당시 브리튼Britain이라고 불렸던 잉글랜드의 왕 코엘의 딸이었다. 매우 아름다웠던 헬레나는 잉글랜드를 방문한 콘스탄티우스 황제*의 눈에 띄어 그의 왕비가 되었고, 뒷날 로마의 황제이자 잉글랜드의 왕이 된 콘스탄티누스 대제를 낳았다.

그대들은 우리 주님의 십자가가 높이는 8큐빗(약 3.7m)이고, 너비는 3큐빗 반(약 1.6m)이라는 사실을 알고 있어야 한다.

그리스도의 가시관과 성창

우리 주님이 머리에 썼던 관冠과 못의 일부, 창날, 그 밖의 많은 유품

---

* 콘스탄티우스 1세(Constantius I Chlorus, ?~306): 디오클레티아누스 황제 때의 사두정치에서 서로마의 부황제(293~305)로 있다가 305년 디오클레티아누스와 막시미아누스가 퇴위하자 서로마의 황제가 되었다. 그의 뒤를 이은 아들 콘스탄티누스 대제는 324년 동로마 황제 리키니우스를 무찌르고 로마의 단독 황제가 되었다.

들은 오늘날 프랑스 왕의 예배당에 보존되어 있다. 이것들은 예전에 황제가 유대인들에게 은화를 빌리면서 담보로 맡겼던 것을 프랑스 왕이 다시 사들인 것이다.[9]

관은 화려하게 빛나는 수정 용기 안에 보관되어 있다. 사람들은 그 관을 가시관이라고 하지만 그대들은 그 관이 사실은 가시처럼 날카로운 바다골풀로 만들어졌다는 사실을 알아야 한다. 나는 파리와 콘스탄티노플에서 그 관을 여러 차례 보았다. 바다골풀로 만들어진 하나의 관이 나중에 둘로 나뉘어, 파리와 콘스탄티노플에 하나씩 보관되었던 것이다. 나는 그 관에서 떨어져 나온 귀중한 부스러기도 하나 가지고 있다. 그것은 마치 산사나무 가시처럼 보이는데, 깊은 우정의 증표로 내게 주어진 것이다. 가시관이 담긴 용기 안에는 그런 부스러기들이 많다. 먼 곳에서 찾아온 존귀한 사람들에게 선보이려고 용기가 자주 옮겨졌고, 그 와중에 관이 흔들리고 흐트러지면서 말라붙은 잔가지들이 떨어졌기 때문이다.

그대들은 우리 주 예수께서 붙잡히신 그 날 밤에 맨 먼저 정원으로 끌려가 혹독하게 문초를 받았다는 사실을 알고 있어야 한다. 유대인들은 그분을 조롱하며 그곳 정원에 자라던 산사나무 가지로 만든 관을 머리에 씌웠다. 매우 거칠게 억지로 씌웠기 때문에 그분의 얼굴과 목, 어깨 등 많은 곳에서 피가 흘렀다. 그 일이 일어난 뒤에 산사나무는 수많은 효험을 갖게 되었다. 예컨대 그것을 몸에 지니고 있으면 번개나 폭풍우를 피할 수 있고, 집안에 그 가지를 두면 악령이 들어오지 못한다. 바로 그 정원에서 성 베드로는 주님을 세 번 부정했다.[10]

그 뒤 우리 주님은 〔유대인 대사제〕 한나스가 소유하고 있던 또 다른 정원으로 끌려가 제사장들과 심판관들 앞에 섰다.[11] 그곳에서도 주님은 문초를 당하고 비난을 받고 조롱거리가 되었으며, 그 뜰에 자라던 '바르베리'*라는 가시나무로 만든 관을 여러 차례 썼다. 그래서 이 나무도 여러 가지 효험을 갖게 되었다. 뒤이어 주님은 [유대인 대사제] 카야파의 정원으로 끌려가 들장미로 만든 가시관을 썼다. 그리고 나서는 [로마 총독] 빌라도의 관저로 끌려가 다시 심문을 받고 관을 썼다. 유대인들은 주님을 의자에 앉히고 망토를 걸치게 하고는 바다골풀로 만든 관을 씌웠다. 그리고 그의 앞에 무릎을 꿇으며 "유대의 왕이여 만세*(Ave, Rex Judeorum)*"라고 외쳐댔다.[12] 이 관은 파리와 콘스탄티노플에 반씩 보관되어 있다. 그리스도는 십자가에 매달리셨을 때 그 관을 머리에 쓰고 계셨다. 그래서 사람들은 그것을 숭배하며 다른 관들보다 더 소중하게 여긴다.

한편, 그리스도를 찌른 창[13]의 자루는 알르마뉴 황제가 가지고 있고, 창날은 파리에 있다. 그러나 콘스탄티노플의 황제는 그 창날이 자신에게 있다고 주장한다. 내가 여러 차례 본 바로는 콘스탄티노플 황제의 창날이 파리에 있는 것보다 훨씬 크다.

---

* 바르베리(barberry) : 학명은 베르베리스 불가리스(Berberis vulgaris)이다. 잔가시가 많은 매자나무로 옛날부터 약재로 사용되었다.

3장

그리스인의 신앙과 문자

아토스 산과 올림포스 산

콘스탄티노플에는 성모의 어머니인 성 안나가 잠들어 있다. 그녀의 유해는 성 헬레나가 예루살렘에서 옮겨온 것이다. 콘스탄티노플의 대주교였던 요아네스 크리소스토무스*의 시신도 콘스탄티노플에 있다. 복음사가 성 루카도 그 도시에 누워있는데, 이는 베다니**에 있던 유골을 옮겨온 것이다. 콘스탄티노플에는 그 밖에도 많은 성인의 유골들이 모셔져 있다. 그리고 대리석처럼 보이는 '에니드로스enydros'라는 돌그릇이 있는데, 누가 붓지 않아도 해마다 저절로 채워져서 언제나 물이 가득 차 흘러넘친다.[1]

콘스탄티노플은 견고한 성벽으로 둘러싸인 매우 아름답고 훌륭한 도시로 삼각형 모양이다. 그곳에는 〔유럽과 아시아를 잇는〕 헬레스폰트 해

---

* 요아네스 크리소스토무스(Joannes Chrysostomus) : 초기 기독교 교부로 398년 콘스탄티노플의 대주교가 되었다. 설교를 잘해 그리스어로 '황금 입을 가진 자'라는 뜻의 크리소스토모스(Χρυσόστομος)라고 불렀다.

** 베다니(Bethany) : 성서에 나오는 예루살렘 인근의 마을이지만, 여기서는 복음사가 루카가 죽은 곳으로 알려진 소아시아 북서부의 옛 왕국 비티니아(Bithynia)를 가리키는 것으로 보인다.

협이 지난다. 도시를 양쪽에서 둘러싸고 있는 그 물을 사람들은 '콘스탄티노플의 입'이나 '성 게오르기우스의 팔'이라고 부른다. 한때 해협 위쪽의 아름다운 평야에는 위대한 도시 트로이가 있었다. 그러나 오래전 그리스인들의 손에 파괴되어 지금은 흔적조차 남아 있지 않다.[2]

그리스 인근에는 칼리스트레Calistre, 칼카스Calcas, 크리티게Critige, 테스브리아Tesbria, 미니아Mynea, 플라크손Flaxon, 멜로Melo, 카르파트Carpate, 렘노스Lemnos 등 많은 섬들이 있다.[3] 그리고 구름 위로 우뚝 솟은 아토스 산이 있다. 또한 황제의 속국인 많은 나라들과 다양한 언어를 쓰는 사람들이 존재한다. 예를 들어 투르코폴족[*], 페체네그족, 쿠만족[**] 등 여러 민족들이 있고 알렉산더 대왕이 통치했던 마케도니아와 트라케도 있다. 아리스토텔레스는 트라케 시에서 조금 떨어진 스타기라에서 태어났고 그곳에 묻혔다. 스타기라 사람들은 해마다 아리스토텔레스 무덤 위의 제단에서 그가 마치 성인이기라도 한 듯이 그를 기리는 성대한 축제를 연다. 제단에 모여 대규모 회의나 집회를 열기도 하는데, 그렇게 하면 신과 아리스토텔레스에게서 영감을 받아 더 나은 결정을 할 수 있다고 믿기 때문이다.

그리스에는 마케도니아의 끝까지 이어진 거대한 산맥도 있다. 그곳에 있는 올림포스라고 불리는 커다란 산은 마케도니아와 트라케의 경계를 이룬다. 그 산은 구름을 뚫고 솟아 있을 정도로 높다. 아토스라고 불리는 산도 있는데, 너무 높아서 76마일이나 떨어진 렘노스 섬까지 산의 그늘이 생길 정도이다. 그 산의 꼭대기는 공기가 너무 맑아서 바

---

[*] 투르코폴 족(Turcopoles) : 투르크인과 그리스인의 혼혈 종족으로 말을 타고 활을 쏘는 솜씨가 뛰어나 지중해 동부 그리스도교 국가들에 용병으로 고용되곤 했다.
[**] 쿠만 족(Comange) : 투르크계 유목민. 흑해와 카스피해 북부에 살다가 13세기 몽골이 침입했을 때 헝가리로 이동했다.

[그림 3-1] 아토스 산

람의 기미가 전혀 느껴지지 않을 뿐 아니라, 너무 건조해서 어떤 짐승
도 살지 못한다. 그 지방 사람들의 말에 따르면 철학자들은 그 산에 오
를 때면 물에 적신 스펀지를 코에 가져다 댄다고 한다. 그리고 꼭대기
에 올라 손가락으로 바닥에 글자를 쓰면, 일 년 뒤에 다시 올라가서 보
아도 글자가 조금도 흐트러지지 않고 처음 썼던 그대로 가지런하게 남
아 있다고 한다. 이는 구름 사이를 뚫고 솟아 있는 꼭대기 부분이 순수
한 공기와 맞닿아 있기 때문이다.

　콘스탄티노플에는 매우 아름답게 잘 꾸며진 황제의 궁전이 있다. 그
안에는 마상창시합을 비롯한 여러 경기나 놀이들을 벌이기 좋은 장소
가 있는데, 계단식으로 된 관람석이 있어 누구나 다른 사람의 방해를
받지 않고 경기를 관람할 수 있다. 관람석 아래에는 황제의 말들을 관
리하는 아치형 지붕의 마구간이 있으며, 경기장의 기둥들은 모두 대리

석으로 되어 있다.

예전에 콘스탄티노플의 한 황제가 죽은 아버지를 묻으려고 성 소피아 성당의 땅을 파다가 시신 한 구를 발견한 일이 있었다. 그 시신 위에는 황금으로 된 커다란 서판이 놓여 있었고, 거기에는 히브리어와 그리스어, 라틴어로 이렇게 적혀 있었다. "예수 그리스도는 동정녀 마리아에게서 태어나시니, 나는 그분을 믿나이다*(Jesu Christus nascetur de Virgine Maria, et ego credo in eum).*" 이 황금서판은 그리스도가 탄생하기 2천 년 전에 만들어져 땅에 묻힌 것이다.[4] 그 서판은 지금도 성 소피아 성당의 보물창고에 보관되어 있다. 사람들은 발견된 것이 현자 헤르메스*의 시신이라고 한다.

그리스인의 신앙과 문자

그리스인들이 그리스도교를 믿고 있다고 해도 그들의 신앙은 우리와는 여러모로 차이가 있다. 예컨대 그들은 성령이 성자가 아니라 오직 성부에게서만 비롯된다고 믿고, 교황은 물론 로마 교회에도 복종하지 않는다. 그들은 교황이 바다 이쪽에서 지니고 있는 것과 마찬가지의 권력을 자신들의 총대주교가 바다 저쪽에서 지니고 있다고 말한다. 그래서 교황 요하네스 22세**는 그리스인들에게 편지를 보내 그

---

* 현자 헤르메스(Hermogene the wise man) : 중세와 르네상스 시대에 큰 영향을 끼친 '헤르메스 문서(*Hermetica*)'의 저자로 알려진 헤르메스 트리스메기스투스(Hermes Trismegistus)를 가리킨다. 트리스메기스투스는 세 배로 위대하다는 뜻으로, 헤르메스 신과 이집트 토트(Thoth) 신이 결합한 존재라 하여 '토트 헤르메스'라고도 불린다. 일부 기독교 교부들과 중세 작가들은 그가 그리스도의 출현을 예언했다고 주장하기도 했다.
** 교황 요하네스 22세(Joannes XXII, 재위 1316~1334) : 제2대 아비뇽 교황. 맨더빌이 말한 요하네스 22세와 그리스인들 사이의 서신은 전해지지 않는다.

리스도 신앙은 하나이고, 교황은 신에게서 맺고 푸는 전권을 부여받은 신의 대리자이므로 그들을 포함해 모든 그리스도교도들은 자신에게 복종해야 한다고 전했다. 그러자 그들은 여러 차례 답신을 보내왔는데, 거기에는 이렇게 적혀 있었다. "당신의 권력이 당신의 백성들에게 절대적이라는 것을 우리는 믿어 의심치 않습니다. 하지만 우리는 당신의 그 거대한 자만심을 참을 수 없습니다. 그리고 당신의 커다란 욕심을 만족시켜줄 생각도 없습니다. 아무쪼록 신이 당신과 함께 하시기를. 우리의 주님은 늘 우리와 함께 하십니다*(Potentiam tuam summam circa tuos subjectos, firmiter credimus. Superbiam tuam summam tolerare non possumus. Avaritiam tuam summam satiare non intendimus. Dominus tecum; quia Dominus nobiscum est)*." 교황은 이와 같은 대답밖에 듣지 못했다.

그리고 그리스인들은 누룩을 넣은 빵으로 성찬식을 한다. 주님이 최후의 만찬을 할 때 누룩 넣은 빵을 사용했다고 믿기 때문이다. 그들은 우리처럼 누룩을 넣지 않은 빵으로 성찬식을 하는 것이 잘못된 일이라고 말한다. 세족 목요일*이 되면 그들은 마지막 만찬을 기념하며 누룩 넣은 빵을 만든다. 그리고 그것을 해를 향해 넣어서 일 년 정도 보관했다가 주님의 몸*(Corpus Domini)**을 대신해 병자들에게 나눠준다.

그리스인들은 아이들에게 세례를 할 때만 기름을 바르며, 병자에게는 도유塗油를 하지 않는다.*** 또한 연옥煉獄이 존재하지 않고 영혼은 최후의 심판이 이루어지는 그 날까지 기쁨이나 고통을 느끼지 못한다고

---

* 세족 목요일(Maundy Thursday) : 부활절 전의 목요일로 '성 목요일'이라고도 한다. 예수가 최후의 만찬을 한 뒤 제자들의 발을 씻겨준 것을 기념해 붙여진 이름이다. 중세 교회에서는 이날 성찬식과 세족례를 했다. 「요한복음서」 13:1–15 참조.
** 성체성사에서 '축성된 빵'은 예수의 몸, 즉 성체를 대신한다.
*** 도유 : 주교나 사제가 성사를 집행할 때 성유(聖油)를 바르는 행위로 라틴어로는 'unctio', 영어로는 'anointing'이라고 한다.

여긴다. 그리고 간음은 죽음에 이를 만큼 큰 죄가 아니라 자연스러운 일이라고 말한다. 그들은 남자나 여자나 오직 한 번만 결혼할 수 있는데, 두 번 이상 결혼을 한 사람의 자식들은 사생아나 죄인 취급을 받는다. 그리고 그곳에서는 사제들도 결혼을 한다. 그들은 고리대금도 죽음에 이를 만큼 큰 죄라고 생각하지 않으며, 세속의 사람들과 마찬가지로 거룩한 교회의 성직을 사고판다. 신이시여, 당신의 뜻으로 이를 바로잡아 주시기를! 그곳에는 지금 성직을 매매한 자가 거룩한 교회의 왕관을 쓰고 있다. 이것은 매우 수치스러운 일이다. 거룩한 교회가 휘청거리고 절뚝거리는 한, 사람들은 잘 지낼 수 없다.[5] 신이시여, 그들을 바로잡아 주십시오!

그리스인들은 사순절 기간에도 토요일과 일요일을 제외하고는 미사를 올리지 않아야 한다고 말한다. 그리고 크리스마스 이브와 부활절 전야가 아니면, 한 해의 어느 토요일에도 금식을 하지 않는다. 게다가 그들은 라틴인들이[6] 자신들의 제단에서 미사 올리는 것을 허락하지 않는다. 만약 그런 일이 생기면 그들은 곧바로 성수로 제단을 씻어낸다. 그들은 제단에 하루에 한 번의 미사만 올려야 한다고 말한다. 그리스인들은 그리스도가 음식을 먹지 않았으며 단지 먹는 시늉만 했을 뿐이라고 말한다. 그리고 수염은 남성다움의 상징이자 주님이 주신 선물이기 때문에, 여자나 그 밖의 다른 사람을 기쁘게 하려고 그것을 깎는 것은 큰 죄악이라고 말한다. 그들은 우리가 구약성서와 옛 율법에서 금한 짐승을 잡아먹고 있는 것도 죽을 죄라고 말한다. 예컨대 돼지와 토끼처럼 되새김질을 하지 않는 동물은 먹지 말아야 한다는 것이다. 그리고 우리처럼 재의 수요일* 전날에 고기를 먹는 것, 수요일에 고기

---

* 재의 수요일(Ash Wednesday) : 사순절이 시작되는 첫날인 수요일을 가리킨다. '재의 수요일'이라는 명칭은 재를 뿌리거나 종려나무를 태운 재로 이마에 십자가 표시를 해서

를 먹는 것, 금요일에 계란과 치즈를 먹는 것도 죄라고 말한다. 그들은 토요일에 육식을 하지 않는 모든 이들을 저주한다.

나아가 콘스탄티노플의 황제는 대주교와 주교 등 교회의 성직을 임명하는 권한을 가지고 있다. 그리고 어떤 이유로든 마음대로 성직을 박탈할 수 있다. 그렇게 그는 자기 나라에서 세속과 영적 세계 모두의 지배자로 군림한다.

그리스인들이 쓰는 알파벳을 알고자 하는 사람은 다음과 같은 그리스어 철자들과 명칭들을 살펴보도록 하라.[7]

알파 *alpha*	베타 *betha*	감마 *gama*	델타 *deltha*	짧은 에 *e brevis*	에피시마 *epissima*	제타 *zetha*
헤타 *hetha*	테타 *tetha*	이오타 *iota*	카파 *kappa*	라파 *lappa*	미 *mi*	니 *ni*
크세 *xe*	짧은 오 *o brevis*	페 *pe*	코페 *cope*	로 *ro*	시마 *sima*	타우 *tau*
구이 *gui*	피 *fi*	크시 *xi*	스피 *spi*	긴 오 *o longa*	엔코스 *encos*	칠레 *chile*

이러한 내용들은 성지로 가는 길을 안내하는 것과는 무관하다. 하지

사순절의 참회시기가 시작되었음을 알린 것에서 비롯되었다. 그리스 정교회에서는 사순절을 월요일에 시작하므로 재의 수요일을 지키지 않는다.

만 나는 앞에서 다양한 나라들의 풍속과 관습, 특색들도 소개하겠다고 약속한 바 있다. 그리스는 종교와 믿음이 우리와는 다른 바다 건너 첫 번째 나라이다. 그래서 나는 그들의 신앙이 우리와 어떻게 다른지 기록해 두고 싶었다. 게다가 많은 사람들이 다른 나라의 낯설고 진기한 풍물 이야기를 듣고 싶어한다.

4장

콘스탄티노플에서 예루살렘으로 가는 길

복음사가 요한의 무덤[1]

이제 다시 원래 의도했던 것으로 돌아가 콘스탄티노플에서 성지 예루살렘으로 가는 길을 알려주겠다. 투르크를 지나 예루살렘으로 가고자 하는 사람은 니케아 방향으로 가서 키에베토우트의 성문을 빠져나가라. 그러면 눈앞에 키에베토우트 산이 보일 것이다.[2] 그것은 매우 높은 산으로 니케아에서 1.5마일 떨어져 있다.

콘스탄티노플에서 바닷길을 이용해 성지로 가려는 사람은 성 게오르기우스의 해협을 지나라. 그러면 성 니콜라우스의 무덤과 그 밖의 많은 지역을 거치게 된다.

맨 처음 만나는 섬은 실로이다.[3] 그 섬에 자라는 작은 나무들에서는 자두나무와 체리나무처럼 향긋한 수지樹脂가 흘러나온다. 두 번째로 지나게 되는 섬은 파트모스이다. 복음사가 성 요한은 그곳에서 「요한계시록」을 썼다. 그대는 우리 주님이 고난을 겪으셨을 때 성 요한이 32세였다는 사실을 알아야 한다. 그는 그리스도가 돌아가신 뒤에도 67년을 더 살다가 100세가 되던 해에 죽었다.

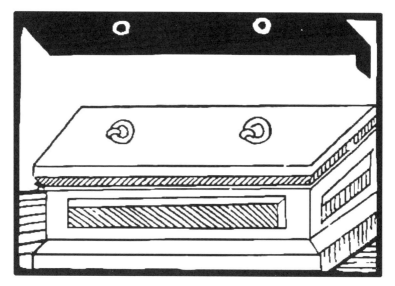

[그림 4-1] 성 요한의 무덤

파트모스 섬을 지나면 아름다운 해안 도시 에페소스가 나온다. 성 요한은 그곳에서 생을 마감하고 중앙 제단 뒤에 있는 무덤에 묻혔다.[4) 그러나 성 요한의 육신은 낙원으로 옮겨졌기 때문에 그의 무덤에는 천사의 음식이라고 불리는 만나*만 남아 있을 뿐이다.

에페소스에는 예전 그리스도교도들이 그 도시를 점령했을 때 세운 훌륭한 교회도 있다. 지금은 투르크인들이 그 도시와 교회, 나아가 다른 소아시아 지방 모두를 지배하고 있다. 그래서 사람들은 소아시아를 투르크라고 부른다.

그대들은 성 요한이 살아생전에 자신의 무덤을 만들어서 온전히 살아 있는 상태로 그곳에 몸을 눕혔다는 사실을 알아야 한다. 그래서 성 요한이 죽은 것이 아니라 최후의 심판까지 그곳에서 안식을 취하고 있

---

* 만나(manna) : 하느님이 광야에서 굶주리는 모세 일행에게 내려주었다는 신비로운 양식. 「탈출기」 16장 참조.

다고 말하는 사람들도 있다. 실제로 매우 불가사의한 일들이 일어나기도 했다. 마치 살아 있는 뭔가가 밑에 있는 것처럼 그의 무덤이 있는 땅이 흔들리거나 움직이는 것을 사람들이 여러 차례 목격했던 것이다.

에페소스를 떠나 바다의 많은 섬들을 지나면 성 니콜라우스가 태어난 파테라 시가 나오고, 거기서 더 나아가면 성 니콜라우스가 주교로 선출된 마르타 시에 이르게 된다. 그곳에서는 '마르타 와인'이라고 불리는 풍미가 좋은 훌륭한 포도주가 생산된다. 거기에서 좀 더 나아가면 크레타 섬에 닿게 된다. 그곳은 일찍이 황제가 제노바 사람들에게 넘겨준 섬이다.[5]

용으로 변한 히포크라테스의 딸

그곳을 지나면 히포크라테스 왕*이 다스렸던 코스 섬과 랑고 섬[6]에 이르게 된다. 전설에 따르면, 랑고 섬에는 거대한 용으로 변한 히포크라테스의 딸이 살고 있는데, 그 길이가 무려 백 패덤(약 183m)이나 된다고 한다. 그러나 이것은 전설일 뿐 내가 실제로 목격한 것은 아니다.

섬 주민들은 그녀를 '랑고 섬의 여인'이라고 부른다. 그녀는 오래된 성의 동굴에 살며 해마다 두세 번 모습을 드러낸다. 하지만 사람들이 공격하지 않는 한 해를 끼치지는 않는다. 그곳 사람들은 그녀가 본래 아름다운 처녀였으나 디아나 여신 때문에 용의 모습으로 변했다고 말한다. 그녀에게 다가가 입을 맞출 용감한 기사가 나타날 때까지 그녀는 그 모습으로 살아가야 한다. 그때가 되면 그녀는 다시 본래 모습으

---

* 히포크라테스(Hippocrates, BC 460?~BC 375) : '서양의학의 아버지'라 불리는 고대 그리스의 의학자이다. 코스 섬에서 태어난 것으로 알려져 있는데, 일부 전설에서는 코스 섬에 궁전을 가진 군주로 그려지기도 한다.

[그림 4-2] 기사를 쫓아오는 랑고 섬의 용

로 돌아가 인간 여인이 될 수 있다. 하지만 그렇게 된 뒤에는 이제까지 처럼 오래 살지는 못하게 된다.

얼마 전 무장을 한 로도스 섬의 기사 하나가 용감하게도 그녀에게 입을 맞추겠다고 나섰다. 그는 날랜 말에 올라타 성으로 달려가서는 용이 있는 동굴로 들어갔다. 그러자 용이 기사를 향해 머리를 돌렸다. 그 모습이 너무나 오싹했기에 기사는 겁이 나서 도망쳤다. 용이 뒤를 쫓아와 기사를 붙잡았다. 그리고 저항하는 기사를 바닷가의 절벽으로 끌고가서는 바다로 던져버렸다. 그렇게 기사와 말은 모두 죽고 말았다.

용에 관해 전혀 알지 못하는 젊은이가 배를 타고 섬에 왔던 적도 있었다. 섬에 상륙한 그는 길을 가다가 성에 이르러 동굴로 들어서게 되었다. 안으로 한참을 걸어 들어가자 방 하나가 나왔다. 거기에는 한 젊은 여인이 거울을 보면서 머리카락을 빗고 있었는데, 그녀 주변에는 보물이 산처럼 쌓여 있었다. 젊은이는 그녀가 단지 그곳에 살면서 남자들을 유혹하는 매춘부라고 생각했다. 그는 가만히 서서 기다렸고, 젊은 여인은 곧 거울에 비친 젊은이의 그림자를 발견했다. 그녀는 그에게 몸을 돌리며 무슨 일로 왔느냐고 물었다. 젊은이는 그녀를 연인으로 삼고 싶다고 대답했다. 그러자 젊은 여인은 그에게 기사인지를 물었다. 기사가 아니라고 대답하자 그녀는 그러면 자신의 연인이 될 수 없다고 말했다. 하지만 그녀는 젊은이에게 그가 동료들이 있는 곳으로 돌아가 기사가 되어 다음날 다시 찾아오면 자신도 동굴에서 나가겠다고 말했다. 그리고 그때 자신이 용의 모습을 하고 나타나더라도 아무에게도 해를 끼치지 않을 것이니, 이제까지 보지 못했던 무시무시하고 끔찍한 모습이더라도 결코 무서워하지 말고 자신에게 입을 맞춰달라고 했다. 그러면서 여인은 자신은 지금 보이는 모습 그대로의 인간이지만 마법에 걸려서 그렇게 보일 뿐이니 두려워할 필요가 전혀 없다고 그에게 말했다. 그리고 자신에게 입을 맞추면 자신은 물론이고 보물과 섬도 모두 그의 차지가 될 것이라고 덧붙였다.

여인과 헤어진 젊은이는 동료들이 있는 배로 돌아가서 기사가 되었고, 다음날 그녀에게 입을 맞추기 위해 다시 성으로 갔다. 하지만 그는 용의 모습을 하고 동굴에서 나오는 여자를 보고는, 그 오싹하고 소름끼치는 모습에 놀라서 배를 향해 도망쳤다. 여자는 그 뒤를 쫓아갔다. 여자는 젊은이가 뒤를 돌아보지도 않자 고통스러운 울음을 터뜨리며 동굴로 돌아갔다. 그러자 기사가 된 젊은이는 곧바로 죽어버렸다.

그 뒤 지금까지 어떤 기사도 그녀의 모습을 본 뒤 살아남지 못했다고 한다. 하지만 그녀에게 입을 맞출 만한 용기를 지닌 기사가 나타난다면 그 기사는 목숨을 지키고 그녀를 본래 모습으로 되돌릴 수 있을

것이다. 그리고 앞서 말했듯이 그 섬을 모두 차지할 수도 있을 것이다.[7]

 이 섬을 지나면 구호기사단*이 콘스탄티노플 황제에게서 빼앗아 다스리고 있는 로도스 섬에 이르게 된다. 이 섬은 전에는 콜로스Collos라고 불렸는데,[8] 투르크인들은 아직도 그렇게 부르고 있다. 성 바울도 그의 편지에 '콜로스인들에게(*ad Colossenses*)' 보낸다고 적었다.[9] 로도스 섬은 콘스탄티노플에서 대략 800마일 정도 떨어져 있다.

---

* 구호기사단(Knights Hospitaller): 예루살렘 순례자들을 위한 구호단체에서 시작해 종교적인 군대조직으로 발전한 중세 기사단. 1291년 십자군의 마지막 보루인 아크레가 이슬람 세력에게 함락되자 키프로스 섬 등지로 흩어져 후퇴했다. 그 뒤 다시 세력을 모아 1309년 로도스 섬을 정복했고, 인근의 항구와 해상을 장악하면서 '로도스 기사단'으로도 널리 알려졌다.

5장

키프로스에서 예루살렘으로 가는 길

카타일리의 머리괴물

로도스 섬에서 키프로스 섬으로 건너가라. 그곳에는 처음에는 붉었다가 1년 정도 지나면 하얗게 되는 포도주가 많이 생산되는데, 색이 하얄수록 맑고 향기도 좋다.[1]

키프로스로 가는 길에 그대는 한때는 크고 번화한 도시가 있었던 곳을 지나게 될 것이다. 카타일리라고 불렸던 그 도시[2]는 한 젊은이의 어리석은 행동 때문에 멸망하고 말았다.

그 젊은이에게는 너무나 사랑하는 아름다운 여인이 있었다. 하지만 그녀는 어느 날 갑자기 죽어 대리석 무덤에 묻혔다. 죽은 여인을 향한 강렬한 욕망에 휩싸인 젊은이는 한밤중에 그녀의 무덤을 찾아갔다. 그는 무덤 안으로 들어가 시신 옆에 누워 사랑을 나눈 뒤에 그 자리를 떠났다. 그 일이 있은 지 아홉 달째 되는 날부터 젊은이의 귓가에 이상한 소리가 들리기 시작했다. "그 여자의 묘지로 가서 무덤을 열어라. 그리고 네가 그녀에게서 태어나게 한 것을 봐라. 만약 가지 않으면 커다란 재앙을 겪게 되리라." 젊은이가 묘지로 가 무덤을 열자, 보기에도 참

[그림 5-1] 카타일리의 머리괴물

으로 끔찍하고 무시무시한 머리 하나가 튀어나왔다. 그 머리는 제멋대
로 사방을 날아다녔고 도시는 곧 가라앉았다.[3] 지금도 그곳을 지나려
면 많은 위험을 감수해야 한다.[4]

키프로스의 다양한 풍습[5]

로도스 섬과 키프로스 섬은 500마일 이상 떨어져 있다. 하지만 로도
스 섬을 거치지 않고 곧바로 키프로스 섬으로 갈 수도 있다. 키프로스
는 매우 아름답고 커다란 섬으로 네 개의 주요 도시가 있다. 그리고 거
기에는 니코시아*의 대주교와 다른 네 명[6]의 주교들이 있다. 파마구스

---

* 니코시아(Nicosia) : 키프로스의 수도. 고대에는 '레드라(Ledra)'라고 불렸다.

타*는 세계에서 가장 뛰어난 항구 도시 가운데 하나로 그리스도교도와 사라센인,** 그 밖의 온갖 나라 사람들이 모여 든다. (키프로스 섬의 또 다른 큰 항구 도시는 리마솔***이다.)

그리고 키프로스의 '성 십자가 언덕'[7] 수도원에는 검은 옷을 입은 수도사들[8]과 앞서 말했던 선한 도둑 디스마스의 십자가가 있다. 주님이 매달렸던 십자가의 절반이 그곳에 있다고 믿는 사람들도 있지만, 이것은 사실이 아니다. 그런 믿음을 사람들에게 심는 것은 불경한 짓이다.[9]

키프로스 섬에는 성 제노니무스****가 묻혀 있어, 그곳 주민들은 그를 기리는 큰 제전을 열고는 한다. 사람들에게 크게 숭배되는 성 힐라리온*****의 시신도 키프로스의 '사랑의 신의 성castle of Amours'[10]에 안치되어 있다. 사도 성 바르나바스******도 파마구스타 부근에서 태어났다.

키프로스 인들은 표범처럼 생긴 파피온papyonns을 이용해 사냥을 한다.[11] 이 동물은 사자보다 몸집이 조금 더 큰데, 사냥개들보다 훨씬 격렬하고 사납게 야생동물을 잘 잡는다.

그리고 키프로스에는 귀천을 가리지 않고 모든 사람들이 땅에 앉아서 식사를 하는 풍습이 있다. 그들은 우선 홀을 빙 둘러서 무릎 깊이로

---

* 파마구스타(Famagusta) : 키프로스 동부의 항구도시. 1291년 아크레가 함락된 뒤 그리스도교도들이 피난해오면서 크게 번성했다.
** 사라센(Saracen) : 고대에는 아랍인들을 의미했으나, 중세에는 이슬람교도를 폭넓게 지칭하는 용어로 사용되었다.
*** 리마솔(Limassol) : 키프로스 섬 남부의 항구도시. 1372년 제노바가 파마구스타 항구를 점령한 뒤 번성했다.
**** 성 제노니무스(Zenonimus) : 5세기 가자 북부 출신의 기독교 역사가로 성 소조메노스(Sozomenos)라고도 한다.
***** 성 힐라리온(Hilarion) : 4세기 가자 남부 출신의 기독교 은자. 이집트, 시칠리아, 크로아티아 등을 떠돌다 키프로스에서 생을 마쳤다고 한다.
****** 성 바르나바스(Barnabas) : 키프로스 태생의 사도. 바울과 함께 키프로스, 안티오키아 등을 돌아다니며 선교를 했다. 「사도행전」 14장 참조.

[그림 5-2] 키프로스인들의 사냥을 돕는 파피온

구덩이를 파고는 이를 정성껏 다진다. 그리고 식사를 할 때 그 구덩이
안으로 들어가 앉는다. 그들은 음식을 더 신선하게 유지하기 위해 이
렇게 한다. 그곳은 우리가 사는 곳보다 훨씬 덥기 때문이다. 큰 잔치를
열거나 손님이 있을 때에는 우리와 마찬가지로 식탁을 놓기도 하지만,
그들은 본래 땅에 앉아 먹는 것을 좋아한다.

  키프로스에서 바다를 이용해 예루살렘으로 가려는 사람은 순풍이
도우면 하루 밤낮이면 티레* 항에 다다를 수 있다. 수리Surrye라고도 불
리는 그곳은 그리스도교인들이 살던 크고 아름다운 도시였지만 지금
은 사라센인들에게 대부분 파괴되었다. 사라센인들은 그리스도교인
들의 공격을 두려워해서 그 항구를 단단히 지키고 있다. 키프로스를
들르지 않고 티레로 곧바로 갈 수도 있으나 대부분의 사람들이 항해에

* 티레(Tyre) : 키프로스 섬과 마주보고 있는 레바논 남부의 항구도시

필요한 물품을 얻고 휴식을 취하려고 키프로스를 거친다. 티레의 해변에는 루비가 셀 수 없이 많이 널려 있다. 그리고 성서에서 "정원의 샘, 생수가 솟는 우물*(Fons ortorum, et puteus aquarum viventium)*"[12]이라고 나타낸 우물도 있다.

티레의 한 여인이 주님에게 이렇게 말했다. "당신을 낳은 태와 당신이 빤 젖꼭지에 축복이 있기를*(Beatus venter qui te portavit, et ubera que succisti)*"[13] 그리고 주님은 티레에서 가나안 여인의 죄를 용서해 주셨다.[14] 티레의 입구에는 오래 전에 주님이 걸터 앉아서 설교를 하시던 바위가 있는데, 지금 그 위에는 성 구세주의 교회가 세워져 있다.

티레에서 해안을 따라 동쪽으로 8마일 정도 떨어져 있는 곳에는 시돈 사람들이 사렙트Sarept라고 부르는 사르펜이라는 도시가 있다.[15] 예언자 엘리야가 살았던 곳으로, 그곳에서 그는 과부의 아들 요나를 죽음에서 살려냈다.[16] 사르펜에서 5마일 떨어진 곳에는 시돈* 시가 있다. 〔로마의 건국 시조로 알려진 트로이의 영웅〕아이네이아스의 연인인 디도**가 그곳에서 태어났다. 트로이가 함락된 뒤 그녀는 아프리카에 카르타고를 세웠는데, 지금은 시돈 사예트Sidon Sayete라고 불린다.[17] 디도의 아버지인 아게노르***는 티레의 통치자였다. 시돈에서 16마일 떨어진 곳에는 베이루트 시가 있고, 베이루트에서 3일 정도의 거리에는 사르데나르가 있다.[18] 그리고 사르데나르에서 다시 5마일 정도 떨어진 곳에는

---

* 시돈(Sidon) : 레바논 남부의 항구도시로 지금은 사이다(Saida)라고 불린다.
** 디도(Dido) : 그리스 로마 신화에 나오는 카르타고의 여왕이다. 카르타고로 표류해온 트로이의 영웅 아이네이아스를 도와서 그의 연인이 되었으나, 아이네이아스가 떠나자 절망하여 불속으로 뛰어들어 자살했다.
*** 아게노르(Agenor) : 그리스 로마 신화에 나오는 티레의 왕이다. Pseudo-Apollodorus, *Bibliotheca*, 2. 10와 Pseudo-Hyginus, *Fabulae*, 157 참조; 그러나 아게노르의 쌍둥이 형제인 벨로스(Belus)가 디도의 아버지로 나오는 경우도 있다. Pseudo-Hyginus, *Fabulae*, 243와 Vergilius, *Aeneis*, 1. 621 참조.

다마스쿠스*가 있다.

　바다에서 오랜 시간을 보내더라도 뱃길을 이용해 바로 예루살렘으로 접근하려는 사람은 키프로스에서 배를 타고 야파로 가면 된다. 그곳은 예루살렘에서 가장 가까운 항구로 기껏해야 하루반나절 정도의 거리이다. 야파라는 명칭은 노아의 후손 가운데 하나이자 그 도시의 설립자인 야벳**에게서 비롯되었다. 지금 그 도시는 요파Joppa라고도 불린다. 그대는 이 도시가 노아의 홍수가 일어나기 전에 세워진, 세상에서 가장 오래된 도시 가운데 하나라는 사실을 알아야 한다. 그리고 그곳에 가면 거인 안드로메다가 쇠사슬에 묶여 있었던 바위 하나를 볼 수 있다.[19] 노아의 홍수가 일어나기 전에 붙잡혀 있었다는 그 거인은 갈비뼈 하나의 길이가 무려 40피트(약 12m)나 되었다고 한다.

　앞서 말한 티레 항구에 상륙했다면 육로를 택해 예루살렘으로 가도 된다. 티레에서 하루 정도 가면 톨로마이다Tholomaida라고도 불리는 아크레*** 시가 나온다. 그곳은 그리스도교인들의 매우 번화한 도시였으나 지금은 파괴되었다. 그 도시는 해안가에 있는데, 베네치아까지 뱃길로 2080롬바르드마일 떨어져 있다. 〔이탈리아 남부〕칼라브리아나 시칠리아에서 아크레까지는 뱃길로 1300롬바르드마일 떨어져 있으며, 그 바로 한가운데에 크레타 섬이 있다.

　아크레에서 해안을 따라 120펄롱(약 24km) 나아가면 남쪽에 예언자 엘리야가 살았던 카르멜 산이 나온다. 그곳은 카르멜 탁발수도회가****

---

* 다마스쿠스(Damascus)：시리아의 수도. '동양의 진주'라고 불렸으며, 이슬람제국의 수도이기도 했다.
** 야벳(Japhet)：노아가 500살에 얻었다는 세 아들 가운데 하나. 성서에 따르면 '야벳, 셈, 함' 3형제로부터 온 세상의 사람들이 퍼져갔다고 한다. 「창세기」 5:32, 9:18-27 참조.
*** 아크레(Acre)：이스라엘 북서부의 항구도시로 지금은 아코(Akko)라고 한다.
**** 카르멜 회(Carmelites)：청빈을 강조하고 걸식과 자선금으로 생활한 중세 탁발수도회

[그림 5-3] 멘논의 모래구덩이

처음 설립된 장소이기도 하다. 그 산은 높지도 거대하지도 않다. 예전에 그 기슭에는 카야파[*]가 처음 세운 도시여서 카이파Cayphas라고 불렸던 그리스도교인들의 아름다운 도시가 있었으나 지금은 완전히 폐허가 되었다.[20] 카르멜 산 왼쪽의 구릉에는 사람들이 사프레라고 부르는 마을이 있다.[21] 〔형제 사도였던〕 성 야고보과 성 요한의 고향인 그곳에는 그들을 기리는 아름다운 교회가 세워져 있다. 한편, 아크레에서 '티레의 사다리'라 불리는 거대한 산[22]까지의 기리는 100펄롱(약 20km)이다.

가운데 하나이다. 12세기 무렵 카르멜 산에 처음 정착했으며, 1226년 교황 호노리우스 3세(Honorius III, 재위 1216~1227)에게 정식 승인을 얻었다.

* 카야파(Caiaphas) : 예수의 재판을 주재한 대제사장의 이름이기도 하다. 「마태오복음서」26:57 참조.

멘논의 구덩이

아크레 시 인근에는 벨론[23]이라는 작은 강이 흐른다. 그리고 그 근방에는 둥그런 '멘논의 구덩이'가 있다. 그것의 폭은 100큐빗(약 45m)으로 아름답고 깨끗한 유리를 만들 수 있는 반짝이는 모래로 가득 차 있다. 사람들은 그 모래를 얻으려고 먼 나라에서 배를 타고 바다를 건너오기도 하고 육로로 마차를 타고 오기도 한다. 낮에 모래를 아무리 많이 채취해도 다음날 아침이면 원래대로 모래가 가득한데 이는 참으로 경이로운 일이다.[24] 구덩이 안에는 늘 거센 바람이 불어서 모래를 휘저어 소용돌이를 만들어 놓는다. 어떤 금속이라도 그 안에 던져 넣으면 곧바로 유리로 변한다. 그리고 그곳 모래로 만들어진 유리를 다시 구덩이 안으로 집어넣으면 본래의 모래로 돌아가는데, 이것을 두고 사람들은 모래바다[25]가 삼켰다고 말하기도 한다.[26]

앞서 말한 아크레에서 4일[27]을 더 가면 팔레스타인의 도시가 나온다. 오늘날 가자*라고 불리는 그 도시는 옛날에는 필리스티아인**이 살고 있었는데, 활기가 넘치고 부유하며 매우 화려하다.[28] 인구도 많고 바다와도 가깝다. 힘센 장사인 삼손은 이 도시의 성문을 산꼭대기로 옮겨버렸다.[29] 그는 붙잡히게 되자 왕과 궁전 안의 수많은 필리스티아인들을 죽이고 자신도 목숨을 끊었다. 삼손이 붙잡힌 것은 그의 정부情婦였던 델릴라***의 배신 때문이었다. 필리스티아인들은 삼손의 두 눈을 멀

---

* 가자(Gaza) : 팔레스타인 남서부 가자지구에 있는 항구도시. 고대부터 지중해와 이집트를 잇는 무역 중계지 역할을 했다.

** 필리스티아인(Philistines) : 성서에서는 블레셋인(Pleshet)이라고 부르고, 필리스테인이라고도 한다. 팔레스타인이라는 지명도 이들의 명칭에서 비롯되었다. 기원전 13세기 무렵부터 팔레스타인에 정착했으며 구약성서에 유대민족의 강력한 적으로 등장한다. 다윗 왕이 싸운 골리앗도 필리스티아인 전사였다.

*** 델릴라(Delilah) : 데릴라, 달리다(Dalida)라고도 한다. 필리스티아의 제후들과 짜고 삼손에게 접근해 그의 힘이 머리카락에서 나온다는 사실을 알아냈다. 「판관기」

[그림 5-4] 가자의 궁궐을 무너뜨린 삼손

게 하고 머리카락을 잘라 감옥에 가두어 놓고는 조롱했다. 그래서 삼
손은 그들이 연회를 벌이는 동안 궁전을 무너뜨린 것이다.[30]

이제 가자를 출발해 카이사레아로 가라. 그리고 순례자의 성[31]을 거
쳐 아스칼론[32]으로 가라. 거기에서 다시 길을 떠나 야파를 지나면 예루
살렘으로 갈 수 있다.[33]

하지만 여러 나라들을 무사히 두루 다닐 수 있는 허가를 받으려고
술탄이 머무르고 있는 소 바빌론으로 먼저 향하는 사람이나 예루살렘
에 들어가기 전에 시나이 산*을 먼저 들르려는 사람은 가자에서 다이

16:4-22 참조.
* 시나이 산(Mt. Sinai) : 아프리카와 아시아를 잇는 육상 교통로인 이집트 시나이 반도
의 중남부에 있는 산이다. 모세가 십계명을 받은 장소이자 무함마드가 맹세를 한 대상
으로 유대교 · 그리스도교 · 이슬람교 모두 중요한 성지로 여긴다.

레 성[34)]으로 나아가는 것이 좋다.

시리아를 벗어나면 황량한 들판에 들어서게 되는데 길이 온통 모래이다. 8일 동안이나 황야와 사막이 계속 이어지지만 필요한 식량과 물, 좋은 잠자리는 도중에 언제라도 구할 수 있다. 사람들이 아켈렉Achellek이라고 부르는 그 사막을 빠져나오면 이집트로 들어서게 된다. 이집트 사람들은 그곳을 이집트 카노팟Egipt Canopat이라고 부르는데[35)] 다른 나라 사람들은 모르신Morsyn이라고도 한다.[36)]

거기에서 맨 처음 만나게 되는 훌륭한 도시는 벨렛[37)]이다. 알레포 왕국*의 국경으로, 그곳에서 그대들은 소 바빌론이나 카이로**로 나아갈 수 있다.

---

* 알레포(Aleppo) 왕국 : 시리아 북서부에 있던 고대 도시국가. 판본에 따라 할라피(Halappee)나 할로프(Halope) 왕국 등으로 나오는데, 이는 알레포의 아랍어 명칭인 '할랍(Ḥalab)'에서 비롯된 것으로 보인다.
** 카이로(Cairo) : 이집트의 수도로 나일 강 하류에 위치한 아프리카 최대의 도시이다.

6장

다섯 왕국을 다스리는 바빌론의 술탄

소 바빌론의 술탄

소 바빌론에는 성모를 기리는 아름다운 교회가 있다. 그녀는 헤롯 왕에 대한 두려움 때문에 유대 땅에서 도망쳐 나와 그곳에서 7년을 살았다.[1] 동정녀 순교자 성 바르바라*의 유해도 그곳에 안치되어 있다. 형제들 때문에 이집트로 팔려간 요셉이 살았던 곳도 소 바빌론이다.[2]

네부카드네자르 왕**은 그곳에서 참된 신앙을 지녔다는 이유로 세 아이들을 불구덩이에 던져 넣었다. 「베네디치테 찬가」***에 따르면 그 세 아이의 이름은 하난야Anania, 아자르야Azariah, 미사엘Mishael이었다. 그러나 네부카드네자르 왕은 그들을 사드락Shadrach, 메삭Meshach, 아벳느고

---

* 성 바르바라(Barbara : 그리스도교를 믿는다는 이유로 아버지에게 죽임을 당한 3세기의 동정녀 순교자.

** 네부카드네자르(Nebuchadnezzar, 재위 BC 605~BC 562) : 예루살렘을 파괴하고 왕과 주민들을 바빌론에 포로로 잡아두었다는 바빌로니아의 왕이다. 그러나 맨더빌은 여기에서 메소포타미아의 대 바빌론과 이집트의 소 바빌론을 혼동하고 있다. 네부카드네자르는 대 바빌론의 통치자였다.

*** 베네디치테 찬가(Benedicite) : '세 소년의 송가'라고도 한다. 「다니엘서」 3:51-90에서 따온 구절로 이루어져 있다.

Abednego라고 불렀다.[3] 이는 각각 영광스러운 신, 승리하는 신, 모든 왕국과 만물을 지배하는 신이란 뜻이었다. 왕은 신의 아들이 그 아이들과 함께 불구덩이에 있는 기적을 목격하고 그것을 증언했다.[4]

소 바빌론에는 암벽 위에 세워진 칼라헬리크라는 매우 튼튼하고 아름다운 커다란 성이 있다.[5] 술탄은 평상시에 그 성에 머무른다. 그곳에는 술탄을 섬기고 성을 지키기 위해 늘 6,000명 이상의 신하들이 머무르고 있는데,[6] 성 안에는 그 정도의 인력을 유지하기 위한 모든 것이 갖추어져 있다. 나는 그 궁전에 대해 매우 잘 알고 있다. 술탄과 함께 살면서 군인 신분으로 그의 베두인족*의 토벌에도 오랜 기간 참가했기 때문이다. 그는 내게 신앙과 믿음을 저버린다면 대군주의 딸과 성대하게 결혼시켜 주겠다고도 했다. 그러나 다행히도 나는 그 제안을 받아들이지 않았다.

그대들은 이 술탄이 다섯 왕국을 다스리고 있다는 사실을 알아야 한다. 모두 그가 힘으로 정복해서 손에 넣은 것들이다. 바로 이집트의 카노팟Canapac 왕국, 다윗과 솔로몬이 왕으로 있던 예루살렘 왕국, 다마스쿠스가 수도인 시리아 왕국, 마트 땅에 세워진 알레포 왕국, 주님이 태어났을 때 선물을 바친 세 명의 왕들[7] 가운데 한 명이 다스렸던 아라비아 왕국이다.

술탄은 이 밖에도 많은 지역들을 다스리고 있다. 그는 칼리프**라고

---

* 베두인 족(Bedouins): 아라비아 반도 내륙부를 중심으로 시리아, 북아프리카 등지의 사막에 사는 아랍계 유목민 부족. 맨더빌은 베두인 족을 매우 호전적인 사람들로 묘사하고 있다. 9장 참조.
** 칼리프(caliphs) : 정치와 종교의 권력을 모두 갖는 이슬람 교단의 지배자를 가리키는 말이다. '상속자, 대리인'을 뜻하는 아라비아어 칼리파(khalifa)에서 비롯되었으며, 무함마드의 후계자를 뜻한다. 이에 반해 술탄(Sultan)은 '힘, 지배, 통치권'을 뜻하는 아라비아어에서 유래한 말로 칼리프에게서 정치적 권한을 위임받아 특정 지역을 통치하는 자를 뜻했다. 칼리프는 술탄에게 지배의 정당성을 제공하는 대신 그의 비호를 받았다. 그

도 불린다. 칼리프는 그 나라 말로 매우 고귀하고 명예로운 존칭으로 왕이라는 칭호와 마찬가지다.

예전에는 다섯 왕국에 각각 술탄이 있었으나 지금은 이집트의 술탄만이 존재한다. 제1대 이집트 술탄은 메디아 사람이자 살라딘*의 아버지인 자로콘Zarocon이다.[8] 그는 이집트의 칼리프를 잡아 죽이고 무력으로 술탄이 되었다. 그의 뒤를 이어 살라딘이 술탄이 되었고, 살라딘의 치세에 잉글랜드 왕 리처드 1세**가 다른 많은 이들과 함께 쳐들어왔으나 살라딘에게 가로막혔다. 살라딘의 자리는 아들 보라딘Boradyn이 계승했고, 보라딘의 자리는 살라딘의 조카가 물려받았다.[9]

그 뒤 이집트의 노예였던 쿠만인들이 자신들이 가진 큰 힘을 깨닫고는 그들 가운데서 술탄을 뽑아 멜레크살란Melechsalan이라고 불렀다.[10] 그의 치세에는 프랑스의 루이 성왕***이 와서 그와 맞섰다. 그는 루이 성

래서 중세 작가들은 칼리프를 교황, 술탄을 왕에 빗대어 구분하기도 했다.

* 살라딘(Saladin, 재위 1174~1193) : 이집트 아이유브 왕조의 시조. 시리아의 술탄 누르 앗딘(Nur ad-Din, 재위 1146~1174)이 어린 아들만 남기고 죽자 이집트와 시리아를 모두 손에 넣은 술탄이 되었다. 그는 이집트의 카이로를 수도로 삼았으며, 1187년에는 십자군을 격파하고 예루살렘을 탈환했다.

** 리처드 1세(Richard I Lion-Hearted, 재위 1157~1199) : 잉글랜드 플랜태저넷 왕조의 왕. 전쟁터에서의 용맹함으로 '사자의 심장을 가진 왕'으로도 불렸다. 살라딘의 예루살렘 탈환 소식을 듣고 신성로마제국의 프리드리히 1세, 프랑스의 필리프 존엄왕과 함께 제3차 십자군을 결성해 원정에 나섰다. 프리드리히 1세가 진군 중에 익사하고 필리프 존엄왕이 돌아가 버렸는데도 리처드 1세는 홀로 남아 살라딘과 싸웠다. 살라딘과 리처드 1세가 전쟁 중임에도 서로에게 보였던 관심과 호의, 전장에서의 무훈은 중세 사료와 문학작품을 통해 널리 알려졌다.

*** 루이 성왕(Saint Louis, 재위 1226~1270) : 프랑스 카페왕조의 왕. 1248~1250년까지 제7차 십자군 전쟁을 이끌었다. 1248년 조직한 십자군으로 1249년 이집트 공격을 시작해 그해 6월 다미에타를 점령했다. 그 뒤 카이로로 진격했으나 실패하고 1250년 4월 퇴각하다가 이집트 군대에 붙잡혔다. 그는 오랜 협상 끝에 다미에타를 반환하고 거액의 몸값을 지불하고서야 풀려났다.

왕을 붙잡아 감옥에 가두었다. 이 술탄은 자신의 부하들에게 살해당했다.[11] 그 뒤 다른 자가 술탄으로 선출되어 팀피에만Tympieman이라고 불렸다.[12] 그는 몸값을 받고 루이 성왕을 풀어주었다. 그 뒤 카카스Cachas라고 불리던 쿠만인 가운데 하나가 팀피에만을 죽이고 술탄이 되어, 스스로를 멜레케메스Melechemes라 칭했다.[13] 그 뒤 벤도크다레Bendochdare라는 자가 멜레케메스를 죽이고 술탄이 되어, 스스로를 멜레크다레Melechdare라고 칭했다.[14] 그의 치세에는 잉글랜드의 에드워드 선량왕*이 시리아를 공격해 사라센인들에게 커다란 타격을 입혔다. 멜레크다레는 다마스쿠스에서 독살되었다. 전통에 따라 그의 아들이 뒤를 이어 스스로를 멜레스크사크Meleschsach라 칭했다.[15] 그러나 엘피Elphy란 자가 그를 쫓아내고 술탄이 되었다.[16] 그는 서기 1289년 트리폴리를 점령해 수많은 그리스도교인들을 죽였다. 그 뒤 엘피는 술탄이 되려고 한 다른 자에게 사로잡혀 감옥에 갇혔다. 그러나 엘피를 가둔 자는 곧 죽임을 당했다. 그 뒤 엘피의 아들이 술탄으로 선출되어 스스로를 멜레타세라프Mellethasseraf라 칭했다.[17] 그는 아크레를 점령하고 그리스도교인들을 내쫓았다. 그러나 그도 독살되었다. 그 뒤 그의 형제가 술탄이 되어 멜레크나세르Melechnasser라고 불렸다.[18] 하지만 구이토가Guytoga라는 자가 그를 붙잡아서 몬트로얄Mountroyal 성의 감옥에 가두고는 무력으로 술탄의 자리에 올라 스스로를 멜레크카델Melechcadell이라 칭했다.[19] 그는 타타르인이었는데, 쿠만인들에게 쫓겨나는 비통함을 겪었다.

그 뒤 쿠만인들은 자신들 가운데서 라친Lachyn이라는 자를 술탄으로

* 에드워드 1세(Edward I, 재위 1272~1307): 긴 다리 왕이라 불렸던 잉글랜드의 왕이다. 왕세자 시절 기독교 거점도시였던 안티오크가 바이바르스의 이슬람군에게 함락되었다는 소식을 듣고 십자군을 결성해 1271년 시리아의 아크레를 공격했다. 몽골군과 연합하여 바이바르스에게 대항하다 휴전협정을 맺었다. 1272년 아버지인 잉글랜드의 왕 헨리 3세가 사망했다는 소식을 듣고 급히 귀국해 왕위에 올랐다.

선출했다.[20] 그는 스스로를 멜레크만세르Melechmanser라 칭했다. 어느 날 라친이 칼을 옆에 놓고 체스를 두고 있을 때 그에게 분노한 자가 그 칼로 그를 죽이는 일이 벌어졌다. 다음 술탄을 뽑기까지 큰 대립이 있었다. 마침내 그들은 멜레크나세르를 술탄으로 삼았다. 그는 앞서 구이토가가 몬트로얄 성에 가두었던 술탄이다. 멜레크나세르는 오랜 기간 통치를 이어갔다. 그 뒤를 이어 술탄이 된 그의 큰 아들은 멜레크마데르Melechmader라고 불렸다.[21] 그러나 그는 권좌를 노린 형제에게 남몰래 살해되었다. 새로 술탄이 된 자는 멜레크마다브론Melechmadabron이라고 불렸는데,[22] 내가 그 나라들을 떠나올 때는 그가 술탄이었다.

그는 이집트에서 2만 명 이상을 병력으로 모을 수 있고, 자신의 지배 아래 있는 시리아와 투르크 등지에서도 5만 명의 군대를 모을 수 있었다. 군인들은 모두 술탄에게서 급여와 필요한 물품을 지급받는다. 그들은 해마다 1인당 120플로린*을 받는데, 그 대신 말 3마리와 낙타 1마리를 가지고 있어야 했다. 도시와 마을에는 이러한 사람들을 통괄하는 대장이 있다. 이들은 저마다 400명이나 500명, 때로는 그 이상이나 훨씬 더 많은 병사들을 지휘한다.[23] 그리고 자신들이 지휘하는 병사들의 숫자만큼 급여를 받는다. 따라서 술탄은 유능한 기사를 승진시키려 할 때면 우선 그를 대장으로 임명한다. 그러나 나라에 기근이 생겨 살기 어려워지면 기사들은 자신의 말과 마구馬具를 모두 팔아 치운다.

이 술탄에게는 4명[24]의 부인이 있다. 한 명은 그리스도교인이고 나머지 세 명은 사라센인이다. 한 명은 예루살렘에 살고 있으며, 다른 부인들은 다마스쿠스와 아스칼론에 거주한다. 그러나 필요에 따라 그녀들의 거처는 자주 옮겨진다. 술탄은 그가 바랄 때면 언제든지 그녀들

---

* 플로린(florin) : 1252년 발행된 피렌체 금화로 16세기까지 유럽과 지중해 무역에서 국제통화의 역할을 했다.

을 방문한다. (때로는 여행길에 함께 데려가기도 한다.)

나아가 술탄은 바라는 만큼 후궁을 거느릴 수 있다. 술탄이 어딘가에 도착하면 그곳에서 가장 신분이 높고 아름다운 처녀들을 불러모은다. 그는 그녀들을 거처에 대기시켜 놓고 정중하게 대접한다. 그리고 그들 가운데 누군가를 품고 싶을 때에는 모든 처녀들을 자신의 앞에 불러낸 다음 손가락의 반지를 뽑아 가장 마음에 든 처녀에게 건네거나 던져준다. 그러면 사람들은 그 여자를 씻기고 화려하게 차려입히고는 감미로운 향유를 발라 술탄의 침실로 들여보낸다. 술탄은 기분이 내키면 언제든 그렇게 한다.

이방인이 술탄 앞에 나설 때는 반드시 금실이나 타타르의 비단, 아니면 카마카*로 만든 옷을 입어야 한다. 사라센인과 같은 복장을 해야하는 것이다. 그리고 술탄과 눈을 마주치면 그곳이 창가든 어디든 가리지 않고 곧바로 그 자리에 엎드려 바닥에 입을 맞춰야 한다. 술탄과 대화를 나누려면 그렇게 경의를 보이는 것이 관례이기 때문이다.

먼 나라의 사신들이 술탄을 방문해 말을 전하려 할 때면, 술탄의 신하들이 칼과 기자르므**, 도끼 등을 손에 쥐고 높이 치켜든다. 사신이 술탄을 불쾌하게 만드는 말을 하면 곧장 베어버리기 위해서이다. 그러나 이국인이 술탄을 만나 무엇인가를 요청하면, 술탄은 그것이 온당하고 법에 저촉되지 않는 한 반드시 그 사람이 바라는 것을 들어준다. 저 너머의 군주들도 마찬가지다. 누구든지 군주들을 만나고 떠날 때에 더 기쁘게 되지 않는 사람은 없었다.

---

* 카마카(camaka) : 커다란 패턴의 무늬가 특징인 근동 지방의 비단. 13~14세기에 유럽에서도 큰 인기를 끌어 비싸게 거래되었다.
** 기자르므(gisarme) : 안으로 구부러진 가늘고 긴 날이 자루 끝에 달려 있는 장창.

대 바빌론과 바벨탑

이제까지 내가 말한, 술탄이 살고 있는 소 바빌론은 거대한 바벨탑을 세워 신의 분노를 사서 언어의 혼란이 생긴[25] 대 바빌론이 아니라는 사실을 분명히 기억해 두어야 한다. 칼데아 왕국으로 가는 길의 드넓은 아라비아 사막에 있는 바벨탑은 높이가 64필롱(약 12.9km)이나 된다. 이미 오래 전부터 아무도 그 탑 가까이로 가려 하지 않는다. 완전히 버려진 그곳에는 용과 거대한 뱀만이 아니라 온갖 종류의 독을 가진 짐승들이 우글거린다. 그 지방 사람들의 말에 따르면, 그 도시를 에워싸고 있는 탑의 둘레는 대략 25마일에 이른다고 한다. '탑'이라고 부르지만 그 안에는 수많은 집들과 대규모 거주지들이 있었다. 탑의 네 변이 각각 10마일이나 되어 커다란 나라도 들어갈 수 있었기 때문이다.

이 탑을 세운 것은 그 나라의 왕이었던 니므롯*이다. 그는 지상의 첫번째 왕이었다. 니므롯은 자기 아버지의 모습을 본뜬 형상을 만들어 백성들에게 숭배하라고 강요했다. 다른 왕들도 이를 따라했고, 그렇게 해서 우상숭배가 시작되었다.

대 바빌론은 사람들이 사마르Samar라 부르는 아름다운 평야 위에 있다.[26] 한때 깊이가 50큐빗(약 23m)에 높이는 200큐빗(약 91m)이나 되는 성벽이 그 도시를 에워싸고 있었으며, 유프라테스 강이 도시 곳곳과 탑 주변을 흘렀다. 그러나 페르시아의 키루스 왕**은 그 강물을 막고, 도시와 탑도 모두 파괴했다. 그는 유프라테스 강이 360개의 작은 하

---

* 니므롯(Nimrod) : 지상 최초의 장사이자 권력자로 아시리아를 통치했다고 전해진다. 「창세기」 10:8-10 참조.

** 키루스 대왕(Cyrus the Great, 기원전 6세기?) : 페르시아제국 아케메네스 왕조의 시조이다. 막강한 군사력과 수완을 이용해 소아시아와 중앙아시아 일대를 장악했다. 크세노폰(BC 430~BC 354)의 『키로파에디아(Cyropaedia)』에 따르면 키루스 대왕은 유프라테스 강의 물줄기를 돌려서 바빌론을 정복했다고 한다.

천으로 나뉘어 흐르게 했다. 그는 여자도 무릎을 적시지 않고 그 강을 건널 수 있게 만들겠다고 굳게 맹세를 했고, 정말로 그렇게 했다. 그의 유능한 부하 가운데 상당수가 그 강을 헤엄쳐 건너다 빠져죽는 일이 있었기 때문이다.

술탄이 살고 있는 소 바빌론에서 사막을 가로질러 북동쪽으로 40일 정도 곧장 가면 대 바빌론에 다다를 수 있다. 대 바빌론은 술탄의 지배를 받지 않고, 페르시아 왕이 다스린다. 그러나 페르시아 왕도 저 너머의 모든 세계를 지배하는 최고 군주이자 그야말로 위대한 황제인 대 칸Great Chan의 아래에 있다. 대칸은 카타이의 섬들과 그 밖의 다른 많은 섬들, 그리고 인도 대부분을 통치하고 있다. 그의 영토는 사제왕 요한*의 나라와 맞닿아 있으며, 헤아릴 수 없을 정도로 크고 넓다. 그는 술탄과는 견줄 수 없을 만큼 위대하고 강력한 군주이다. 그가 가지고 있는 드넓은 영토와 권력에 대해서는 나중에 인도에 대해 이야기할 때 더 자세히 말할 것이다.

아라비아와 메소포타미아

커다란 아라비아 사막에는 메카라는 도시가 있는데, 사라센인들이 무스케트Musketh**라고 부르는, 그곳의 사원에는 무함마드의 유해가 엄숙하게 안치되어 있다. 술탄이 살고 있는 소 바빌론에서 메카까지는 32일 정도가 걸린다.

아라비아 왕국은 매우 넓지만 대부분이 사막이다. 사막은 물이 부족

---

* 사제왕 요한(Prester John) : 동방 어딘가에 강대한 기독교 국가를 건설했다고 전해지는 전설 속의 인물로 '프레스터 존'이나 '프레스터 요한'이라고도 한다.
** 이슬람 공동체의 신앙중심지인 모스크(mosque)를 가리킨다.

하고 토양이 자갈과 모래뿐이어서 사람이 살기 어렵다. 그리고 지나치게 건조하고 수분이 없어 아무것도 자라지 않는다. 하지만 사람이 살 수 있는 지역에는 인구가 꽤 많다. 강과 샘이 있고 토양도 여느 곳과 같았다면 훨씬 더 많은 사람들이 살았을 것이다. 아라비아 왕국은 칼데아 왕국의 국경에서 아프리카의 경계까지 길게 펼쳐져 있고, 보트론 부근[27]의 이두메아 땅과도 맞닿아 있다.[28] 칼데아 왕국의 수도는 바그다드이다. 그리고 아프리카의 수도는 아이네이아스의 아내인 디도가 세운 카르타고이다. 아이네이아스는 트로이에서 건너와 이탈리아의 왕이 된 사람이다.

아라비아 사막에 인접해 있는 메소포타미아도 드넓은 지역이다. 그곳의 하란 시는 〔유대 민족의 시조인〕 아브라함의 아버지가 거주했던 곳이다. 아브라함은 천사의 계시를 받고 그곳을 떠났다.[29] 위대한 학자이자 교부인 에프렘*도 그곳 출신이다. 성모 마리아가 악마와의 계약에서 구해준 테오필루스**도 그 도시에서 왔다.[30] 메소포타미아가 유프라테스 강에서 티그리스 강까지 이른다고 하는 이유는 그 지역이 두 강 사이에 있기 때문이다.

티그리스 강 너머에는 강대한 칼데아 왕국이 있다. 앞서도 말했듯이 이 나라에는 바그다드 시가 있는데, 거기에는 아라비아인들의 교황이자 황제인, 다시 말해 영적 세계와 세속 세계 모두의 주인인 칼리프가 살고 있다. 그는 무함마드 일족의 후계자이다. 예전에는 수티스Sutis라고 불리기도 했던 바그다드는 네부카드네자르가 세운 도시이다. 거룩

---

* 에프렘(Ephrem, 306~373) : 시리아에서 활동한 초기 기독교 신학자
** 테오필루스(Theophilus the Penitent, ?~538) : 소아시아 남부 아다나(Adana) 교구의 부주교. 주교 자리를 놓고 악마와 계약을 맺었다가 뉘우치고 성모 마리아에게 용서를 빌었기 때문에 '참회자 테오필루스'라고 불린다.

한 예언자 다니엘*도 그곳에 살면서 하늘의 환시들을 보고, 꿈들을 풀이해 주었다.

과거에는 3명의 칼리프가 있었다. 아라비아와 칼데아의 칼리프는 앞서 말한 바그다드에 살았고, 이집트의 칼리프는 소 바빌론 부근의 카이로에 머물렀다. 바르바리**와 아프리카 사람들의 칼리프는 서쪽바다의 모로코에 살았다. 그러나 지금은 칼리프들이 존재하지 않는다. 술탄 살라딘의 시대부터 그러했다. 살라딘과 그의 뒤를 이은 술탄들이 스스로를 칼리프라 칭했으므로 칼리프들은 자신들의 직책을 잃어버렸다.

낙원에서 발원한 기손 강

술탄이 사는 소 바빌론과 그 옆의 카이로는 모두 훌륭하고 아름다운 대도시이다. 바빌론은 기손Gyson 강 인근에 있다. 나일 강이라고도 불리는 그 강은 지상낙원에서 흘러나온 것이다.[31] 그 강은 해마다 태양이 황도십이궁의 게자리Cancer에 들어서면 범람하기 시작한다. 그리고 태양이 게자리와 사자자리Leo에 있는 동안 계속해서 넘쳐흐른다. 어떤 때는 범람한 강물의 깊이가 20큐빗(약 90cm)에 이르기도 하는데, 넘쳐흐른 강물로 인근의 경작지는 큰 피해를 입는다. 이 시기에는 물이 너무 많아서 아무도 농사를 지으려고 하지 않는다. 강물이 너무 적게 밀려와 물이 부족할 때도 마찬가지다. 태양이 처녀자리Virgo에 들어서면

---

* 다니엘(Daniel) : 구약성서 「다니엘서」의 주인공. 어린 시절 네부카드네자르 왕에게 포로로 잡혀 바빌론으로 끌려왔으나 재능을 인정받아 왕의 관리로 발탁되었다. 예언 능력이 뛰어나 예언자 다니엘이라고도 불렸다.

** 바르바리(Barbary) : 이집트 서부에서 대서양에 이르는 아프리카 북부 지역이나 그곳에 있던 국가를 가리키는 말

강물은 점차 줄어들며 빠지기 시작한다. 그리고 태양이 천칭자리Libra에 들어서면 마침내 원래의 강줄기로 돌아간다.*

낙원에서 발원한 기손 강은 인도의 사막을 가로지르며 땅속으로 들어가 여러 나라의 지하를 흐른다. 그리고 알로트Aloth라 불리는 고원지대에서 다시 땅 위로 모습을 드러낸다. 그곳은 인도와 에티오피아의 중간지점으로 에티오피아로 들어서는 곳에서 다섯 달의 거리에 있다. 뒤이어 강물은 에티오피아와 마우레타니아** 여기저기를 흐르다 이집트로 들어서고, 이집트 땅을 가로질러 그 끝의 알렉산드리아 시에 다다른다. 그리고 이집트 북단에서 바다로 흘러들어간다. 이 강 주변에는 시코니에스 같은 새와 가금류들이 많이 사는데, 그 지방 사람들은 시코니에스를 이베스Ibes라고 부른다.[32]

---

* 게자리는 6월 21일~7월 22일, 사자자리는 7월 23일~8월 22일, 처녀자리는 8월 23일~9월 22일, 천칭자리는 9월 23일~10월 22일에 해당한다.
** 마우레타니아(Mauretania) : 아프리카 북서부 지역이나 그곳에 있던 베르베르인의 국가를 가리키는 말

7장

이집트

이집트의 국토

이집트의 국토는 길고 좁다랗게 쭉 뻗어 있다. 물이 부족한 사막 쪽으로는 거주 지역을 넓힐 수 없기 때문이다. 사람들은 나일 강을 따라서 살고 있으며, 나일 강의 물길이 닿는 곳까지가 국토의 범위이다. 그곳은 비가 오지 않거나, 내려도 아주 적은 양에 지나지 않으므로 강물이 범람하는 것 말고는 물을 구할 방법이 없다. 하지만 비가 내리지 않는 대신에 공기는 언제나 맑고 깨끗하다. 그 나라에서 뛰어난 천문학자들이 나오는 까닭도 구름의 방해를 받지 않고 하늘을 볼 수 있기 때문이다. 카이로는 소 바빌론보다 훨씬 큰 도시이다. 그것은 시리아 사막의 위쪽, 앞서 말한 나일 강의 약간 위쪽에 있다.[1]

이집트는 크게 두 부분으로 나뉜다. 에티오피아 쪽이 상 이집트이고, 아라비아 쪽이 하 이집트이다. (족장 요셉과 그의 후손들이 살았던) 라메세스와 고센도 이집트에 있다.[2]

이집트는 매우 부강한 나라이다. 그 나라에는 크고 위험한 바위들이 길목에 버티고 있어 접근하기가 쉽지 않은 항구들이 많다. 동쪽에는 코스톤 시³⁾까지 흘러들어오는 홍해가 있다. 그리고 서쪽에는 리비아가 있는데 매우 덥고 건조한 불모지라 어떤 과일도 열리지 않는다. 남쪽은 에티오피아이고, 북쪽은 시리아로 통하는 거대한 사막이다. 이처럼 이집트는 사방이 철옹성처럼 튼튼하다.

이집트를 종단하려면 사막을 두 개 이상 건너야 하므로 15일이 걸린다. 하지만 횡단할 때는 사막을 피해서 갈 수 있어서 3일밖에 걸리지 않는다.

이집트와 누비아 사이에는 지나는 데 12일이 걸리는 사막이 있다. 누비아 사람들은 그리스도교를 믿는데, 그들의 피부는 태양의 열기 때문에 무어인*들처럼 까맣다. (그들은 검은색이 아름답다고 생각하며, 검으면 검을수록 더 아름답게 여긴다. 그들은 천사와 악마를 색칠할 때에도 천사는 까맣게, 악마는 하얗게 칠한다. 심지어 태어난 아이가 그다지 까맣지 않으면 어떤 종류의 약품을 사용해서 까맣게 만든다.)

이집트에는 다섯 개의 지방이 있다. 바로 사이드Sahythe, 다만후르Demeseer, 나일 강의 섬인 라시드, 알렉산드리아, 다미에타이다. 다미에타는 아주 부강한 도시였으나 그리스도교인들에게 두 번 점령당했고, 나중에는 사라센인들의 공격을 받아 성벽과 요새가 무너졌다. 사라센인들이 바다 저 멀리에 신新다미에타라고 불리는 새로운 도시를 건립했으므로 지금은 아무도 더 이상 옛 다미에타에서 살지 않는다. 알렉산드리아는 다미에타와 마찬가지로 이집트의 항구 도시이다. 그곳은 매우 부강한 도시이지만 마실 물이 부족하다. 그래서 수로를 이용해 나일 강의 물을 끌어와서 저수지에 모아 놓고 사용하는데, 물길이 막히면 버틸 수가 없다. 이집트에 요새와 성이 적은 이유는 이처럼 나라 자체가 척박한 여건에 놓여 있기 때문이다.

---

* 무어인(Moors) : 8세기에 이베리아 반도를 정복했던 아랍계 이슬람교도들

어느 고결한 사람이 이집트 사막에 은자로 머무르고 있을 때였다. 그는 그곳에서 괴물과 마주쳤다. 그것은 인간도 짐승도 아닌, 뭐라고 말로 표현하기 어려울 정도로 추하고 기괴한, 말 그대로 괴물이었다. 거룩한 은자가 마주친 그 괴물은 사람의 형상을 하고 있었으나 이마에는 두 개의 뿔이 돋아 있었다. 그리고 배꼽 위로는 사람이었으나, 그 아래는 염소였다. 은자는 (신의 이름을 부르며) 너는 도대체 누구냐고 물었다. 그러자 그 괴물은 "저는 신의 피조물로 죽음을 피하지 못하는 생명입니다. 이 사막에 살면서 겨우 목숨을 부지하고 있습니다. 그러니 은자이시여. 부디 자비를 베풀어 저를 위해 신에게, 인류를 구원하기 위해 하늘에서 내려오셔서 성모 마리아에게서 태어나신 뒤 고난과 죽음을 겪으시고 우리를 살고 존재할 수 있게 해주신 그분에게, 기도를 올려 주십시오"라고 대답했다. 이 두 개의 뿔이 달린 괴물의 머리는 지금도 알렉산드리아에 경이로운 물건으로 보관되어 있다.[4]

불사조

이집트에는 태양의 도시 헬리오폴리스가 있다. 그리고 이 도시에는 예루살렘의 사원과 비슷한, 둥근 모양의 사원이 하나 세워져 있다. 그곳의 사제들은 피닉스phoenix라고 불리는, 세상에 오직 한 마리만 존재하는 새의 삶을 기록해 책으로 남겼다. 이 새는 500년을 살고 그 마지막 해에 사원으로 찾아와 제단 위에서 자신의 몸을 스스로 불태워 재로 변한다. 이것은 영원한 생명을 위해서이다.

(전해지는 책 덕분에 사제들은 피닉스가 찾아오는 500년째 되는 해를 알 수 있다.) 그 시간이 다가오면 그들은 제단을 깨끗이 하고, 그 위에 여

러 가지 향료와 유황 (노간주나무의 여린 가지) 등 불에 잘 타는 것들을 쌓아올린다. 그러면 얼마 지나지 않아 피닉스가 날아와 제단 위에 앉는다. 그리고 (날갯짓으로 그 재료들에 불을 붙이고는) 자신의 몸을 태워 재로 변한다. 다음날이 되면 재 안에서 벌레와 같은 것이 생겨나고, 이튿째에는 빠르게 완전한 모습의 피닉스로 변하며, 셋째 날에는 원래 살던 곳으로 날아간다. 그래서 피닉스는 언제나 이 세상에 오직 한 마리밖에 없다. 이것은 참으로 신의 위대한 기적이다. 사람들은 그 새가 신과 같다고 말한다. 신도 오직 한 분만 존재하시고, 우리 주님도 3일째 되는 날에 죽음에서 부활하셨기 때문이다.

(하늘이 맑은 날이면 종종 피닉스가 하늘 높이 날고 있는 것을 볼 수 있다. 전설에 따르면 피닉스는 천국의 새이기 때문에 상공을 날아오르는 그 새를 보면 행복하고 즐거운 날들을 보낼 수 있게 된다고 한다.) 이 새는 여러 지역에서 목격되었다. 몸은 독수리보다 많이 크지는 않지만 머리에는 공작보다도 훨씬 큰 깃털 장식이 있다. 목 부분은 반짝거리는 오리엘 보석처럼 노란색이며, 등은 쪽빛이다. 양쪽의 날개는 자줏빛이고, 꼬리는 녹색과 노란색, 붉은색이 진한 줄무늬를 이루고 있다. 태양을 등지고 있을 때 깃털 색깔이 가장 돋보이는데, 매우 화려하고 고귀하게 반짝거려서 보기에 너무나 아름답다.

카이로 시의 풍물

이집트에는 나무와 허브가 가득하고 한 해에 일곱 번이나 과일이 열리는 정원들이 있다.[5] 그곳에서는 무척 아름다운 에메랄드가 많이 발견되는데, 양이 워낙 많아서 값도 매우 싸다. 여름에 한번 비가 내릴 때면 이집트 전역은 거대한 진창으로 변한다.

그리고 내가 앞서 말한 카이로 시에서는 다른 고장 사람들을 끌고 와서는 시장에서 마치 가축을 거래하는 것처럼 공공연하게 사고판다. 그 도시에는 아궁이 같은 작은 구덩이들이 가득한 곳도 있다. 마을 여자들은 닭이나 거위, 오리가 낳은 알들을 가져 와서 그 구덩이에 넣는다. 그리고 그 위를 따뜻한 말똥으로 덮어 놓는다. 그렇게 하면 암탉이나 거위, 오리와 같은 새들이 알을 품지 않아도 말똥이 온기를 제공해서 알을 부화시킨다. 여자들은 3~4주를 그 상태로 두었다가 다시 그곳으로 와서 부화된 새끼 새들을 각자의 집으로 데려가 키우고 번식시킨다. 그래서 그 나라에는 집집마다 가금류가 바글바글하다. 그들은 여름은 물론이고 겨울에도 그렇게 한다.

그리고 그곳에서는 일 년 가운데 어떤 시기가 되면 길쭉하게 생긴 사과를 판다. 사람들은 그것을 '낙원의 사과apples of Paradise'라고 부르는데, 매우 달고 맛이 좋다. 그 과일은 한 뭉텅이로 자르든 조각조각 자르든, 세로로 자르든 가로로 자르든 어느 곳을 잘라도 늘 한가운데에 주 예수의 십자가 형상이 나타난다. 그러나 8일이 지나면 부패하므로 먼 나라로 가져가지는 못한다. 이 과일이 열리는 나무는 잎의 길이가 1피트 반이나 되며, 가지 하나에 100개 정도의 열매가 달리기도 한다.

그곳에는 '아담의 사과나무apple tree of Adam'라고 불리는 다른 종류의 사과도 있다. 그것은 사방에 마치 누군가 한입 베어 문 것과 같은 이빨 자국이 나 있다. 그곳에는 잎사귀가 하나도 달려 있지 않은 무화과나무도 있다. 잎이 없는 작은 가지들에 열매가 열리는데, 사람들은 그 열매를 '파라오의 무화과figs of Pharaoh'라고 부른다.[6]

카이로 시내에서 조금 떨어진 곳에는 발삼*을 채취하는 농장이 있다.

* 발삼(Balsam) : 침엽수에서 나오는 천연 방향성수지(芳香性樹脂)이다. 오래전부터 향

그것은 마치 야생 포도덩굴처럼 보이는, 남자의 짧은 바짓단을 넘지 않는 (대략 1피트 높이의) 작은 관목들에서 채취된다. 이 농장에는 7개의 우물이 있는데, 그 가운데 하나는 우리 주 예수 그리스도가 유년시절에 다른 아이들과 놀러가서 한쪽 발로 만든 것이다. 농장을 굳게 걸어 잠그지 않으므로 원하는 이는 누구든지 드나들 수 있다. 그러나 발삼을 채취하는 시기가 되면 엄격하게 감시를 하므로 그때가 되면 아무도 감히 그곳에 들어가려 하지 않는다. 발삼은 오직 그 지방에서만 채취할 수 있다. 나무를 가져다 다른 곳에 옮겨 심어도 자라기는 하지만 결코 열매를 맺지 않기 때문이다.

그곳 사람들은 발삼나무의 가지치기를 할 때 금속을 쓰지 않고 날카로운 돌조각이나 뼈로 만든 전용 도구를 사용한다. 금속으로 된 도구로 가지를 자르면 나무의 효능과 성질이 손상된다는 것을 알고 있기 때문이다. 사라센인들은 그 나무를 에노크발세Enochbalse라고 부른다. 그리고 후추와 비슷하게 생긴 그 나무의 열매를 아베비삼Abebissam이라고 부르고, 가지에서 추출한 액체는 구이발세Guybalse라고 부른다.[7] 그곳 사람들은 반드시 그리스도교인들에게 발삼을 채취하게 하는데, 그렇게 하지 않으면 나무가 열매를 맺지 않기 때문이다. 이는 입증된 사실로 사라센인들 자신이 그렇다고 했다.

어떤 이들은 해의 나무와 달의 나무[*]가 알렉산더 대왕에게 말을 걸었던 대 인도의 사막에서도 발삼나무를 재배할 수 있다고 하지만 진짜 그런지는 알 수 없다. 그곳은 가는 길이 너무 험해서 나도 직접 찾아가서 보지 못했기 때문이다.[8]

료나 의약품 재료로 쓰였다.

[*] 해의 나무와 달의 나무(Trees of the Sun and the Moon) : 알렉산더 대왕의 죽음에 관한 전설에 등장하는 말하는 나무들.

제대로 알지 못하면 발삼을 사고팔 때 속아 넘어가기 쉬우므로 주의해야 한다. 터펜틴이라는 수지*에 향기를 내려고 소량의 발삼만 첨가해서 파는 사람들도 있기 때문이다. 발삼나무나 열매의 기름에다 밀랍을 섞어놓고는 좋은 품질의 발삼이라고 속이는 사람들도 있다. 정향**이나 스페인산 감송향*** 등의 향료들을 함께 증류해 발삼 시늉을 내기도 한다. 그런 것을 산 사람들도 발삼을 구입했다고 생각하겠지만 실제로는 그렇지 않다. 나는 사라센인들이 그러한 교묘한 술수로 가짜를 만들어 그리스도교인들을 속이는 경우를 셀 수 없이 많이 보았다. 어떤 상인과 약재상들은 거기에 다른 불순물을 첨가해 더 형편 없게 만들기도 한다.

속지 않으려 하는 이들을 위해 진짜 발삼을 가려내는 방법을 알려주겠다. 순수한 발삼은 투명한 담황색으로 강렬한 향기를 품고 있다. 만약 탁하거나 붉거나 검은색을 띠고 있으면 속임수를 써서 불순물을 첨가한 위조품이다. 그리고 소량의 발삼을 손바닥 위에 떨어뜨리고 햇볕에 쪼였을 적에 잠시도 참기 어려울 정도로 뜨거워지면 좋은 품질의 발삼이다. 칼끝에 발삼을 조금 묻혀 불에 대보았을 때 잘 타올라도 좋은 품질의 발삼이다. 염소젖이 담긴 접시나 잔에 발삼 한 방울을 떨어뜨려보는 방법도 있다. 발삼이 순수하고 좋은 것이라면 염소젖은 순식간에 엉겨붙어 굳어진다. 은으로 만든 잔이나 깨끗한 그릇에 맑은 물을 따라놓은 뒤에 발삼 한 방울을 떨어뜨려보아도 좋다. 순수한 발삼일 경우에는 물이 그대로 투명하지만, 불순물이 섞였을 경우에는 곧바로 뿌옇게 된다. 그리고 순수한 발삼은 그릇에 떨어뜨리면 마치 수은

---

* 터펜틴(turpentine) : 소나무와 같은 침엽수 줄기에서 추출하는 수지
** 정향(cloves of gilofre) : 정향나무의 꽃봉오리에서 추출되는 향료
*** 감송향(spikenard) : 감송의 뿌리에서 채취하는 향료

처럼 바닥으로 가라앉는다. 순수한 발삼은 불순물이 섞인 발삼보다 두 배 정도 무겁기 때문이다.

요셉의 곡물창고와 이집트의 문자

지금까지 발삼에 대해 살펴보았다. 이제는 바빌론 너머, 나일 강의 범람이 미치지 못하는, 아프리카와 이집트 사이의 사막 쪽에 있는 요셉의 곡물창고garners of Joseph에 관해 이야기하겠다. (첫 번째 성경*에 따르면, 파라오 왕은 꿈에서 7개의 마른 이삭을 보았는데 이는 7년의 흉작을 암시하는 것이었다.) 요셉은 흉년을 대비해 곡물을 저장하기 위한 창고들을 만들었다.[9] 그것들은 석수장이들이 잘 다듬어 놓은 돌로 만들어졌다. 그 창고들 가운데 2개는 놀라울 정도로 높고 넓다. 하지만 다른 것들은 그렇게까지 크지는 않다. 모든 창고에는 지면보다 약간 위쪽에 입구가 하나씩 만들어져 있다. 그러나 창고들이 완성된 뒤 그 땅은 버려져 황폐해졌다. 오늘날 창고 안에는 뱀이 득실거린다. 바깥에는 다양한 언어로 된 수많은 글귀들이 새겨져 있다.

그 창고를 두고 위대한 왕들의 무덤이라고 말하는 사람도 있지만 그것은 사실이 아니다. 멀리 떨어진 곳이나 가까운 곳이나 그곳에 사는 사람들이 모두 그것을 요셉의 창고라고 말하기 때문이다. 그런 사실은 성서와 연대기에서도 확인할 수 있다. 만약 그것들이 무덤이었다면 속이 비어 있지 않았을 것이며, 안으로 들어가는 입구도 없었을 것이다. 그대들도 알다시피 무덤과 묘지는 그토록 크게 만들지도, 그토록 높이 세우지도 않으니 말이다. 그러므로 그것들을 무덤이라고 믿어서는 안 된다.[10]

* '첫번째 성경'은 창세기를 뜻한다.

이집트에는 다른 지역과는 다른 다양한 말과 문자가 있다. 나는 그대들이 이집트의 문자가 다른 지방과 어떻게 다른지 알 수 있도록, 이집트 문자의 모양과 발음을 기록해 둔다.[11]

아토마누스 *Athomanus*	빈키 *Binchi*	키녹 *Chinok*	디남 *Dynam*	엠 *Em*	피우 *Fiu*
고모르 *Gomor*	헤케트 *Heket*	야니우 *Ianiu*	카락타 *Karacta*	린자민 *Linzamin*	미케 *Miche*
나르메 *Narme*	올다크 *Oldach*	필론 *Pilon*	키니 *Qyny*	로우 *Rou*	시켄 *Sichen*
텔라 *Thela*	브르 *Vr*	크시론 *Xyron*	이파 *Ypha*	자룸 *Zarum*	토우 *Thou*

8장

바빌론과 시나이 산으로 가는 길

소 바빌론으로 가는 다른 길들

앞으로 더 나아가기 전에 잠시 다시 돌아와서 그대들에게 이집트로 들어가는 길 어귀에 있는, 술탄이 사는 소 바빌론으로 가는 다른 길들을 알려주겠다. 앞서 내가 말했듯이 많은 사람들이 그곳으로 먼저 가서 시나이 산을 들른 다음에 예루살렘으로 돌아오기 때문이다. 그들은 가장 멀리 떨어진 순례지에 먼저 갔다가 가장 가까운 순례지인 예루살렘으로 되돌아오는 셈이다. 물론 가장 가까운 예루살렘이야말로 다른 순례지들과 견줄 수 없는 가장 중요한 순례지이다. 하지만 순례를 완수하려면 가장 가까이 있는 곳보다는 가장 멀리 있는 순례지부터 가는 것이 좋다.

우리나라 인근의 가까운 다른 나라들에서 출발해서 내가 지금까지 말했던 길보다 더 간단한 경로로 소 바빌론부터 먼저 가려는 사람은 프랑스, 부르고뉴*, 롬바르디아**를 지나면 된다. 그 길에 있는 도시

---

* 부르고뉴(Bourgogne) : 프랑스의 동부 지역
** 롬바르디아(Lombardia) : 이탈리아의 북부 지역

나 마을들의 이름을 일일이 거론할 필요는 없을 것이다. 그 길은 많은 사람들이 잘 알고 있기 때문이다. 거기에는 바닷길을 이용하려는 사람들을 위한 항구도 많다. 어떤 이들은 제노바에서, 어떤 이들은 베네치아에서 배를 탄다. 그리고 베네치아 만이라고도 불리는, 이탈리아와 그리스 사이의 아드리아 해를 건너간다. 나폴리나 로마로 가거나, 아니면 로마에서 브린디시까지 발품을 판 다음 그곳에서 배를 타고 가는 사람들도 있다. 그리고 이탈리아의 산들을 넘어 〔이탈리아 중부와 남부의〕 토스카나, 캄파니아, 칼라브리아, 아풀리아 지방을 지나 〔지중해의〕 크고 훌륭한 섬들인 코르시카, 사르디니아, 시칠리아를 거쳐서 가는 사람들도 있다.

시칠리아에는 다양한 종류의 과일이 열리는 과수원이 있는데, 겨울이나 여름이나 늘 푸른 잎과 꽃들이 만발해 있다. 이 섬은 둘레가 350프랑스마일이나[1] 된다. 시칠리아와 이탈리아 사이에는 사람들이 '메시나의 파르드Farde of Messina'라고 부르는 작은 해협이 있다.[2] 시칠리아는 아드리아 해와 롬바르디아 해 사이에 있고, 시칠리아에서 칼라브리아까지의 거리는 8롬바르드마일이다. 그리고 시칠리아 섬에는 어떤 종류의 뱀이 서식하는데, 그곳 사람들은 그 뱀을 이용해 자기 자식이 사생아인지 합법적인 결혼으로 태어난 진짜 혈육인지를 확인한다. 진짜 자식이라면 뱀을 곁에 가져다 놓아도 아무런 해를 입지 않는다. 그러나 간음을 저질러 태어난 자식이라면 뱀이 그 아이를 물어 죽인다. 그 지역의 많은 결혼한 남자들은 그 방법으로 아이가 자신의 진짜 자식이 맞는지 확인한다.[3]

이 섬에는 기벨Gybell 산이라고도 불리는 에트나 산도 있다. 그 산은 언제나 불타오르는 화산으로, 울긋불긋한 화염을 쉴 새 없이 내뿜으며 타오르는 7개의 분화구가 있다. 그곳 사람들은 에트나 화산이 내뿜는 화염의 색깔이 바뀌는 모습을 보면서 흉년인지 풍년인지, 추울지 더울지, 비가 올지 맑을지 등을 짐작한다. 그 밖의 많은 일들도 화염의 색깔로 예측하고 판단한다. 이탈리아에서 이 분화구들까지의 거리는 겨우 25마일이다. 사람들은 그것을 지옥의 입구ways of hell라고 말한다.

피사를 거쳐서 가려는 사람들은 그곳의 작은 만에서 두 개의 항구를 지나 바다로 나아가라. 그런 다음 제노바에 속해 있는 그레프 섬[4]으로 가는 길을 따라 여행하면 된다. 그리스에 상륙하면 미록이나 발론, 두라스 공작령의 두라스와 같은 항구도시들을 통해서 콘스탄티노플로 갈 수 있다. 그 뒤에는 다시 바다로 나가 크레타 섬과 로도스 섬을 거쳐 키프로스 섬으로 가라. 베네치아에서 콘스탄티노플까지는 바닷길의 직선거리로 1,880롬바르드마일이다.

키프로스 섬에서 이집트로 가려는 사람은 예루살렘과 그 왼쪽에 있는 곳들은 모두 내버려 둔 채 먼저 다미에타로 가라. 그곳은 이집트로 들어가는 입구로 한때는 매우 부강한 도시였다. 다미에타에서 더 가면 해안도시 알렉산드리아가 나온다. 이 도시는 성 카타리나*가 참수된 곳이다. 복음사가 성 마르코**도 이 도시에서 순교하여 묻혔으나, 뒷날

---

* 성 카타리나(Catherine of Alexandria) : 이집트 알렉산드리아 출신의 동정녀 순교자. 전승에 따르면 참수 당시 목에서 피 대신 우유가 흘러나왔으며, 천사가 그녀의 시신을 수습해 시나이 산으로 옮겼다고 한다. Jacobus de Voragine, 『황금전설』, 1109-1120쪽 참조('성 카타리나'편).

** 성 마르코(Mark the Evangelist) : 마르코복음서의 저자이자 알렉산드리아 교회의 초대 주교. 전승에 따르면, 마르코는 이집트의 알렉산드리아에 교회를 세워 복음을 전하다 이교도들에게 죽임을 당했다. 그 뒤 알렉산드리아의 한 성당에 안치되어 있던 마르코의 시신은 레오 황제의 통치 때인 468년 베네치아 상인들에 의해 베네치아의 성 마르코 대성당으로 옮겨졌다고 한다. Jacobus de Voragine, 『황금전설』, 393-401쪽 참조('복음서 기자 마가'편).

레오 황제*가 그의 유골을 베네치아로 옮겼다.

알렉산드리아에는 그림이 전혀 없는 하얗고 아름다운 교회가 있는데, 그리스도교인들의 것이었던 인근의 다른 교회들과 마찬가지로 안이 온통 하얗게 칠해져 있다. 이는 이교도와 사라센인들이 벽에 있던 성인 그림들을 지우려고 했기 때문이다. 알렉산드리아는 길이가 30펄롱(약 6km)이고 너비가 10펄롱(약 2km)인 매우 아름답고 살기 좋은 도시이다. 앞서 말했듯이 나일 강은 이 도시에서 바다로 흘러들어간다. 알렉산드리아를 흐르는 나일 강에서는 지상낙원에서 흘러나온 귀중한 보석들과 침향**이라는 목재가 많이 발견된다. 그것은 다양한 질병에 효과가 있어 매우 비싼 값에 팔리는 약재이다. 알렉산드리아에서 출발해서 술탄이 사는 소 바빌론으로 가면 된다. 그 도시는 알렉산드리아와 마찬가지로 나일 강 기슭에 위치하고 있다.

소 바빌론에서 시나이 산으로 가는 길

이것이 소 바빌론으로 가는 가장 빠르고 간편한 방법이다. 이번에는 소 바빌론에서 성 카타리나의 유해가 안치되어 있는 시나이 산으로 가는 길을 알려주겠다. 우선 모세가 이스라엘 백성을 이끌었던 아라비아 사막을 가로질러야 한다.[5] 그곳에는 이스라엘 백성들이 목마름을 호소하며 불평했을 때 모세가 인도하여 물을 마시게 한 우물이 있다. 거기에서 더 나아가면 '마라의 우물Well of Marah'이라고 불리는 또 다른 우물이 나온다.[6] 그것은 본래 써서 마실 수 없는 우물이었으나 이스라엘

---

* 레오 1세(Leo I, 재위 457~474) : 비잔티움제국의 황제로 레오 왕조를 열었다.
** 침향(Lignum aloe) : 물에 가라앉고 태우면 진한 향이 난다는 상록 교목. 예로부터 진귀한 약재이자 향을 내는 재료로 사용되었으나 구하기 어려워 비쌌다고 한다.

의 자녀들이[7] 나무 하나를 던져 넣자 순식간에 마실 수 있는 단물이 되었다. 그 사막을 지나면 12개의 우물과 열매 달린 72그루의 야자나무가 있는 '엘림의 골짜기'가 나온다.[8] 모세가 백성들을 쉬게 한 곳으로, 이 골짜기에서 시나이 산까지는 하룻길에 지나지 않는다.

다른 길로 소 바빌론에서 시나이 산으로 가려는 사람은 대양[9]에서 갈라져 나온 홍해를 건너라. 모세는 파라오의 추적을 피해 도망치는 이스라엘 백성들이 건너갈 수 있도록 그 바다를 갈랐다. 홍해의 너비는 대략 6마일로 파라오와 그의 부하들은 모두 이 바다에 빠져죽었다. 홍해가 다른 바다보다 더 붉은 것은 아니다. 하지만 해변에 붉은 자갈이 수없이 많아 사람들은 그 바다를 홍해라 부른다. 홍해는 아라비아와 팔레스타인의 경계까지 뻗어 있다. 홍해 연안을 따라 4일 정도 여행을 계속해 사막을 지나면 앞서 말한 엘림의 골짜기가 나오고, 계속 더 가면 시나이 산에 이르게 된다. 사막을 횡단할 때 말을 타면 안 된다는 사실을 꼭 명심해라. 마구간은커녕 말에게 먹일 사료나 물도 찾을 수 없기 때문이다. 그래서 사람들은 낙타를 타고 이 사막을 건너간다. 낙타라면 어떤 곳에서도 나무나 덤불을 잘 찾아 먹을 수 있기 때문이다. 말은 그렇지 않지만 낙타는 2~3일 동안 물을 마시지 않아도 끄떡없다.

소 바빌론에서 시나이 산까지는 보통 12일의 거리이지만, 더 많이 걸리기도 한다. 그러나 서둘러 재촉하면 기간을 줄일 수도 있다. 여행 도중 여러 나라를 지나야 하므로, 그 지방의 언어를 모른다면 반드시 통역해 줄 사람latymeres과 함께 가야 한다.[10] 그리고 사막을 건너는 동안 먹을 식량과 생필품들도 꼭 챙겨야 한다. 시나이 산은 '신 광야Desert of Sin'[11]라고도 불리는데, '불타는 떨기나무' 이야기에서 비롯되었다. 모세가 그곳에서 불타는 떨기나무 형태로 나타나신 주님을 여러 차례 보았을 뿐 아니라, 그 안에서 주님이 그에게 말을 걸기도 했기 때문이다.[12] 시나이 산의 기슭에는 큰 수도원이 하나 있는데, 사막의 사나운 야수들을 막으려고 사방을 벽으로 둘러싸고 철문을 세워놓았다. 그곳의 수도사들은 아라비아와 그리스 사람들이다. 그들은 은자처럼 옷을 입고, 중요한 축일 이외에는 포도주를 마시지 않는다. 독실한 수행자인 그들은 대추야자 열매와 풀뿌리로만 연명하며 청빈하게 생활하고, 금욕과 고행에 전념한다.

성 카타리나 교회의 기적들

시나이 산에는 수많은 등불을 밝혀 놓은 성 카타리나 교회도 있다. 이 교회에는 올리브유가 풍족해 요리는 물론이고 등불의 기름으로도 쓴다. 이것은 신의 기적에서 비롯되었다. 일 년에 한 번씩 갈까마귀와 까마귀, 붉은부리까마귀 등 그 고장의 새들이 떼를 지어 성 카타리나 교회로 순례를 온다. 그리고 이때 너나할 것 없이 올리브나무나 월계수의 가지를 하나씩 물고 와서는 공물 대신 놓고 간다. 수도사들은 새들이 물고온 나뭇가지들에서 그 많은 기름을 얻는다. 참으로 경이로운 일이다. 이렇게 지능도 낮고 이성도 없는 새들조차 거룩한 동정녀에게 경의를 나타낸다. 그러므로 사람이라면 마땅히 경건한 마음으로 이 성지를 방문해 그녀를 숭배해야 할 것이다.

그리고 이 교회의 제단 뒤는 모세가 불타는 떨기나무에서 주님을 목격한 곳이다. 수도사들은 그곳에 들어갈 때면 〔신고 있는〕 양말hose*, 신발,

---

*호스(hose) : 중세부터 17세기까지 유행하던 남자들의 스타킹이다. 긴 양말 형태도 있고 하반신 전체를 감싸는 바지 형태도 있다.

장화 등을 모두 벗는다. 주님이 모세에게 "네가 서 있는 곳은 거룩한 축복의 땅이니, 양말과 신을 벗어라" 하고 말하셨기 때문이다.[13] 수도 사들은 그곳을 '신의 환영'이라는 뜻의 '도졸렐Dozoleel'이라고 부른다.

중앙 제단 옆 계단 세 개 정도 높이[14] 위에는 성 카타리나의 유해가 담긴 설화석고* 유골함이 있다. 수도원장은 순례자들에게 그 성유골 함을 보여주고 은으로 만들어진 도구로 유골을 문질렀다.[15] 그러면 마 치 땀과 같은 소량의 기름이 흘러나왔는데, 향유나 발삼이 아닌데도 달콤한 향이 가득했다.[16] 그 액체는 나오는 양이 적어서 순례자들에게 아주 조금씩만 나눠졌다. 그곳 수도사들은 성 카타리나의 머리, 그리 고 천사들이 그녀의 시신을 감싸서 시나이 산으로 옮길 때 사용했던 천도 전시하고 있다. 그 천은 그녀의 시신과 함께 시나이 산에 매장되 었던 것으로 지금까지도 온통 피범벅이다.[17] 그곳에서는 이 밖에도 우 리 주님이 모세에게 말을 걸었을 때 불에 타 말라버린 떨기나무와 같 은 많은 성유물들을 볼 수 있다.

이 수도원의 수도사들은 모두 자신의 등불을 하나씩 가지고 있다. 등불의 빛이 약해지면 죽음도 가까워지는 것이라서 그들은 자신이 언 제 죽을지를 알 수 있었다. 전해지는 말로는 수도원장이 죽으면 그곳 에 있는 그의 등불도 꺼진다고 한다. 그 뒤 새로 선출된 수도원장이 선 량하고 그 자리에 오를 만한 사람이면 수도원장의 등불은 누가 손대지 않아도 하느님의 권능으로 타오른다. 반대로 새 수도원장이 그 자리에 오를 자격이 없으면 등불은 금세 꺼져버린다. 죽은 수도원장을 매장할 때 미사곡을 부르면 제단 앞에 놓여 있는 두루마리에 다음 수도원장으 로 선출될 사람의 이름이 나타난다고 내게 말해주는 사람도 있었다.

---

* 설화석고(alabaster) : 눈 같은 흰색을 띠는 반투명한 석고. 오랫동안 조각이나 장식품 의 제작에 쓰였다.

[그림 8-1] 성 카타리나의 참수

[그림 8-2] 성 카타리나 교회의 기적 - 나뭇가지를 바치는 새들

이 이야기들은 모두 내가 수도사들에게 캐묻고서야 들을 수 있었던 것들이다. 처음에 그들은 내게 아무 이야기도 하지 않으려 했다. 그래서 나는 그들에게 신이 행한 은총을 숨기고 비밀로 하기보다는 드러내서 사람들의 신앙심을 북돋아야 한다고 말했다. 그리고 신이 자신의 권능을 보여주기 위해 행하셨으며 지금도 늘 행하고 계신 기적을 숨기는 것은 큰 죄를 짓는 일이라고 덧붙였다. 다윗이 「시편」에서 "주님, 기적들이 당신을 증언합니다*(Mirabilia testimonia tua, Domine)*"[18]라고 말했듯이 말이다. 그러자 그들은 그 모든 일이 여러 차례 일어났다고 말했다. 하지만 그러고 나서는 더 이상 내 질문에 대답하려 들지 않았다.

신과 그의 어머니이신 성모 마리아, 거룩한 동정녀 성 카타리나의 기적으로 말미암아 수도원 안에는 파리나 날벌레, 기생충, 벼룩은 물론이고 어떠한 지저분한 해충도 살지 않는다. 하지만 예전에는 불결한 벌레들이 우글우글했다. 그래서 수도사들이 참다못해 수도원을 버리고 산속 더 높은 곳으로 피신하는 지경에까지 이르렀다. 때마침 그곳을 지나던 성모 마리아는 수도사들에게 수도원으로 돌아가라고 타이르며, 이제 다시는 그러한 고통이나 근심을 겪지 않게 될 것이라고 말씀하셨다. 그들은 성모의 말씀대로 수도원으로 돌아왔다. 그리고 그날 이후부터 수도원에는 수도사들을 괴롭히는 파리나 벼룩이 한 마리도 나타나지 않았다. 수도원 정문 바로 앞에는 모세가 (지팡이로) 돌을 내리쳐서 만든, 영원히 끊이지 않고 물이 솟아나는 샘이 있다.[19]

수도원에서 더 위쪽으로 가면 모세의 산에 이르게 된다. 그곳에는 성모를 섬기는 교회가 있는데, 성모께서 해충을 피해 도망치던 수도사들과 마주친 곳이다. 그 산에서 더 위쪽으로 가면 예언자 엘리야의 교회가 있는 호렙 산이 나온다. 성서에 "음식으로 힘을 얻은 그는 하느님의 산 호렙에 이르렀다(*Et ambulavit in fortitudine cibi illius usque, ad montem Oreb*)"고 기록되어 있는 곳이다.[20] 그 근처에는 '스타피스의 포도Reisins of Staphis'*라고 불리는, 복음사가 성 요한이 심은 포도나무가 있다.[21]

거기에서 더 위쪽으로 가면 모세의 예배당과 그가 주님의 모습을 보고 도망친 바위가 나온다. 그 바위에는 모세의 몸 흔적이 남아 있는데, 그가 그곳으로 도망쳐 바위에 몸이 세게 눌렸을 때 신의 기적으로 생긴 형상이다. 바로 그 근처에서 우리 주님은 모세에게 십계명을 내리셨다.[22] 그곳에는 모세가 40일 동안 밤낮을 가리지 않고 단식하며 머물렀던 동굴도 있다.[23] 그는 약속의 땅에서 죽었으나, 그가 어디에 묻혔는지는 아무도 알지 못한다.

이 산을 벗어나 커다란 계곡을 건너면 주님의 천사들이 성 카타리나의 시신을 매장한 산으로 갈 수 있다. 그 계곡에는 순교자 40인을 기리는 교회가 있는데, 수도사들이 찾아와 합창을 하고는 한다. 그 계곡은 매우 서늘하다. 거기에서 더 위쪽으로 가면 성 카타리나의 산이 나오는데 모세의 산보다 훨씬 높다. 그곳에 성 카타리나가 묻혀 있었다고는 하지만 교회나 예배당은 물론이고 집도 없다. 천사들이 그녀를 매장했다는 장소에 돌무더기만 쌓여 있을 뿐이다. 예전에는 예배당이 있었다고 하는데, 지금은 모두 허물어져서 잔해만 남아 있다. 「성 카타리나 기도문」에는 성 카타리나가 묻힌 곳과 우리 주님이 모세에게 십계명을 준 곳이 모두 시나이 산이라고 나온다. 이것은 하나의 같은 이름이 특정 지역만이 아니라 지역 전체를 가리키는 말로도 사용될 수 있기 때문이다. 하지만 사실 그 두 장소는 커다란 계곡을 건너야 할 만큼 멀리 떨어져 있다.

* 스타피스 : 고대 그리스어에서 스타피스(σταφίς)는 '포도'라는 뜻이다.

9장

사막을 지나 베들레헴으로

사막의 베두인 족

이러한 성지들을 방문했다가 예루살렘으로 돌아가려고 하는 사람들은 이제 수도사들에게 작별을 알리고 자신들을 위해 기도를 올려달라고 부탁하는 것이 좋다. 그러면 그들은 순례자들에게 시리아까지의 사막을 횡단하는 데 필요한 식량을 줄 것이다. 이 여행은 대략 13일이 걸린다.

그 사막에는 베두인 족이나 아스코파르드 족Ascopardes[1]이라고 불리는 아라비아 사람들이 많이 살고 있다. 그들은 매우 열악한 여건에서 살아간다. 그들은 집이 없다. 그 대신 낙타나 잡아 먹은 짐승들의 가죽으로 만든 천막에서 잠을 잔다. 사막에는 물이 매우 부족하기 때문에 그들은 홍해 연안이나 물을 얻을 수 있는 그 밖의 장소에서 산다. 그 지역에서는 물이 나왔던 곳이라도 계절이 바뀌면 물이 나오지 않는 경우가 흔히 발생한다. 그래서 그들은 한 곳에 집을 짓지 않고 물을 찾아서 여기저기를 옮겨 다닌다.

이렇게 그곳 사람들은 땅에 정착하지도, 땅을 경작하지도 않는다.

[그림 9-1] 햇빛에 음식을 구워먹는 베두인 족

그래서 그들은 빵을 구할 수 있는 큰 마을 부근에 있을 때를 제외하고 는 빵을 먹지 못한다. 그들은 고기나 물고기를 태양열로 달궈진 뜨거 운 돌 위에 올려놓고 굽는다.

그들은 강인한 사람들이고 싸움도 잘한다. 그 수도 헤아릴 수 없을 정도로 많다. 그들은 딱히 걱정도 없고 식량으로 쓸 짐승을 사냥하는 것 말고는 아무런 일도 하지 않는다. 살고 죽는 것에도 그리 연연하지 않기 때문에 술탄은 물론이고 어떤 군주도 두려워하지 않는다. 그들은 거슬리면 상대가 누구든지 망설이지 않고 전쟁터로 나아가서 싸운다. 그들은 이따금 술탄과 전쟁을 벌이기도 했는데, 내가 술탄 곁에 머무 르고 있던 동안에 유독 그런 일이 자주 벌어졌다. 그들은 머리와 목에 하얀 아마포를 두른 채[2] 별다른 무기 없이 오직 방패 하나와 창 하나 만 가지고 싸운다. 그들은 정말이지 난폭하고 불결하며 지독한 족속들 이다.

이 사막을 지나 예루살렘을 향해 가다보면 베르사브에 닿는다. 그곳

[그림 9-2] 방패와 창 하나만 들고 싸우는 용맹한 베두인 족

은 한때 그리스도교인들의 매우 아름답고 유쾌한 도시였다. 지금도 그
곳에는 그리스도교인들이 세운 몇몇 교회들이 남아 있다. 먼 옛날 족
장 아브라함도 그 도시에서 살았다. 베르사브 시는 기사 우리야 경의
아내였던 베르사브*가 세웠다. 그녀는 다윗 왕과의 사이에서 지혜로
운 솔로몬을 낳았고, 그는 뒷날 다윗의 왕위를 계승해 예루살렘의 12
씨족을 40년 동안 다스렸다.

　거기서 12마일 정도 더 위로 올라가면 헤브론 시가 나온다. 그곳은
'마므레 골짜기Vale of Mamre'라고도 불리는데,[3] '눈물의 골짜기'라고 부

---

* 베르사브(Bersabee) : 솔로몬의 어머니 밧세바(Bathsheba)를 가리킨다. 그녀는 본래
히타이트인 우리야의 아내였으나 목욕을 하다가 미모가 다윗 왕의 눈에 띄어 잠자리를
하게 되었다. 밧세바가 임신하자 다윗은 음모를 꾸며 우리야를 전쟁에 나가 죽게 하고
그녀를 차지했다. 처음 태어난 아이는 신의 분노로 죽었으나, 나중에 솔로몬을 낳았다.
다윗이 숨을 거두자 그녀는 예언자 나탄과 공모해 아도니야를 대신해 자신의 아들이 왕
위를 잇게 했다. 의지가 강하고 담력이 컸던 그녀는 솔로몬 왕의 어머니로서 막강한 권
력을 누렸다. 「사무엘기 하권」 11~12장, 「열왕기 상권」 1~2장 참조.

르는 사람도 있다. 우리의 시조 아담이 카인에게 살해당한 아벨의 죽음을 슬퍼해 그곳에서 100년 동안 탄식했기 때문이다.[4] 헤브론은 예전에는 필리스티아인의 수도였으며, 한때는 거인족이 살기도 했다. 유대 부족에게 그곳은 사제의 도시, 곧 성지였다. 헤브론은 매우 자유로웠기 때문에 다른 지방에서 잘못을 저지르고 온 다양한 도망자들을 받아들였다. 여호수아와 칼렙의 일행이 약속의 땅을 쟁취할 수 있을지 염탐하려고 맨 처음 갔던 곳도 그 도시였다.[5]

다윗 왕은 헤브론에서 먼저 7년 6개월을 통치한 뒤에 예루살렘으로 가서 33년 6개월을 다스렸다.[6] 바로 이 헤브론에 (언덕 비탈 쪽으로) 아담, 아브라함, 이삭, 야곱 등의 족장과 그들의 아내인 이브, 사라, 레베카, 레아의 묘가 있다.[7] (그리고 그 묘지 아래쪽에는 성벽으로 둘러싸여 마치 요새와 같은 아름다운 교회가 있다.) 사라센인들은 그곳을 엄격하게 지켰으며, 거룩한 아버지들인 족장들이 누워 있다고 크게 경배했다. 그들은 술탄의 특별한 허가가 있을 때를 제외하고는 그리스도교인과 유대인들이 그곳에 출입하는 것을 막았다. 그들은 그리스도교인과 유대인들은 개와 마찬가지로 성소에 들어갈 수 없다고 말했다. 사람들은 족장들이 누워 있는 그곳을 '겹 무덤'이나 '겹 동굴', '겹 고랑' 등으로 불렀다. 한 사람의 위에 다른 이가 누워 있기 때문이었다. 사라센인들은 그곳을 카리카르바Karicarba라고 불렀는데 그들의 언어로 '족장들의 자리'라는 뜻이다. 유대인들은 그곳을 아르보트Arboth라고 불렀다.[8] 그곳은 아브라함의 집이 있던 자리이기도 했다. 문간에 앉아 있던 아브라함은 세 사람을 보고는 그 가운데 한 명에게 경배했다. 성서에서 "세 사람을 보았고 한 사람을 경배했다(Tres vidit et unum adoravit)"고 하였듯이 말이다.[9] 그렇게 그는 집에 천사들을 손님으로 맞아들였다.

바로 옆에는 아담과 이브가 낙원에서 쫓겨난 뒤에 살았던 바위동굴이 있다. 그들은 그 동굴에서 아이들을 가졌다. 그곳은 아담이 창조되고 만들어진 장소이기도 하다. 그곳을 '다마스쿠스의 들판'이라고 부르는 사람도 있는데, 한때 다마스쿠스의 영향력 아래 있었기 때문이다. 전해지는 이야기에 따르면 아담은 바로 그곳에서 환희의 천국으로 옮겨졌고, 천국에서 쫓겨나 다시 그곳으로 돌아왔다. 그는 곧바로 죄를 지었기 때문에 천국에 간 바로 그날 다시 쫓겨났다.[10] 그곳은 예루살렘까지 이어지는 헤브론의 골짜기가 시작되는 곳이다. 그곳에서 천사는 아담에게 아내 이브와 동침하라고 명령했고, 그렇게 해서 아담은 〔셋째 아들〕 셋seth을 얻었다.[11] 그리고 그 셋의 후손에게서 우리 주 그리스도가 태어났다.

마른 나무

헤브론의 골짜기에는 밭이 하나 있다. 그 땅에서 사람들은 '캄빌Cambyll'이라고 불리는 붉은 색의 무언가를 파내서 향신료 대용으로 쓰거나 가져다 판다.[12] 하지만 그렇다고 그것을 파낸 자리에 깊고 커다란 구덩이나 굴이 생기지는 않았다. 연말이 되면 신의 은총으로 파인 곳이 다시 메워지기 때문이다.

헤브론에서 2마일 떨어진 곳에는 아브라함의 형제인 롯*의 무덤이 있다. 그리고 헤브론에서 멀지 않은 곳에 마므레 산이 있다. 마므레 골짜기는 그 산의 이름에서 비롯된 것이다.

그곳에는 사라센인들이 디르페Dirpe라고 부르는 참나무가 있는데,

---

* 롯(Lot) : 성서에는 아브라함과 함께 가나안 땅으로 들어선 조카로 나온다. 「창세기」 12:5 참조.

[그림 9-3] 아담과 이브

아브라함 시대의 것이다.[13] 사람들은 그것을 '마른 나무Dry Tree'라고 부른다.[14] 전설에 따르면, 그 나무는 태초부터 존재했다. 푸른 잎이 무성할 때도 잎이 떨어질 때도 있었지만 우리 주님이 십자가에서 돌아가시자 말라버렸다. 당시 세상의 모든 나무가 그랬던 것처럼 말이다. 예언자들에 따르면, 서쪽 세계의 군주가 그리스도교인들의 도움을 받아 약속의 땅인 성지를 정복해 그 마른 나무 아래에서 미사곡을 부르면, 그 나무는 다시 싹이 움터서 잎과 열매를 달게 된다. 그리고 그러한 기적의 힘으로 많은 사라센인과 유대인들이 그리스도교로 개종하게 될 것이라고 한다. 그래서 사람들은 이 나무를 크게 숭상하고 손에 넣으려고 끊임없이 애쓴다. 비록 마른 나무라 할지라도 그것은 큰 효험이 있다. 이 나무의 작은 조각이라도 몸에 지니고 있으면 간질falling evil에서 벗어날 수 있고,[15] 말을 탈 때에도 결코 말이 넘어질 염려가 없다. 이 밖에도 수많은 효험이 있어서 마른 나무는 매우 귀하게 여겨진다.

[그림 9-4] 마른 나무

장미꽃이 처음 생겨난 이야기

헤브론에서 베들레헴까지는 반나절의 거리로 겨우 5마일 정도 떨어
져 있다. 아름다운 평야와 숲으로 이루어진 좋은 길이다. 베들레헴은
좁고 길쭉한 모양의 작은 도시로 견고한 성벽과 해자로 둘러싸여 있
다. 그 도시는 한때 에프라타Ephrata라고 불렸다. 성서에서 "보라. 우리
는 에프라타에서 그것을 듣는다(Ecce, audivimus eum in Ephrata)"[16]라고
이르고 있듯이 말이다.

그 도시의 동쪽 변두리 부근에는 매우 아름답고 기품 있는 교회 하
나가 있다.[17] 그 교회는 튼튼하고 정교하게 만들어진 많은 탑과 첨탑,
모퉁이탑*들로 둘러싸여 있으며, 안에는 44개의 크고 아름다운 대리
석 기둥이 세워져 있다.

이 교회와 도시 중간에는 '플로리두스 들판field Floridus'이 가로놓여

---

* 모퉁이탑(corners) : 중세 건축물에서 사방을 감시하고 방어할 수 있도록 만들어진 원
형 탑을 말한다.

있다. 그것은 '꽃이 만발한 들판'이라는 뜻으로, 간음죄를 저질렀다고 모함을 받아 이 들판에서 화형에 처해졌던 한 아름다운 처녀와 관련이 있다. (사람들은 그녀를 끌고 와서 기둥에 묶고는 가시나무와 다른 땔감들을 둘레에 쌓아올렸다.) 장작에 불이 붙어 타오르자 그녀는 우리 주를 향해 자신은 그런 죄를 저지른 적이 없다며, 부디 주님의 자비로운 은총으로 모든 사람들이 그녀의 결백함을 알게 해 달라고 기도했다. 그녀는 기도를 마치고는 불속으로 몸을 던졌다. 그 순간 불이 갑자기 꺼지고 불타오르던 장작은 붉은 장미나무로, 아직 불에 타지 않은 장작은 꽃이 활짝 핀 흰 장미나무로 변했다. 이 흰색과 붉은색의 장미가 사람들에게 나타난 최초의 장미나무와 장미꽃이었다. 이렇게 신의 은혜로 처녀는 구출되었고, 장미로 뒤덮인 그 들판은 '꽃이 만발한 들판'이라고 불리기 시작했다.[18]

앞서 말한 교회의 성가대석 부근에서 오른쪽으로 열여섯 걸음 정도 내려가면[19] 우리 주 예수가 태어난 장소가 나온다. 그곳은 대리석으로 훌륭하게 장식되어 있을 뿐 아니라 금색, 은색, 하늘색 등의 여러 가지 색깔로 화려하게 채색되어 있다. 거기에서 세 걸음 정도 떨어진 곳에는 소와 노새에게 먹이를 주던 구유가 있고, 그 곁에는 3명의 왕을 우리 주에게 인도한 별이 떨어지면서 생긴 구덩이도 있다.

왕들의 이름은 야스파르Jaspar, 멜키오르Melchior, 발타자르Balthazar이다. 그러나 그리스인들은 그들을 갈갈라스Galgalath, 말갈라스Malgalath, 세라피에Seraphie라고 부르고, 유대인들은 히브리어로 아펠리우스Appelius, 아메리우스Amerrius, 다마수스Damasus라고 부른다. 이 3명의 왕들은 우리 주에게 황금과 향료, 몰약을 바쳤다.[20]

그들은 신의 기적 덕분에 서로 만나게 되었다. 그들은 베들레헴에서

[그림 9-5] 장미로 변한 장작더미

53일이나 걸리는 카사크라는 인도의 도시에서 함께 만났다. 그들은 별을 본 지 4일 뒤에 그곳에 도착해 서로를 발견했고, 그로부터 9일 뒤에 함께 베들레헴에 도착했다. 처음 출발해서 베들레헴에 도착하기까지 13일이 걸린 것으로 이 모두가 커다란 기적이었다.

교회 회랑 아래에 오른쪽으로 여덟 걸음 떨어진 곳에는 죄 없는 유아들Innocents의 유해가 안치된 납골당이 있다.[21] 그리고 그리스도가 태어난 장소 바로 앞에는 사제이자 추기경인 성 히에로니무스*의 무덤이 있다. 그는 히브리어로 된 성서와 시편을 라틴어로 번역한 사람이다. 교회 밖에는 그가 성서를 번역할 때 앉았던 의자도 있다. 이 교회에서 60패덤(약 110m) 정도 떨어진 가까운 곳에 성 니콜라스 교회가 있다.

---

* 히에로니무스(Hieronymus, 347?~419?) : 고대 로마의 4대 교부 가운데 한 사람으로 라틴어로 번역한 불가타 성서(versio vulgata)를 완성한 인물이다. 한동안 은둔수도자로 지낸 뒤 사제가 되었고, 교황 다마수스 1세(재위 336~384)의 비서로 일했으며, 389년 경 베들레헴에 수도원 공동체를 세웠다. 성서, 금욕주의, 수도원주의, 신학에 대해 쓴 수많은 저서들은 중세 초기에 깊은 영향을 끼쳤다.

성모는 그리스도를 낳고 그곳에서 몸을 추스렸다. 모유가 너무 많이 나와 가슴이 매우 아팠기 때문에 그녀는 붉은 대리석 위에서 젖을 짜냈다. 지금도 돌 위에 그 하얀 젖의 흔적이 남아 있다.

포도주와 돼지고기를 먹지 않는 사라센인

베들레헴에 살고 있는 사람들은 거의 대부분 그리스도교인이다. 그 도시 주변에는 좋은 포도나무가 많아 그리스도교인들은 포도주를 많이 생산한다. 그러나 사라센인들은 포도를 먹지 않고, 포도주도 마시지 않는다. 무함마드가 그들에 준 율법서가 포도주 마시는 것을 금하고 있기 때문이다. 이 율법서가 '알 코란Al Koran'인데, '메사프Mesaph'라고 부르는 사람도 있고, 다른 나라 말로는 '하르메Harme'라고 부르기도 한다.[22] 그 경전에서 무함마드는 포도주를 마시는 것과 파는 것을 모두 저주한다.[23] 전해지는 말에 따르면, 무함마드는 일찍이 너무 술에 취한 나머지 자신이 매우 아끼던 선량한 은자를 죽였다고 한다. 그래서 그는 포도주나 그것을 마시는 자들을 모두 저주했다. 그러나 그의 저주는 그 자신의 머리로 되돌아왔다. 성서에서 "그의 사악함이 그의 머리 위로 떨어질 것이다(Et in verticem ipsius iniquitas ejus descendet)"[24]라고 이르고 있듯이 말이다.

사라센인은 돼지를 기르지 않고, 돼지고기를 먹지도 않는다. 돼지가 인간의 형제이고, 옛 율법이 돼지고기 먹는 것을 금하고 있기 때문이라고 그들은 말한다.[25] 그들은 그 고기를 먹는 자는 모두 저주를 받는다고 생각한다. 마찬가지로 팔레스타인과 이집트에서는 송아지와 소의 고기를 아예 먹지 않거나 거의 먹지 않는다. 소가 너무 나이 들어

움직이지 못할 때를 제외하고 말이다. 이것은 소고기 먹는 것이 금지되어 있기 때문이 아니라, 토지를 경작하려고 소를 기르기 때문이다.

다윗 왕도 베들레헴에서 태어났다. 그에게는 60명의 아내가 있었는데, 첫째 아내는 (사울[*] 왕의 딸인) 미칼이다. 그에게는 300명의 첩도 있었다.[26)]

베들레헴에서 예루살렘까지의 거리는 겨우 2마일에 지나지 않는다. 예루살렘으로 가는 길을 따라 베들레헴에서 반 마일 정도 가면 천사가 양치기들에게 그리스도의 탄생을 알려준 교회가 나온다. 그 길에는 족장 요셉의 어머니인 라헬[**]의 무덤도 있다. 그녀는 아들 벤야민을 낳자마자 죽었다. 라헬의 남편인 야곱은 그곳에 그녀를 묻고는 그녀에게서 태어난 12명의 아이들을 상징하는 12개의 커다란 돌을 무덤에 올려놓았다.[27)]

그 길로 쭉 가다가 예루살렘을 반 마일 남긴 곳은 3명의 왕들 앞에 별이 (다시) 나타난 장소이다.[28)] 예루살렘으로 향하는 그 길에는 그리스도교인들이 세운 교회가 많이 있으므로 순례자들은 그것을 길잡이로 삼아서 예루살렘까지 가면 된다.

---

* 사울(Saul) : 이스라엘의 초대 왕이다. 자신의 둘째딸인 미칼과 결혼시키는 조건으로 다윗을 필리스타아인들과의 전쟁터로 내보내 죽이려 했다. 하지만 다윗은 오히려 전쟁에서 승리를 거두고 돌아왔고, 사울을 어쩔 수 없이 그를 사위로 맞아들였다. 「사무엘기」 18:17-30 참조.
** 라헬(Rachel) : 요셉의 두 아내 가운데 하나. 아름다운 라헬에 반한 야곱은 그녀를 얻는 대가로 라반의 집에서 7년을 일했다. 그러나 라반은 그를 라헬의 언니인 레아와 결혼시켰고 요셉은 라헬을 얻으려고 그곳에서 7년 더 일했다. 라헬은 언니 레아와는 달리 자식을 많이 낳지 못했지만 야곱에게 더 사랑을 받았다고 한다. 「창세기」 29~35장 참조.

10장

예루살렘의 성지들

거룩한 도시 예루살렘

이제 거룩한 도시 예루살렘에 대해 이야기하겠다. 그대들은 예루살렘이 언덕으로 둘러싸여 있다는 사실을 알아야 한다. 그곳 어디에도 강이나 우물은 없으나 헤브론에서 물을 수로로 끌어온다. 그대들은 예루살렘이 아주 오래전에는 예부스Jebus로, 멜키세덱* 시대에는 살렘Salem이라고 불렸다는 사실도 알아야 한다. 다윗 왕은 이 두 명칭을 합쳐서 예부살렘Jebusalem이라고 불렀고, 솔로몬 왕은 예로솔로미Jerosolomye라고 불렀다. 그 뒤 사람들은 예루살렘이라는 명칭을 사용했고, 아직도 여전히 그렇게 부르고 있다.

예루살렘 주변에는 시리아 왕국이 있다. 또한 팔레스타인 땅과 아스칼론, 마리타메도 인접해 있다.[1] 그러나 예루살렘은 유대 왕국의 땅이다. 그 나라가 '유대'라고 불린 것은 유다 마카베우스**가 그 나라의 왕

---

* 멜기세덱(Melchizedek) : 구약성서에 등장하는 살렘의 왕이자 사제이다. 멜기세덱은 전쟁에서 승리하고 돌아오는 족장 아브라함을 축복했고, 아브라함은 그에게 전리품의 10분의 1을 바쳐 존경을 표시했다. 「창세기」 14:18-20, 「시편」 110:4 참조.

** 유다 마카베우스(Judas Maccabeus, ?~BC 161) : 구약성서 「마카베오기」에 등장하는

이었기 때문이다. 유다 왕국은 동쪽으로는 아라비아 왕국과, 남쪽으로는 이집트 왕국과 맞닿아 있다. 서쪽은 큰 바다Great Sea이고,[2] 북쪽은 시리아 왕국과 키프로스 해와 맞닿아 있다.

예전에 예루살렘에는 1명의 총대주교가 있었고, 나라 곳곳에 대주교와 주교들이 있었다. 예루살렘 부근의 도시들은 다음과 같다. 7마일 거리에는 헤브론, 6마일 거리에는 예리코[*], 8마일 거리에는 베르셰바, 17마일 거리에는 아스칼론, 16마일 거리에는 야파, 3마일 거리에는 라마타[**], 2마일 거리에는 베들레헴이 있다.[3] 그리고 베들레헴에서 남쪽으로 2마일 떨어진 곳에는 성 카리토트 교회가 있다. 성 카리토트는 그곳의 수도원장이었는데 그가 죽었을 때 수도사들은 몹시 슬퍼했다고 한다.[4] 그림 안에서 그들은 여전히 비통해하고 있는데, 보고 있기만 해도 감정이 복받쳐 오른다.

유대와 예루살렘 땅은 수많은 민족들의 손에 들어갔으며, 그곳에 살았던 사람들의 죄로 많은 고난을 겪어야 했다. 그 땅은 유대인, 가나안인, 아시리아인, 페르시아인, 메디아인, 마케도니아인, 그리스인, 로마인, 그리스도교인, 사라센인, 베르베르인, 투르크인, 타타르인 등 온갖 민족들의 손을 거쳤다. 신은 그들이 그리스도교인이든 아니든, 죄인들과 반역자들의 손에 그 나라를 오래 두지 않으셨다. 지금은 이교도가 40년 이상 이 나라를 장악하고 있으나 신의 은총으로 머지않아 그들

인물로 유다 마카비(Judah Maccabee)라고도 한다. 유대인들에게 헬레니즘 문화를 강요한 시리아 왕 안티오코스 4세에 맞섰던 유대 제사장 마타시아스의 아들로, 아버지의 뒤를 이어 유대 반란군을 이끌어 예루살렘을 탈환하는 데 성공했다.

* 예리코(Jericho) : 요르단 강 서안의 도시. 구약성서에는 예리코가 여호수아가 이끄는 유대 민족에게 점령당했다고 나온다. 「여호수아기」 6:1-17 참조.

** 라마타(Ramatha) : 구약성서에 나오는 팔레스타인 북부 에브라임의 산악지방. 라마(Rama), 라마타임(Ramathaim)으로도 불린다. 「사무엘기 상권」 1:1 참조.

의 지배는 끝날 것이다.[5]

성묘 교회

그대들은 알아야 한다. 예루살렘을 방문하는 사람들은 맨 먼저 우리 주가 묻히신 성묘 교회*를 참배하게 마련이다. 그 교회는 예전에는 북쪽의 도시 바깥에 있었으나, 지금은 성벽으로 둘러싸서 도시 안으로 들어와 있다. 매우 아름다운 둥근 모양의 교회로 천장은 뚫려 있고 지붕은 납으로 덮여 있다. 서쪽에는 견고하게 지어진 높고 아름다운 종탑이 있다. 교회의 중앙에 제당이 있는데, 작고 낮은 문이 하나 달려 있는 작은 집처럼 보인다. 반원 모양의 이 제당은 금색과 (은색) 청색 등의 다양한 색으로 신비하고 화려하며 고급스럽게 꾸며져 있다.

제당의 오른쪽에는 우리 주의 무덤이 있다. 제당은 길이가 8피트(약 2.4m)이고 너비가 5피트(약 1.5m), 높이가 11피트(약 3.4m)이다. 얼마 전까지는 무덤을 개방해 사람들이 입맞춤을 하거나 손으로 만질 수도 있었다. 그러나 순례자들이 무덤으로 다가가 돌조각을 떼어내거나 가루를 긁어내려고 해서 술탄이 무덤 주변에 벽을 쌓아 아무도 만지지 못하게 했다. 그러나 왼쪽 벽에 사람 키만 한 높이로 사람 머리 크기의 바위가 성묘에서 뒤어나와 있어서 순례자들은 그 바위에 입을 맞춘다. 제당에는 창문이 없지만 수많은 등불을 켜놓고 있다. 무덤 앞에 걸려

* 성묘 교회(Church of the Holy Sepulchre) ： 예수가 묻혔다고 전해지는 장소에 세워진 교회이다. 예루살렘 구시가지 북서쪽에 있으며 예수의 무덤과 십자가형을 당한 장소를 둘러싸도록 설계되어 있다. 4세기에 콘스탄티누스 대제가 처음 교회를 세운 뒤 여러 차례 파괴와 재건을 반복하다가, 12세기에 십자군이 완전히 개축했다. 현재 교회 내부는 로마가톨릭, 그리스정교, 아르메니아정교회, 이집트콥트교회 등 여러 그리스도교 종파들이 나누어 사용하고 있다.

[그림 10-1] 성묘교회 그리스도의 무덤에 걸려 있는 등

있는 등불은 예수의 수난일인 성금요일*이 되면 저절로 꺼졌다가, 우리 주가 죽음에서 깨어나 되살아나신 부활절의 바로 그 시간이 되면 저절로 다시 켜진다.

그리고 교회 안의 오른쪽 성단 옆에는 우리 주께서 십자가에 매달리셨던 갈보리 언덕이 있다. 그것은 흰색의 암석으로 되어 있다. 하지만 십자가가 세워져 있던 곳은 붉은색으로 얼룩져 있는데, 우리 주 예수가 십자가에 못 박히셨을 때 상처에서 흐른 피가 떨어져 생긴 흔적이다. 지금 그 언덕은 골고다Golgotha라고 불리며, 계단으로 올라갈 수 있다.

---

* 성금요일(Good Friday) : 부활전 직전 금요일로 예수가 십자가에 못 박혀 죽은 날이다.

노아의 홍수가 난 뒤 그 암석의 틈에서 아담의 머리가 발견되었다. 그것은 아담의 죄가 그 장소에서 갚아져야 함을 의미했다. 바로 그 바위 위에서 아브라함은 우리 주에게 제물을 바치려 했다.[6] 그곳에는 제단이 있고, 그 앞에는 고드프루아 드 부이용,[*] 보두앵[**] 등의 그리스도교인과 예루살렘 왕들이 누워 있다. 우리 주가 십자가에 못 박히신 자리 근처에는 그리스어로 "*O θεος Βασιλευς ημων προ αιωνων ειργασατο σωτηριαν εν μεσω της γης*"라는 말이 적혀 있다. 이는 라틴어로 "예로부터 우리의 임금이신 하느님, 세상 한가운데서 구원을 이루시는 분*(Deus Rex noster ante secula operatus est salutem, in medio terrae)*"이라는 뜻이다. 그리고 십자가를 세웠던 바위 틈에는 그리스어로 "*O ειδεις, εστι Βασις της πιστεως ολης του κοσμου τουτου*'라는 말이 적혀 있다. 이는 라틴어로 "네가 보고 있는 그것이 세상 모든 믿음의 근본이다*(Quod vides, est fundamentum totius fidei mundi hujus)*"라는 뜻이다.[7]

그대들은 우리 주께서 십자가에서 처형되셨을 때 그분의 나이가 33세 3개월이었다는 사실을 알아두어야 한다. 다윗왕의 예언서에는 "내가 그 세대와 40년을 보내며*(Quadraginta annis proximus fui generationi huic)*"[8]라고 (그가 죽었을 때 40세였을 것이라고) 적혀 있다. 그래서 예언서의 내용이 틀린 것처럼 보이지만, 실제로 그렇지는 않다. 옛날에는 1년을 10개월로 나누어 3월이 1년의 시작이었고, 12월이 마지막 달이었다. 그러나 로마 황제 가이우스[***]가 1월과 2월 두 달을 더해서 태양

의 정상적인 운행에 맞추어 1년을 12개월, 곧 윤년을 빼고는 365일로 정했다. 따라서 1년을 10개월로 계산하면 40세에 죽은 것이고, 12개월로 계산하면 33년 3개월이 되는 것이다.

십자가와 못

갈보리 언덕 오른쪽에는 제단이 있다. 그리고 그 위에는 그리스도가 채찍질을 당할 때 묶였던 기둥이 눕혀져 있다. 그곳에서 네 걸음 떨어진 곳에는 언제나 물방울이 떨어지는 4개의 돌기둥이 있는데, 그 기둥들이 우리 주의 죽음을 슬퍼해 눈물을 흘리고 있다고 말하는 사람들도 있다.

그리고 제단 부근의 깊이가 42계단degrees이나 되는 지하는 성 헬레나가 기지를 발휘해 유대인들이 바위 아래 숨겨 놓았던 십자가를 발견한 장소이다. 그러나 십자가는 시험을 거쳐야 했다. 우리 주님의 십자가뿐 아니라 그의 양쪽에 매달렸던 두 명의 도둑들의 십자가까지 모두 3개의 십자가가 발견되었기 때문이다. 성 헬레나는 그 십자가들을 차례로 죽은 자 위에 올려놓았는데, 그리스도가 돌아가셨던 진짜 십자가를 올려놓자마자 죽은 자가 바로 되살아났다고 한다.[9]

그 부근의 벽에는 그리스도의 손과 발을 뚫었던 4개의 못이 숨겨져 있다. 2개는 손에, 2개는 발에 박혀 있었던 것이다. 콘스탄티누스 황제는 그 가운데 하나를 가지고 싸우러 나갈 때 타는 말에 씌울 재갈을 만들었다.[10] 덕분에 황제는 적을 물리치고 수많은 나라들에게 승리를 거둘 수 있었다. 예컨대 투르크, 소 아르메니아, 대 아르메니아, 시리아,

Caesar, BC 100~BC 44)를 가리킨다. 기원전 46년 카이사르는 로마력을 정비하여 1년을 365일로 정하고 4년마다 윤년을 두는 율리우스력(Julian calendar)을 제정하였다.

[그림 10-2] 눈물을 흘리는 네 개의 기둥

예루살렘, 아라비아, 페르시아, 메소포타미아, 알레포 왕국, 상 이집트와 하 이집트 등 소아시아의 모든 나라들뿐 아니라 에티오피아의 깊숙한 지역과 당시 대부분 그리스도교인들이 장악하고 있던 소 인도까지 정복했다. 당시 그 지역들에는『교부들의 생애(*Vitae patrum*)』*에 나오는 훌륭한 성인들과 고귀한 은자들이 많았다. 그러나 오늘날 그 나라들은 이교도와 사라센인의 수중에 있다. 그리스도교인들은 자신들이 저지른 죄 때문에 전능하신 하느님의 뜻에 따라 그 땅들을 잃었다. 따라서 그리스도교인들은 하느님의 도움이 있어야 그 땅들을 다시 되찾을 수 있을 것이다.

* 교부들의 생애(Vitae patrum) : 3~4세기경 사막에서 고행과 금욕 생활을 한 초기 그리스도 교부들의 전기를 엮은 책이다. 중세에 다양한 판본들이 출판되며 인기를 끌었다.

앞서 말한 교회 중앙에는 둥근 공간이 있다. 아리마테아의 요셉*은 십자가에서 내린 우리 주의 시신을 그곳에 눕혔다. 그리고 그곳에서 우리 주의 상처를 씻었다. 사람들은 그 둥근 공간이 세계의 중심이라고 말한다.

우리 주는 여러 곳에 감금되어 있었다. 성묘 교회의 북쪽은 우리 주가 갇혔던 곳 가운데 하나이다. 그곳에는 그분을 묶었던 사슬이 있다. 부활한 그리스도는 거기에서 마리아 막달레나** 앞에 처음 나타나셨다. 그녀는 그가 정원지기라고 생각했다.

예전에 성묘 교회 안에 성 아우구스티누스 수도회가 있었던 적이 있었다. 그들에게는 수도원장이 있었으나 총대주교가 그들의 최고 지도자였다.

교회 문 밖 오른쪽으로 18계단 올라간 곳은 우리 주님이 어머니에게 복음사가 요한을 보여주며 "여인이시여, 이 사람이 어머니의 아들입니다(Mulier, ecce Filius tuus)"라고 말하고, 제자 요한에게는 "이분이 네 어머니시다(Ecce mater tua)"라고 말한 장소이다. 주님은 그 말씀을 십자가에서도 하셨다.[11] 우리 주님은 어깨에 십자가를 메고 그 계단을 오르셨다.

그 계단 아래에는 예배당이 있다. 그곳의 인도인 사제들은 우리의 법식이 아니라 그들의 법식대로 예배를 올린다. 하지만 그들은 언제나

* 아리마테아의 요셉(Joseph of Arimathea) : 예수의 시신을 거두어 장례를 치른 신약성서의 인물. 위험을 무릅쓰고 빌라도를 찾아가 예수의 시신을 내달라고 청했으며, 빌라도가 허락하자 예수의 시신을 십자가에서 내려서 아마포로 싼 뒤 장례를 치렀다. 「마태오복음서」 15:42-47 참조.
** 마리아 막달레나(Mary Magdalena) : 예수의 추종자이자 예수의 부활을 최초로 목격한 여인. 신약성서에 따르면 예수의 시신이 없어진 것을 깨닫고 울고 있는 그녀 앞에 예수가 나타난다. 하지만 그녀는 처음에는 그가 예수인지 모르고 정원지기라고 생각했다. 「요한복음서」 20:15 참조.

[그림 10-3] 돌을 맞는 성 스테파노

「주기도문」과 함께 다른 기도문들을 읊으며 빵을 축성하고 성체성사를 행한다. 그들은 교황들이 덧붙여 놓은 많은 의례의 말들을 알지는 못하지만 진심을 담아 경건하게 예배를 올린다. 그 예배당 근처에는 우리 주님이 십자가를 짊어지고 가다가 잠시 지친 몸을 쉬었던 장소가 있다.

그대들은 성묘 교회 앞이 도시의 다른 곳보다 훨씬 공격에 취약하다는 사실을 알아야 한다. 예루살렘과 성묘 교회 사이에 커다란 평지가 있기 때문이다. 예루살렘 시의 동쪽 성벽 바깥에는 여호사팟 골짜기가 있는데,[12] 마치 거대한 해자처럼 성벽과 닿아 있다. 예루살렘 시 바깥에 있는 그 골짜기 위에는 성 스테파노*의 교회가 있다. 그곳에서 성 스테파노는 돌에 맞아 죽었다.

---

* 성 스테파노(St. Stephanus, 1세기?) : 첫 교회인 예루살렘 교회의 일곱 부제 가운데 한 명이자 기독교 역사상 최초의 순교자로 여겨지는 인물 「사도행전」 7:57~60 참조.

그 옆에는 열리지 않는 '황금 문Golden Gate'이 있다.[13] 종려주일에 예수가 나귀를 타고 오셨을 때 그 문은 그분을 향해 열렸다. 예수는 그 문을 거쳐서 성전으로 들어오셨다.[14] 단단한 돌로 만들어진 그곳 계단 세 군데에는 지금도 나귀 발자국이 남아 있다.

성묘 교회 앞에서 남쪽으로 200걸음 떨어진 곳에는 구호기사단이 설립한 커다란 성 요한 병원이 있다. 그곳에는 병자들을 위한 커다란 궁전이 있는데, 124개의 돌기둥이 그 건물을 지탱하고 있다.

성 요한 병원에서 동쪽으로 가면 〔위대한 성모'라는 뜻의〕 '노트르담 라 그랑드(Nôtre Dame la Grande)'라고 불리는 매우 아름다운 교회가 나온다. 그리고 그 근처에는 〔라틴인의 성모'라는 뜻의〕 '노트르담 드 라틴(Nôtre Dame de Latine)'이라는 교회도 있다. 그리스도가 처형되었을 때 마리아 클레오파스*와 마리아 막달레나가 그곳에 서서 자신들의 머리를 쥐어뜯으며 슬퍼했다.

---

* 마리아 클레오파스(Mary Cleophas) : 클로파스(Clopas)라는 사람의 부인이었다. 성모 마리아, 마리아 막달레나 등과 함께 예수가 처형되는 모습을 지켜본 여인이다. 「요한복음서」 19:25 참조.

11장

시온 산과 여호사팟 골짜기

주님의 성전

성묘 교회에서 동쪽으로 160걸음 가면 주님의 성전*이 나온다. 그것은 매우 멋진 건물로 회당은 둥글고 높으며, 겉은 납으로 모두 싸여 있고 통로에는 하얀 대리석이 깔려 있다. 그러나 사라센인들은 그리스도 교인도 유대인도 그 안에 들이지 않는다. 그들은 이토록 신성한 장소에 불결하고 죄 많은 인간들을 들일 수는 없다고 주장한다.

하지만 나는 그곳을 비롯해 원하는 곳을 모두 가볼 수 있었다. 내게는 국새가 찍힌 술탄의 친서가 있었기 때문이다. 특별한 호의가 담긴 그 문서에서 술탄은 그의 모든 백성들에게 내가 원하는 모든 곳들을

---

* 주님의 성전(Templum Domini) : 예루살렘 구시가지 성전 산 중앙에 있는 '바위의 돔(Dome of the Rock, 바위사원)'을 가리킨다. 우마이야조의 칼리프 아브드 알 말리크가 7세기 말 무렵에 세운 것이다. 하단은 8각형을 기본구조로 하고 있으며 가운데 솟아 있는 원기둥에는 금색 돔 지붕이 있다. 바위사원 자리는 예로부터 무슬림과 유대인 모두에게 신성하게 여겨졌다. 이슬람교에서는 무함마드가 하늘로 올라간 곳이었고, 유대교에서는 초대 족장인 아브라함이 아들 이삭을 제물로 바친 장소였기 때문이다. 중세에 십자군이 예루살렘을 지배하게 되었을 때 기독교인들은 이 바위사원을 교회로 바꾸었으나 살라딘이 예루살렘을 정복한 뒤에는 다시 이슬람의 성지가 되었다.

[그림 11-1] 주님의 성전

보여주라고 지시했다. 그리고 그 장소들에 얽힌 신비로운 비밀들을 모두 알려주고, 필요한 경우에는 도시에서 도시로 안내해주라고 명령했다. 나와 내 동료들을 후하게 대접하고, 술탄의 명예와 권력, 그들의 법률을 거스르지 않는 한 무엇이든 내 요구를 받아들일 것 등도 지시했다.

통행 허가를 받으려고 술탄에게 호의를 요청한 다른 사람들에게는 대부분 술탄의 친서가 아니라 인장이 주어졌다. 순례자들이 그것을 (지팡이나) 창의 끝에 매달고 나라를 돌아다니면 사람들은 그 도장에 큰 경의를 나타내고 숭배했으며, 우리가 성체배령 의식에서 하는 것처럼 무릎을 꿇고 몸을 낮추었다. 그러나 사람들은 술탄의 친서에 경의를 가장 크게 나타냈다. 장군과 제후들에게 그 문서를 보여주면 그들은 무릎을 꿇고 그것을 받아 자신들의 머리에 댔다. 그리고 문서에 입을 맞춘 뒤에 꿇어앉은 채 매우 공손히 읽었다. 그러고 나서 그들은 친서를 가져온 사람이 부탁한 모든 것들을 들어주었다. (나는 그의 궁정에 오래 머물렀기 때문에 친서라는 특별한 호의를 받을 수 있었다.)

앞서 말한 주님의 성전에는 한때 율수사제律修司祭*들이 있었다. 그들에게는 수도원장이 있어서 그의 지휘를 따랐다. 카롤루스 대제**가 이 성전에는 머물렀던 적도 있다.[1] 그때 그에게 천사가 찾아와 우리 주님이 할례***를 하면서 잘라낸 포피包皮를 전해주었다. 황제는 그것을 파리로 가져가서 예배당에 모셔두었다. 그 뒤 그것은 [프랑스 서부] 푸아티에로 옮겨졌다가 다시 [프랑스 북서부] 샤르트르로 옮겨졌다.[2]

그대들은 이 성전이 솔로몬이 세운 것이 아니라는 사실을 알아야 한다. 솔로몬의 성전은 1102년 동안만 존속했다. 베스파시아누스****의 아들인 로마 황제 티투스*****는 유대인들이 그의 승낙을 받지 않고 그리스

---

* 율수사제(canons regulars) : 성 아우구스티누스의 계율에 따라 공동체 생활을 하는 사제들이다. 수도원에서만 생활하고 명상하는 수도사들과 달리 대중들을 상대로 한 성사와 예배 등 사제직도 수행했다.

** 카롤루스 대제(Carolus, 재위 768~814) : 샤를마뉴라고도 한다. 프랑크 왕국의 왕으로 신성로마제국의 황제(재위 800~814)를 겸했다. 로마제국 이후 처음으로 대부분의 서유럽을 정복하고 정치적 종교적으로 통일시켜 '유럽의 아버지'라고도 불린다.

***할례(割禮) : 남녀의 성기 일부를 절제하거나 절개하는 의례. 성서에는 예수도 할례를 받았다고 나온다. 「루카복음서」 2:21 참조.

**** 베스파시아누스(Vespasianus, 재위 69~79) : 로마 황제. 유대인 반란을 진압했고, 네로 황제가 죽은 뒤에 일어난 내전에서 승리해 황제가 되었다.

***** 티투스(Titus, 재위 79-81) : 로마 황제. 아버지 베스파시아누스가 황제에 오르자 유대 원정군의 사령관으로 임명되어, 유대인들의 반란을 진압하고 예루살렘을 점령했다(70년). 그러나 맨더빌의 주장과는 달리 티투스의 예루살렘 파괴는 종교가 아니라 정치

도를 사형에 처했다는 이유로 예루살렘을 포위해 그들을 파멸시켰다. 도시를 점령한 그는 성전을 불태워 파괴하고 예루살렘의 모든 유대인들을 붙잡았다. 그는 그 가운데 110만 명을 죽이고 남은 자들은 감옥에 가두거나 30명에 1페니씩 받고 노예로 팔았다. 황제는 그들이 그리스도를 30페니에 샀다는 말을 듣고는 30명에 1페니라는 훨씬 싼 값에 그들을 팔아넘긴 것이다.[3]

그로부터 얼마의 시간이 지난 뒤에 그리스도교인들을 증오했던 배교자 율리아누스[*] 황제는 유대인들이 예루살렘에 신전을 다시 세우도록 허가했다. 그는 세례를 받았으나 그리스도교 신앙을 저버리고 변절자가 되었다. 그러나 유대인들이 신전을 다 세우자 신의 뜻에 따라 큰 지진이 일어났고, 그들이 만든 모든 것이 파괴되고 허물어졌다.

그 뒤 트로이 혈통을 가진 로마 황제 하드리아누스[**]가 예루살렘을 재건하면서 성전도 솔로몬이 만들었던 대로 다시 세웠다. 그리고 그리스도교인이 아닌 유대인들은 그곳에 들어오지 못하게 했다. 비록 황제 자신은 그리스도교인이 아니었지만, 신앙이 다른 자들 가운데에서는 그리스도교인들을 가장 사랑했기 때문이다. 황제는 성묘 교회 주변에 벽을 쌓아서 전에는 도시 바깥에 있던 것을 도시 안으로 편입시켰다. 그리고 예루살렘을 아일리아Aelia라고 바꾸어 불렀으나, 그 이름은 오래 가지 못했다.

그대들은 사라센인들이 이 성전을 성지로 여기며 매우 경외하고 있

적 목적에서 행해진 것이었다.

* 율리아누스(Julianus Apostata, 재위 361~363) : 로마 황제. 로마의 전통과 이교의 부흥을 꾀했기 때문에 '배교자 율리아누스'란 별칭을 얻었다.

** 하드리아누스(Hadrianus, 재위 117~138) : 로마 황제. 131~135년 유대인 반란을 진압한 뒤 예루살렘에 유피테르 신전을 세웠다. 그리고 그 도시를 아일리우스(Aelius)라는 자신의 이름을 따서 아일리아(Aelia)로 바꿔 불렀다.

다는 사실을 알아야 한다. 그들은 그 안으로 들어갈 때 신발을 벗고 여러 차례 무릎을 굽히며 절을 한다. 나와 내 동료들도 그것을 보고 신발을 벗고 맨발로 들어갔다. 이교도들도 그렇게 하는데, 우리 그리스도 교인들은 그들보다 더 그곳을 경외하고 숭배해야 한다고 생각하며 깊이 뉘우쳤기 때문이다.

성전은 너비가 64큐빗(약 29m)이고 길이도 그와 같다. 높이는 120큐빗(약 54m)이나 되고, 안에는 대리석 기둥들이 떠받치고 있다. 성전 중앙의 성단은 4계단 정도의 높이이고, 아름다운 기둥들이 주변을 빙 둘러싸고 있다.[4] 유대인들은 그곳을 가장 거룩한 성소라는 뜻의 '산크타 산크토룸(*Sancta Sanctorum*)'이라고 부른다. 그곳에는 오직 그들의 사제만 의식을 주관하기 위해 들어갈 수 있다. 다른 사람들은 신분에 따라 계단 주변에 흩어져 사제들이 의식를 올리는 것을 서서 지켜본다.

성전으로 들어가는 입구는 4개인데, 문짝은 사이프러스 나무로 정교하게 만들어져 있다. 동쪽 문의 안쪽에서 우리 주는 "여기가 예루살렘이다"[5]라고 말씀하셨다. 북쪽 문 안쪽에는 우물이 하나 있다. 지금은 물이 나오지 않으나 성서에서는 "나는 사원에서 물이 힘차게 솟아나는 것을 보았다(*Vidi aquam egredientem de templo*)"[6]고 이르고 있다.

성궤와 성유물들

성전 반대편에는 사람들이 모리야Moriach라고 부르다가 나중에 베텔Bethel이라고 부른 바위가 있다.[7] 유대의 유물이 담긴 하느님의 성궤가 그 아래에 있었다고 한다. 티투스 황제는 유대인들을 쳐부순 뒤에 그 상자를 유물들과 함께 로마로 옮겼다.

성궤 안에는 십계명이 적힌 모세의 서판과 아론의 지팡이, 모세의 지팡이가 들어 있었다.[8] 모세가 그 지팡이로 홍해를 가르자, 마치 바다가 벽처럼 왼쪽과 오른쪽으로 갈라져 (파라오에 쫓기던) 이스라엘 사람들이 발을 적시지 않고도 홍해를 건널 수 있었다. 모세는 그 지팡이로 (마른) 돌을 내리쳐 물이 솟아나게 하는 등 많은 기적을 행했다.[9]

거기에는 (천사의 음식이라 불리는) 만나가 가득한 황금 그릇과 아론의 예복과 장신구들, 성막,* 열두 가지 보석이 있는 황금 사각탁자도 있었다. 또한 예수의 여덟 가지 이름과 네 가지 모습이 새겨진 녹색 벽옥 상자 하나, 황금 촛대 7개, 황금 항아리 12개, 향로 4개, 황금 제단 1개, 황금 사자상 4개와 그 위에 놓인 12뼘 길이의 케루빔** 황금상, 둥근 황도십이궁이 새겨진 황금 성궤 하나, 은으로 된 탁자 하나, 은 나팔 2개, 보리빵 일곱 덩어리, 이 밖에도 우리 주 예수가 태어나시기 전에 존재했던 온갖 종류의 성유물들이 있었다.

그 바위 위에서 잠들었던 야곱은 꿈에서 천사들이 사다리를 오르내리는 것을 보고는, "진정 이곳이 성소인데, 내가 알지 못했구나(Vere locus iste sanctus est, et ego ignorabam)"[10]라고 말했다. 그곳에서 야곱에게 붙잡혀 있던 천사는 그의 이름을 이스라엘이라고 바꿔 불렀다.[11] 그곳에서 다윗 왕은 천사가 검으로 사람들을 치고, 피로 뒤덮인 검을 칼집에 넣는 것을 보았다.[12]

---

* 성막(Tabernacle) : 황야를 헤매던 유대인이 사용하던 천막으로 된 이동신전
** 케루빔(cherubim) : 구약성서에 등장하는 초자연적인 존재나 천사로 커룹(cherub)이라고도 한다. 사람과 짐승(사자, 독수리, 소)이 합쳐진 모습으로 많이 묘사되는데 대부분 커다란 날개가 있다. 예로부터 하느님의 성스러운 장소를 지키는 존재로 여겨져 조각상으로 만들어 성궤와 함께 두거나(「탈출기」 25:18-20, 「열왕기」 6:23-28), 성막에 수를 놓았다(「탈출기」 26:1). 그들은 불의 칼을 든 채, 쫓겨난 아담과 이브가 에덴동산에 돌아오지 못하도록 하는 역할을 맡기도 했다(「창세기」 3:24).

바로 그 바위에서 성 시메온은 성전으로 들어온 우리 주님을 영접했
다.[13] 바로 그 바위 위에서 우리 주님은 때때로 사람들에게 설교를 하
셨고, 파는 자와 사는 자를 성전 밖으로 내쫓았다. 주님은 유대인들이
그를 돌로 죽이려 할 때 그 바위에 그대로 서 계셨다. 그 순간 바위는
둘로 쪼개져 그 틈에 우리 주님을 감추었다. 그리고 별이 하나 내려와
그에게 빛을 주고 마치 등불처럼 그를 안내했다.

성모 마리아는 바로 그 바위에 앉아 「시편」을 공부했다. 그곳에서 우
리 주님은 간음한 여인의 죄를 용서하셨다. 그곳에서 그리스도는 할례
를 받으셨다. 그곳에서 천사는 〔사제〕 즈카르야에게 그의 아들 세례 요
한의 탄생을 알렸다.[14] 그곳에서 멜기세댁은 우리 주님께 처음으로 빵
과 포도주를 바쳤다.[15] 그것은 앞으로 거행될 성사의 증표였다.

그곳에서 다윗 왕은 주님과 천사에게 그와 그의 백성들에게 자비를
베풀어달라고 엎드려 간청했다. 주님은 그 기도를 들어주셨다. 다윗
왕은 그곳에 성전을 세우려 했다. 그러나 주님은 천사로 하여금 그를
막도록 했다. 다윗 왕이 베르사브를 자기 아내로 삼으려고 훌륭한 기
사인 우리야를 살해하는 큰 죄를 저질렀기 때문이다. 그래서 성전 건
립을 위해 주님께서 계획하신 모든 것은 다윗의 아들인 솔로몬에게 넘
어갔다. 솔로몬은 성전을 완성하고, 그곳에서 진심을 담아 기도하는
모든 이들의 소리를 들으시고, 그들의 요구가 정당하다면 들어달라고
주님에게 청했다. 주님이 그것을 허락하자 솔로몬은 그 성전을 '신의
도움과 조언의 성전'이라고 불렀다.[16]

성전 문 밖에는 유대인들이 하느님께 비둘기와 산비둘기를 바치는
제단이 있다. 그 제단과 성전 사이에서 〔예언자〕 즈카르야*가 살해되었

---

* 즈카르야(Zechariah) : 베레크야의 아들인 히브리인 예언자. 세례 요한의 아버지인 사
제 즈카르야와는 다른 인물이다. 「마태오복음서」 23:35, 「루카복음서」 11:51, 「역대기

다. 그 성전 꼭대기는 악마가 우리 주님을 데려가 시험에 빠뜨리려 한 곳이다.[17] 유대인들은 그 성전 높은 꼭대기에 예루살렘의 첫 번째 주교인 성 야고보를 세워놓고 땅으로 던져버렸다.[18] 성전으로 들어가 서쪽에는 (아름다운 성문'이라는 뜻의) '포르타 스페키오사(*Porta Speciosa*)'라고 불리는 문이 있다. (그곳에서 성 베드로는 불구자를 고쳐 걷게 만들었다.)[19] 그리고 성전에서 오른쪽으로 조금 떨어진 곳에는 '솔로몬의 학교'라 불리는 납으로 감싼 교회가 있다.

주님의 성전 남쪽에는 솔로몬 성전*이 있는데, 매우 아름답고 멋진 곳이다. (그것은 넓고 아름다운 평야 위에 서 있다.) 한때 솔로몬 성전 안에는 성전기사단**이라 불리는 기사들이 살고 있었다. 바로 그곳에서 성전기사단과 그들의 성직이 창설되었던 것이다. 율수사제들이 주님의 성전에 머물렀던 것처럼, 성전기사단은 솔로몬 성전에 머물렀다.

솔로몬의 성전에서 오른쪽으로 120걸음 떨어진 시내 모퉁이에는 주님의 목욕탕이 있다. 낙원의 물이 흘러 들어와 그 목욕탕에 차곤 했다. 그곳에서 조금 떨어진 곳에 성모의 침대가 있고, 그 부근에 성 시메온의 사원이 있다. 그리고 사원 회랑 밖 북쪽에는 성모의 어머니인 성 안

하권」 24:20-22 참조.

* 솔로몬 성전(Temple of Solomon) : 성전 산 남쪽에 위치한 은색 돔을 가진 이슬람 사원 '알아크사 모스크(al-Aqsa mosque)'를 가리킨다. 십자군이 예루살렘을 장악한 시대에 성전기사단의 거처로 사용되었는데, 십자군들은 그곳이 옛 솔로몬 성전 터에 세워졌다고 해서 '솔로몬 성전'이라고 불렀다. 성전 산 중앙에 있는 주님의 성전(바위시원)과 구분하기 위해 주님의 성전은 '성전'으로 줄여서 나타내도 솔로몬 성전은 줄여서 표현하지 않았다.

** 성전기사단(Templars) : 성전수도회, 템플기사단 등으로도 불린다. 예루살렘 성전을 수호한다는 명목 아래 조직된 일종의 군사·종교 조직이다. 1119년 무렵에 창설되었고 1128년 교황으로부터 정식 인가를 받았다. 솔로몬 성전이라 불렸던 알아크사 모스크를 거점으로 활동했다. 각종 특권을 부여받고 무역과 금융업 등에 관여해 부를 쌓기도 했으나, 1312년 프랑스 왕 필리프 4세의 명령을 받은 교황 클레멘스 5세에게 해산되었다.

나의 아름다운 교회가 있다. 성모는 그곳에서 잉태했다. 그 교회 앞에는 그날 밤 자라기 시작한 커다란 나무가 한 그루 있다.

이 교회에서 22걸음 아래로 내려가면 성모의 아버지인 요아킴*이 잠들어 있는 아름다운 돌무덤이 나온다. 그 바로 옆에 한때는 그의 아내 성 안나도 잠들어 있었으나, 성 헬레나가 그녀를 콘스탄티노플로 옮겼다. 그 교회에는 저수지 같은 모양의 '프로바티카 피스키나(Probatica Piscina)'라는 연못이 하나 있는데, 입구가 5개였다. 하늘에서 내려온 천사들이 그 연못에서 목욕을 하고 물을 휘저어 놓곤 했는데, 천사들이 목욕을 하고 간 물에 가장 먼저 몸을 담그면 누구나 앓고 있던 병이 모두 나았다. 그곳에서 우리 주님은 38년 동안 마비되어 누워 있던 자를 고치셨다. 주님은 그에게 "너의 들것을 들고 걸어라(Tolle grabatum tuum et ambula)"고 말씀하셨다.[20]

그 옆에는 〔로마 총독〕 빌라도의 집이 있었고, 멀지 않은 곳에는 무고한 어린아이들을 살해한 헤롯 왕의 집도 있었다. 헤롯 왕은 매우 잔인하고 극악무도한 인간이었다. 그는 누구보다 사랑했던 자기 부인을 살해했다. 그러나 사랑이 깊었던 만큼 그는 그녀가 죽는 것을 보고는 격한 분노에 휩싸여 제정신을 잃고 오랫동안 미치광이로 지냈다. 그 뒤 다시 제정신으로 돌아왔으나 이미 그녀가 낳은 자식 둘을 죽인 뒤였다. 그 뒤 그는 다른 부인들과 아들 하나, 자신의 친어머니까지 죽었다. 그는 자신의 형제까지 죽이려고 했으나 (그가 죽기 전에) 먼저 갑작스럽게 죽어버렸다. 그는 그 뒤로도 자신이 원하고 할 수 있는 모든 악한 짓을 저질렀다.

그러다 병에 걸려 죽을 날이 머지않았음을 알게 된 헤롯 왕은 누이와 영주들을 불러모았다. 그는 영주들이 오는 대로 탑에 모두 가두었다.

* 성 요아킴(Joachim) : 외경에 나오는 성모 마리아의 아버지

헤롯 왕은 누이에게 자신이 죽어도 나라 안에서 아무도 슬퍼하지 않으리라는 것을 잘 알고 있으니, 자신이 죽자마자 영주들을 모두 죽여서 나라 안의 모든 사람이 자신의 죽음을 탄식하고 슬퍼하게 만들어달라고 부탁했다. 그녀는 그렇게 하겠다고 맹세했다. 그런 유언을 남긴 헤롯 왕은 얼마 뒤에 죽었다. 그러나 그의 누이는 그 유언을 따르지 않았다. 그녀는 왕이 죽자 곧바로 탑에 있던 영주들을 풀어주고 오빠의 유언을 알리고는 그들 각자가 원하는 곳으로 갈 수 있게 허락했다.[21]

그런데 내친 김에 말하면, 그대들은 그 시대에 헤롯이라는 같은 이름을 가진 사악하고 잔인한 자들이 3명 있었다는 사실을 알아야 한다. 내가 말한 헤롯 왕은 헤롯 아스칼로니테*이다. 세례 요한의 목을 잘라 죽인 이는 헤롯 안티파스**이다. 성 야고보를 죽이고 성 베드로를 감옥에 가둔 자는 헤롯 아그리파***이다.

시온 산의 성지들

그 도시에는 성 구원자 교회도 있는데, 요아네스 크리소스토무스의 왼팔과 성 스테파노의 머리 상당 부분이 보관되어 있다. 반대편 길을

---

* 헤롯 아스칼로니테(Herod Ascalonite, 재위 BC 37~BC 4) : 로마가 임명한 유대의 왕. 성서에 따르면, 동방박사들에게 예수 탄생에 관한 이야기를 듣고는 예수를 죽이려고 베들레헴의 두 살 이하 사내아이들을 모두 죽였다. 「마태오복음서」 2:16-18 참조.
** 헤롯 안티파스(Herod Antipas, 재위 6~39) : 헤롯 아스칼로니테의 아들로 예수가 활동하던 시기 갈릴리의 왕. 신약성서에 따르면, 세례 요한은 헤롯 안티파스가 동생의 아내였던 헤로디아를 부인으로 맞이한 것을 공공연히 비난했다. 이에 앙심을 품은 헤로디아는 자신의 딸을 시켜 헤롯 안티파스 왕이 세례 요한을 죽이게 했다. 「마태오복음서」 14:3-12, 「마르코복음서」 6:17-29 참조.
*** 헤롯 아그리파(Herod Agrippa, 재위 41~44) : 헤롯 안티파스의 아들. 신약성서에 따르면, 그는 야고보를 칼로 쳐 죽이고 베드로를 투옥했다. 「사도행전」 12:1-5 참조.

[그림 11-2] 요아네스 크리소스토무스의 왼팔과 성 스테파노의 머리

따라 시온 산이 있는 남쪽으로 가면 성 야고보가 목이 잘려 죽은 자리에 세워진 성 야고보 교회가 나온다.

그 교회에서 120걸음 더 가면 시온 산이다. 그 산에는 성모 마리아의 아름다운 교회가 있는데, 성모 마리아가 살다 돌아가신 자리에 세워진 것이다. 한때 그 교회에는 율수사제 수도원이 있었다. 사도들은 성모의 시신을 그곳에서 여호사팟 골짜기로 옮겼다. 그 교회에는 천사들이 성모에게 가져다 준 시나이 산의 돌도 있었다. 그것은 성 카타리나 수도원의 바위 색깔과 정확하게 일치한다. 그 옆에는 아이를 잉태한 성모 마리아가 베들레헴으로 갈 때 통과한 문이 있다.

시온 산 입구에는 예배당이 있다. 그리고 그 예배당 안에는 아리마테아의 요셉이 우리 주님을 묘지에 넣고 덮었던 거대한 돌이 있다. 부활의 날 주님의 무덤으로 온 3명의 마리아는 그 돌이 뒤집혀 있는 것을 보았다.[22] 천사가 그들에게 우리 주님이 죽음에서 일어나 되살아나

[그림 11-3] 참수되는 성 야고보

섰다고 알려주었다.

그 예배당의 문 옆 벽에 있는 돌은 주님이 매질을 당할 때 묶였던 기둥의 일부이다. 당시 유대의 대사제였던 한나스의 집도 그곳에 있었다. 그곳에서 우리 주님은 밤새 심문을 받았고, 괴롭힘과 매질을 당했으며, 혹독한 고초를 겪으셨다. 바로 그곳에서 성 베드로는 닭이 울기 전에 주님을 세 번 부정했다.[23] 주님이 마지막 만찬 때 제자들의 세족식을 거행하시고 빵과 포도주를 그의 살과 피로 삼아 나누어주신 탁자의 일부도 그곳에 있다.

예배당 아래로 32걸음 내려간 곳은 우리 주 예수가 제자들의 발을 씻겨주신 장소이다. 아직도 그곳에는 물을 담았던 그때의 그릇이 있다. 그 옆은 성 스테파노가 묻힌 곳이다.

그리고 그곳에는 성모 마리아가 천사들이 미사곡을 부르는 소리를 들은 제단이 있다. 그곳은 부활하신 주님이 제자들에게 처음으로 나타난 장소이기도 하다. 그분는 닫혀 있는 문 안으로 나타나서 그들에게 "평화가 너희들과 함께(Pax vobis)"라고 말씀하셨다.[24]

시온 산은 그리스도가 사도 도마에게 나타나 그로 하여금 그분의 상처를 확인해보게끔 한 곳이다. 그는 그가 그분임을 믿고는 "저의 주님, 저의 하느님(Dominus meus et Deus meus)"이라고 말했다.[25] 오순절에 제단 옆 바로 그 예배당에서 모든 제자가 함께 모여 있을 때 성령이 불의 모습으로 내려오셨다.[26] 그곳에서 그리스도는 제자들과 함께 유월절을 기념하셨다. 그리고 복음사가 성 요한은 그곳에서 주 예수 그리스도의 품에 안겨 잠들었으며,[27] 꿈에서 천상의 많은 비밀들을 보았다.

시온 산은 예루살렘 시내에 있으며, 도시의 다른 곳들보다 약간 더 높다. 예루살렘 시는 한쪽이 다른 쪽들보다 견고한데, 이는 시온 산의 기슭에 술탄이 세운 훌륭하고 튼튼한 성이 있기 때문이다. 시온 산에는 다윗 왕과 솔로몬 왕을 비롯해 수많은 예루살렘의 유대 왕들이 묻혀 있다. 그곳은 사도들이 성모 마리아의 시신을 여호사팟 골짜기에 매장하기 위해 옮기고 있을 때, 유대인들이 그녀의 시신에 내동댕이치려 했던 곳이다.[28] 그리고 그곳은 성 베드로가 주님을 부정한 뒤에 하염없이 울던 장소이기도 하다.

그곳에서 조금 앞에, 손으로 돌을 던져도 닿을 만한 거리에는 또 하나의 예배당이 있다. 옛날 그곳에는 우리 주님이 사형을 선고 받은 카야파의 집이 있었다.[29] 그 예배당에서 동쪽으로 140걸음 가면 바위 아래에 '주님의 갈릴리'라는 깊은 동굴이 나온다.[30] 성 베드로는 주님을 부정하고 그곳에 몸을 숨겼다. 솔로몬 성전과 시온 산 가운데에는 우리 주께서 처녀를 그녀의 아버지 집에서 죽음에서 되살린 곳도 있다.[31]

[그림 11-4] 나무에 목맨 유다와 그의 영혼을 가져가는 악마

유다가 목매어 죽은 나무

시온 산 아래 여호사팟 골짜기 방향에는 〔'실로암의 연못'이라는 뜻의〕 '나타로리움 실로에Natatorium Siloe'라고 불리는 샘이 있다. 그곳은 우리 주님이 세례를 받은 뒤 목욕을 한 곳이며, 장님을 눈 뜨게 한 장소이다.[32] 그곳에는 예언자 이사야도 묻혀 있다.

나타토리움 실로에에서 곧장 가면 고대의 석상 하나가 나오는데, 압살롬*이 만들게 시켰다고 해서 '압살롬의 손hand of Absalom'[33]이라고 불린다. 그 근처에는 유다가 우리 주님을 배신해 팔아넘기고는 절망해서 스스로 목매어 죽은 딱총나무도 있다.[34] 그 옆은 (그리스도에 맞서려고) 유대의 사제들과 바리새인들이 모여 회의를 연 유대교 회당이 있던 자리이다. 그곳에서 유다는 그들 앞에 30페니를 던지며, "나는 죄 없는

---

* 압살롬(Absalom) : 다윗 왕의 셋째 아들이다. 아버지에 맞서 반란을 일으켰다가 다윗의 부하 요압에게 죽임을 당했다.

분을 팔아넘겨 죽게 한 죄를 지었소*(Peccaui, tradens sanguinem iustum)*"라고 말했다.[35] 그 근처에는 사도 필립보와 알패오의 아들 야고보*의 집이 있었다.

시온 산의 다른 면에서 남쪽으로 내려가 골짜기를 넘으면 돌을 던지면 닿을 정도의 거리에 아켈다마가 있다. '피의 들판'이라는 뜻으로 우리 주님은 그곳에서 30페니에 팔리셨다. 그곳에는 그리스도교인들의 무덤이 많은데, 순례자들이 많이 묻혀 있기 때문이다. 기도실과 예배당, 은자들이 살았었던 은신처도 많이 있다. 거기서 동쪽으로 100걸음 가면 죽은 자들의 유해를 옮겨 두었던 성 요한 병원의 시체 안치소가 나온다.

성모의 무덤

예루살렘의 (1마일 떨어진) 서쪽에는 십자가를 만든 나무가 자라고 있는 아름다운 교회가 있다. 그리고 거기에서 2마일 떨어진 곳에는 또 하나의 아름다운 교회가 있다. 성모 마리아와 엘리사벳**이 그곳에서 만났을 때 둘 다 아이를 임신하고 있었다. 세례 요한은 그의 어머니의 자궁에서 움직이며, 그가 아직 보지 못한 창조주를 숭배했다.[36] 세례 요한은 그 교회의 제단 아래에서 태어났다.

그 교회에서 1마일 떨어진 곳에는 엠마우스 성이 있다. 그곳은 부활하신 뒤에 우리 주님이 두 제자 앞에 나타난 장소이다. (그들은 주님이

---

* 알패오의 아들 야고보(James, son of Alphaeus) : 예수의 12사도 가운데 한 명. 제베대오의 아들 야고보와 구분하기 위해 소小야고보라고도 불린다.
** 엘리사벳(Elizabeth) : 성모 마리아의 사촌이자 세례 요한의 어머니. 오래 아이를 낳지 못하다가 가까스로 임신한 여인들의 수호성녀로 숭배되었다.

빵을 쪼갤 때 그분을 알아보았다.)[37] 그리고 예루살렘에서 다른 쪽 방향으로 200걸음 떨어진 곳에는 예전에는 사자의 동굴이었던 교회가 있다. 그 교회 아래 30계단 깊이의 지하에는 코스드로에 왕[38]의 시대에 죽은 1만2천명의 순교자들이 묻혀 있다. 신의 뜻에 따라 사자가 같은 날 밤에 그들 모두를 그곳으로 옮겨놓았다.

그리고 예루살렘에서 2마일 떨어진 곳에는 '기쁨의 산'이 있다. 그곳은 매우 아름답고 좋은 곳이다. 예언자 사무엘*이 누워 있는 아름다운 묘지도 그 산에 있다. 그곳이 '기쁨의 산'이라 불리는 이유는 순례자들이 (길고 힘든 여정 끝에) 그곳에서 처음으로 예루살렘의 풍광을 접하며 기뻐하기 때문이다.

예루살렘과 올리벳 산의 중간, 도시의 성벽 아래에는 내가 앞서 말했던 여호사팟 골짜기가 있다. 그리고 골짜기 한가운데에는 〔'케드론 시내'라는 뜻의〕 토렌스 케드론Torrens Cedron이라는 작은 개울이 흐른다.[39] 그 개울 위에는 개울을 건너려는 사람들을 위한 다리가 놓여 있는데, 십자가를 만드는 데 쓰였던 나무 기둥을 사용해 만든 것이었다.[40]

그 근처 땅의 작은 구덩이는 그리스도를 묶은 기둥이 박혀 있던 흔적이다. 우리 주님은 그곳에서 맨 처음 매질을 당하셨고, 실로 많은 곳에서 이루 말할 수 없는 수난을 겪으셨다.

여호사팟 골짜기 중앙에는 성모 마리아의 교회가 있고, 지하로 43계단 내려간 곳에는 성모의 무덤이 있다. 돌아가셨을 때 그녀의 나이는 72세였다.[41] 성모의 무덤 옆에는 제단이 있다. 그곳에서 우리 주님은 성 베드로의 모든 죄를 용서해주셨다. 그리고 제단 아래 서쪽에는 낙

---

* 사무엘(Samuel) : 구약성서 「사무엘기」에 나오는 이스라엘 예언자. 그는 선지자일 뿐 아니라 이스라엘의 지도자, 판관, 제사장, 군지휘관이기도 했다. 그는 팔레스타인 사람들과 싸워 이긴 뒤 사울을 왕으로 세웠으나, 뒷날 다시 다윗을 새 왕으로 세웠다.

원의 강에서 발원한 샘이 하나 있다.

그대들은 그 교회가 지면보다 훨씬 더 아래쪽에 있어 거의 대부분이 땅속에 있는 것 같다는 사실을 알아야 한다. 확실하지는 않지만 내가 생각하기에는 처음부터 그렇게 지어졌던 것은 아닌 듯하다. 오히려 예루살렘이 여러 차례 파괴되고 부서진 성벽들이 계곡 쪽으로 무너져 내리는 것이 반복되면서 땅이 높아지고 교회가 지면보다 아래쪽에 있게 된 것 같다. 그러나 대다수 사람들은 분명 그 땅이 성모 마리아가 묻힌 뒤부터 둘로 갈라져 솟아올랐고 날마다 높아지고 있다고 말한다. 그 교회에는 한때 수도원장이 이끄는 [베네딕트회의] 검은 수도사들이 머무르기도 했다.

교회 옆에는 예배당이 있고, 그 옆에는 겟세마네라고 불린 바위언덕이 있다. 그곳에서 유다는 주님에게 입맞춤을 했고, 유대인들에게 주님이 붙잡혔다. 고난을 당하기 전에 그리스도는 제자들을 남겨두고 홀로 벗어나 기도하며 "아버지, 하실 수 있으시다면 이 잔이 저를 비켜가게 해 주십시오(Pater, si fieri potest, transeat a me calix iste)"라고 말했다. 주님이 다시 제자들 곁으로 돌아왔을 때 그들은 자고 있었다.[42] 예배당 안 바위에는 유대인들이 주님을 붙잡으려 할 때 주님이 바위를 밀면서 생긴 손바닥 자국이 아직도 남아 있다.

기기에시 남쪽으로 돌을 던져 낳을 거리에는 예배당 또 하나 있다. 그곳은 우리 주님이 큰 고난을 겪으신 곳이다. 그리고 그 부근에는 여호사팟 골짜기에 이름을 준 여호사팟 왕의 무덤이 있다. 그는 그 땅의 지배자였는데 매우 고귀하고 선한 은자 덕분에 기독교로 개종했다.[43] 거기에서 남쪽으로 활을 쏘아 닿을 거리에는 성 야고보와 예언자 스카르야가 묻혀 있는 교회가 있다.

여호사팟 골짜기 위쪽으로 가면 올리벳 산이 나온다. 올리브나무가 많이 자라서 그런 이름으로 불린다. 그 산은 예루살렘보다 훨씬 높으므로 그 산에서는 예루살렘 시내를 한 눈에 내려다볼 수 있다. 그 산과 예루살렘 사이에는 그렇게 넓지 않은 여호사팟 골짜기만 있다. 예수승천대축일의 날에 우리 주님은 그 산에서 하늘로 올라가셨다. 그곳 바위에는 거기에 서 계셨던 주님의 왼발 흔적이 아직도 남아 있다.

그곳에는 교회도 하나 있는데, 한때는 〔성 아우구스티누스 수도회의〕 수도 원장과 율수사제들이 있었다. 거기에서 28걸음 떨어진 곳에는 예배당이 있다. 우리 주님은 그곳의 바위에 앉아 설교를 하시곤 했다. 주님은 그곳에서 여덟 가지 행복에 대해 설교하시며, "마음이 가난한 사람들은 행복할지니, 하늘나라가 그들의 것이다(eati pauperes spiritu, quoniam ipsorum est regnum caelorum)"라고 말씀하셨다.[44] 그리고 제자들에게 「주기도문」을 가르치시고, 손가락으로 바위에 쓰셨다. 가까이에 이집트의 성 마리아* 교회도 있는데, 그녀는 그곳에 매장되어 있다. 그곳에서 동쪽으로 화살을 세 번 쏘아 닿을 거리에는 벳파게가 있다. 그곳은 우리 주님이 종려주일**에 성 베드로와 성 야고보에게 나귀를 구해오도록 한 장소이다. 주님은 그 나귀를 타고 예루살렘으로 들어가셨다.[45]

올리벳 산에서 내려오다 보면 동쪽에 베다니라고 불리는 성이 있다. 우리 주님을 숨겨준 나병환자 시몬이 그곳에 살고 있었다. 그는 뒤에

* 이집트의 성 마리아(Saint Mary of Egypt, 4세기?) : 이집트 출신으로 12살에 알렉산드리아로 가서 17년간 매춘부로 살았으나 예루살렘에서 거룩한 십자가에 경배하고 난 뒤 크게 뉘우쳤다. 그 뒤 그녀는 사막에서 47년간 고행하며 수도자로 살다가 죽었다고 한다. Jacobus de Voragine, 『황금전설』, 368-372쪽('성 이집트의 마리아' 편) 참조.
** 종려주일(Palm Sunday) : 예수의 예루살렘 입성 기념일로 부활절 한 주 전 일요일이다. 그 명칭은 나귀를 타고 예루살렘에 입성한 예수를 향해 군중들이 종려나무 가지를 흔들며 환호했다는 성서구절에서 비롯되었다. 「요한복음서」 12:12-13 참조.

사도들에게서 세례를 받고 율리아누스Julian라고 불렸으며 주교가 되었다.[46] 사람들은 좋은 피난처가 필요할 때면 자신의 집을 주님께 피난처로 제공한 율리아누스에게 기도를 올렸다. 시몬의 집에서 우리 주는 마리아 막달레나의 죄를 용서해 주셨고, 그녀는 자신의 눈물로 그의 발을 씻긴 뒤 머리카락으로 닦아드렸다. 성 마르타는 우리 주님의 시중을 들었다. 그곳에서 주님은 마리아 막달레나와 마르타하고 남매 사이인, 죽은 지 나흘이 지나 (무덤에서) 악취를 풍기고 있던 라자로를 죽음에서 살려내셨다.[47] 〔예수님의 마지막을 지켜본〕 마리아 클레오파스도 베다니에 살고 있었다. 그곳은 예루살렘에서 겨우 1마일 떨어져 있다.

올리벳 산에서 내려오는 길에는 우리 주님이 예루살렘을 위해 눈물을 흘리셨던 곳이 있다. 그 옆은 승천하신 성모 마리아께서 사도 도마에게 나타나 허리띠를 준 장소이다.[48] 그리고 그 근처에는 우리 주님이 이따금 앉아서 설교를 하시던 바위가 있다. 주님께서 직접 말씀하신 것처럼 심판의 날에 그분은 바로 그 자리에 앉아계실 것이다.

올리벳 산에서 멀지 않은 곳에는 갈릴리 산이 있다. 그곳은 마리아 막달레나가 그리스도의 부활을 알렸을 때 사도들이 모여 있던 장소이다.[49] 올리벳 산과 갈릴리 산의 중간에는 교회가 있는데, 그곳에서 천사는 성모에게 그녀가 죽을 것임을 알려주었다.[50]

베다니에서 (거의 5마일 떨어진 곳에는) 예리코가 있다. 그곳은 예전에는 소도시였으나 완전히 파괴되어 지금은 작은 마을에 지나지 않는다. 여호수아는 신의 기적과 천사의 지시에 힘입어 그 도시를 점령하고 (파괴해 대지와 같이 평평하게 만들었다. 그리고 다시는 재건하지 못하도록 명령하고) 다시 세워지는 모든 것이 저주받을 것이라고 말했다.[51]

난쟁이 자캐오가 이 도시 출신이다. 키가 너무 작았던 그는 다른 사람들에 가려 주님이 보이지 않자 돌무화과나무로 올라갔다.[52] 가족들과 함께 탈출한 라합이라는 매춘부도 이 도시 출신이다. 그녀는 그 땅을 정탐하러 온 이스라엘 척후병들을 맞아들여 음식을 주고 휴식을 취할 수 있게 했으며, 커다란 죽음의 위험으로부터 그들을 구해냈다. 그녀는 (그들을 자기 집 아마줄기를 쌓아둔 곳에 숨기고는 사람들에게 그들이 성문이 닫히기 전에 도시 밖으로 나갔다고 말했다. 밤이 되자 그녀는 밧줄을 가져다 늘어뜨려 그들이 도시의 성벽 밖으로 빠져나갈 수 있게 했다. 그래서 도시가 정복되었을 때 라합은 그녀가 마땅히 받아야 할) 충분한 보상을 받았다.[53] 성서에서는 "내 이름으로 예언자를 받아들이는 자는 예언자가 받는 상을 받을 것이다(Qui accipit prophetam in nomine meo, mercedem prophetae accipiet)"라고 했다.[54] 그래서 그녀는 신에게서 특별한 재능을 얻게 되었다. 그녀는 앞서 말한 척후병들에게 "나는 주님께서 이 땅을 당신들에게 주셨다는 것을 알고 있습니다(Novi quod Dominus tradet vobis terram hanc)"[55]라고 예언했고, 그 예언은 적중했다. 그녀는 그 뒤 나손Naasson의 아들인 (유대 지파의 왕자) 살로몬과 결혼했고, 고귀한 여인이 되어 신을 잘 모셨다. (그리고 머지않아 그 집안의 계보는 우리 주 예수 그리스도의 어머니인 성모 마리아로 이어졌다.)[56]

베다니에서 산과 사막을 지나 요르단 강으로 가는 길은 하루 정도의 거리이다. 베다니에서 (6마일 가량) 동쪽으로 가면 우리 주님이 40일 동안 단식을 한 (콰렌타네Quarentane라는)[57] 거대한 언덕이 있다. 지옥의 악마enemy of hell는 우리 주님을 그곳으로 데려가 유혹하면서 "이 돌들이 빵으로 변하게 해 보아라(Dic ut lapides isti panes fiant)"라고 말했다.[58] 거기에는 전에는 아름다운 교회가 있었으나 모두 허물어져서 지금은 한 무리의 그리스도교인들이 머무르고 있는 은신처만 남아 있다. 성 게오르기우스*가 그들을 개종시켰기 때문에 그들은 게오르기우스 파**라고 불린다.

그 언덕에는 아브라함이 오랫동안 살았던 '아브라함의 들판'이라고 불리는 곳도 있다. 언덕과 그 들판 사이에는 작은 하천이 흐르는데, 예전에는 쓴물이었으나 예언자 엘리사***가 축복한 다음부터 마시기 좋은 단물이 되었다.[59] 그 언덕 기슭의 평야에는 요르단 강으로 흘러가는 거대한 샘물이 있다.

이 언덕에서 내가 앞서 말한 예리코까지는 요르단 강을 향해 내려가면 겨우 1마일 거리이다. 옛날에 예리코로 가는 그 길에 한 장님이 앉아 "다윗의 자손, 예수여. 제게 자비를 베푸소서*(Jesu, Fili David, miserere mei)*"라고 울부짖었다. 그러자 그는 곧 볼 수 있게 되었다.[60]

예리코에서 2마일 떨어진 곳에는 요르단 강이 있다. 그리고 약 반 마일 정도의 거리에는 세례 요한의 아름다운 교회가 있는데, 그는 그곳에서 우리 주님에게 세례를 해주었다.[61] 그 근처에는 예언자 예레미야****의 집도 있다.[62]

---

* 게오르기우스(Saint George) : 초기 기독교의 순교자이자 14성인 가운데 한 사람으로 기사와 군인의 수호성인이다.

** 게오르기우스 파(Georgians) : 그루지아 정교회(Georgian Orthodox church)를 가리킨다. 조지아 정교회라고도 하는 그루지아 정교회는 가장 오래된 그리스도교 교단 가운데 하나로 사도 안드레아의 전도로 시작되었다고 한다. 4세기 캅카스 이베리아 왕국(뒷날의 그루지아)의 국교가 되었으며, 중세에는 수도사들이 예루살렘까지 진출했다. 게오르기우스는 그루지아의 수호성인이었다.

*** 엘리사(Elisha) : 구약성서에 등장하는 이스라엘의 예언자

**** 예레미야(Jeremiah) : 구약성서 「예레미야서」의 저술자

12장

사해와 사마리아 지방

사해와 저주받은 도시들

예리코에서 3마일 떨어진 곳에 사해가 있는데, 주변에 명반과 역청이 많다.* 예리코와 사해 중간에는 엔게디Engeddi[1]가 있다. 예전에 그곳은 발삼나무 산지였다. 사람들이 그 관목들을 뽑아서 신新바빌론으로 옮겨 심었기 때문에 지금도 이집트의 발삼나무들을 '게디의 포도나무'라고 부르는 것이다.[2] 아라비아에서 사해 연안을 따라 내려오는 길에는 모압족의 산이 있고, 거기에는 카루아Karua라 불리는 동굴이 있다. 〔모압의 임금〕 발락은 이스라엘인들을 저주하기 위해 브오르의 아들인 사제 발라암을 이 모압족의 산으로 데려왔었다.[3]

사해는 유대와 아라비아의 영토를 나누며, 소아라Soara[4]에서 멀리 아라비아까지 뻗어 있다. 사해의 물은 매우 쓸 뿐 아니라 짜기 때문에 그 물이 적셔진 대지는 열매를 맺을 수 없는 불모지가 된다. 그 물은 자주 색이 변한다. 그리고 그 물 안에서는 사람들이 아스팔트라고 부르

---

* 사해(Dead Sea) : 이스라엘과 요르단 국경에 있는 소금호수. 요르단 강이 흘러들지만 출구가 없어 증발될 뿐 흐르지 않는다. 염분 농도가 높아 생물이 거의 살지 못한다.

[그림 12-1] 사해 때문에 불모지가 된 땅

는 물체가 나오는데, 매일 사방에서 말 한 마리만한 커다란 덩어리들이 육지로 밀려온다. (그것은 역청과 같은 것이라 사람들은 사해를 아스팔트 호수나 역청 호수라고도 부른다. 사실 그것은 그 큰 크기 때문에 바다라 불린 것이다.) 예루살렘에서 200펄롱(약 40km) 떨어진 이 바다는 그 길이가 580펄롱(약 117km)[5]이고 너비는 150펄롱(약 30km)이나 된다. 그러나 (밀물, 썰물도 없고) 움직이지도 흐르지도 않으며, 생명을 태어나게 하지도 기르지도 않기 때문에 〔죽은 바다'라는 뜻으로〕 사해라고 불린다. 그 바다는 사람이든 짐승이든 (물고기든 새든) 숨을 쉬는 것은 그 무엇도 받아들이지 않는다. 이는 여러 차례 증명되었다. 죽어 마땅한 사람을 던져도 물이 도로 뱉어내는 바람에 3~4일을 그대로 떠 있었던 것이다. 살아 있는 것을 받아들이지 않는 사해 때문에 그들은 결코 빠져 죽지 않았다.

(선박은 역청을 잘 바르지 않으면 그곳을 항해할 수 없었다. 역청을 바르

지 않은 무생물은 수면에 놓이는 순간 깊숙이 가라앉아 버리기 때문이다. 불을 밝힌 등을 던지면 떠올랐지만 불이 꺼진 등을 던지면 가라앉았다.) 철을 던지면 위로 떠올랐지만 깃털을 던지면 바닥으로 가라앉았다. 이것은 순리를 거스르는 일이었다. 한때 그곳에 있었던 도시들도 (순리를 거스른 죄로) 파멸해서 가라앉았다. 인근의 나무들에는 겉보기에는 빛깔 좋고 잘 익은 것 같은 사과들이 달려 있으나 따서 반으로 잘라보면 안에는 먼지와 재만 가득하다. 이는 신의 분노를 산 그곳의 도시들과 인근 땅들이 지옥의 불로 타올랐음을 상징한다. (지금 사해 근처에는 그 누구도 살 수 없고, 그 물은 너무 써서 마실 수 없다.) 앞서 말했듯이 어떤 이들은 사해를 아스팔트 호수라고 부르는데, 악마의 강이라거나 그 고약한 냄새 때문에 악취의 강이라고 부르는 사람도 있다.

신의 천벌을 받아 사해로 가라앉은 다섯 개의 도시는 소돔, 고모라, 알다마, 츠보임, 초아르이다.[6] 그들은 가증스러운 남색의 죄를 저질렀기 때문에 그렇게 되었다. 그러나 롯의 기도로 초아르는 대체로 무사했다.[7] 그것은 언덕 위에 있었기 때문에 지금도 맑은 날이면 물 위로 나와 있는 초아르의 성벽을 볼 수 있다. 롯은 그곳에서 한동안 살았다. 롯의 딸들은 아버지가 술에 취해 있을 때 잠자리를 가졌고, 그 일로 모압과 아몬이 태어났다. 그녀들이 아버지를 취하게 만든 것은 자식을 얻고 싶어서였다. 그녀들 주변에는 아버지 말고 다른 남자가 없었다. 그래서 그들은 도시들을 멸망시킨 것처럼 신이 세상도 전부 파괴했다고 생각했다. 예전에 노아의 홍수로 그렇게 했던 것처럼 말이다. 세상 어디에도 남자가 남아 있지 않다고 생각한 그녀들은 아버지 곁에 누워 자손을 얻어서 세상을 다시 사람들로 채우려 했다. 만약 취하지 않았더라면 롯은 딸들과 함께 눕지 않았을 것이다.[8]

초아르 위쪽 산은 당시엔 에돔Edom이라고 불렀고 뒤에는 세이르Seir, 더 나중에는 이두메아라고 불렀다. 사해 오른편에는 소금기둥으로 변한 롯의 아내가 있다. 그녀는 (천사의 명령을 어기고) 신이 도시들을 파괴할 때 뒤돌아보는 바람에 그렇게 되었다.[9] (그대들도 알다시피) 롯은 하란의 아들이고 하란은 아브라함의 형제이다. 아브라함의 아내 사라와 나호르의 아내 밀카는 앞서 말한 롯의 누이들이다. 이삭을 낳았을 때 사라는 90살이었다. 당시 아브라함에게는 정부 하가르에게서 얻은 아들 이스마엘이 있었다. 아브라함은 아들 이삭에게 태어난 지 8일째 되는 날 할례를 받게 했다. 14살이던 이스마엘도 이삭과 함께 할례를 받았다. 그래서 이삭의 후손인 유대인들은 태어난 지 8일째 날 할례를 하고, 이스마엘의 후손인 사라센인들은 14살에 할례를 하는 것이다.[10]

요르단 강의 거대한 삼나무

그대들은 요르단 강*이 사해로 흘러들어가고, 거기서 끝난다는 것을 알아야 한다. 그곳은 세례 요한의 교회에서 서쪽으로 1마일 떨어져 있으며, 그 아래는 그리스도인들은 일상적으로 목욕을 하는 장소이다. 요르단 강에서 1마일 떨어진 곳에는 야복이라고 불리는 또 다른 강이 있는데, 메소포타미아에서 온 야곱은 이 하천을 건넜다.[11] 요르단 강은 큰 강은 아니지만 물고기가 매우 풍부하다. 강의 수원은 레바논 산중에 있는 두 개의 샘인데 하나는 요르Jor, 다른 하나는 단Dan이다. 요

---

* 요르단(Jordan) 강 : 시리아와 레바논에서 발원하여 남쪽으로 흘러 팔레스타인(서안지구)과 요르단 사이를 지나 사해로 유입되는 강. 유대교·이슬람교·그리스도교 모두에게 신성하게 여겨지는데, 신약성서에는 예수가 이 강에서 세례 요한에게 세례를 받았다고 나온다. 「마태오복음서」 3:13-16 참조.

[그림 12-2] 사람 머리만한 열매가 달린 삼나무

르단이라는 명칭은 이 두 개의 샘에서 비롯된 것이다.[12] 이 강은 마론 Maron이라고 불리는 호수를 관통한 다음 티베리아스 호로 흘러들었다 가 길보아 산 아래를 지나는데, 강 양쪽에는 아름다운 골짜기가 있고, 파란Pharan 사막까지 길게 뻗어 있다. 시리아 왕국과 페니키아 지방을 가르는 레바논 산지로 가봐라. 그러면 하늘 높이 솟아 있는 사람 머리 만 한 기다란 열매가 달린 큰 삼나무들을 볼 수 있을 것이다.

요르단 강은 갈릴리와 이두메아, 베트론 지방을 갈라놓는다. 그리고 지하로 흘러 멜단Meldan이라고 부르는 아름답고 드넓은 평원에 이른다. 사실 멜단은 사라센인들 말로 광장이나 시장이라는 뜻이다. 요르단 강 의 물줄기는 거기서 넓어진다. 그 평원에는 욥*의 무덤이 있다.

---

* 욥(Job) : 구약성서 「욥기」의 주인공. 「욥기」의 줄거리는 다음과 같다. 욥은 유복한 가 정이 있는 부자였으나 하느님과 사탄의 시험에 들어 한순간에 모든 재산과 가족을 잃 는다. 그리고 병까지 얻어 극심한 고통에 시달린다. 그는 끝까지 믿음을 져버리지는 않 았으나 선한 이가 고통 받는 것에 대해 의문을 갖게 된다. 욥은 자신을 위로하러 찾아온 세 친구들과 이 문제를 토론하나 답을 찾지 못한다. 마지막에 폭풍우 속에서 신이 나타

앞서 말한 것처럼 요르단 강은 세례 요한이 우리 주님에게 세례를 한 곳이다. 주님이 세례를 받는 순간 "이는 나의 사랑하는 아들, 내 마음에 드는 아들이다(Hic est Filius meus dilectus, in quo michi bene complacui)"[13]라는 아버지 하느님의 음성이 들려왔다. 그리고 성령이 비둘기가 되어 그 위로 내려왔다. 이것은 완벽한 삼위일체*였다.

이스라엘의 자손들은 발을 적시지 않고 요르단 강을 건넜다. 그들은 물이 물러난 그 기적의 증거를 남기기 위해 강 한가운데에 바위들을 가져다 놓았다.[14] 매우 부유했으나 나병환자였던 시리아의 나아만은 요르단 강물에 목욕을 하고나서 (물고기처럼) 건강해졌다.[15]

요르단 강 주변에는 많은 교회들이 있고, 그리스도교인들이 다수 기거하고 있다. 그리고 그 근처에는 여호수아가 습격하여 손에 넣은 도시 아이Ai가 있다.[16] 또한 요르단 강 너머에는 매우 아름다운 마므레 골짜기가 있다. 그리고 내가 전에 말한 우리 주님이 40일간 단식을 하신 언덕 위, 갈릴리에서 2마일 떨어진 곳에는 높고 아름다운 산이 있다. 악마는 우리 주님을 그곳으로 데려가 세 차례 유혹하고 세상 모든 나라들을 보여주며, "네가 땅에 엎드려 나를 경배하면 이 모든 것을 너에게 주겠다(Hec omnia tibi dabo, si cadens adoraveris me)."[17]라고 말했다.

세례 요한의 손가락과 머리

사해에서 동쪽으로 가서 약속의 땅이라 불리는 성지의 경계를 넘어

나 그의 모든 불행을 거둬들이는데 이때도 신은 명확한 답 대신 단지 신의 전능함과 계획, 세상의 불가사의함에 대해 이야기할 뿐이다.

* 삼위일체(三位一體, Trinity) : 성부(하느님), 성자(예수), 성령이라는 세 위격(位格)이 동일한 본질을 가지며 하나의 실체로 존재한다는 기독교 교리.

서면 사라센인들이 카라크Carak라 부르는 산과 그 위에 세워진 견고하고 아름다운 성이 나온다. 카라크는 우리말로 '왕의 산'이란 뜻이다. 프랑스 왕 보두앵이 그 산을 정복한 다음 성을 세우고 그리스도교인들로 하여금 그곳을 지키게 했기 때문에 그렇게 불리는 것이다.[18] 그 산 아래에는 소바크라는 마을이 있는데 그곳에는 많은 그리스도교인들이 공물을 바치며 살아가고 있다.

거기서 우리 주님의 별칭으로도 쓰이는 나사렛으로 가라. 예루살렘에서 나사렛까지는 3일 여정이다. 그리고 이번에는 갈릴리 지방으로 들어가 라맛과 소팀[19]을 거쳐 예언자 사무엘의 아버지 엘카나와 어머니 한나가 살았던 에프라임 언덕으로 가라. 사무엘은 그 언덕에서 태어났고, 죽은 뒤에는 내가 앞에서 말했듯이 기쁨의 산에 묻혔다.

그 다음에는 실로로 가라. 예언자 엘리는 오랫동안 그곳에 유물과 함께 하느님의 성궤를 보관했다.[20] 헤브론의 백성들은 그곳에서 우리 주님께 희생 제물을 바치고 서약을 했다. 주님이 처음으로 사무엘에게 말을 걸고, 사제직의 변동과 성사의 신비를 알려주신 곳도 실로이다.[21] 거기에서 왼쪽 방향에는 성서에 나오는 도시들인 기베온과 라마, 벤야민이 있다.[22]

그곳에서 사마리아의 시켐으로 가라. 매우 비옥한 골짜기에 있는 이 아름답고 훌륭한 도시는 이따금 시카르Sichar나 '신도시'라는 뜻의 네오플Neople이라고도 불린다. 거기서 예루살렘까지는 10마일로 하루 여정이다.[23] 시켐에는 우리 주님이 사마리아 여인에게 말을 건네신 (야곱의) 우물이 있다.[24] 교회도 하나 있었으나 지금은 무너져 내렸다. 그 우물 근처에서 레호보암 왕은 금송아지를 두 개 만들게 해서 하나는 단으로, 다른 하나는 베텔로 보냈다. 그리고 백성들에게 하느님 대신 금송아지

를 숭배하게 했다.[25]

시켐에서 1마일 떨어진 곳에는 아브라함이 잠시 살았던 루즈라는 도시가 있다.[26] 그리고 시켐 인근에는 야곱의 아들이자 이집트를 통치했던 요셉의 무덤이 있다. 유대인들이 요셉의 뼈를 이집트에서 가지고 나와 거기에 매장한 것이다. 이따금 유대인들이 큰 신앙심을 품고 그곳으로 순례를 오기도 한다. 야곱의 딸 디나는 시켐에서 능욕을 당했다. 그러자 그녀의 남자형제들은 시켐 시민 다수를 살해하고 큰 피해를 입혔다.[27] 시켐 시 인근에는 사마리아인들이 희생제의를 거행하는 게리짐 산*이 있는데, 아브라함도 이 산에서 아들을 제물로 바치려 했다.[28] 근처에는 도타임Dotaim 골짜기와 저수지도 있다. 요셉의 형들은 요셉을 이 저수지 구덩이에 던져 넣은 뒤 팔아버렸다.[29] 그곳은 시켐에서 2마일 떨어져 있다.

거기서 사마리아의 세바스트[30]로 나아가라. 그 도시는 사마리아의 수도로 예루살렘과 마찬가지로 구릉 사이에 세워졌다. 이 도시에는 이스라엘의 12부족이 정착해 있었다. 그러나 지금은 예전만큼의 대도시는 아니다. 그곳에는 세례 요한이 예언자 엘리사와 압돈** 사이에 묻혀 있다. 세례 요한은 사해 인근의 마카림 성에서 참수당했으나 나중에 제자들이 유해를 사마리아로 옮겨 매장했다. 당시 황제였던 배교자 율리아누스는 그의 유해를 파내서 태우고, 재를 바람에 날려버렸다.[31] 그

---

* 게리짐(Gerisim) 산 : 요르단 강 서안지구 나블루스 시 인근의 산. 그리짐 산이라고 도 불리며, 예로부터 사마리아인들의 예배 성소로 여겨졌다. 구약성서에 따르면, 모세는 이스라엘의 12지파를 세우면서 6지파는 게리짐 산으로 가서 축복을 선언하게 하고 나머지 6지파는 에발 산으로 보내 저주를 선언하게 했다고 한다. 「신명기」 11:29, 27:11-13 참조.

** 압돈(Abdon) : 예언자 오바드야(Obadiah). 구약성서 「오바드야서」를 통해 에돔의 멸망 및 이스라엘의 구원에 관한 그의 예언이 전해진다.

[그림 12-3] 아들을 제물로 바치려는 아브라함을 가로막는 천사

러나 세례 요한이 "보라. 신의 양이로다(*Ecce Agnus Dei*)"[32]라고 말하며 우리 주를 가리켰던 손가락만은 불에 타지 않고 온전히 남았다. 그 손가락은 동정녀 성 테클라에 의해 세바스트의 산속으로 옮겨졌고 오늘날 큰 숭배를 받고 있다.[33]

바로 그곳에 예전에는 아름다운 교회 하나가 있었으나 지금은 다른 많은 교회들처럼 완전히 무너져 내렸다. 한때 세례 요한의 머리가 그 교회의 벽 안에 밀봉되어 있었다. 황제 테오도시우스 1세*가 꺼냈을

---

* 테오도시우스 1세(Theodosius I, 재위 379~395) : 로마 황제. 이교신들에 대한 제의를 금지하고 기독교를 국교로 삼았다. 니케아 공의회(325년)의 신조에 기반한 그리스도교만을 정통으로 인정해 삼위일체를 받아들이지 않는 아리우스파를 이단으로 선언했다.

때 그것은 피범벅인 작은 천으로 싸여 있었다. 황제는 그 머리를 콘스탄티노플로 옮겼다.[34]

오늘날 머리 뒷부분은 여전히 콘스탄티노플에 있다. 그러나 위턱까지의 앞부분은 (프란체스코회) 코르들리에[*35] 수녀들이 있는 로마의 성 실베스테르 교회에 보관되어 있다. 그것은 마치 숯처럼 새까만데, 앞서 말한 사악하고 지독한 율리아누스 황제가 그 부분을 다른 뼈들과 함께 태웠기 때문이다. 그런데도 그것은 여전히 남아있으며, 교황들과 황제들이 진짜라는 것을 확인했다. 턱에 붙어 있던 아래턱 뼈와 재가 된 부분, 참수된 머리를 담았던 접시는 제노바에 있다. 제노바 사람들은 사라센인들만큼이나 그것을 크게 숭배한다. 개중에는 그것이 주교 성 요한의 머리라는 사람도 있고, 세례 요한의 머리는 피카르디아의 아미앵에 있다는 사람도 있다. 모르겠다. 신만이 아실 일이다. 그러나 어디서 숭배를 하든 복되신 세례 요한께서는 기꺼이 받아주실 것이다.

사마리아인의 신앙과 유대인의 글자

세바스트는 예루살렘에서 12마일 떨어져 있다. 그 지방의 구릉들 사이에는 샘이 하나 있는데, 그 물은 해마다 네 차례 색이 변한다. 어떤 때는 녹색이고, 어떤 때는 붉은색이며, 어떤 때는 맑고, 어떤 때는 탁하다. 사람들은 그것을 욥의 샘이라고 부른다.[36]

그 지방 주민들은 사마리아인이라고 불리는 사람들인데, 사도들에 의해 그리스도교로 개종되고 세례를 받았다. 그러나 그들은 사도들의 가르침을 제대로 지키지 않았고 (오류에 빠져들어) 자신들만의 독자적

---

* 코르들리에(Cordelier) : 프란체스코회의 수도사나 수녀들. 그들이 허리에 두르고 다녔던 매듭 달린 밧줄 모양의 끈 코르델리에르(cordelière)에서 비롯된 명칭이다.

[그림 12-4] 머리에 붉은 천을 두르는 사마리아인들의 독특한 복장

인 종파를 세웠다. 그것은 그리스도인이나 사라센인, 유대인, 이교도들의 믿음과도 다른 것이었다. 그런데도 사마리아인들은 신은 오직 하나뿐이며, 그 하나의 신이 모든 것을 만들고 모든 것의 운명을 결정한다고 말하고 다닌다. 그리고 (5대) 성서*를 글자 그대로 따르고 유대인들처럼 「시편」을 활용한다. 또한 자신들이야들로 신이 모든 인간들 가운데에서 가장 사랑하시는 자식이자 진정한 상속자라고 떠들고 다닌다. 그들은 복장도 다른 사람들과는 다르다. 사라센인들은 흰색 아마포를, 그곳에 사는 그리스도교인들은 청색 아마포를, 유대인들은 노란색 천을 머리에 둘렀기 때문에 그들은 붉은색 아마포를 머리에 둘러 자신들을 구별 짓는다.

그곳에 사는 많은 유대인들은 그리스도교인들처럼 공물을 바쳤다.

---

* 5대 성서: '모세 5경'이라 불리는 구약성서의 「창세기」, 「탈출기」, 「레위기」, 「민수기」, 「신명기」를 가리키는 것으로 보인다.

만약 유대인들이 사용한 글자에 대해 알고 싶다면 다음과 같은 철자 명칭들과 모양을 봐라.[37]

| 알레프 | 베트 | 기멜 | 델레트 | 헤 | 바우 |
| *Aleph* | *Beth* | *Gymel* | *Deleth* | *He* | *Vau* |

| 자이 | 헤트 | 테트 | 이오트 | 카프 | 라메트 |
| *Zai* | *Heth* | *Theth* | *Ioth* | *Caph* | *Lameth* |

| 멤 | 눈 | 사메트 | 아인 | 페 | 사데 |
| *Mem* | *Nun* | *Sameth* | *Ain* | *Fe* | *Sade* |

| 코프 | 레스 | 센 | 타우 |
| *Coph* | *Res* | *Sen* | *Tau* |

13장

갈릴리 지방

적그리스도의 탄생지

앞서 말한 사마리아인들의 나라를 출발한 사람은 갈릴리의 평야 지역으로 나아간 뒤에 인근의 산지들을 지나면 된다.

갈릴리는 약속의 땅의 일부이다. 그곳에는 나인, 카페르나움, 코라진, 벳사이다라는 도시가 있다. 벳사이다는 성 안드레아*와 성 베드로가 태어난 곳이다.[1] 그곳에서 4마일 거리에는 코라진이 있다. 코라진에서 5마일 거리에는 「시편」에서 "나는 케다르인들과 함께 지냈다(Et habitavi cum habitantibus Kedar)"[2]고 말한 케다르 시가 있다. 어떤 사람들은 코라진이 적敵그리스도가 태어날 곳이라고 말한다. 그러나 바빌론에서 적그리스도가 태어날 것이라고 말하는 사람도 있다. 예언자가 "바빌론에서 나온 뱀이 온 세상을 삼키리라(De Babilonia coluber exest, qui totum mundum devorabit)"[3]고 예고했던 것처럼 말이다. 이 적그리스도는 벳사이다에서 자란 뒤에 카페르나움을 통치할 것이다. 그래서 성

---

* 성 안드레아(Saint Andrew) : 예수의 12제자 가운데 한 명이자 베드로의 동생. 사람 낚는 어부가 되게 해주겠다는 말을 듣고 형과 함께 예수를 따라 나섰다. 「마태오복음서」 4:18-20 참조.

서에서 "화를 입을 지어다, 코라진이여. 화를 입을 지어다, 벳사이다여. 화를 입을 지어다, 카페르나움이여*(Vae tibi, Chorazin. Vae tibi, Bethsaida. Vae tibi, Capernaum)"[4]라고 한 것이다. 이 도시들은 모두 갈릴리 지역에 있다.

갈릴리의 가나는 나사렛에서 4마일 떨어져 있는데, 시몬 카나네우스*와 성서에 나오는 가나안 여인[5]도 이 도시 출신이다. 그곳의 혼인 잔치에서 우리 주 그리스도는 물을 포도주로 바꾸는 최초의 기적을 행하셨다.[6]

갈릴리의 끝에 있는 산지는 하느님의 성궤를 빼앗겼던 곳이다.[7] 그 반대편에는 엔도르 산이나 헤르몬 산이 있고, 인근에는 토렌스 키손Torrens Cishon이라는 하천이 흐른다. 그 근처에서 아비멜렉의 아들 바락은 여자 예언자 드보라와 함께 이두메아 군대를 물리쳤다. 당시 시스라 왕은 헤베르의 아내 야엘에게 살해당했다.[8] 요르단 강 너머까지 도망친 즈엡, 제바, 찰문나 세 왕이 (기드온과 삼백 명의 군사들에게) 죽임을 당한 곳도 토렌스 키손이다.[9] 나인에서 5마일 거리에는 차리암Zariam이라고 불리기도 하는 이즈르엘 시가 있다. 그 도시의 사악한 왕비 이제벨은 강제로 나봇의 포도밭을 빼앗았다.[10] 그 근처에는 메기도 들판이 있다. 그곳에서 요라스 왕은 사마리아의 왕에게 살해당했고, 그 뒤 시온 산으로 옮겨 매장되었다.[11]

이즈르엘에서 1마일 떨어진 곳에는 길보아 산이 있다. 사울과 그의

---

* 시몬 카나네우스(Simon Chananeus)∶ 예수의 12제자 가운데 한 명. (시몬) 베드로와 구별하기 위해 열혈당원 시몬이라고 부른다. 「루카복음서」 6:15과 「사도행전」 1:13에는 열혈당원 시몬(Simon Zelotes)으로, 「마태오복음서」 10:4과 「마르코복음서」 3:18에는 카나네우스 시몬(Simon Chananaeus)으로 나온다. 카나네우스(Chananeus)도 본래는 '열혈당원'을 의미하는 아람어 칸아나야(qan'anaya)에서 비롯된 것이지만, '가나 사람'이나 '가나안 사람'으로 잘못 해석되곤 한다.

아들 요나단이 그곳에서 장렬한 죽음을 맞았다. 그래서 다윗 왕은 성서에 써져 있는 것처럼 "길보아 산들아 이슬도 비도 내리지 마라(*Montes Gilboae, nec ros nec pluvia et cetera*)"[12]고 그 언덕들을 저주했다. 길보아 산에서 동쪽으로 1마일 떨어진 곳에는 예전에 벳산Bethshan이라고 불리기도 했던 키로폴리스 시가 있다. 그 도시의 성벽에 사울의 머리가 매달렸다.[13]

나사렛과 성모의 나이

이제 갈릴리의 평야를 지나 나사렛으로 가보자. 그곳은 예전에는 크고 아름다운 도시였으나 지금은 작은 마을에 지나지 않는다. 집들은 여기저기 흩어져 있고 성벽도 없다. 작은 골짜기 위에 자리하고 있으며 주변은 온통 산지이다. 성모는 이 나사렛에서 태어나셨고, 예루살렘에서 예수를 잉태하셨다. 우리 주님이 나사렛이라는 별칭을 얻으신 것도 성모가 그곳에서 태어나셨기 때문이다. 나사렛에서 요셉이 성모 마리아를 아내로 맞이했을 적에 그녀의 나이는 열네 살이었다.

한때 나사렛에는 아름다운 교회가 있었다. 그곳의 큰 제단에서 천사 가브리엘은 성모에게 인사를 하며, "찬양합니다, 은총 가득한 이여. 주님께서 그대와 함께 계십니다(*Ave gratia plena, Dominus tecum*)"[14]라고 말했다. 하지만 천사가 나타난 그 교회는 지금은 완전히 파괴되었다. 교회의 옛 기둥 옆에 순례자들의 공물을 받기 위한 작은 건물만 하나 있을 뿐이다. 사라센인들은 나사렛의 다른 교회들은 모두 파괴했으나 이익을 얻을 목적으로 그곳만은 매우 주도면밀하게 관리했다. 그들은 다른 어느 곳의 사라센인들보다도 훨씬 더 사악하고 잔인한 자들이었다.

그 근처에는 가브리엘의 샘이 있다. 주님은 어린 시절 그곳에서 목욕을 하곤 했으며, 이따금 그 샘물을 길어서 어머니께 가져다주기도 했다. 성모도 그 샘에서 아들 예수 그리스도의 옷을 빨았다. 예루살렘에서 나사렛까지는 3일 여정이다. 우리 주는 이 땅에서 자라셨다. 나사렛은 '정원의 꽃'이라는 뜻인데, 그렇게 불려야 마땅하다. 생명의 꽃이신 예수 그리스도가 그곳에서 자랐기 때문이다.

나사렛에서 아콘으로 가는 길에는 세포르 시가 있다. 그곳은 나사렛에서 2마일 떨어져 있다. 그리고 나사렛에서 반 마일 떨어진 곳에는 '주님의 도약'이란 장소가 있다. 유대인들은 주님을 떨어뜨려 죽일 작정으로 높은 바위 위로 끌고 갔다. 그러나 예수는 그들의 한가운데를 가로질러 다른 바위 위로 펄쩍 뛰셨다. 지금도 그 바위에는 주님이 내려딛을 때 생긴 발자국이 남아 있다. 그래서 그곳 사람들은 노상 강도나 적들이 두려워질 때면 다음과 같이 읊는다. "예수는 그들 한가운데를 가로질러 떠나가셨다*(Jesus autem transiens per medium illorum ibat)*"[15] 우리 주님이 잔인한 유대인들에게서 빠져나와 안전하게 탈출하셨다는 것을 떠올리면 도적의 위험에서 무사히 벗어날 수 있기 때문이다. 그러고 나서 그들은 다음과 같은 「시편」의 두 구절을 세 번 읊는다. "주여, 당신 팔의 위력이 그들에게 공포와 두려움을 불어넣었습니다. 주여, 그들은 당신의 백성이 다 지나갈 때까지, 당신께서 얻으신 백성이 다 지나갈 때까지, 돌처럼 움직일 수 없었습니다*(Irruat super eos formido & pavor, in magnitudine brachii tui, Domine. Fiant immobiles, quasi lapis, donec pertranseat populus tuus, Domine; donec pertranseat populus tuus iste, quem possedisti).*"[16] 이렇게 읊기만 해도 아무런 해를 입지 않고 지나갈 수 있었다.

그대는 알아야 한다. 성모 마리아께서는 15살의 나이에 그리스도를 낳으셨다. 그리고 아들이 33살 3개월이 되던 때까지 함께 하셨다. 그녀는 우리 주님의 수난 이후에도 24년을 더 사셨다. (결국 성모는 이 세상에 72년 3개월을 머무르셨다.)[17]

최후 심판의 날

나사렛에서 타보르 산까지는 4마일의 거리이다. 그것은 매우 아름답고 높은 산으로 옛날에는 교회가 많았고 마을도 하나 있었으나 지금은 모두 없어졌다. 그러나 그곳에는 사람들이 '주님의 학교'라 불렀던 장소가 여전히 남아 있다. 거기서 주님은 제자들에게 천국의 비밀에 관해 알려주셨다.

이 산의 기슭에서 살렘의 왕 멜기세댁은, 아비멜렉을 죽이고 전쟁터에서 돌아오는 아브라함을 만났다.[18] 멜기세댁은 오늘날 예루살렘이라고 불리는 살렘의 사제이기도 했다.

타보르 산에서 우리 주님은 변하신 모습을 성 베드로, 성 요한, 성 야고보에게 보이셨다. 선지자 모세와 엘리야도 영의 모습으로 그들 앞에 나타났다. 그래서 성 베드로는 "주님 저희가 여기에서 지내면 좋겠습니다. 여기에다 초막 세 개를 짓겠습니다(Domine, bonum est nos hic esse; faciamus hic tria tabernacula)"라고 말한 것이다. 그곳에서 그들은 "이는 나의 사랑하는 아들, 내 마음에 드는 아들이다(Hic est Filius meus dilectus, in quo michi bene complacui)"라고 말하는 하느님의 목소리를 들었다. 우리 주님은 자신이 죽음에서 되살아나기 전까지는 아무한테도 본 것을 말하지 말라고 그들에게 당부하셨다.[19]

그 산의 바로 그 장소에서 최후 심판의 날이 오면 네 명의 천사가 네 개의 나팔을 불 것이다. 그러면 태초 이래 죽은 자들이 모두 되살아날 것이다. 그들은 육신과 몸을 모두 지닌 채 여호사팟 골짜기로 와서 우리 주님 앞에서 심판을 받을 것이다. 이 최후의 심판은 우리 주님이 되살아나신 부활절 날에 행해질 것이다. 그리고 그 심판은 우리 주님께서 지옥으로 내려와 그것을 파괴하시는 바로 그 순간에 시작될 것이다. 그때가 되면 그분은 세계를 멸망시키고, 선택 받은 자들을 지복至福으로 이끌고, 그렇지 않은 자들에게는 끝없는 고통을 내리실 것이다. 신이 심판에 앞서 커다란 자비를 내리시지 않는 한, 선인이든 악인이든 모든 이들은 받아야 할 대가를 받을 것이다.[20]

타보르 산에서 1마일 떨어진 곳에 헤르몬 산이 있고, 그곳에는 나인이라는 도시가 있다. 그 도시로 들어가는 문 앞에서 우리 주님은 과부의 외아들을 죽음에서 되살리셨다.[21] 나사렛에서 3마일 떨어진 곳에는 사프라 성이 있다. 제베대오의 아들들과 알페오의 아들이 그곳 출신이다.* 나사렛에서 7마일 떨어진 곳에는 카인 산이 있다. 그 기슭에는 우물이 하나 있는데, 그 근처에서 노아의 아버지 라멕은 활로 카인을 쏘아 죽였다. 가시덤불과 관목 숲을 통과하는 카인을 야수로 착각했던 것이다. 카인은 그의 아버지인 아담 시대부터 노아 시대까지 2천 년을 산 자였다. 라멕은 나이 때문에 완전히 눈이 먼 상태였다.[22]

사프라를 떠나 티베리아스 시로 가보자. 그곳은 갈릴리 해 인근에 위치한 도시이다. 사람들이 바다라고 부르지만 갈릴리 해는 바다나 하구河口가 아니라 길이 100펄롱, 너비 40펄롱의 민물호수이다. 하지만

---

* 제베대오는 사도 야고보와 사도 요한 형제의 아버지이고(「마태오복음서」 4:21, 「마르코복음서」 1:19, 「루카복음서」 5:10), 알페오는 또 다른 사도 야고보의 아버지(「마태오복음서」 10:3, 「마르코복음서」 3:18, 「루카복음서」 6:15, 「사도행전」 1:13)이다.

그곳에는 좋은 물고기들이 넘쳐나며 요르단 강이 흘러들어온다. 티베리아스도 큰 도시는 아니지만 그 안에는 훌륭한 목욕탕들이 있다. 요르단 강이 갈릴리 해를 벗어나는 지점에는 큰 다리가 있다. 약속의 땅을 떠나온 사람들은 이 다리를 건너서 요르단 강 인근인 티베리아스 해가 시작되는 바산 왕의 땅과 겐네사렛의 땅으로 갈 수 있다. 거기서 다마스쿠스까지는 3일이 걸리는데, 도중에 트라코니티스 지방을 지나게 된다. 트라코니티스는 헤르몬 산에서 갈릴리 해나 티베리아스 해, 겐네사렛 해까지 뻗어 있다. 사실 그 셋은 모두 하나로, 도시의 이름에 따라 앞서 말한 호수를 다르게 부르는 것이다.

우리 주님은 발을 적시지 않고 이 호수 위를 걸으셨다. 그리고 그곳에서 물에 빠지기 시작한 성 베드로를 건져주시며 "믿음이 약한 자야, 왜 의심하였느냐(Modice fidei, quare dubitasti)"라고 말씀하셨다.[23] 부활하신 주님은 그 호수에서 제자들 앞에 나타나셔서 물고기 잡는 법을 알려주셨고, 그 때문에 모든 그물이 물고기로 가득 찼다.[24] (그들은 답례로 그분께 구운 물고기와 벌집을 드렸다.) 우리 주님은 이따금 그 호수를 여행하셨다. 그리고 거기에서 성 베드로와 성 안드레야, 제베대오의 아들들인 성 야고보와 성 요한을 부르셨다. (그들은 곧바로 그물을 버리고 주님의 뒤를 좇았다.)[25]

이 티베리아스 시에는 부활하신 주님이 제자들과 함께 식사를 한 탁자가 있다. 제자들은 빵을 나누는 모습을 보고 그분을 알아보았다. 성서는 이렇게 기록하고 있다. "빵을 나누는 모습에서 그분임을 깨달았다(Et cognoverunt eum in fractione panis)"[26] 티베리아스 시 인근의 또 다른 산은 우리 주님이 다섯 조각의 빵과 두 마리의 물고기로 5천 명의 사람들을 먹이신 곳이다.[27]

[그림 13-1] 나무가 된 횃불

이 도시에서 분노에 찬 어떤 사람이 우리 주님에게 횃불을 던졌다. 그러나 그것은 땅에 거꾸로 박혀 푸르게 변한 뒤에 커다란 나무로 자랐다. 그 나무는 아직도 자라고 있는데 껍질이 숯처럼 까맣다.

갈릴리 해의 맨 앞, 북쪽 방향에는 사포르라고 불리는 튼튼하고 높은 성이 있다. 그리고 그 근처에는 카페르나움이 있다. 약속의 땅에서 사포르 성만큼 견고한 곳은 없다. 성 안에는 작은 마을이 있는데, 성과 이름과 같다. 이 성에서 성모의 이미니인 싱 안나가 태어났다. 예전에 성 아래쪽에 백부장*의 집이 있었다.[28] '만민의 갈릴리'라고 불리는 이 지방은 즈불론과 납탈리 지파支派에게 주어졌었다.[29]

이 성에서 나와 30마일 거리에는 단이라는 도시가 있는데, 벨리나스Belinas나 케사레아 필리피Cesarea Philippi라고 불리기도 한다. 그 도시는 요르단 강이 시작되는 레바논 산의 기슭에 있다. 약속의 땅은 그곳에

* 백부장(百夫長, Centurio) : 100명의 군인을 거느린 로마의 지휘관.

[그림 13-2] 편지를 전하는 비둘기

서부터 베르셰바까지 남북으로 뻗어있는데, 그 길이가 대략 180마일
이다. 예리코에서 야파까지의 너비는 약 40마일이다. 다만 이것은 수
치가 큰 가스코뉴마일이나 프로방스마일, 알르마뉴마일이 아니라, 수
치가 작은 롬바르드마일이나 잉글랜드마일로 측정했을 때의 값이다.

약속의 땅이 시리아 영토 안에 있음을 명심해야 한다. 시리아의 영
토는 남북으로는 아라비아 사막에서 킬리키아, 곧 소 아르메니아로 이
어진다. 그리고 동서로는 아라비아 사막에서 서해까지 이어진다. 시리
아는 유대왕국만이 아니라, 팔레스타인, 갈릴리, 소 킬리키아 등의 많
은 지방들을 포함하고 있다.

시리아와 그 인근의 많은 나라들에는 다음과 같은 관습이 있다. 전
쟁이 벌어지거나 도시와 성이 포위되었을 때 전령에게 편지를 들려보
내 구원을 요청하지 않는다. 그 대신 비둘기 목에 편지를 묶어서 날려

보낸다. 그러면 비둘기는 평소 훈련을 받은 대로 편지를 가지고 정해
진 곳으로 곧장 날아간다. 거기서 편지를 벗겨낸 뒤에 다시 날려 보내
면 비둘기들은 본래 길러진 곳으로 되돌아온다. 그곳들에서는 이러한
전서구傳書鳩를 매우 흔히 사용한다.

야곱파와 시리아파, 게오르기우스파의 관습

그대들은 사라센인들 사이 여기저기에서 다양한 종파와 이름의 그
리스도교인들이 살고 있다는 사실을 알아야만 한다. 그들의 법규와 풍
속은 사는 곳마다 다르다. 그렇지만 그들은 모두 세례를 받고, 신 안에
성부·성자·성령이 모두 있음을 믿는다. 그러나 그들의 신앙은 우리
와 비교해보면 몇 가지 점에서 오류가 나타난다.

그들 가운데에는 성 야고보에게 개종되었다고 해서 야곱파*라고 불
리는 사람들이 있다. 복음사가 성 요한이 그들에게 세례를 해 주었다.
야곱파는 인간은 오직 신에게만 죄를 고백해야 하므로 고해는 다른
사람이 아니라 하느님에게 해야 한다고 주장한다. 그리고 신은 물론
선지자들도 결코 사람이 사람에게 고해를 하도록 정하지 않으셨다고
말한다. 성서에 기록된 모세처럼,[30] 다윗이 「시편」에서 "주님 제 마음
을 다하여 당신께 고백합니다(Confitebor tibi, Domine, in toto corde meo)",
"저의 죄를 당신께 고백합니다(Delictum meum tibi cognitum feci)", "당신
은 저의 하느님, 당신에게 고백합니다(Deus meus es tu, & confitebor tibi)",
"마음에 품은 생각마저 당신께 고백합니다(Quoniam cogitatio hominis

---

* 야곱파(Jacobites) : 시리아 정교회의 일파로 예수 그리스도의 인성이 신성에 흡수되
었다는 단성론(monophysitism)을 지지한다. 야곱파란 명칭은 에데사의 주교 야곱 바라
다이오스(Jacob Baradaeus, ?~578)에게서 비롯된 것으로 알려져 있다.

[그림 13-3] 야곱파의 고해방식

confitebitur tibi, etc)"라고 한 것처럼 말이다.[31]

그들은 성서와 「시편」을 잘 알고 있기 때문에 이런 식으로 자주 인용한다. 하지만 그들은 라틴어가 아니라 그들의 언어로 된 성서를 인용해 다윗뿐 아니라 다른 선지자들도 그렇게 말했다고 주장한다. 성 아우구스티누스는 "누구나 자신의 죄를 알고 고치려는 자는 용서받을 것이다*(Qui scelera sua cogitat, & conversus fuerit, veniam sibi credat)*"[32]라고 했고, 성 그레고리우스는 "주님 당신은 제 말보다 생각을 보십니다*(Dominus potius mentem quam verba respicit)*"라고 했다. 또한 성 힐라리우스는 "오래 전 저지른 죄도 마음 속 깊이 뉘우친다면 눈 깜짝할 사이에 사라질 것이다*(Longorum temporum crimina, in ictu oculi pereunt, si cordis nata fuerit compunctio)*"라고 말했다. 그들은 이러한 말들에 기초해 사람은 오로지 신에게만 자신의 잘못을 알리고 죄를 고백하며 자비를 빌고 고쳐갈 것을 약속해야 한다고 말한다. 그래서 그들은 고해를 할 때면

[그림 13-4] 허리띠 그리스도교와 수염을 기른 시리아파

불을 피우고는 그 옆에 서서 향가루를 던져 넣는다. 연기가 피어오르면 그들은 신에게 죄를 고백하고 용서를 구한다. 사실 이러한 고해는 초기에 행해졌던 방식이다. 그러나 사도 성 베드로와 그의 뒤를 이은 교부들은 사제에게 고해를 하라고 정했다. 병의 성격을 모르는 사람이 병자를 위해 제대로 된 약을 처방할 수 없듯이, 악의 성격을 알지 못하는 사람은 그에 알맞은 고행苦行을 제시할 수 없다. 그리고 같은 죄라 하더라도 누군가에게는 훨씬 심각할 수 있으며, 장소나 시간에 따라 그 무거움이 달라질 수 있다. 요컨대 상황에 따라 죄의 정도를 잘 알고 그에 알맞은 고행을 제시해 줄 수 있는 사람이 필요한 것이다.

그곳에는 시리아파라고 불리는 그리스도교인들도 있다. 그들은 우리와 그리스인의 중간에 해당하는 신앙을 가지고 있는데, 그리스인들처럼 턱수염을 기르며 누룩을 넣은 빵으로 성사를 한다. 그들은 사라

[그림 13-5] 정수리를 삭발한 게오르기우스파

셴인들의 문자를 사용하지만, 교회 의식에는 그리스 문자를 사용한다. 그리고 고해는 야곱파처럼 한다.

그곳에는 성 게오르기우스가 개종시켰다고 해서 게오르기우스파라고 불리는 사람들도 있다. 그들은 성 게오르기우스를 다른 어떤 성인보다 숭배하며 언제나 그에게 도움을 요청한다. 그들은 게오르기아 왕국 출신이다. 그리고 모두 정수리를 미는데, 성직자들은 둥글게 삭발을 하고 평신도들은 네모나게 삭발을 한다. 그들은 앞서 말한 그리스인들의 방식으로 그리스도교 신앙을 따른다.

그곳에는 옷 위에 허리띠를 두르고 다녀서 '허리띠 그리스도교도'[*]

---

[*] 콥트교의 별칭 가운데 하나. 그들은 이집트에서 유래한 그리스도교 종파로 단성론을 지지했으며, 허리에 띠를 두르는 복장을 하고 다녔다. Adrian Fortescue, *Eastern Churches Trilogy: The Lesser Eastern Churches, Piscataway*, New Jersey: Gorgias Press, 2001, p. 243(각주1).

라고 불리는 사람들도 있다. 또한 네스토리우스파*나 아리우스파**도 있으며, 누비아인과 그리스인, 사제왕 요한의 나라에서 온 인도인들도 있다. 그들의 교리는 우리와 비슷한 점도 많지만 다른 점도 많다. 여기에서 그 차이점을 다 이야기하자면 너무 길어질 것 같으므로 이쯤에서 그치겠다.

---

* 네스토리우스파(Nestorians) : 콘스탄티노플의 대주교 네스토리우스(5세기)의 교설을 따르는 그리스도교 종파. 예수 그리스도 안에 신성과 인성이라는 분리된 인격이 존재한 다는 양성론을 주장하며, 성모 마리아를 '하느님(신)의 어머니'라고 부르는 것에 반대했 다. 431년 에페소스 공의회와 451년 칼케톤 공의회에서 이단으로 규정되었으나, 그 교 의는 이집트·시리아·팔레스티나·인도까지 전파되었으며, 7세기(당 태종 때)에는 중 국에도 경교(景敎)라는 이름으로 전해졌다.

** 아리우스파(Arians) : 이집트 알렉산드리아의 성직자 아리우스(Arius, 250?-336)의 교설을 따르는 그리스도교 종파. 삼위일체설을 부인하고 예수를 신이 창조한 존재(피조 물)이라고 주장했다. 325년 니케아 공의회에서 이단으로 규정되었다.

14장

예루살렘으로 가는 세 개의 길

기적의 기름이 나오는 성모 그림

지금까지 갈릴리 지방에 살고 있는 여러 사람들에 대해 이야기했으므로 이번에는 다시 여행길에 관한 이야기로 돌아가 보겠다. 갈릴리 지방을 나와 내가 앞서 말한 다마스쿠스를 돌아보고 싶은 사람도 있을 것이다. 그곳은 매우 아름답고 고귀한 도시로 온갖 종류의 상품들이 넘쳐난다. 다마스쿠스까지는 바닷길을 이용하면 갈릴리에서는 3일, 예루살렘에서는 5일 걸린다. 상인들은 인도, 페르시아, 칼데아, 아르메니아와 그 밖의 다른 왕국들에서 바다를 건너 가져온 상품들을 낙타, 노새, 말, 단봉낙타 등의 동물에 실어 그곳으로 운반한다.

다마스쿠스 시의 창건자는 아브라함의 시종이자 집사였던 엘리에제르 다마스쿠스[1]로, 다마스쿠스라는 도시의 이름은 그에게서 따온 것이다. 그는 아브라함의 아들 이사악이 태어나기 전에는 자신이 아브라함의 뒤를 이을 것이라고 생각했다. 다마스쿠스 시가 세워진 바로 그곳은 카인이 자신의 형제 아벨을 죽인 자리이기도 하다.[2] 다마스쿠스 인근에는 세이르 산[3]이 있다. 그리고 다마스쿠스 시내에는 좋은 샘들

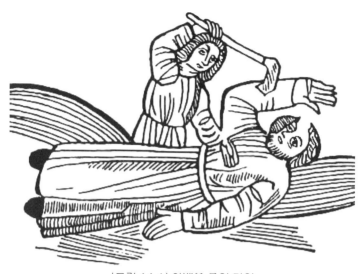

[그림 14-1] 아벨을 죽인 카인

이 매우 많다. 도시 안팎에는 아름다운 정원들도 많고 과일도 풍부하다. 다마스쿠스만큼 아름다운 정원을 가진 도시는 세상 어디에도 없을 것이다. 다마스쿠스는 인구도 매우 많다. 그리고 두 겹의 성벽으로 견고하게 둘러싸여 있다. 의사들도 많이 사는데, 사도 바울도 개종하기 전에는 이곳에서 사람의 몸을 건강하게 하는 의술을 펼쳤으나 나중에는 영혼을 지키는 의사가 되었다. 복음사가 성 루카는 사도 바울이 세운 학교에서 의술을 배우던 여러 제자들 가운데 하나였다.[4] 사도 바울은 다마스쿠스 인근에서 개종을 했다. 그런 다음 3일 동안 보지도 먹지도 마시지도 못한 채로 다마스쿠스에 머물렀다. 그러나 그는 이 3일 동안 천국으로 들어올려져 우리 주님의 수많은 비밀들을 보았다.[5] 다마스쿠스 시에서 조금 떨어진 곳에는 아르케스라고 불리는 아름답고 견고한 성이 있다.

다마스쿠스를 나오면 사르데낙의 성모Lady of Sardenak라는 곳을 지나게 된다.[6] 다마스쿠스에서 5마일 정도 떨어져 있는 그곳은 암벽 위에 자리하고 있으며 매우 아름답다. 한때 성이었으므로 성과 같은 겉모습을 하고 있지만 지금은 아름다운 교회이다. 교회 안에는 그리스도교 수도사들과 수녀들이 많이 머무르고 있다. 교회 아래 마을에도 그리스도교도들이 살고 있는데, 그들은 좋은 포도나무를 많이 소유하고 있다.

교회 내부 높은 제단 뒤쪽의 벽에는 검은 나무판이 있다. 예전에 거기에 그려져 있던 성모는 피와 살을 지닌 사람의 모습으로 나타나곤 했다. 지금은 거의 성모의 형체도 알아보기 어렵게 되었지만, 신의 은총으로 그 판에서는 마치 올리브 나무처럼 언제나 소량의 기름이 배어나온다. 그래서 판 아래에는 기름을 받는 대리석 그릇이 놓여 있고, 수도사들은 여러 가지 병에 효험이 있다는 그 기름을 순례자들에게 나누어준다. 사람들은 그 기름을 7년 동안 잘 보관해 두면 살과 피로 변한다고 말한다.

사르데낙을 벗어나면 보카르 계곡을 지나라. 산 한가운데에 있는 그 계곡은 매우 아름다우며 온갖 종류의 과일들이 풍부하다. 또한 아름다운 강들이 흐르며 드넓은 초원과 가축을 키우기 좋은 방목지가 있다.

거기에서 대 아르메니아에서 시작해 북쪽의 단까지, 내가 앞서 말했듯이 약속의 땅 북쪽 끝까지 뻗어 있는 레바논 산지로 가라. 그곳은 과일이 풍부하고 좋은 샘도 많으며, 삼나무와 편백나무를 비롯해 온갖 종류의 나무들이 있다. 그리고 산지의 정상 부근에는 사람들이 많이 사는 훌륭한 도시들도 여럿 있다.

아르케스와 라판 사이에는 사바토리Sabatory라는 강이 흐른다. 그 강의 명칭은 그것이 토요일Saturday에만 빨리 흐르고 다른 날들에는 거의 흐르지 않거나 멈춰 있는 데서 비롯된 것이다.[7] 이 산지 안에는 밤에는 꽁꽁 얼어붙지만 낮에는 얼음이 전혀 보이지 않는 하천도 흐른다.

그곳을 빠져나오면 다른 산들보다 훨씬 높은 산을 만나게 된다. 사람들은 그것을 '높은 산High Hill'이라고 부른다. 거기에는 트리폴리라고 불리는 크고 아름다운 도시가 있는데, 우리와 같은 의례와 풍습을 지니고 있는 선한 그리스도교도들이 많이 살고 있다.

이제, 트리폴리를 벗어나 베이루트라고 불리는 도시로 가라. 그곳에서 성 게오르기우스는 용을 죽였다.[8] 베이루트는 훌륭한 도시로 그 안에는 견고한 성도 있다. 앞서 말한 사르데낙 시에서 그곳까지는 3일이 걸린다. 그리고 베이루트에서 지금까지 왔던 방향으로 16마일 정도 더 가면 시돈 시가 나온다. 키프로스 섬을 경유하고 싶은 순례자들은 베이루트에서 배를 타면 된다. 아니면 먼저 육로로 수르나 티레 항구까지 이동할 수도 있다. 거기에서 키프로스까지는 그리 멀지 않다. 키프로스를 거치고 싶지 않은 사람은 티레 항구에서 그리스의 다른 항구로 간 다음에 내가 말한 경로들을 이용해 다시 이곳으로 돌아오면 된다.

가장 빠른 길

예루살렘으로 가는 가장 길고 오래 걸리는 길은 바빌론과 시나이 산, 그리고 지금까지 그대들이 내게 들은 수많은 곳들을 거친 다음 다시 내가 알려준 길들을 통해 성지로 돌아오는 길이다.

이번에는 예루살렘으로 가는 가장 짧고 빠른 길을 알려주겠다. 이 길은 다른 곳을 들르기 원하지 않는 사람들, 예컨대 돈이 충분치 않거나, 좋은 동료가 없거나, 긴 여행을 견디지 못하거나, 사막에서의 위험들이 두렵거나, 아내와 아이들을 보려고 서둘러 집으로 돌아가야 하거나, 그 밖의 합당한 이유 때문에 집으로 바로 돌아가야 하는 사람들을 위한 것이다.

예루살렘을 가장 짧은 기간에 순례하는 가장 빠른 길은 이러하다. 서방의 나라들에서 출발한 사람은 프랑스와 부르고뉴, 롬바르디아를 지나라. 그런 다음 베네치아나 제노바 등의 항구로 가서 그곳에서 배를 타고 제노바인들이 지배하고 있는 그레프 섬⁹⁾으로 건너가라. 그리고 미록이나 발론, 두라스 등의 그리스 항구로 가서 휴식을 취하고 필요한 식량을 사라. 그런 다음 다시 배를 타고 바다로 나가 로도스 섬을 거치지 않고 곧장 키프로스 섬의 파마구스타 항구로 가라. 파마구스타는 키프로스 섬의 주요 항구이다. 그곳에서 휴식을 취한 다음 식량을 챙겨 배를 타라. 그리고 가능하다면 야파 항에 도착할 때까지는 육지로 내리지 마라. 야파는 예루살렘 가까이에 있는 항구로 거기서 예루살렘까지는 하루 반나절 거리, 곧 36마일에 지나지 않는다. 야파 항구에서 조금 더 가다보면 라메스 시가 나오는데, 이 아름다운 도시에는 선량하고 좋은 사람들이 많이 살고 있다. 그 도시를 지나 남쪽으로 가면 성모 교회가 나온다. 그곳에서 주님은 성모 마리아 앞에 삼위일체를 상징하는 세 개의 구름으로 나타나셨다. 거기서 멀지 않은 곳에는 디스폴리스*라는 또 다른 도시가 있다. 그곳은 한때 리다Lidda라고도 불렸던 도시로 매우 아름답고 인구도 많다. 거기에는 성 게오르기우스 교회가 있는데, 성 게오르기우스가 참수된 곳이라고 한다.

그 도시를 나와 엠마우스 성으로 간 다음 다시 기쁨의 산으로 가라. 많은 순례자들이 그곳에서 처음으로 예루살렘을 보게 된다. 기쁨의 산에는 예언자 사무엘도 잠들어 있다. 거기서 예루살렘으로 가면 된다.

---

* 디스폴리스(Dispolis) : 리다, 디오스폴리스(Diospolis) 등으로도 불리던 이스라엘 도시 로드(Lod)를 가리킨다. 야파 남동쪽 20km 거리에 있다.

가는 길에 라마타 시와 모딘 산을 지나게 될 것이다. 유다 마카베우스의 아버지인 마타티아스가 그곳 출신으로 거기에는 마카베 가문의 무덤이 있다.[10] 라마타 너머에는 테코아라는 마을이 있다. 예언자 아모스가 그곳 출신으로, 거기에는 그의 무덤도 있다.[11]

주로 육로로 가는 길

앞에서 나는 그대들에게 예루살렘과 그 근방에 있는 성지들에 대해 이야기했다. 그러니 이번에는 그 이야기는 하지 않도록 하겠다. 대신 이번에는 예루살렘으로 가는 다른 길에 대해 말하려고 한다. 육로를 주로 이용하는 여정으로, 바다 여행이 곤란하거나 힘은 들더라도 육지로 여행을 하고 싶어하는 사람들을 위한 것이다.

우선 롬바르디아의 항구들 가운데 하나로 가라. 그 항구들은 식량을 조달하기에 최적의 장소이다. 제노바나 베네치아 등의 항구로 가도 된다. 거기서 배를 타고 미록, 발론, 두라스 등의 그리스 항구로 가서 내려라. 그 뒤에는 육로로 콘스탄티노플로 가서 성 게오르기우스의 팔이라 불리는 해협을 건너라. 그런 다음 육로를 이용해 훌륭하고 견고한 성이 있는 루피넬로 가라. 그곳을 지난 뒤에는 풀루에랄을 거쳐 시노플 성으로 가라. 그리고 카파도케로 가라. 그곳은 큰 나라로 높은 산들이 많다.

투르크를 지나면 키우톡 항구로 간 다음 거기서 7마일밖에 떨어져 있지 않은 니케아 시로 가라. 그곳에서 투르크 사람들은 콘스탄티노플의 황제를 상대로 승리를 거두었다. 니케아는 매우 아름다운 도시로 한쪽에는 성벽이 견고하게 쌓여 있고 다른 쪽에는 커다란 호수와 라이라고 불리는 강이 있다. 그곳을 벗어난 뒤에는 나이르몬트 산지와 마일브린 계곡의 좁은 바위 길을 거쳐 오르만크스 마을로 가라. 아니면 크고 좋은 강들인 리클라이와 스칸톤 인근에 세워진 마을들을 지나라. 그 다음에는 리클라이 강의 기슭에 있는 소 안티오크로 가라. 그곳의 크고 아름다운 산들에는 좋은 숲이 많고 사냥할 동물들도 매우 풍부하다.

다른 길로 가고자 하는 사람들은 로만 해 연안에 있는 로마니 평야를 지나면 된다. 그 해안가에는 플로라크라고 불리는 매우 견고하고 훌륭한 성이 있다. 거기서 위로 올라가면 나오는 산지에는 아름다운 토우르소우트 시와 롱게마트 시, 아세르 시, 마르미스트르 시가 있다. 이 산지들과 바윗길을 통과했다면 마리오크 시를 지나 아르토이스로 가라. 거기에는 페르네 강을 건너는 큰 다리가 있다.

페르네 강은 파르파르Farfar라고 불리기도 하는데 배를 항해할 수 있을 정도로 넓고 유속도 빠르다. 그 강의 발원지는 다마스쿠스 시 인근의 산지이다. 다마스쿠스 시 근처에는 레바논 산지에서 발원한 아바나 강도 있다. 한때 플라키다스Placidas라고 불렸던 성 유스타케는 그 강을 건너다 아내와 두 아이를 잃었다.[12] 아바나 강은 아르카데스 평야를 흘러 홍해로 들어간다.

이제는 온천이 있는 페니케 시로 가라. 그리고 페니케에서 다시 10마일 거리에 있는, 아름다운 숲이 많은 페르네 시로 가라. 거기서 다시 10마일 더 가면 안티오크가 나온다. 그곳은 견고한 탑과 성벽으로 둘러싸여 있는 아름다운 도시이다. 지금도 길이가 2마일, 너비가 반 마일이나 되는 대도시이지만 예전에는 더 컸다. 도시 한가운데는 파르파르 강이 흐르고 그 위에는 큰 다리가 놓여 있다. 한때 도시 성벽에는

350개의 탑이 있었고 다리의 기둥도 모두 탑이었다. 안티오크는 시리아 왕국의 수도이고, 거기서 10마일 떨어진 곳에는 세인트시메온 항구가 있다. 그곳에서 파르파르 강은 바다로 흘러들어간다.

안티오크를 나왔다면 라쿠트와 게벨을 지나 토르토우세로 가라. 그 근처에는 카넬의 땅과 마우벡이라고 불리는 견고한 성이 있다. 토르토우세를 나온 사람은 바다를 건너 트리폴리로 가라. 산지를 통과해서 갈 수도 있는데 거기에는 기빌렛이라고 불리는 도시가 있다. 트리폴리를 나왔다면 아크레로 가라. 그곳에서 예루살렘으로 가는 길은 두 갈래인데, 하나는 왼쪽으로 다른 하나는 오른쪽으로 가는 길이다. 왼쪽 길로 가려는 사람은 다마스쿠스와 요르단 강을 지나면 된다. 오른쪽 길로 가려는 사람은 마린과 플라그라미 땅을 지나 인근 산지에서 순례자들의 성이라고도 불리는 카이파스 시로 들어가라. 거기에서 예루살렘까지는 3일 거리인데, 도중에 케사리아 필리피, 야파, 라메스, 엠마우스를 지나게 된다.

육로만으로 가는 험난한 길

지금까지는 육로와 바닷길을 이용해 성지로 가는 방법들에 대해 말했다. 출발지와 길은 다르지만 모두의 목적지는 결국 하나이다. 여기 예루살렘으로 가는 또 다른 길이 있다. 바로 알르마뉴와 플랑드르에서 출발해 바닷길을 이용하지 않고 예루살렘으로 가는 길이다. 그러나 이것은 매우 위험한 장거리 여행길이라 이용하는 이가 거의 없다. 어쨌든 이 길로 가려는 사람은 알르마뉴와 프러시아를 지나 타타르로 가라.

타타르는 카타이의 대칸이 지배하고 있는데, 대칸에 대해서는 나중에 다시 말하겠다. 그곳은 모래만 가득한 척박한 땅으로 대부분의 풀과 나무가 열매를 맺지 않는다. 곡식, 포도, 콩, 완두콩도 자라지 않으며 인간이 먹기에 알맞은 다른 작물도 전혀 나지 않는다. 그러나 짐승만은 풍부하다. 그래서 그곳 사람들은 빵 대신에 고기와 고기를 우려낸 국물을 먹으며 온갖 짐승들의 젖을 마신다. 그들은 개, 고양이, 쥐와 수많은 야생동물들을 잡아먹는다. 그곳에는 나무가 거의 없기 때문에 햇빛에 말린 말똥과 소똥, 그 밖의 동물들의 똥으로 불을 지펴 요리를 한다. 그곳에서는 왕이나 평민이나 모두 하루에 한 끼만 먹는데 그마저도 양이 매우 적다. 그들은 불결하고 사악한 족속들이다. 여름이면 곳곳에서 천둥과 번개를 동반한 폭풍우가 자주 불어 닥쳐 사람과 짐승들이 많이 죽는다. 그리고 갑자기 무더위나 매서운 추위가 닥치기도 한다.

그곳은 내가 알고 있는 한 가장 저주받고 불쌍하며 열악한 땅이다. 그곳을 통치하는 왕은 바토Batho라고 불리는데 오르다에 살고 있다.[13] 정말로 제대로 된 인간이라면 그 나라에서 오래 머무르지 못할 것이다. 그곳은 개조차도 살기에 알맞지 않은 땅이기 때문이다. 타타르에서는 엉겅퀴와 가시덤불, 독미나리 쐐기풀과 같은 잡초들은 자라도 다른 유용한 것들은 전혀 자라지 않는다. 사람들의 말로는 그곳에도 살 만한 곳이 있기는 하지만 매우 드물다고 한다. 나는 타타르에 직접 가 본 적은 없다. 그러나 그 나라와 국경을 접하고 있는 다른 나라들, 예컨대 러시아, 니플란, 크라코, 레트, 다레스텐 등과 같은 다른 인근 지역들은 가 보았다.[14] 그러나 나는 육로만으로 예루살렘으로 갔던 적은 없으므로 그대들에게 자세한 것을 알려줄 수는 없다. 만약 그 길을 다녀온 용기 있는 자가 있다면 다음에 그 길을 이용해서 여행할 사람들을 위해 그곳에 관해 알고 있는 것을 말해 주기를 바란다. 겨울이 아니고서는 그 길을 지나기는 어렵다. 그 지역의 위험한 하천과 끔찍한 늪은 얼음이 얼고 그 위에 눈이 쌓여야만 건널 수 있기 때문이다. 눈이 오지 않으면 사람도 말도 마차도 그 얼음 위를 지나지 못한다.

프러시아에서 사라센인들이 사는 땅으로 가는 데는 3일이면 충분하다. 해마다 그들과 전쟁을 벌이는 그리스도교도들은 그곳에 갈 때면 식량을 가지고 가야 한다. 거기에서는 먹을 것을 전혀 찾을 수 없기 때문이다. 그들은 '스클레이에스Scleyes'[15]라고 부르는, 바퀴가 없는 마차를 이용해 얼음 위로 식량을 나른다. 그들은 가져간 식량만큼만 그곳에 머무를 수 있다. 거기에서는 식량과 같은 것들을 파는 사람도 전혀 찾아볼 수 없기 때문이다. 첩자들은 그리스도교도들이 자신들에게 다가오면 도시로 달아나면서 큰 소리로 "케라, 케라, 케라(Kerra, Kerra, Kerra)"라고 외친다. 그런 다음에 무장을 갖추고 한곳으로 집결한다.

그대들은 거기가 여기보다 눈이 많이 오고 얼음이 잘 언다는 사실을 알아야 한다. 그래서 그곳 사람들은 모두 집 안에 난로를 가지고 있다. 그 난로로 음식을 만들어 먹으며, 되도록 언제나 그 가까이에 있으려고 한다. 그곳은 북쪽 지방이라 태양이 다른 곳보다 적게 비추거나 거의 비추지 않아 무척 춥다. 북쪽 지방에서도 가장 북쪽은 너무 추워서 사람이 살지 못한다. 반대로 님쪽 시방의 가장 남쪽도 태양이 강하게 곧바로 내리쬐는 탓에 너무 더워서 사람이 살지 못한다.

15장

사라센인의 풍속과 신앙

사라센인의 신앙

사라센인과 그들의 영토에 대해서는 이미 이야기했다. 이번에는 그들의 신앙과 율법을 알고자 하는 이들을 위해『알카론』*이라고 불리는 책에 대해서 말하려고 한다. 이 책을 '메사프'라고 부르는 사람도 있고, '하르메'라고 부르는 사람도 있다. 하지만 그것들은 사용하는 다양한 언어에 따라 다르게 부르는 것일 뿐이다. 이 책은 무함마드**가 그들

---

* 알카론(Alkaron) : 무함마드가 610년부터 632년까지 신에게 받은 계시를 집대성한 이슬람 경전『꾸란』을 의미한다. 총 114장으로 이루어져 있으며 처음에는 암송되다가 제3대 칼리프 우스만(?~656) 때 기록되었다. 서양에서『꾸란』은 '알코란(Al-koran)'으로도 불리는데 이것은『꾸란』의 아라비아어 명칭인 '알꾸란(Al-Qur'ān)'에서 유래한 것이다. 알(Al)은 정관사이고 꾸란(Qur'ān)에는 '읽다'라는 뜻이 있다. 한편, 맨더빌이 말하는 메사프(Meshaf)는『꾸란』의 별칭이자 책을 뜻하는 아랍어 '무스하프(Mus'haf)'에서, 하르메(Harme)는 신성함이나 신이 정한 금기를 뜻하는 아랍어 '하람(Harm)'에서 비롯된 것으로 보인다.

** 무함마드(Muhammad, 570~632) : 이슬람교의 창시자. 아라비아 반도 메카에서 태어났으며 610년 히라 산의 동굴에서 명상을 하다 천사 가브리엘로부터 신의 계시를 받았다. 그 뒤 아라비아 반도에서 유일신 알라에 대한 전도를 시작했으며 622년 박해를 피해 메카에서 메디나로 갔다. 630년에는 메카를 함락시키고 이슬람의 세력을 크게 넓혔으며, 632년 메카에서 마지막 순례를 한 뒤 세상을 떠났다. 이슬람교에서는 무함마드를

에게 가져다준 것이다. 나도 몇 번이나 읽어 보았는데, 그 안에는 착한 사람은 죽으면 낙원으로 가고, 악한 사람은 지옥으로 간다고 씌어 있다. 사라센인들은 모두 이 말을 굳게 믿는다.

누군가 그들에게 낙원이 무엇이냐고 물으면 그들은 이렇게 대답한다. 그것은 1년 내내 온갖 종류의 과일이 열리고, 우유와 꿀, 포도주와 단물이 강처럼 흐르는 기쁨의 장소이다. 그곳에서는 모든 사람들이 마땅히 받아야 할 상으로 보석과 금·은으로 만들어진 아름답고 값비싼 집들을 받는다. 그리고 누구나 80명의 처녀들을 아내로 맞이해 날마다 그들과 즐거움을 누릴 수 있다. 더구나 그런데도 그녀들은 언제나 처녀이다.[1] (사라센인들은 낙원에서 그러한 것들을 누린다고 모두 굳게 믿지만, 그것들은 우리의 교리에는 어긋난다.)

그들은 성모 마리아와 〔그리스도가 사람으로 이 땅에 태어났다는〕 육화肉化를 믿으며, 그것들에 대해 기꺼이 이야기한다.[2] 그들은 마리아가 천사의 가르침을 받았다고 말한다. 천사 가브리엘은 마리아에게 그녀가 태초부터 예수 그리스도의 육화를 위해 선택되었기에 처녀의 몸으로 예수 그리스도를 잉태하고 낳게 될 것이라고 말했다. 그들의 책도 이를 증언하고 있다. 그리고 그들은 예수 그리스도가 태어나자마자 말을 했다고 말한다. 그는 성스러운 예언자로 말과 행동이 진실했으며, 온순하고 인정이 많고 정의로웠을 뿐 아니라 악덕을 조금도 지니지 않았다.

그들은 이렇게도 말한다. 천사가 마리아에게 그리스도가 태어나리라는 것을 알려주자 나이 어린 그녀는 매우 불안해했다. 당시 그 고장에는 마법을 부려 천사처럼 꾸미고는 이따금 처녀들과 잠자리를 가지는 타크니아Taknia[3]라는 주술사가 있었기 때문이다. 마리아는 천사가

아브라함, 모세, 예수 등의 뒤를 잇는 최후의 예언자로 여기며, 그가 남긴 『꾸란』을 신앙과 일상생활의 절대적 규범으로 따른다.

처녀들을 속이는 타크니아는 아닌지 걱정했다. 그래서 그녀는 천사에게 그가 타크니아인지 아닌지 밝혀 달라고 간청했다. 그러자 천사는 자신은 신의 사자이므로 조금도 두려워하지 말라고 대답했다. 그리고 그들의 책에는 마리아가 야자나무 아래에서 아기를 낳을 적에 몹시 부끄럽고 슬퍼서 죽는 것이 낫겠다고 말했다고도 적혀 있다. 하지만 아기는 태어나자마자 말을 하며 그녀를 위로했다. "어머니, 슬퍼하지 마십시오. 신께서는 당신 안에 세상을 구원할 비밀을 감추셨던 것입니다."[4] 그들의 『알카론』에는 여러 차례에 걸쳐 예수 그리스도가 태어나자마자 말을 했다고 기록되어 있다. 그리고 그 책은 예수가 전능하신 신께서 모든 인류의 거울이며 모범으로 삼기 위해 보내신 자라고 전하고 있다.

『알카론』은 최후의 날에 신이 어떻게 모든 부류의 인간을 심판하는지에 대해서도 말하고 있다. 신은 선한 사람은 자기 쪽으로 끌어당겨 낙원으로 데려다 놓고, 악한 사람에게는 지옥의 고통을 내린다. 또한 예수가 모든 예언자들 가운데에서도 신 다음으로 가장 뛰어나고 가장 고귀한 자라고 말하고 있다. 그는 선하고 이로운 교리가 담긴 복음서들을 만들었다. 그 안에는 명료함과 진실함, 신을 믿는 자들을 위한 진정한 가르침이 가득 채워져 있다. 그는 진정한 예언자, 예언자 중의 예언자로 죄 없는 삶을 살았으며, 장님을 눈뜨게 하고, 나병환자를 치료하고, 죽은 자들을 일으키고, 천국으로 받들어 올려졌다.

그들은 우리 주님의 복음서들을 얻게 되면 기뻐한다. 그 가운데에서도 특히 '천사 가브리엘을 보내다(Missus est Angelus Gabriel)'[5]라고 쓰인 복음서를 얻게 되면, 읽고 쓸 줄 아는 자들은 그 복음서에 자주 기도를 하고 입을 맞추며 정성을 다해 숭배한다.

사라센인의 율법

그들은 한 해에 한 번은 낮이나 밤이나 아무 것도 먹지 않은 채 한 달 동안 금식禁食을 한다. 그리고 그 한 달 동안은 자신의 아내와 동침도 하지 않는다. 하지만 병자는 금식을 하지 않아도 된다.

『알카론』은 유대인에 대해 저주받은 자들이라고 평한다. 신이 예수 그리스도를 보냈다는 것을 믿지 않았기 때문이다. 게다가 유대인들은 마리아와 그녀의 아들 예수 그리스도에 대한 헛소문을 퍼뜨리고, 예수를 십자가에 매달았다.

하지만 사라센인들은 유대인들이 결코 예수를 십자가에 못 박지는 못했다고 말한다. 신이 그를 죽음과 고통이 없는 자신의 곁으로 들어올렸기 때문이다. 그 대신 신은 가룟 유다를 예수의 모습으로 변하게 했다. 그래서 유대인들은 그를 십자가에 못 박고 예수라고 믿었다. 그러나 예수 그리스도는 천국으로 순식간에 들어올려졌다. 그들은 그리스도교도들이 이 사실을 제대로 알지 못해 잘못을 범하고 있다고 말한다. 그리고 예수 그리스도가 십자가에 못 박힌 것은 속임수이자 허구라고 믿는다. 그들은 만약 예수가 정말로 십자가에 못 박혔다면, 신이 자신의 정의와는 반대로 아무 잘못이 없는 예수 그리스도를 고문하고 십자가에 매달았다는 것인데, 신의 위대한 정의가 그러한 엄청난 잘못을 저지를 리가 없다고 말한다. 그것은 그들의 신념에 어긋나는 것이므로, 그들은 이러한 점에서 우리가 잘못되었다고 한다.

사라센인들은 그리스도의 업적과 말씀, 가르침이나 복음이 모두 훌륭한 진리이며, 그가 행한 기적이 명백한 진실임을 잘 알고 있다. 나아가 동정녀 마리아가 그리스도가 탄생하기 전이나 뒤에나 선량하고 신성한 처녀임도 잘 알고 있다. 그리고 신을 오롯이 믿는 자는 구원을 받을 것이라고 생각한다. 이러한 점들은 우리의 신앙과 매우 가깝다. 따라서 누군가 그들에게 설교를 하고, 예수 그리스도의 신앙을 분명하게 보여주고, 예언자들에 대해 알려주면 그들은 쉽게 그리스도교로 개종한다.

사라센인들은 무함마드의 신앙이 유대의 신앙처럼 실패할 것이고, 그리스도교도들의 신앙만이 세상 끝나는 날까지 지속되리라는 것을 예언서들을 통해 자신들도 잘 알고 있다고 말한다. 누군가 그들에게 어떤 믿음을 가지고 있는지 물으면 그들은 이렇게 대답한다. "우리들은 하느님이 하늘과 땅, 그리고 그가 창조하신 그 밖의 모든 것들에 앞서 계셨다는 것을 믿습니다. 신이 계시지 않고서는 아무 것도 창조되지 않습니다. 그리고 우리들은 마지막 심판의 날에 모든 인간이 각자의 공과 죄에 따라 대가를 받으리라 믿습니다. 또한 신이 거룩한 예언자들의 입을 빌어 말씀하신 것이 모두 진실임을 믿습니다."

그들의 이야기에 따르면, 무함마드는 『알카론』에서 모든 남자가 두 명이나 세 명, 아니면 네 명의 아내를 맞이하라고 명했다고 한다. 그러나 오늘날 그들은 아내를 9명까지 거느리며 많은 애인들도 두고 있다. 만약 아내 가운데 누가 잘못을 저지르면 남편은 그녀를 집에서 내쫓을 수 있으며, 그녀와 갈라서고 다른 여자를 데려올 수도 있다. 그러나 이런 경우에 남편은 아내에게 자기 재산의 일부를 떼어주어야 한다.

또한 누군가 그들에게 성부와 성자, 성령에 대해 말하면 사라센인들은 그것들이 하나의 신이 아니라 셋이라고 말한다. 『알카론』에는 삼위일체가 나오지 않기 때문이다.[6] 하지만 그들은 신이 침묵하지 않기 위해 말씀을 가지고 계시며, 활동하기 위해 영을 가지고 계신다는 것을 잘 알고 있다. 누군가가 그들에게 부활이 어떻게 일어났는지, 곧 천사의 말을 통해 신이 그의 지혜를 지상으로 보내셔서 성모 마리아에게서 그분이 태어나게 하시고, 최후의 날에 신의 말씀으로 죽은 자들을 일으키실 것이라고 말하면, 그들은 그것이 사실이며 신의 말씀은 위대한 힘을 가졌다고 한다. 그리고 그들은 신의 말씀을 알지 못하는 자는 신을 알지 못하는 자라고 말한다. 또한 그들은 예수 그리스도가 신의 말씀이며 『알카론』에도 그렇게 나와 있다고 말한다. 그 책에 따르면 천사는 마리아에게 이렇게 말했다. "마리아야, 신께서는 그의 입을 빌어 너에게 복음을 전하실 것이다. 그의 이름은 예수 그리스도라 불릴 것이다."

또한 그들은 아브라함은 신의 벗이었고, 모세는 신의 대변인이었으며, 예수 그리스도는 신의 말씀이자 영이었으며, 무함마드는 신의 온전한 사자였다고 말한다. 그리고 이 넷 가운데 예수가 가장 고귀하며 뛰어나며 위대하다고 말한다.

이처럼 그들은 그리스도교도들이 가진 것과 같은 완벽한 신앙과 믿음을 가지고 있지는 않지만, 그들의 신앙은 우리의 신앙과 많은 부분 일치한다. 그러므로 그들은 쉽게 개종을 하며, 성서와 예언서들을 금방 받아들인다. 그들은 자신들의 언어로 된 복음서들과 예언서들, 경전을 가지고 있어서 성서에 대해서도 많이 알고 있다. 그러나 그들은 글자 그대로의 뜻밖에 알지 못한다. 유대인들이 그러하듯이 그들은 글자의 영적인 내용을 알지 못하고, 물리적인 내용만 이해할 뿐이다. 그래서 그들은 그것을 영적으로 해석하는 현명한 자들을 비난한다. 하지만 사도 바울은 "문자는 죽이지만 영은 살린다(Litera occidit, spiritus autem vivificat)"[7]고 말했다.

사라센인들은 유대인들이 저주를 받았다고 말한다. 신이 모세를 통해 그들에게 보낸 율법을 유대인들이 깼기 때문이다. 사라센인들은 그리스도교도들도 저주를 받았다고 말한다. 예수 그리스도가 그들에게 전한 복음서의 계율과 가르침을 그리스도교도들이 지키지 않았기 때문이다.

술탄과의 대화

이번에는 어느 날 술탄이 그의 방에서 내게 들려준 이야기를 알려주겠다. 그는 내게 조언을 얻으려고 제후들을 비롯해 다른 사람들을 모두 밖으로 물러나게 했다. 그러고는 내게 그리스도교도들이 나라를 어떤 방식으로 다스리고 있는지 물었다. 나는 "신의 가호로 잘 다스려지고 있습니다"라고 대답했다.

그러자 술탄은 내게 말했다. "아니, 결코 그렇지 않다. 그리스도교 사제들은 신을 진실하게 섬기는 것에는 전혀 신경을 쓰지 않고 있다. 너희의 사제들은 세속의 사람들에게 모범을 보이기는커녕 악행의 본보기가 되고 있다. 그래서 세속의 사람들은 성전으로 가서 신을 섬겨야 하는 축일에도 술집으로 가서는 온종일 술을 마셔도 충분함을 알지 못하는 짐승처럼 분별력 없이 먹고 마셔대는 것이다. 그리고 너희 그리스도교도들은 모두들 남과 싸우거나 남을 속이는 데 온갖 수단을 동원한다. 게다가 허영심이 지나쳐 옷 입는 법도 제대로 알지 못한다. 그래서 길게 입거나 짧게 입거나, 작게 입거나 크게 입거나, 장검을 차거나 단검을 차거나 하는 등 온갖 복색을 하고 다니는 것이다. 그리스도교도들은 자신들이 믿는 예수 그리스도가 그러했던 것처럼 겸손하고 온유하며 진실하게 가난한 사람들에게 베풀어야 하지만 실제로는 정반대이다. 심지어 악한 쪽으로 기울거나 악행을 저지르기까지 한다. 그리고 지나치게 탐욕스러워서 약간의 은화에도 딸과 누이, 심지어 자신의 아내까지도 호색꾼에게 팔아넘긴다. 남의 아내를 빼앗기도 하며, 어느 누구도 다른 사람에 대한 신의를 지키지 않는다. 오히려 예수 그리스도가 너희의 구원을 위해 준 율법을 욕보이기 일쑤이다. 그리스도 교도들이 우리들에게 땅을 빼앗긴 것은 자신들이 저지른 죄악의 대가이다. 너희의 신이 너희를 우리 손에 넘겨주신 것은 우리가 강해서가 아니라 너희의 죄악 때문이다. 우리는 잘 알고 있다. 너희가 신을 잘 섬기면 신께서도 너희를 도우실 것이다. 그리고 신이 너희와 함께 있으면 어느 누구도 너희에게 맞서지 못할 것이다. 우리는 그리스도교도들이 신에 헌신하면 뒷날 예언에 따라 이 영토를 다시 되찾게 되리라는 것을 알고 있다. 그러나 너희가 지금처럼 악하고 타락한 삶을 사는 한, 우리는 조금도 너희를 두려워하지 않는다. 신께서 너희들을 결코 돕지 않으실 것이기 때문이다.”[8]

나는 술탄에게 어떻게 그리스도교도들의 상황에 대해 그리 잘 알고 있느냐고 물었다. 그러자 그는 모든 땅에 파견된 전령들을 통해서 그리스도교 세계의 왕과 제후들의 궁정은 물론이고 일반인들의 상황까지도 전해 듣는다고 대답했다. 그들은 보석이나 금실로 짠 직물 등을 파는 상인으로 위장해 각 나라의 동태를 살펴왔던 것이다.

술탄은 밖으로 나가게 했던 제후들을 모두 다시 불러들였다. 그리고 그 중에서 가장 신분이 높은 4명의 제후를 소개했다. 그들은 내게 나 자신의 고국과 다른 그리스도교 국가들에 대해 자세히 이야기해주었는데, 마치 그들이 그 나라들에서 쭉 살고 있었던 것 같았다. 게다가 그들과 술탄 모두가 프랑스어를 매우 능숙하게 구사했다. 그것을 듣고 나는 몹시 놀랐다.

아아, 신앙을 지니지 않은 사람들이 우리를 꾸짖고, 우리의 죄를 힐책하는 것은 우리의 믿음과 신앙에 매우 수치스럽기 짝이 없는 일이다. 우리가 좋은 본보기가 되어 인정을 받을 만큼 신을 위한 삶을 살았다면, 그들도 그리스도교로 개종하고 예수 그리스도의 율법을 받아들였을 것이다. 그러나 우리의 타락하고 악한 삶은 우리는 물론 이방인들까지 성스럽고 참된 믿음에서 멀어지게 했다. 그리고 그들이 우리를 사악하고 저주받은 이들로 부르게끔 만들었다. (그것은 사실이니 그리 놀랍지만은 않다.)

무함마드

사라센인들은 참으로 훌륭하고 충실한 자들이다. 그들은 무함마드를 전령으로 삼아 신이 그들에게 전했다는 성스러운 책『알카론』의 계율을 온전히 지키고 있기 때문이다. 그들은 거룩한 천사 가브리엘이 자주 무함마드에게 신의 뜻을 말해주었다고 한다.

그대들은 무함마드가 아라비아에서 태어났다는 사실을 알아 두어야 한다. 처음에 그는 장사를 하는 상인들을 따라다니며 낙타를 돌보는 가난하고 비천한 자였다. 어느 날 그는 상인들과 함께 당시 그리스도교도가 살고 있던 이집트로 갔다. (이집트로 향하던 도중) 아라비아의 사막에서 그는 한 은자가 기거하는 예배당에 들어가게 되었다. 그런데 그가 예배당 안으로 들어가자 작고 낮았던 문이 갑자기 크고 넓고 높아져 마치 커다란 궁전이나 대성당의 문처럼 되었다.[9] 사라센인들은 이것이 무함마드가 젊은 시절에 행한 최초의 기적이라고 말한다.

그 뒤 무함마드는 점차 현명해지고 부자가 되었다. 그는 위대한 천문학자이기도 했다. 그래서 코로단[10]의 제후는 그에게 자기 나라를 관리하게 맡겼다. 무함마드는 현명하고 자비롭게 다스렸기 때문에 제후가 죽자 갓리게라는 이름의 제후 부인과 결혼했다. 그런데 무함마드는 간질 발작에 시달리곤 했다. 그래서 부인은 그를 남편으로 맞이한 것을 몹시 슬퍼했다. 그러나 무함마드는 그녀에게 간질 발작으로 쓰러진 것은 그때마다 천사 가브리엘이 나타나 말을 걸었기 때문이라고 알려 주었다. 천사의 찬란한 빛 때문에 쓰러져 버릴 수밖에 없었다는 것이다. 그래서 사라센인들은 천사 가브리엘이 자주 무함마드에게 말을 걸었다고 말한다.

무함마드는 우리 주 예수 그리스도가 오신지 610년[11] 되던 해에 아라비아를 통치했다. 그는 아브라함이 시녀인 하가르에게서 낳은 아들인 이스마엘의 핏줄이었다.[12] 그래서 사라센인은 이스마엘인이라고 불리기도 하며, '하가르의 후손'이라는 뜻에서 하가르인이라고 불리기도 한다. '사라의 후손'이라는 뜻에서 사라센인이라고 그대로 불리기도 한다. 그들을 모압인이나 암몬인이라고 부르는 사람도 있는데, 이는 롯이 자신의 두 딸과의 사이에서 낳은 두 명의 아들로, 뒷날 지상의 위대한 군주들이 되는 '모압'과 '암몬'의 후손이라는 뜻이다.[13]

무함마드는 일찍이 한 선량한 은자를 몹시 아꼈는데, 그는 시나이산에서 1마일 정도 떨어진 황야에 살고 있었다. 그곳은 아라비아에서 칼데아와 인도 방향으로 가는 길에 있었는데, 바닷길로 하루 정도의 거리로 베네치아 상인들이 장사하러 종종 들르기도 하던 곳이었다. 무함마드가 은자를 자주 찾아가자 하인들은 모두 분개했다. 은자의 설교를 듣는 것을 즐기는 무함마드 때문에 그들도 밤새 깨어 있어야 했

[그림 15-1] 밤새 무함마드의 수발을 드는 하인

기 때문이다. 하인들은 은자를 죽이고 싶었다. 때마침 어느 날 밤에 무함마드가 좋은 포도주에 취해 잠들어 버렸다. 그러자 하인들은 잠들어 있는 그의 칼집에서 칼을 꺼내 은자를 죽이고, 피 묻은 칼을 칼집에 도로 넣어 두었다. 다음날 은자가 죽어 있는 것을 발견한 무함마드는 몹시 슬퍼했다. 그리고 분노해서 그런 짓을 저질렀을 것으로 여겨지는 하인들을 죽이려고 했다. 하지만 그들은 이구동성으로 무함마드 자신이 취한 상태에서 은자를 죽였다고 말하면서 피 묻은 그의 칼을 보여주었다. 무함마드는 그들의 말이 진실이라고 믿었다. 그래서 그는 포도주와 그것을 마시는 모든 사람들을 저주했다.

이 때문에 사라센인은 결코 포도주를 마시지 않는다. 하지만 그들 가운데 일부는 드러내놓고 마시면 비난받을 것을 염려해 남몰래 포도주를 마시기도 한다. 그런데 그들에게는 다른 종류의 달콤하고 영양가

있는 좋은 음료가 있다. 그것은 설탕을 얻는 갈라멜로 만드는데 맛도 매우 좋고 페에도 좋다.[14]

가끔 그리스도교도 중에서도 곤궁함이나 단순함 때문에, 아니면 사악한 본성 때문에 사라센인이 되는 경우가 있다. 그러면 우리의 대주교나 주교와 마찬가지인 그들의 대신관大神官이나 신관이 그들을 받아들이며 이렇게 읊는다. "신 이외에 다른 신이 없고, 무함마드는 그의 사도이다(La ellec olla Sila, Machomete rores alla)."[15]

이제까지 사라센인의 신앙과 풍습의 일부를 그대들에게 이야기했다. 이번에는 사라센인들이 사용하는 글자의 형태와 명칭을 알려주겠다.

그들의 알파벳 명칭과 모양은 다음과 같다.[16]

알모이 Almoy	베타츠 Betach	카티 Cathi	델포이 Delphoi	에포티 Ephoti	포티 Fothi
가로피 Garophi	헤팀 Hethim	이오치 Iocchi	카치 Kacchi	로틴 Lothyn	말라크 Malach
나할레트 Nahalet	오르티 Orthi	포리제트 Porizeth	쿠토라트 Qutholath	로우티 Routhi	살라티 Salathi
토틴투스 Tothintus	우자조트 Uzazot	이르팀 Yrtim	테트 Theth		

(또 다른 책에는 그들의 알파벳이 다음과 같이 다르게 나온다. 그 명칭과 모양은 다음과 같다. 알모이Almoy, 베타트Bethath, 카티Cathi, 델포이Delphoi, 에

포티Ephoti, 포티Fothi, 가로티Garothi, 헤킴Hechim, 이오치Iocchi, 카이티Kaythi, 로팀Lothim, 말라크Malach, 나할로트Nahaloth, 오르티Orthi, 코리지Corizi, 조크Зoch, 루톨라트Rutolath, 로우티Routhi, 살라티Salathi, 타티무스Thatimus, 이르톰Yrthom, 아자조트AЗaЗoth, 아로티Arrotthi, 조티핀Зotipyn, 이케투스Ichetus)

  그들이 다른 나라 말보다 더 가지고 있는 네 개의 철자는 목구멍으로 내는 소리들로 그들의 말과 언어를 더 다양하게 만든다. 마찬가지로 우리의 언어에는 그들의 알파벳에 없는 글자가 두 개 있다. 그것들은 'ƀ'와 'Ʒ'자로 '손'과 '요흐'라고 읽는다.

2부
성지 너머의 세계

16장

페르시아 황제가 다스리는 땅

성지 너머의 나라들

지금까지 나는 성지와 그 주변 나라들, 그리고 성지와 시나이 산, 대 바빌론, 소 바빌론 등으로 가기 위해 거쳐야 하는 많은 길들에 대해 이 야기했다. 그대가 원한다면 이번에는 성지 너머에 있는 여러 나라와 섬들, 다양한 동물들과 종족들에 관해 말해주려고 한다.

세계의 저편에는 많은 나라들과 큰 왕국들이 있는데, 그것들은 낙원 에서 발원하여 흐르는 4개의 강[1]으로 나뉜다. 메소포타미아와 칼데아 왕국, 아라비아는 티그리스 강과 유프라테스 강 사이에 있으며, 메디 아 왕국과 페르시아 왕국은 나일 강과 티그리스 강 사이에 있다. 내가 앞서 말했던 시리아 왕국과 팔레스타인, 페니키아는 유프라테스 강과 지중해 사이에 위치하고 있다. 지중해는 스페인 해의 모로코에서 시작 해 큰 바다까지 이어져[2] 콘스탄티노플 너머까지 뻗어 있는데 그 길이 가 3천40롬바르드마일이나 된다.

대양大洋 방향의 인도에는 온통 구릉으로 둘러싸인 스키티아 왕국이 있다. 그리고 스키티아 아래쪽에는 카스피 해에서 타미 강까지 아마조

[그림 16-1] 사자도 물어 죽이는 알바니아의 힘센 개

니아가 있다. 그곳은 여자들만 사는 여인국으로 남자는 하나도 없다.[3]

그 다음은 알바니아인데, 이 나라는 무척 크다. 알바니아라는 이름은 이곳 주민들이 주변 나라 주민들보다 피부가 하얀 데서 비롯되었다.[4] 이 나라에는 굉장히 거대하고 힘이 센 개가 있는데, 사자들과 싸워도 이길 정도이다.[5] 그 다음에는 히르카니아, 박트리아, 히베리아 등의 여러 왕국들이 있다.

그리고 홍해와 대양 사이, 남쪽으로는 에티오피아 왕국과 고지 리비아 왕국이 있다. 저지 리비아는 헤라클레스의 기둥[6]이 있는 스페인 해에서 이집트와 에티오피아까지 뻗어 있다. 리비아는 바다가 육지보다도 훨씬 높아서 국토가 물에 잠길 것 같지만, 물이 경계를 넘지는 않는다. 그리고 이 나라에는 보이기는 하지만 아무도 가까이 다가갈 수 없는 산이 있다. 리비아에서는 사람이 동쪽을 향하면 왼쪽에 그림자가 생기는 이곳과는 달리 오른쪽에 그림자가 생긴다. 게다가 리비아의 바다에는 한 마리의 물고기도 볼 수 없는데, 이것은 태양이 너무 뜨거워서 물고기가 살지 않기 때문이다. 엄청난 열기 때문에 그곳의 물은 언제나 끓고 있다. 이 지역에 있는 나라들은 너무 많아서 도저히 그 수를 헤아리거나 전부 이야기할 수가 없다. 그래서 앞으로 몇 개만 골라서 더 자세히 이야기할 생각이다.

타타르, 페르시아, 칼데아, 인도로 가려는 사람은 제노바나 베네치아, 아니면 내가 앞서 말한 다른 항구들로 가야 한다. 그런 다음 배를 타고 바다를 건너 트레비존드로 가야 한다. 그곳은 훌륭한 도시로 예전에는 폰투스의 항구였다.[7] 거기에는 페르시아와 메디아, 저 너머 나라들의 다른 항구로 가는 배들이 있다. 그 도시에는 알렉산드리아의 주교이자 『아타나시우스 신경』*의 작성자인 성 아타나시우스**도 묻혀 있다.

아타나시우스는 위대한 신학박사였다. 그는 신성과 신격에 대해 깊이 있게 설교하고 말했기 때문에 로마 교황에게 이단으로 고발당했다. 교황은 그를 불러내 감옥에 가두었다. 감옥에 갇혀 있는 동안 그는 성가를 만들어 교황에게 보내며 "만약 내가 이단의 무리라면 여기에 적혀 있는 것은 모두 이단이다. 이것이 내 신앙이기 때문이다"라고 말했다. 교황은 그것을 보고 검토했는데 그것은 완벽하고 훌륭하며 참된 우리의 신앙이자 믿음이었다. 교황은 그를 감옥에서 풀어주었다. 그리

---

* 아타나시우스 신경(Quicunque vult) : '아타나시우스 신앙고백문'이라고도 한다. 니케아회의에서 공인된 삼위일체론을 상세하고 논리적으로 설명하고 강조하고 있다. 동방교회를 제외한 대부분의 교회들이 받아들이고 있다.
** 성 아타나시우스(St. Athanasius, 295~373) : 알렉산드리아의 주교로 평생 아리우스파에 맞섰다. 일찍이 『아나타시우스 신경』의 저자로 알려졌으나 오늘날에는 그것이 그의 사후인 5세기경 작성되었으며 그의 이름만 빌린 것이라는 견해가 일반적으로 받아들여지고 있다.

고 이 성가를 매일 아침기도[8] 때마다 읊도록 명령했으며, 아타나시우스를 선량한 사람이라고 평가했다. 그러나 아타나시우스는 그 뒤 다시 주교 자리를 맡지는 못했다. (시기심 많은 사악한) 사람들이 아타나시우스를 이단으로 고발했기 때문이다.

트레비존드는 전에 콘스탄티노플의 황제에게 점령되어 있었다. 그러나 황제가 투르크에 맞서 그 도시를 지키라고 파견한 권력자는 그곳을 차지하고 스스로 트레비존드의 황제라고 칭했다.

새매의 성

트레비존드에서 소 아르메니아로 나아가면, 바위 위에 세워진 오래된 성이 있다. '새매Sparrow-hawk의 성'이라고 불리는 그것은 라야이스 너머 파르시피 시 옆에 있는데, 부유한 영주이자 선량한 그리스도교도인 크룩의 영주권에 속해 있다. 성 안에는 새매 한 마리가 아름답게 잘 만들어진 횟대 위에 앉아 있고, 아름다운 요정 하나가 그것을 지키고 있다. 누구든지 그곳으로 와서 잠을 자지 않고 홀로 7일 동안 밤낮으로 그 새매를 지키면, 아름다운 요정이 모습을 드러내 이 세상의 것이라면 무엇이든 바라는 것을 들어준다고 한다. 3일 밤낮이라고 하는 사람도 있다. (어쨌든) 이것은 이미 여러 번 일어났던 일이다.

그에 관해 훌륭한 기사이자 용맹한 사나이였던 아르메니아의 왕에 관한 이야기가 자세히 전해진다. 이 고귀한 군주는 그 매를 정해진 날짜만큼 지켰다. 7일째의 낮과 밤이 지나자 요정 여인이 그의 앞에 모습을 드러내서는 받을 만한 자격이 되니 원하는 것을 말하라고 했다. 그러자 왕은 자신은 이미 위대한 군주이고 나라도 평화로우며 세속의

[그림 16-2] 새매와 소원을 들어주는 요정이 있는 오래된 성

부유함도 충분히 가지고 있으니, 네 몸을 마음대로 하는 것 말고는 달리 바라는 것이 없다고 대답했다. 그러자 그녀는 그가 무엇을 요구하는지 모르고 있으며, 가질 수 없는 것을 욕망하는 멍청이라고 말했다. 이 세상의 것은 무엇이든 요구할 수 있지만, 그녀는 이 세상의 존재가 아니라 영적 세계의 존재였기 때문이다. 그런데도 왕은 그것 말고는 다른 것은 아무것도 바라지 않는다고 말했다. 그러자 요정은 대답했다. "당신을 음란한 욕망에서 벗어나게 할 수 없으니, 그대가 바라지는 않았지만 당신과 당신으로부터 나올 모든 이에게 주겠습니다. 왕이여! 그대는 평화 없는 전쟁을 하게 될 것이고, 전쟁은 9대에 걸쳐 계속될 것입니다. 그대는 적에게 굴복해야 할 것이고, 재물이 늘 부족하게 될 것입니다." 그 뒤 이 아르메니아 왕과 그의 나라는 계속해서 평화를 잃었으며, 물자가 풍부했던 적이 없었다. 그들은 늘 사라센인에게

공물을 바치며 살아갔다.

　가난한 자의 아들이 그 새매를 지킨 적도 있었다. 그는 부유함과 장사에서의 행운을 원했다. 요정은 그렇게 해주었다. 그는 그 나라에서 가장 큰 부자가 되었으며, 해상과 육상 모두에서 가장 명성 높은 상인이 되었다. 그는 너무나 부유해서 자신이 가진 것을 천에 하나도 알지 못할 정도였다. 그는 소원을 빌 때 왕보다 현명했다.

　한 성당기사가 그 새매를 지키기도 했다. 그는 돈지갑이 언제나 금화로 가득하게 해달라고 빌었다. 요정은 그렇게 해주었다. 그러나 그녀는 그에게 돈지갑에 대한 믿음과 서약, 그리고 그것이 가져올 크나큰 자만이 그의 성직을 빼앗게 될 것이라고 말했다. 그리고 그렇게 되었다.

　그 새매를 지키려는 사람은 반드시 깨어 있어야 한다. 잠이 들면 실종되어 어느 누구도 다시는 그를 볼 수 없기 때문이다. 그 성을 지나는 길은 내가 앞서 말했던 나라들로 곧장 가는 길이 아니다. 그것은 방금 이야기한 불가사의한 일을 보려고 하는 이들을 위한 길이다.[9]

노아의 방주

　트레비존드에서 대 아르메니아까지 똑바로 나아가면 아르티로운[10] 이라고 불리는 도시에 닿는다. 한때 그곳은 풍요롭고 훌륭한 도시였으나, 지금은 투르크인들에게 완전히 파괴되었다. 그 도시 주변에는 포도를 비롯한 과일들이 거의 나지 않는다. 그리고 다른 곳보다 지대가 높아 기온이 낮다. 그곳에는 좋은 하천과 샘이 많은데 거기서 하루 거리인 유프라테스 강에서 흘러오는 낙원의 강이 땅 아래를 흐르기 때문이다. 유프라테스 강은 땅 밑으로 인도를 향해 흐르다가 알타자르 지역에 이르러 지상으로 모습을 드러낸다. 이 아르메니아를 지난 사람은 페르시아 해로 접어들게 된다.

에르제로움 시에서 나왔다면 사비소콜르라고 불리는 산으로 가라. 그 부근에는 사람들이 아라라트라고 부르는 다른 산도 있는데, 유대인들은 그 산을 타네즈Taneez라고 부른다. (홍수가 끝난 뒤) 노아의 방주는 그곳에 정박했고, 오늘날에도 그 산꼭대기에 남아 있다.[11] 맑은 날이면 그것을 볼 수 있다. 그 산은 높이가 7마일이나 된다.

어떤 사람들은 자신들이 노아의 방주를 눈으로 확인하고 만져보았으며, 노아가 〔'신의 축복을!'이라는 뜻의〕 "베네딕트(Benedicte)"라고 말했을 때 악령이 빠져나간 자리에 손가락을 넣어 보기도 했다고 말한다. 그러나 그것은 새빨간 거짓말이다. 그 산은 겨울이나 여름이나 일 년 내내 항상 많은 눈으로 덮여 있기 때문에 아무도 올라갈 수 없기 때문이다. 노아의 시대 이후 오직 한 사람의 수도자를 제외하고는 어느 누구도 그곳에 올라가지 못했다. 그 수도자는 신의 은총으로 산에 오를 수 있었고, 그곳에서 한 장의 나무판자를 가지고 돌아왔다. 그 판자는 오늘날에도 산기슭에 있는 수도원에 보존되어 있다. 그 부근에는 노아가 세운 다인 시가 있고, 그 바로 곁에는 한때 천 개의 교회가 있었던 아니 시가 있다.[12]

앞서 말한 수도사는 너무나도 그 산에 올라가고 싶어했다. 그래서 어느 날 과감하게 산에 올랐다. 그러나 3분의 1 정도 올라가자 몹시 지쳐서 더 이상 올라갈 수 없었다. 수도사는 쉬다가 그대로 잠들어버렸고, 잠에서 깨어보니 어느새 다시 산기슭으로 되돌아와 있었다. 그는 부디 특별한 은총을 베풀어 산꼭대기로 올라갈 수 있도록 해 달라고 신에게

[그림 16-3] 누구나 원하는 만큼 소금을 캐갈 수 있는 소금산

간절히 빌었다. 그러자 천사가 나타나 그에게 올라가도 된다고 말했다. 그는 그렇게 했다. (그리고 방주의 판자를 가지고 돌아올 수 있었다.) 그 뒤 어느 누구도 산꼭대기에 도달하지 못했다. 그러므로 그곳에 올라갔다고 말하는 사람들은 거짓말을 하고 있는 것이다.[13]

페르시아 황제의 영토

그 산을 지나면 타우리소라는 도시에 이르게 된다. 그곳은 한때 팍시스Faxis라는 이름으로 불리기도 했는데, 매우 크고 아름다운 도시로 세상에서 장사를 하기에 가장 좋은 곳 가운데 하나이다. 상인들은 모두 그곳으로 와서 여러 고장의 상품들avoirdupois을 사간다.[14] 그곳은 페르시아 황제의 영토이다. 사람들 말에 따르면 황제가 그 도시에서 거

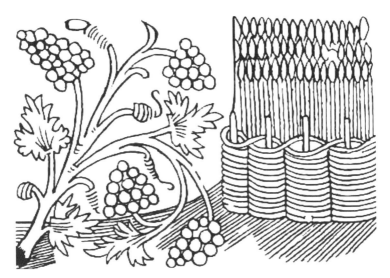

[그림 16-4] 포도와 곡물이 넘쳐나는 도시 카삭

뒤들이는 세금은 그리스도교 세계에서 가장 부유한 왕이 가진 재산보다도 많다고 한다. 황제가 상인들에게서 거두는 통행세와 상품세가 가늠하기 어려울 정도로 많기 때문이다. 도시 인근에는 소금으로 된 산이 있는데, 누구나 원하는 만큼 소금을 캘 수 있다.[15] 많은 그리스도교도들이 그곳에서 사라센인들에게 세금을 납부하며 살아가고 있다.

이 도시를 나와 많은 마을과 성들을 거쳐 인도 방향으로 가다보면 사도니 시에 이르게 된다. 타우리소에서 열흘 정도의 거리인데, 그곳도 매우 크고 훌륭한 도시이다. 특히 그 지역은 날씨가 선선해서 페르시아 황제는 여름마다 그 도시에 머문다. 거기에는 배들이 다닐 수 있는 큰 강도 많다.

그곳에서 여러 날을 더 많은 나라들을 거쳐서 인도 방향으로 가면 카삭이라고 불리는 도시에 다다른다. 그곳은 매우 훌륭한 도시로 곡물과 포도, 그 밖의 모든 상품들이 풍부하다. 세 명의 왕은 이곳에서 만났다. 그들은 우리 주님께 황금, 향유, 몰약을 바치고 경배하기 위해 베들레헴으로 찾아가는 중이었다.[16] 그곳에서 베들레헴까지는 53일 거리이다.

카삭에서 나와 더 가다보면 겟이라고 불리는 또 다른 도시가 나온다. 그곳은 '모래 바다Gravelly Sea'라고 불리는 곳에서 하루거리이다. 겟은 페르시아 황제의 제국에 있는 모든 도시들 가운데 가장 뛰어나다. 그곳 사람들은 짐승고기를 다바고Dabago라고 부르고, 포도주를 바파Vapa라고 부른다.[17] 이교도들은 어떤 그리스도교도도 그 도시에서는 오래 머물거나 살 수 없으며, 곧바로 죽게 될 것이라고 말한다. 하지만 그 이유는 아무도 알지 못한다.

그곳을 벗어나 이루 말할 수 없이 많은 도시와 마을들, 커다란 나라들을 지나면 코르나 시가 나온다. 옛날에는 매우 큰 도시여서 주위의 성벽이 25마일이나 되었다. 그 성벽은 여전히 남아 있지만 사람들이 살고 있지는 않다. 코르나를 나와서 다시 수많은 땅들과 도시들, 마을들을 지나면 욥의 나라에 이르게 된다. 거기에서 페르시아 황제가 다스리는 영토가 끝난다.

만약 그대가 페르시아 글자의 그 명칭을 알기를 원한다면 다음을 살펴보도록 하라.

알마(Alma), 벰(Bem), 켐(Cem), 뎀(Dem), 에틴(Ethyn), 폴리틴(Folthin), 기트(Gith), 히트(Hith), 이오틴(Iothyn), 키닌(Kynyn), 라틴(Lathyn), 모인(Moin), 니코인(Nichoin), 오제프(Ozeph), 피산(Phisan), 퀸트(Quinth), 이르(Yr), 세트(Seth), 토이트(Toith), 비트(Vith), 크시트(Xith), 이아(Ya), 조핀(Zofin)

17장

인도의 다이아몬드와 여인국 아마조니아

욥의 나라와 그의 나이

코르나에서 더 나아가면 욥의 나라로 들어가게 되는데, 그곳은 아름다운 땅으로 온갖 산물이 넘쳐난다. 그곳은 수시아나*의 땅이라고도 불리는데, 테만이라는 도시가 있다.

욥은 이교도였으며, 고스라의 아레에게 태어난 자식으로, 그 땅에서 군주와 같은 권세를 누리고 있었다. 그는 너무나 부유한 나머지 자기 재산의 백분의 일도 다 알지 못했다. 그는 이교도이면서도 자기 신앙에 따라 신을 잘 섬겼기 때문에, 우리 주님도 그의 섬김을 흡족하게 여기셨다. (신이 내린 고난 때문에) 그는 78세에 갑자기 궁핍해졌다. 그러나 그를 시험해보고 그의 인내가 몹시 크다는 사실을 확인하게 된 신은 그를 전보다 더 큰 부자로 만들어주었다. 그 뒤 욥은 에사우 왕의 뒤를 이어 이두메아의 지배자가 되었으며, 왕이 된 뒤에는 이름을 요밥Jobab이라고 바꾸었다.[1] 그는 이두메아 왕국에서 170년 동안 살았고, 죽었을 때 그의 나이는 248세였다.

---

* 수시아나(Susiana) : 페르시아만 유역의 고대 지방.

욥의 나라에는 사람이 살아가는 데 필요한 어떤 것도 부족하지 않다. 그곳에는 다른 어떤 땅보다도 만나를 풍족하게 얻을 수 있는 산들이 있다. 천사의 빵이라고 불리는 만나는 새하얗고 맛이 좋으며 매우 달콤하다. 심지어 꿀이나 설탕보다도 훨씬 달다. 그것은 천국의 이슬이 들풀 위에 내려앉은 것으로, 굳어져 결정을 이루면서 새하얗고 달콤하게 된다. 사람들은 부자들을 위해 배를 가라앉히고 불순한 피를 정화하는 약에 만나를 넣었다.[2] 그것은 피를 맑게 하고 우울함을 내보낸다.[3] 이 욥의 나라는 칼데아 왕국과 맞닿아 있다.

칼데아 왕국의 아름다운 남자들

칼데아는 매우 크다. 그리고 그 나라의 언어는 바다 건너 다른 어떤 나라의 말보다도 다양한 소리를 낸다. 그곳에 가려면 앞서 말했던, 하나였던 언어가 처음으로 갈라진 대 바빌론의 탑을 지나야 한다.[4] 그 탑에서 칼데아까지는 나흘이 걸린다.

칼데아 왕국에는 아름다운 남자들이 있다. 그들은 자수가 놓인 금사로 된 옷을 잘 차려 입고, 좋은 진주와 보석으로 화려하게 치장을 한다. 그런데 여자들은 매우 못생겼고 복장도 추레하다. 그녀들은 모두 맨발로 다니고, 크고 헐렁해서 보기에도 끔찍할 지경인 옷을 입는다. 옷의 길이는 무릎 정도로 짧고, 수도사들의 수도복처럼 소매는 발밑까지 길게 내려온다. (그리고 까맣고 두꺼운 머리카락을 어깨 아래로 늘어뜨리고 있다.) 그녀들은 새까맣고 더럽고 흉측할 뿐 아니라 못생긴 만큼 행동거지도 나쁘다.[5]

칼데아에는 우르라고 불리는 도시가 있는데, 옛날 그곳에는 아브라

[그림 17-1] 칼데아의 아름다운 남자와 못생긴 여자

함의 아버지인 테라가 살고 있었다. 아브라함도 그곳에서 태어났다. 바빌론과 아라비아, 이집트의 왕이었던 니누스가 통치하던 때의 일이다. 이 니누스 왕은 니네베 시의 창건자이다. 노아가 먼저 건설하기 시작했으나, 니누스가 완성해 그의 이름을 따서 니네베라고 불리게 되었다. 그곳에는 성서에 나오는 예언자 토비트가 묻혀 있다.

아브라함은 아버지가 죽은 뒤에 신의 계시를 받고 아내 사라와 형제의 아들 롯을 데리고 우르를 떠났다. 당시 아브라함에게는 자식이 없었기 때문이다. 그들은 시켐이라고도 불렸던 가나안의 땅으로 가서 살았다. 전에도 말했지만, 지금의 사해 자리에 있던 소돔이나 고모라와 같은 도시들이 불에 타서 지옥으로 떨어졌을 때에도 롯은 살아남았다.[6]

칼데아 사람들은 자신들의 말과 문자를 가지고 있는데, 이는 다음과 같다.[7]

여인국, 아마조니아

칼데아 부근에는 아마조니아가 있는데, 여인국女人國이라고 불린다. 그 왕국은 주민이 모두 여자로 남자는 한 명도 없다. 사람들의 말에 따르면, 그 이유는 남자가 그 나라에 살 수 없어서가 아니라 여자가 남자에게 나라의 지배권을 맡기려고 하지 않기 때문이라고 한다.

옛날 그 나라에는 왕이 있었다. 그리고 여자들도 다른 나라들과 마찬가지로 남자들과 결혼을 했다. 그런데 콜레페우스라고 불린 그 왕은 스키타이와 전쟁을 벌였고, 전투에서 왕과 왕국의 귀족 가문 사내들이 모두 목숨을 잃었다. 여왕과 귀족 가문의 여인들은 자신들이 모두 과부가 되었음을 알았다. 그들은 왕족의 혈통이 끊어졌다는 사실을 깨닫고는 무장을 갖추고 제정신이 아닌 것처럼 나라에 남아 있던 남자들을 모조리 죽였다. 왕국의 모든 여인들이 자신들처럼 과부가 되기를 바랐던 것이다. 그리고 그날 이후 남자들이 왕국에 7일 밤낮 이상 머무르지 못하게 했다. 나라 안에서 다 자란 사내아이를 키우는 것도 허락하지 않아, 사내아이들은 어느 정도 자라면 아버지에게 보내졌다. 그녀

[그림 17-2] 아마조니아의 여성 전사

들은 남자와 어울리고 싶을 때에는 국경 너머로 가서 애인을 사귄 뒤 그들과 8일이나 10일 정도 지내다가 다시 자기 나라로 되돌아왔다. 그리고 만약 누군가 임신해서 사내아이를 낳으면 아이가 혼자서 걷거나 먹을 수 있을 때까지만 키우고는 부친에게 보내거나 죽였다. 만약 아이가 여자아이이면 불에 달궈진 쇠로 아이의 한쪽 유방을 잘랐다. 신분이 높은 여자아이는 왼쪽 유방을 잘랐는데, 그 편이 방패를 들기에 편했기 때문이다. 신분이 낮은 아이는 화살을 쏘는 데 방해가 되지 않도록 오른쪽 유방을 잘랐다. 그녀들은 모두 뛰어난 궁수였다.

이 나라에서는 한 명의 여왕이 영토 전체를 다스리며, 모든 여자들이 그녀에게 복종한다. 여왕은 언제나 선거로 뽑는데, 가장 용맹한 전사가 뽑힌다. 그녀들은 매우 뛰어나고 용감하며 현명하고 품격 있는 훌륭한 전사들이다. 인근 나라의 왕들은 전쟁이 일어나면 그녀들에게

[그림 17-3] 뜨거운 태양 아래 살아가는 에티오피아 사람들

금과 은 같은 보수를 지불하며 도움을 요청한다. 그러면 그녀들은 매우 용맹하게 싸워 값어치를 한다. 이 아마조니아는 두 개의 출입구를 제외하고는 사방이 물로 둘러싸인 섬이다. 물 건너편에는 그녀들의 정인과 연인들이 살고 있기 때문에 그녀들은 원할 때에는 언제나 건너가 그들에게서 위안을 얻을 수 있다.

다리가 하나뿐인 사람들

아마조니아 인근에는 타르메기테의 땅이라고 불리는 드넓고 매우 상쾌한 지방이 있다. 그 땅의 풍요로움에 반한 알렉산더 대왕은 그곳에 최초의 알렉산드리아 시를 세웠다. 그 뒤 그는 같은 이름을 가진 알렉산드리아 시를 12개 더 세웠는데, 그 첫 번째 도시는 오늘날 켈시테라고 불린다.

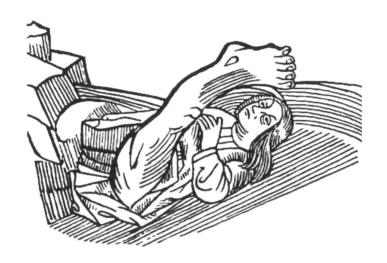

[그림 17-4] 에티오피아의 그림자 발 종족

칼데아 연안을 지나 남쪽으로 가면 에티오피아가 나온다.[8] 이 거대한 나라는 이집트까지 이어져 있다. 에티오피아는 크게 동부와 남부 두 부분으로 나뉜다. 남부는 마우레타니아Mauretania라고 불린다. 남부 주민들은 동부 주민들보다도 훨씬 더 까맣다. 그들은 무어인이라고 불린다. 그곳에는 우물이 하나 있는데, 낮에는 너무 차가워서 아무도 마시지 못하고, 밤에는 너무 뜨거워서 손을 담글 수조차 없다.

그곳을 벗어나 남쪽으로 더 가시 대양을 지나면 크고 거대한 땅이 나온다. 그러나 타오르는 태양의 열기가 나라를 가득 채우고 있기 때문에 너무 뜨거워서 사람이 살지 못한다.

에티오피아의 모든 강과 하천은 흐리고 태양의 열기 때문에 약간 짠 편이다. 그 지방 주민들은 술에 잘 취하고 식욕은 그다지 없다. 그리고 대부분 배탈에 걸려 있다. 그들은 일찍 죽는다.

에티오피아에는 다양한 종족들이 살고 있으며, 에티오피아인은 쿠시스Cusis라고 불린다. 그 나라에는 다리가 하나뿐인 사람들이 있는데, 그 하나뿐인 다리로 놀랄 만큼 날쌔게 달린다. 게다가 발이 아주 커서 누워서 쉴 때면 발이 햇빛으로부터 몸 전체를 가릴 수 있는 그늘을 만들어 준다.[9]

에티오피아의 어린 아이들은 피부가 모두 노랗고 나이를 먹을수록 점차 까맣게 변한다.[10] 에디오피아에는 사바라는 도시[11]가 있는데, 그곳은 베들레헴에서 우리 주님께 선물을 바친 3인의 왕 가운데 하나가 다스렸던 나라이다.

인도와 다이아몬드

에티오피아를 나온 사람은 다양한 나라들을 거쳐 인도로 갈 수 있다. 사람들은 인도 고지를 엠라크Emlak라고 부른다. 인도는 세 개의 지방으로 나뉜다.[12] 대 인도는 매우 덥다. 소 인도는 온난하고 메디아까지 뻗어 있다. 북부에 있는 세 번째 지방은 몹시 춥다. 그곳에서는 매서운 추위와 끊이지 않는 서리 때문에 물이 얼어 수정으로 변한다. 그리고 수정 바위 위에는 색을 띠고 있는 좋은 품질의 다이아몬드가 자라는데, 기름 색깔을 띤 노르스름한 수정처럼 보인다. 그리고 매우 단단해서 어느 누구도 그것을 연마할 수 없다.[13] 그 지방 사람들은 그것을 다이아몬드라고 부르는데, 다른 지방 사람들은 하메세Hamese라고 부르기도 한다. 아라비아에서도 다이아몬드가 발견되지만 그다지 좋은 품질이 아니라서 더 무르고 색도 갈색이다. 키프로스에서 발견되는 다이아몬드는 그보다 훨씬 더 물러서 연마하기가 쉽다. 마케도니아에서도 다이아몬드가 나지만 최상급의 가장 비싼 다이아몬드는 역시 인도산이다. 때때로 광산에서 캐낸 금덩어리를 잘게 부수고 불순물을 제거하는 과정에서 아주 단단한 다이아몬드가 발견되는 경우도 있다. 그것은 콩알만 한 크기이거나 그보다 작은데, 인도의 다이아몬드만큼 단단하다.

인도에서 좋은 품질의 다이아몬드가 나기는 하지만, 사람들은 해안가 바위나 금 광산이 있는 산지에서 다이아몬드를 더 자주 발견한다. 그것들은 여러 개가 함께 자라는데 작은 것도 있고 큰 것도 있어서 어떤 것은 콩알만 하고 어떤 것은 개암열매만 하다. 모양은 네모나고, 인위적으로 손질하지 않아도 위아래가 모두 원래부터 뾰족하다. 그리고 암수가 함께 자란다. 그것들은 천국의 이슬을 마시며 성장하며, 대개는 작은 새끼들을 낳아 해마다 번식한다. 나는 실제로 다이아몬드가 생겨나 있는 바위조각을 가져다가 이따금 5월의 이슬로 적셔보았다. 그랬더니 작았던 것이 해마다 자라나 꽤 커져 있는 것을 여러 번 볼 수 있었다. 마치 진주가 천국의 이슬이 응결되어 커지는 것처럼, 다이아몬드도 꼭 그렇게 성장한다. 그리고 진주가 천연으로 자연스럽게 둥근 모양을 나타내듯이, 다이아몬드도 신의 은총으로 저절로 사각의 모양을 지닌다.[14]

다이아몬드를 몸에 지닐 때는 왼쪽에 차는 것이 좋다. 그러면 오른쪽에 차는 것보다도 더 효능이 있다. 다이아몬드의 성장력은 북쪽을 향해 있는데, 북쪽은 세계의 왼쪽이며 인간이 얼굴을 동쪽으로 돌릴 때 인간의 왼쪽이 되기 때문이다.[15]

만약 여러분이 다이아몬드의 효능을 알고 싶다면 바다 저편 사람들의 말이나 증언을 알려 주겠다. 사실 모든 과학과 철학은 그들에게서 유래한 것이다. 이것은 『보석론(The Lapidary)』에도 기록되어 있지만,

알고 있는 사람은 그리 많지 않다.[16] 다이아몬드는 그것을 지닌 자에게 굳건함과 남자다움을 부여하고 신체를 건강하게 해준다. 그리고 만약 그가 정당하다면 전쟁과 논쟁에서 적에게 승리하게끔 해준다. 좋은 분별력을 유지시켜서 말다툼과 폭력·악몽·고통·주술·악령 등 때문에 나타나는 환각과 착시로부터 지켜준다. 다이아몬드를 지닌 자에게 마법이나 주술을 걸려고 하면, 그 돌이 가진 힘 때문에 주술로 일으키려 했던 모든 고통과 불행이 그것을 걸려고 했던 사람한테 되돌아간다. 그리고 어떤 야수도 다이아몬드를 지닌 사람에게는 감히 덮치지 못한다. 그런데 다이아몬드는 거저 얻어야지 욕심을 부리거나 돈으로 사려고 해서는 안 된다. 그래야 더 큰 효험이 있기 때문이다. 다이아몬드는 사람을 더 강인하게 만들어서 적들[17]에게 더 굳건히 맞설 수 있게 해준다. 그리고 미치광이를 제정신이 들게 하고, 악령을 추종하는 자나 악령으로부터 고통받는 자를 고쳐준다. 만약 다이아몬드가 있는 장소에 뭔가 악의가 담기거나 독이 있는 물질이 운반되어 오면 다이아몬드는 금방 축축해져서 땀을 흘리기 시작한다.

인도에는 비올라스트레스violastres라고 불리는 다이아몬드도 있다. 그것은 보라색이거나 보랏빛이 나는 갈색을 띠고 있는데, 매우 단단하고 귀하다. 다른 다이아몬드만큼 그것을 좋아하지 않는 사람도 있지만, 내가 직접 확인해본 바로는 그것은 다른 다이아몬드만큼 좋은 것이다. 수정처럼 새하얀 다이아몬드도 있는데, 이것은 불투명도가 높지만 가장 효능이 크고 좋다. 그런 다이아몬드는 대부분 사각이고 원래부터 뾰족하다. 하지만 처음부터 육각이거나 삼각인 것도 있다.

위대한 귀족이나 기사들은 명예를 지키려 전투하러 나갈 때 기꺼이 다이아몬드를 몸에 지닌다. 그러니 시간이 걸리더라도 다이아몬드에 대해 좀 더 알려주고자 한다. 제대로 알지 못해 사기꾼들에게 속는 일이 있어서는 안 되기 때문이다. 이따금 노란 수정이나 담황색 사파이어, 금이 간 사파이어 등 다른 돌들로 모조품을 만드는 자들도 나타난다. 따라서 다이아몬드를 사려는 사람은 반드시 그것에 대해 잘 알고 있어야 한다.

모조품들은 단단하지 않고 뾰족한 부분이 잘 부서져 연마하기가 쉽다. 그러나 일부 나쁜 의도를 지닌 장인들은 사람들이 다이아몬드라고 믿게 하려고 일부러 연마를 하지 않기도 한다. 다이아몬드를 감정하는 방법은 다음과 같다. 우선 다이아몬드로 사파이어나 수정과 같은 다른 보석들을 자르거나 긁어본다. 아니면 나침반 바늘을 끌어당기는 뱃사람들의 돌인 자석을 가져와서 그 앞에 다이아몬드를 둔 다음 나침반 바늘을 놓는다. 품질과 효능이 좋은 다이아몬드라면 자석은 앞에 다이아몬드가 있는 한은 바늘을 끌어당기지 않는다. 이것은 바다 너머에서 사용하고 있는 방법이다.

때로는 좋은 품질의 다이아몬드라도 소지한 사람의 잘못이나 무절제 때문에 그 탁월한 효능을 잃는 경우도 있다. 이런 경우에는 그 효능을 되살리는 것이 필요한데, 그렇게 하지 않으면 가치가 거의 없어져 버리기 때문이다.

18장

인도의 신앙과 풍습

인도인들의 풍습

인도에는 수많은 다양한 나라들이 있다. 인도라고 불리는 것은 인더스라고 불리는 강이 그곳을 가로질러 흐르고 있기 때문이다. 이 강에는 길이가 30피트나 되는 뱀장어도 살고 있다. 그리고 강 부근에 살고 있는 사람들은 얼굴색이 흉측하게도 녹색과 황색을 띠고 있다.

인도와 인도 주변에는 사람이 살지 않는 작은 섬들을 제외하고도 사람이 살고 있는 크고 훌륭한 섬들이 5천개 이상이나 있다. 게다가 이모든 섬들에 도시와 마을, 사람들이 셀 수 없을 정도로 많다. 인도 사람들한테는 보통 자신의 고향을 벗어나려 하지 않는 성질이 있다. 그래서 그곳에 사람들이 많은 것이다. 그들이 전혀 이동하지 않는 것은 토성이라고 불리는 별의 영향 아래 있는 첫 번째 기후대(Climata)*에서 살고 있기 때문이기도 하다. 토성은 느리고 천천히 움직여 30년에 한 번 황도십이궁黃道十二宮을 통과한다. (하지만 우리의 별인) 달은 한 달에 한 번 황도십이궁을 지난다. 토성이 매우 느리게 움직이는 것처럼

---

* 기후대(Climata) : 그리스어의 '기울어지다(clinein)'에서 유래한 말로, 아리스토텔레스는 지구를 7개의 기후대로 나누고 이것을 클리마타라고 불렀다.

그 기후대 안에서 살고 있는 사람들은 새로운 땅을 동경하지 않고, 그 것을 찾으려고 이동하지도 않는다. 이쪽의 나라들과는 정반대다. 우리는 달의 지배 아래에 있는 일곱 번째 기후대에서 살고 있다. 달은 빠르게 움직이는 여행자의 별이다. 우리가 움직이기를 좋아하고, 다양한 길로 나아가 새로운 것들을 찾고 세계 여러 나라들을 다니려 하는 것은 달이 다른 별들보다도 훨씬 빨리 돌기 때문이다.

인도의 많은 나라들을 지나면 광활한 대양으로 나아가게 된다. 그리고 크루에스[1]라고 불리는 섬에 이르게 되는데, 베네치아나 제노바 등 지의 상인들이 이 섬으로 물건을 사러 온다. 그런데 이 섬은 무척 더워서 그 열기 때문에 몸이 녹아 남자들의 불알이 무릎까지 내려갈 정도이다. 그래서 그 사실을 알고 있는 그곳 사람들은 불알을 묶어 올리고는 연고를 발라 그것을 유지시킨다. 그렇게 하지 않고서는 도저히 살수 없다.

인도와 에티오피아 등의 나라들에서는 〔오전 9시인〕 제3시과부터 정오까지는 남자와 여자 모두 완전히 벌거벗은 채로 강이나 하천으로 가서 머리를 제외한 온몸을 물속에 담그고 누워 있는다. 여자들은 남자들을 전혀 부끄러워하지 않으며, 열기가 지나갈 때까지 모두 함께 나란히 누워 있는 것이다. 그곳에서는 이런 볼썽사나운 모습을 흔히 볼수 있는데, 큰 도시들 부근에서는 유독 더 심하나.

크루에스 섬에서는 배를 만들 때 쇠못이나 이음쇠 등을 전혀 쓰지 않는다. 놀랍게도 바다 속에 자석으로 된 바위가 있기 때문이다. 이음 쇠나 쇠못이 있는 배가 그 부근을 지나게 되면 쇠를 끌어당기는 자석의 성질 때문에 곧바로 난파된다. 쇠 때문에 배가 자석에 끌려가는 바람에 벗어나지도 앞으로 나아가지도 못하게 되기 때문이다.[2]

[그림 18-1] 벌거벗은 인도 사람들

자연물 모상 숭배와 우상 숭배의 차이

이 섬을 벗어나 다시 바다로 나아가면 카나 섬에 이르게 된다. 그곳은 포도주와 농산물이 매우 풍부하다. 큰 섬으로 옛날에는 크고 좋은 항구도 있었으나, 대부분 파괴되어 바다에 가라앉았다. 이 섬의 왕은 한때 알렉산더 대왕과 맞서 싸울 정도로 강력하고 위세가 대단했다.

그곳 주민들은 다양한 신앙을 가지고 있다. 태양을 숭배하는 자도 있고, 달이나 불·나무·뱀, 심지어는 다음날 맨 처음 마주치는 것을 숭배하는 사람도 있다. 자연물의 모상(*simulacres*)이나 우상(*idols*)을 숭배하는 경우도 있다. 그런데 모상과 우상은 큰 차이가 있다. 모상은 남자나 여자, 태양, 달, 짐승 등을 본떠 만든 상이다. 그러나 우상은 자연에 있는 것이 아니라 인간의 어리석은 의념이 만들어낸 상이다. 어떤 우상을 살펴보면 머리가 모두 4개인데, 하나는 인간의 머리이고, 다른 하나는 말, 또 다른 하나는 소, 나머지 하나는 그 밖의 다른 동물의 머리이다. 이것은 자연의 법칙에는 존재할 수 없는 것이다.[3]

자연물의 모상을 숭배하는 자들은 헤라클레스를 비롯해 살아서 많은 기적을 행한 훌륭한 영웅들을 대신해서 그들의 모형을 숭배하는 것이다. 숭배자들은 자신들이 숭상하는 영웅들이 신이 아니라는 사실과 신은 천상에 계신 만물의 창조주 오직 하나뿐이라는 사실을 잘 알고 있다고 말한다. 하지만 그들은 영웅이 스스로 기적을 일으킨 것은 아니라 할지라도, 신의 은총이 없고서는 그러한 기적이 일어날 수 없었다고 말한다. 곧 영웅들은 신의 은총을 받아 그렇게 할 수 있었던 것이고, 그래서 그들은 영웅들을 숭배한다는 것이다.

그곳 사람들은 태양에 대해서도 매한가지로 이야기한다. 태양은 시간을 변화시키고, 열을 공급해 지상의 만물을 키워낸다. 그 은덕은 참으로 커다란데, 신이 다른 무엇보다 태양을 사랑해 세상에서 가장 큰 힘을 주지 않았더라면 그렇게 못할 것이다. 그들은 바로 그런 이유 때문에 태양에 경의를 나타내고 숭배한다고 말한다. 그들은 다른 행성들과 불에 대해서도 그것들의 이로움이 신에게서 비롯되었다며 마찬가지의 주장을 한다.

우상에 대한 그들의 이야기에 따르면, 소는 지상의 짐승들 가운데 가장 신성하고 인내심 많으며 유익하다. 선한 일만 하고, 악한 짓은 전혀 하지 않기 때문이다. 그들은 소가 신에게 특별히 총애를 받을 만하다고 생각한다. 그래서 반은 사람이고 반은 소의 모습을 한 신을 만든 것이다. 그리고 그들은 인간이 지상에 있는 신의 창조물 가운데 가장 고귀한 존재로 모든 동물들을 지배할 권리를 부여받았다고 말한다. 그래서 그들은 우상의 상반신을 인간으로 만들고, 하반신을 소로 만드는

[그림 18-2] 반은 소이고 반은 사람인 우상을 숭배하는 인도인들

것이다.

  그들은 매우 다양한 것들을 숭배하는데, 아침에 일어나서 맨 처음 만나는 뱀 등의 동물을 숭배하기도 한다. 특히 행운을 가져다주는 동물들을 숭배하는데, 그렇게 하면 하루를 잘 보낼 수 있게 된다고 여기기 때문이다. 그들은 옛날부터 그것을 몸소 겪으며 입증해 왔다. 그곳 사람들은 이런 행운의 만남은 신의 은총에서 비롯되었다고 말한다. 그래서 그들은 다른 흉한 것들을 마주치기 전에 (집에다 두고) 아침에 가장 먼저 바라보고 숭배할 수 있도록 그들이 믿는 존재와 닮은 모상을 만드는 것이다. 그리스도교도 중에도 아침에 일어나서 어떤 종류의 동물을 맨 처음 만나면 재수가 좋고, 어떤 종류의 동물을 만나면 재수가 나쁘다고 말하는 사람도 있다. 그들이 입증한 바로는 산토끼와 멧돼지 등의 동물을 만나면 재수가 나쁘다. 반대로 새매나 그 밖의 맹금류가

[그림 18-3] 카나 섬의 개만큼 커다란 쥐

먹이를 쫓아가서 무장을 갖춘 사람[4] 앞에서 그것을 붙잡는 것을 보면 재수가 좋을 징조다. 그러나 먹이를 잡는 데 실패하면 그것은 불길한 징조이다. 그리고 그들에게는 까마귀를 만나는 것도 나쁜 징조이다.

이런 종류의 일이나 그 밖의 것들을 믿고 있는 사람들은 많다. 실제로 종종 그들이 상상하는 일이 벌어지기 때문이다. 물론 그러한 것을 믿지 않는 사람들도 많다. 그러나 성스러운 교의를 온종일 교육받고 배운 그리스도교도 중에도 그런 미신을 믿는 사람이 있다. 그런 마당에 본성을 따를 뿐 이렇다 할 훌륭한 교의를 지니지 않은 이교도들이 그러한 것들을 더 많이 믿는 것은 그들의 단순함을 생각해보면 전혀 놀랄 만한 일이 아닐 것이다. 우리는 적들에 맞서기 위해 무장을 갖추고 여러 나라들을 지날 적에 점술사라고 불리는 이교도와 사라센인을 만난 적이 있다. 그들은 새가 날아가는 것을 보고 우리에게 앞날의 일을 점쳐주었다. 그것은 종종 적중했으며, 점술사들은 자신들이 말한 대로 되는 것에 자신들의 목숨을 걸기도 했다. 그렇지만 결코 그러한 것을 믿어서는 안 되며, 언제나 우리의 최고 주권자이신 주님을 진실하게 믿고 섬겨야 할 것이다.

이 카나 섬은 사라센인이 정복해서 차지하고 있는데, 사자를[5] 비롯한 수많은 야수들이 서식하고 있다. 그리고 이 나라에는 개만큼이나 커다란 쥐가 있어서 섬사람들은 크고 사나운 개를 이용해서 이것을 퇴치한다. 고양이는 그 쥐를 잡지 못하기 때문이다.

이 섬과 다른 많은 나라들에서는 죽은 사람을 땅에 묻지 않는다. 너무나 열기가 강한 나머지 살이 금세 없어지고 뼈가 드러나 버리기 때문이다.

젊음의 샘

카나 섬을 벗어나 배를 타고 대 인도 쪽으로 가다보면 사르케에 도달하게 된다. 이곳은 아름답고 멋진 도시로 훌륭한 신앙을 가진 그리스도교도들이 많이 살고 있다. 그리고 탁발승이라고 불리는 종교인들도 많이 있다.

거기에서 계속 배를 타고 가다보면 롬의 땅에 이른다. 이 나라의 콤바르Combar라고 불리는 숲에는 후추나무가 자란다. 이 식물은 이 숲 말고는 세계 그 어디에도 자라지 않는다. 숲 전체의 길이는 18일의 거리나 되며,[6] 숲 안에는 두 개의 도시가 있다. 하나는 플란드리네이고, 다른 하나는 징글란츠라고 불린다. 두 도시에 모두 그리스도교도와 유대교도가 많이 살고 있는데, 땅이 매우 풍요로워 번성하고 있기 때문이다.

하지만 지나치게 덥다. (그래서 온갖 종류의 뱀과 해충이 우글우글하다.)

그대들은 그 후추나무가 마치 야생 포도나무처럼 곁에 있는 다른 나무들에 의지해서 자란다는 사실을 알아 두어야 한다. 열매도 포도송이처럼 주렁주렁 열리는데, 나무가 부러질 것처럼 많이 달린다. 열매는 익으면 [넝쿨나무인] 아이비 열매처럼 녹색을 띤다. 포도송이처럼 그것을 따서, 화덕 위에 널어놓으면 까맣게 변해 오그라든다.[7]

그곳 사람들은 한 그루의 나무에서 3가지 종류의 후추를 얻는다. 바로 긴 후추와 검은 후추, 하얀 후추이다.[8] 긴 후추는 소르보틴Sorbotin, 검은 후추는 풀풀레Fulfulle, 하얀 후추는 바노Bano라고 불린다. 가장 먼저 나는 것은 긴 후추인데, 잎이 나기 시작할 무렵에 달린다. 그것은 잎이 나기 전에 펴서 아래로 늘어지는 개암나무 꽃과 비슷하다. 검은 후추는 잎과 함께 나오는데 포도송이처럼 열리며 모두 녹색이다. 사람들이 그것을 따고 나면 검은 후추보다 약간 작은 하얀 후추가 열린다. 이 하얀 후추는 다른 지역에는 팔지 않고 대부분 자신들이 쓰려고 남겨 둔다. 검은 후추보다 훨씬 품질이 좋고 맛도 적당하기 때문이다. (효능도 더 오래간다.) 그래서 하얀 후추는 검은 후추만큼 양이 풍부하지 않다. (후추는 무거울수록 품질이 우수하고 더 신선하다는 사실을 알아 두어야 한다. 그런데 이시도루스도 말했듯이 상인들은 이따금 후추가 오래되면 불순물을 섞기도 한다. 오래된 후추를 물에 담그고 은이나 납 가루를 섞은 다음에 다시 건조시키는 것이다. 그러면 늘어난 무게 때문에 후추가 신선하고 새 것처럼 보이게 된다. 3가지 종류의 후추들 가운데 가장 대량으로 생산되는 것은 검은 후추이다.)[9]

(앞서도 말했듯이) 이 나라에는 극심한 더위와 후추 때문에 온갖 종류의 뱀과 해충이 득실거린다. 사람들 말로는 후추를 수확할 시기가 되

면 불을 피워 뱀과 악어를 태워 죽이거나 쫓아낸다고 한다. 그러나 공교롭게도 사실은 그렇지 않다. 그런 식으로 근처에 불을 피우면 후추가 타 버릴 것이고, 그렇게 되지 않더라도 불기운 때문에 말라버려서 가치가 떨어지거나 없어진다. (후추나무 자체에도 해를 끼쳐서 열매를 맺지 못하게 되기도 한다.) 이처럼 피해가 크게 나는 일이므로 그들은 결코 후추나무 근처에 불을 피우지 않는다. 그 대신 그들의 손과 발에 달팽이[10]와 뭔가 다른 것을 섞어서 만든 연고를 바르고 후추 수확에 나선다. 그러면 그 연고 냄새를 싫어하는 뱀과 독충들이 도망가버려 마음 놓고 후추를 딸 수 있다.[11]

이 숲 위쪽에는 폴롬브라고 불리는 도시가 있다. 그리고 도시 위쪽에는 매한가지로 폴롬브라고 불리는 커다란 산이 있다. 도시 이름은 이 산의 이름에서 비롯된 것이다. 그 산의 기슭에는 매우 크고 아름다운 샘이 하나 있는데, 그 물은 모든 종류의 맛과 향을 지니고 있다. 물은 날마다 맛과 향기가 시간에 따라 다양하게 변화한다. 누구든 단식을 하고 그 샘물을 3번 마시면 어떤 병이라도 낫는다. 그래서 그곳에 살면서 그 물을 자주 마시는 사람들은 결코 병에 걸리지 않으며, 언제나 젊어 보인다. 나는 그 물을 서너 차례만 마셨을 뿐인데, 그런데도 몸 상태가 훨씬 좋아진 것을 느낄 수 있었다.[12] 이것을 '젊음의 샘Fons Juventutis'이라고 부르는 사람들도 있는데, 그것은 이 물을 마신 사람들이 언제나 젊게 보이며 아프지 않고 살아가기 때문이다. 그리고 전해지는 이야기에 따르면, 이 샘물은 낙원에서 흘러온 것이어서 그렇게 효능이 탁월하다고 한다.[13]

그리고 이 나라의 모든 땅에서는 좋은 생강이 생산된다. 그래서 향료 상인들이 먼 곳에서도 찾아온다.

소를 숭배하는 풍습

이곳 주민들은 소를 숭배한다. 소는 단순하고 순종적이며 인내심이 많을 뿐 아니라, 소에게서 비롯된 모든 것이 유익하기 때문이다. 그들은 소가 세상에서 가장 신성하며 모든 덕을 갖추고 있는 동물이라고 말한다. 그들은 소를 6~7년 동안 부린 뒤에 잡아먹는다. 그리고 그들의 왕은 언제나 소와 함께 다니며, 이 소를 돌보는 사람도 매일 많은 보수를 받아 간다. 그는 소의 똥과 오줌을 금으로 된 두 개의 그릇에 (밤마다) 모은다. 그리고 (다음날 아침) 그것을 아르키프로토파파톤 Archi-protopapaton[14]이라고 불리는 대사제에게 가져간다. 그러면 대사제는 그것을 왕 앞에 가져가 그 위에 큰 축복을 내린다. 이어서 왕은 사람들이 가울Gaul이라고 부르는 소의 오줌 안에 두 손을 담그고는, 그 손으로 얼굴과 가슴을 문지른다. 그 다음에는 공손하게 성스런 똥을 손에 쥐고는 오줌과 마찬가지로 얼굴과 가슴에 문지른다. 이는 소의 공덕들로 충만해지고, 무가치한 것도 신성한 소의 공덕으로 신성해지기 위해서이다. 귀족과 고관들도 왕의 뒤를 이어 똑같은 몸짓을 하고, (신분에 따라) 하인 등도 차례로 이를 따라한다.

이곳 사람들은 반은 사람이고 반은 소인 우상들을 만든다. 이 우상들 안에 있는 악령들이 그들에게 말을 걸고, 묻는 것에 대답을 한다. 그들은 여러 차례 이 우상들 앞에서 아이들을 죽였다. 그리고 그 피를 우상들 위에 뿌리며 희생의식을 치렀다.[15]

그리고 그 나라에서는 사람이 죽으면 죄를 씻는다는 명목으로 시신을 불에 태우는데, 이는 땅속에 묻혀 벌레에게 먹히는 고통을 겪지 않도록 하기 위해서이다. 아이가 없으면 아내도 남편과 함께 불로 태워버린다. 아내는 이 세상에서 그러했던 것처럼 저세상에서도 남편과 함께 해야 한다고 그들은 말한다. 하지만 아이가 있을 경우에는 아내가 원하면 아이를 키우기 위해 살아남을 수 있다. 하지만 만약 아내가 남편과 함께 불에 태워지는 것보다 자식과 함께 살아남기를 선택하면, 그 아내는 부실하고 박정한 사람으로 사람들에게 비난을 받는다. 그래서 그 뒤로는 아무도 그녀를 믿거나 정을 주려고 하지 않는다. 아내가 남편보다 먼저 죽는 경우에도 남편이 원하면 함께 불에 태워질 수 있다. 그러나 그렇게 하지 않는다고 해서 아무도 그에게 뭐라고 하지는 않는다. 게다가 그 뒤에 다른 아내를 맞이하더라도 남편은 비난이나 질책을 받지 않는다.[16]

이 나라에는 좋은 품질의 포도가 많이 자란다. 그런데 여자들은 포도주를 마시지만 남자들은 마시지 않는다. 여자들은 면도를 하며 수염을 깎는데, 남자는 면도를 하지 않는다.

19장

사도 도마의 손과 칼라미의 우상숭배

옳고 그름을 가리는 사도 도마의 손

그 나라를 벗어나 다른 많은 나라들을 거쳐 열흘 정도 더 가면 마바론[1]이라고 불리는 땅에 도달하게 된다. 그곳은 커다란 왕국으로 수많은 아름다운 도시와 마을들이 있다.

마바론의 칼라미 시내에 있는 아름다운 묘소에는 사도 도마의 뼈와 살이 안치되어 있다. 사도 도마는 그 땅에서 순교를 하고 묻혔다. 뒷날 아시리아 인들이 그의 유체를 메소포타미아의 에데사 시로 옮겼으나,[2] 곧 다시 돌아왔다. 부활하신 주님이 나타나 "의심을 버리고 믿어라(*Noli esse incredulus, sed fidelis*)"[3]라고 말씀하셨을 때, 사도 도마가 주님의 옆구리에 넣었던 팔과 손은 무덤 밖 그릇에 담겨 있다.[4]

그곳 사람들은 그 손으로 누가 옳고 그른지를 판가름한다. 만약 두 사람 사이에 다툼이 일어나 모두 자신의 말이 옳다고 주장하면, 양쪽 모두 문서로 자신의 주장을 적어서 성 도마의 손 위에 올려놓는다. 그러면 순식간에 그 손은 가짜 주장을 적은 종이를 던져버리고 옳은 주장을 적은 종이만 그대로 쥐고 있다. 그래서 먼 곳에 사는 사람들도 판

[그림 19-1] 판결을 내리는 사도 도마의 손

가름하기 어려운 문제의 옳고 그름을 가리기 위해 그곳으로 찾아온다. 그곳에서는 아무도 다른 방법으로 판결하려 하지 않는다.

칼라미의 우상숭배

사도 도마가 모셔져 있는 크고 아름다운 사원에는 거대한 자연물 모상[5]들이 가득하다. 그들은 그 상들을 신이라고 칭했는데, 가장 작은 것도 사람 두 명보다 컸다. 그 가운데 하나는 다른 모든 상들보다도 훨씬 크며, 금과 보석, 수많은 진주들로 덮여 있다. 그 우상은 신앙을 저버린 거짓된 그리스도교도들의 신이다. 그것은 매우 화려하게 장식된 황금의자에 앉아 있으며, 목 주변에는 금과 보석, 진주로 만든 거대한 띠를 두르고 있다. 이 사원은 매우 화려하게 만들어졌고, 내부는 온통 금으로 장식되어 있다.

그 우상을 찾아 순례를 오는 사람들은 그리스도교도들이 성 야고보의 무덤이나 다른 성소들에서 하듯이 그 상을 매우 공경한다. 그 상을 찾아 아주 멀리서도 많은 사람들이 찾아오는데, 그들은 그것을 너무나 공경한 나머지 결코 위로 올려다보지 않고 줄곧 땅만 쳐다본다. 다른 것을 바라보면 그들이 참배하는 데 방해가 될까 우려하기 때문이다.

순례자 중에는 우상에 대한 애정 때문에 날카롭고 예리한 단도를 손에 쥐고 자신의 팔과 다리, 허벅지에 심한 상처를 입힌 뒤에 피를 뚝뚝 흘리면서 참배를 하는 사람도 있다. 그들은 사랑하는 신을 위해 죽는 것은 신성하고 축복된 일이라고 말한다.

어떤 경우에는 자식을 함께 데려와서는 죽인 뒤에 우상에 제물로 바치기도 한다. 그들은 죽인 자식의 피를 우상 위에 뿌린다. 멀고먼 자기 집에서 우상이 있는 곳까지 오는 동안에 멈추지 않고 세 걸음마다 땅에 엎드려 절을 하는 사람도 있다. 그들은 향료와 같은 향기로운 것들을 지니고 가서 목적지에 도착하면 우상에게 바친다. 우리가 이 땅에서 주님의 귀중한 몸에 하는 것처럼 말이다. 이 우상을 숭배하러 오는 이들 가운데에는 100마일 떨어진 곳에서 오는 사람도 있고, 그보다도 훨씬 먼 곳에서 오는 사람도 있다.

이 우상이 있는 사원 앞에는 물이 가득 차 있고 호수만큼 커다란 연못이 있다. 순례자들은 이 연못 안에 셀 수 없을 만큼 많은 금과 은, 진주, 보석 등을 공물로 던져 넣는다. 그래서 이곳의 사제는 사원이나 우상을 수선해야 할 일이 생기면 연못 안에 있는 금과 은, 진주, 보석 등을 꺼내서 비용을 치른다. 그렇게 곧바로 수선되므로 사원에는 흠이 간 곳이 전혀 없다.[6]

그대들은 큰 축일이나 우상에 대한 의례가 거행될 때면, 사원에 공

[그림 19-2] 우상을 싣고 행진하는 전차를 경배하는 사람

물을 바치고 우상에 참배를 하려고 그 나라 사람들이 모두 모여든다는 사실을 알고 있어야 한다. 사람들은 금실로 짠 천, 타타르와 카마카의 화려한 옷감 등 값비싼 천들로 장식한 전차에 공손히 우상을 싣고 엄숙하게 도시를 돈다. 이 행렬의 가장 앞, 곧 전차 앞에는 이 나라의 모든 처녀들이 앞장서서 두 사람씩 짝을 지어 매우 질서정연하게 걷는다. 뒤에는 순례자들이 따르는데, 그들 가운데에는 (숭배하는 마음이 너무 큰 나머지 일부러) 전차 앞에 쓰러져 바퀴에 깔리는 사람들도 있다. 그렇게 해서 죽기도 하고, 팔이나 다리·허리가 부러지기도 한다. 그들에게는 이것이 모두 신을 향한 애정에서 비롯된 위대한 헌신이다. 그들은 고통과 시련이 클수록 내세에서의 기쁨도 더 커진다고 믿는다.[7] 요컨대 그들은 우상에 대한 사랑으로 그렇게 큰 고통을 겪고, 힘든 순교를 감내한다. 그러나 돌아보면 우리 그리스도교도는 주 예수 그리스

도를 위해 그 (절반은커녕) 10분의 1의 고난도 감내하려 하지 않는다.

순례자들의 뒤에는 헤아릴 수 없을 만큼 많은 이 나라의 악사들이 따른다. 그들은 다양한 악기를 가지고 자신들이 연주할 수 있는 모든 선율을 만들어내며 전차 앞을 걷는다.

행렬이 도시를 다 돌고나면 그들은 다시 사원으로 돌아가서 우상을 본래 있던 자리로 되돌려 놓는다. 그런 다음 우상을 향한 사랑과 숭배를 위해, 아니면 축일을 기리기 위해 날카로운 칼로 스스로 목숨을 끊는데, 그 수가 200~300명에 이른다. 그들의 시신은 그 우상 앞으로 옮겨져 성인으로 선언되는데, 신을 향한 사랑을 위해 그들 자신의 선의에 따라 스스로 목숨을 끊었기 때문이다.[8] 그리스도교 세계의 사람들이 친족 중에 거룩한 성인聖人이 있는 것을 커다란 영광으로 여기는 것처럼 그들도 꼭 그렇게 생각한다. 그리고 그리스도교 세계의 사람들이 거룩한 성인들의 삶과 기적을 독실하게 기록해 그들의 시성식을 청원하는 것처럼, 그곳 사람들도 우상을 향한 사랑 때문에 스스로 목숨을 끊은 사람들에게 그렇게 한다. 그리고 목숨을 끊은 이들을 영광스러운 순교자이자 성인이라고 칭하며 문서와 기도문에 집어넣는다. 친족 가운데 성인이 된 사람이 있으면 다른 이들에게 자랑을 하며 "내 친척들 중에는 당신네 친척들보다 더 많은 성인이 있다!"라고 말한다.

그곳에는 이런 관습도 있다. 만약 누군가가 신에 대한 사랑 때문에 스스로 목숨을 끊으려고 하면, 그는 자신의 모든 지인들에게 그 사실을 알리고, 많은 악사들을 부른다. 그리고 그들과 함께 매우 엄숙하게 우상 앞까지 행진한다. 그런 다음 완전히 벌거벗은 뒤에 한 손에 날카로운 칼을 들고 자신의 살을 크게 잘라서 우상의 얼굴에 던지며 기도를 하고 신에게 자신을 소개한다. 뒤이어 칼로 자신의 몸 여기저기를

[그림 19-3] 우상에 자신의 생명을 바치는 사람

찔러서 더 크고 깊은 상처를 만든다. 마침내 그가 쓰러져 죽으면 지인들은 그의 시신을 우상에 바치며 다음과 같이 기도를 한다.

"거룩한 신이시여! 당신의 충실한 하인이 당신을 위해 한 일을 보십시오. 이 남자는 아내도, 자식도, 재물도, 현세의 모든 즐거움도 버리고 자기 생명마저도 당신을 위해 던져서, 그 살과 피를 당신에게 바쳤습니다. 그러므로 부디 이 남자를 당신이 가장 사랑하시는 성인들 가운데 하나로 삼아 낙원의 기쁨 안에 있게 해주십시오. 이 남자는 참으로 그것을 누릴 자격이 있나이다."

기도가 끝나면 사람들은 불을 피워 그의 시신을 태운다. 그리고 지인들은 시신을 태운 재를 조금씩 나누어 유품 대신 간직한다. 그들은 그것은 신성한 것이고, 그 신성한 재를 가지고 있는 한 근심과 위험에서 완전히 벗어날 수 있다고 말한다. 그리고 죽은 자의 이름은 성인으로 기도문에 적히게 된다.

20장

지구는 둥글다

모든 것을 공유하는 라마리 섬의 풍습

이 나라에서 큰 바다로 나아가 여기에서 다 말하기에는 너무나 많은 나라들과 섬을 지나라. 그렇게 52일 동안 여행하면 라마리[1]라고 불리는 또 다른 거대한 땅에 다다르게 될 것이다. 그곳은 매우 더운 나라로 다음과 같은 관습을 가지고 있다.

그곳에서는 남자와 여자가 모두 벌거벗고 다닌다. (그리고 신이 창조한 그대로의 모습을 드러내고도 전혀 부끄러워하지 않는다.) 그들은 도리어 옷을 입은 이방인을 비웃는다. 그들은 신이 벌거벗은 아담과 이브를 창조하셨으므로 인간은 신이 창조한 것을 부끄러워해서는 안 된다고 말한다. 자연스러운 것은 결코 불결한 것이 아니기 때문이다. 그들은 옷을 입은 사람은 다른 세계에서 온 사람이거나, 아니면 신을 믿지 않는 자라고 한다. 그들은 자신들이 신께서 세상을 창조하셨다는 사실을, 곧 아담과 이브를 비롯한 모든 것들을 창조하셨다는 사실을 믿고 있다고 말한다.

그곳 남자들은 결혼한 아내가 없다. 모든 여자들이 공유되고, 그녀

[그림 20-1] 너무 더워 벌거벗고 다니는 라마리 사람들

들은 어떤 남자도 거절하지 않기 때문이다. 그들은 남자를 거부하는 것은 커다란 죄를 범하는 것이라고 말한다. 신이 아담과 이브를 비롯해 모든 창조물들에게 "생육하고 번성하여 땅에 충만하라(Crescite et multiplicamini et replete terram)"[2]고 말씀하셨기 때문이다. 그래서 어느 누구도 "이 여자는 내 아내요"라고 말하지 않으며, 여자도 "이 사람이 내 남편입니다"라고 말하지 않는다. 그리고 여자가 아기를 낳으면 함께 잔 남자 가운데 주고 싶은 남자에게 준다.

토지도 매한가지로 모든 사람이 공유한다. 어떤 사람이 1년 동안 어떤 토지를 점유하면, 다음해에는 다른 사람이 점유한다. 그리고 누구든 마음대로 원하는 토지를 소유할 수 있다. 그리고 모든 물품, 곧 곡식이나 그 밖의 것들도 공유한다. 어떤 것도 숨겨두거나 자물쇠를 채워 보관하지 않는다. 누구나 방해 없이 원하는 것을 가져갈 수 있으며, 누구나 똑같이 부자이다.

그런데 그 나라에는 한 가지 끔찍한 관습이 있다. 그들은 다른 어떤 고기보다도 사람고기를 즐겨 먹는다. 짐승고기와 물고기, 곡물, 금과 은 등 모든 물자들이 풍족한데도 말이다. 상인들은 이 나라로 아이들을 팔러 온다. 그러면 이 나라 사람들은 아이를 사서 살이 쪄 있으면 잡아먹고, 그렇지 않는 아이는 살을 찌워 잡아먹는다. 그들은 사람고기가 세상에서 가장 맛있는 음식이라고 한다.[3]

지구가 둥글다는 것을 알 수 있는 이유

그런데 이 나라에서도, 그리고 저 너머의 다른 많은 나라들에서도 '바다의 별'이라고도 불리는 트란스몬타네 별[*]이 보이지 않는다. 움직이지 않고 북쪽 방향에 있는 그 별을 우리는 '길잡이별Lode-star'이라고 부른다. (선원들에게 길을 안내해주는 이 별은 남쪽에서는 보이지 않는다.) 남쪽에는 그 대신 남극성Antartyk이라고 불리는 다른 별이 보인다. 이쪽 세계의 선원들이 길잡이별을 표지로 삼듯이, 저쪽 선원들은 남극성을 표지로 삼는다. 그 별은 우리에게는 보이지 않는다. 우리가 길잡이별이라고 부르는 북쪽 방향의 별이 그들에게 보이지 않는 것처럼 말이다.[4]

이런 사실은 땅과 바다가 둥글다는 사실을 분명하게 알 수 있게 해준다. 어떤 곳에서는 목격되는 천체의 일부가 다른 곳에서는 목격되지 않기 때문이다. 누군가 다른 세계로 가는 바닷길을 발견한다면 경험과 정교한 나침반만 가지고도 그가 배를 타고 모든 세계, 곧 세계의 위와 아래를 모두 돌아보았다는 사실을 분명하게 증명할 수 있을 것이다.

나는 그것을 관찰에 따라 이런 식으로 증명한다. 나는 각지에서 〔중

* 트란스몬타네(Star Transmontane) : '산 너머의 별'이라는 뜻으로 북극성을 가리킨다.

세의 천문 관측 기구인] 아스트롤라베로 트란스몬타네라고 불리는 별의 고도를 측정해보았다. [벨기에 중부] 브라반트에서는 53도, 그보다 먼 알르마뉴와 보헤미아에서는 58도, 그보다 훨씬 더 북쪽 지방에서는 62도 몇 분이었다. 이것은 내가 몸소 아스트롤라베로 측정한 결과이다.

앞서 내가 말했듯이 [북극성] 트란스몬타네의 반대편에는 남극성이라고 불리는 또 다른 별이 있다. 남과 북의 이 두 별은 조금도 움직이지 않는다. 그리고 그 주변에는 마치 수레바퀴가 차축을 가운데에 두고 돌듯이 천체가 돌고 있다. 그렇게 남과 북의 두 별은 천공天空을 위와 아래로 똑같이 이등분한다.[5]

그 뒤 나는 자오선으로, 곧 남쪽으로 나아갔고, 리비아에서 비로소 남극성이 보인다는 사실을 알았다. 더 앞으로 나아가 여러 나라를 지나갈수록 별의 고도는 더 높아졌다. 60분이 1도인데, 고지 리비아에서는 이 별의 고도가 18도 몇 분이었다. 그리고 앞서 말한 나라에서 바닷길과 육로를 이용해 다른 섬과 육지로 나아가면서 남극성을 측정해보았더니 33도 몇 분이었다. 그러니 확신하건대 만약 더 앞으로 나아간 동료나 배가 있다면 분명히 우리는 천체가 완전히 둥글다는 것을 (다시 말해 천체가 위, 아래 반구들로 이루어져 있다는 것을) 확인하게 될 것이다. 앞서 그대에게 말했듯이 내가 본 바로는 남과 북의 두 별 사이에 천체의 중앙이 있기 때문이다.

내가 트란스몬타네 아래의 북쪽 천체에서 측정한 고도는 62도 10분이었고, 남극성 아래의 남쪽 천체에서 측정한 고도는 33도 16분이었다. 반구를 180도라고 하면, 그 가운데 내가 본 것은 북위 62도 10분과 남위 33도 16분으로, 모두 합해 95도 반 정도이다. 그러니 내가 아직 보지 못한 천체는 84도 반 정도로 전체의 4분의 1이 되지 않는다.

둥근 천체의 4분의 1은 90도이므로, 그것은 4분의 1에서 5도 반 정도를 뺀 부분이다. 곧 나는 둥근 천체의 4분의 3과 5도 반을 더 다녀본 것이다. 따라서 확신하건대 동료와 함께 배를 타고 실행에 옮길 수 있는 자가 있다면, 그는 세상 모든 땅들을, 곧 위와 아래 세계를 모두 돌아 다시 고향으로 오게 될 것이다. 그리고 그는 여행하는 동안 계속해서 이곳에서와 마찬가지로 사람들과 땅, 섬들을 보게 될 것이다.

그대도 알다시피 남극성 아래에 사는 사람들의 발 아래, 곧 정확히 일직선상의 맞은편에는 북극성 아래에 사는 사람들이 있다. 곧 우리와 그들은 서로 발을 맞대고 살고 있는 것이다. 마찬가지로 배를 타고 지나는 바다와 살아가고 있는 땅도 모두 서로 마주보고 있으며, 이쪽에 있는 것은 저쪽에도 있다. (그렇게 균형이 항상 유지된다.)

내가 감지하고 파악한 바에 따르면, 인도 황제인 사제왕 요한의 나라는 우리 아래 맞은편에 있다. 스코틀랜드나 잉글랜드에서 예루살렘으로 가는 사람은 계속 올라가야 한다. 그리고 우리나라는 서쪽 땅의 아래쪽에 있고, 사제왕 요한의 나라는 동쪽 땅의 아래쪽에 있다. 그래서 우리가 밤일 때 그들은 낮이고, 거꾸로 우리가 낮일 때 그들은 밤이다. 내가 앞서 말했듯이 땅과 바다는 둥근 모양이기 때문에 누군가 한쪽 해안을 따라 올라가면 반대쪽 해안의 누군가는 내려온다.

맞은편 세계로 가는 방법

내가 그대에게 말했듯이 예루살렘은 세상의 한가운데에 있다. 이 사실은 그곳의 땅에 창을 꽂아 증명할 수 있는데, 〔밤과 낮의 길이가 같아지는〕 주야평분점Equinox의 정오에는 어느 방향으로도 창의 그림자가 생기지 않는다. 예루살렘이 세상의 한가운데인 것은 다윗도 「시편」에서 증언했다. 그는 "하느님은 세상 한가운데에서 구원을 이루셨다(*Deus operatus est salutem in media terrae*)"[6]고 했다. 따라서 서쪽 땅에서 예루살렘으로 가려는 이들은 위쪽을 향해 여러 날 여행해야 한다. 그리고 예루살렘을 출발해 우리 맞은편에 우리와 같은 높이에 있는 나라[7]로 가려면 다시 그 날짜만큼 아래쪽을 향해 여행해야 한다. 인도와 다른 나라의 섬들을 향해 저 너머로 더 여행을 하는 사람들은 우리나라 아래의 둥근 땅과 바다를 빙 돌게 된다.

내가 어린 시절에 여러 차례 들었던 이야기가 하나 있다. 옛날에 어느 용감한 남자가 세상을 탐험하려고 우리 세계를 출발해 인도와 인도 너머의 5천개 이상의 섬들을 돌아보았다. 그는 바다와 육지를 건너 오랜 기간 여행하며 수많은 계절을 보낸 끝에 세계를 일주하고 어느 섬에 다다르게 되었다. 그곳에서 그는 자기 나라의 말을 들었다. 한 남자가 쟁기질하는 소를 부르는 소리였는데, 자기 나라에서 짐승에게 하는 말과 같았다. 그는 어떻게 된 영문인지 몰라 매우 놀랐다.

내 생각에는 그가 오랜 기간 바다와 육지를 떠돌면서 온 세상을 다 돌아 그가 떠났던 곳 부근으로 되돌아왔던 것 같다. 만약 그가 더 나아갔다면 자기 고향을 발견하고 그 사실을 깨달을 수 있었을 것이다. 하지만 그는 그곳에서 발길을 돌려 왔던 길을 되돌아갔다. 그래서 그는 엄청난 헛고생을 해야 했다. 그 자신도 집을 출발한 뒤에 겪었던 것만큼 크게 고생했다고 밝혔다.

그가 노르웨이에 도착했을 때였다. 그곳에서 그는 큰 파도를 만나 어느 섬에 표류하게 되었다. 그는 그 섬이 자신이 전에 왔던, 쟁기질하는 소를 자기 나라 말로 부르는 소리를 들었던 곳이라는 사실을 깨달

앗다. 이것은 있을 수 있는 일이다.[8]

하지만 학식이 없는 자들은 사람은 땅 아래를 지날 수 없고, 만약 그렇게 되면 하늘로 떨어지게 될 것이라고 믿는다. 그러나 우리가 이 세계에서 하늘로 떨어지지 않는 것과 마찬가지로 그런 일은 결코 생기지 않는다. 이 세상 어디에 살든, 그곳이 위든 아래든 언제나 똑바로 걸을 수 있다. 그들 아래에 있는 우리가 그렇듯이, 우리 아래에 있는 그들도 그렇다. 만약 사람이 땅에서 하늘로 떨어진다면, 사람보다 훨씬 더 크고 무거운 땅과 바다가 먼저 하늘로 떨어졌을 것이다. 그러나 그런 일은 없다. 우리 주님도 "허공 위에 땅을 매단 나를 두려워하지 말라(Non timeas me, qui suspendi terram ex nihilo)"[9]고 말씀하시지 않았는가?

사람이 세계를 한 바퀴 도는 것이 가능하더라도, 오직 천 명 중에 한 명만 자기 나라로 되돌아올 수 있다. 땅과 바다가 너무나 넓고 커서 수천 개의 길을 지나게 되므로 어느 누구도 모험과 행운, 신의 은총이 없이는 자신이 출발했던 곳으로 정확하게 되돌아올 수 없다. 세상은 매우 넓고 크며 둥글다. 고대의 현명한 천문학자들의 말에 따르면 그 위와 아래 둘레의 길이는 20,425마일이다. 나는 그들의 주장을 비난할 생각은 전혀 없다. 그러나 그들을 존경하지만, 내 좁은 식견으로는 그보다는 더 큰 것 같다.

커다란 나침반이 있다고 상상하면 내 말을 더 쉽게 이해할 수 있을 것이다. 그 나침반의 중앙에 또 다른 작은 나침반이 있다고 해보자. 큰 나침반에 중앙을 지나는 여러 개의 선을 그어라. 그러면 큰 나침반이 나눠진 만큼 중앙에 있는 작은 나침반도 동일하게 나눠질 것이다. 비록 나눠진 공간의 크기는 더 작을지라도 말이다. 자, 이제 큰 나침반이 천체이고 작은 나침반이 지상이라고 생각해보자. 천문학자들은 천체를 12궁으로 나누어 표시하는데, 그 각각은 30도이다. 그러므로 천체는 모두 360도이다. 지상도 천체처럼 360구역으로 나눈다면 그 각각은 천체의 1도와 상응한다. 천문서의 지은이들에 따르면 천체의 1도는 지상의 700펄롱이다. 8펄롱은 우리의 1마일에 해당하므로, 천체의 1도는 곧 87마일 4펄롱이다. 여기에 360을 곱하면 31,500마일이 된다. 내가 이해하고 주장하는 바로는, 이것이 둥근 지구 둘레의 길이이다.

그대는 다음의 사실을 알고 있어야 한다. 고대의 현명한 철학자와 천문학자들에 따르면, 우리나라와 아일랜드, 웨일스, 스코틀랜드, 노르웨이 등 연안의 다른 섬들은 대륙의 표면[10]에 포함시킬 수 없다. 이는 모든 천문서에 나온다. 대륙은 7개의 행성에 따라 7개의 구역들로 나뉘는데, 그 구역들은 기후대[11]라고 불린다. (행성들은 각각의 기후대를 지배한다.) 둥근 지구의 서쪽 끝 저지대에 있는 우리 구역은 이 7개의 기후대에 속하지 않는다. 마찬가지로 우리 반대편, 우리와 같은 높이에 있는 인도의 섬들도 기후대에 속하지 않는다. 그곳이 우리 맞은편의 (가장 동쪽에 있는) 저지대이기 때문이다. 7개의 기후대들은 전 세계를 에워싸고 있다. (한편, 일부 천문학자들은 우리 구역이 달 아래 있다고 본다. 달은 가장 낮은 행성으로 주기가 가장 빠르다. 잠시 말이 샛길로 벗어났는데, 다시 본래의 주제로 돌아와 인도와 그 너머의 나라들과 섬들에 대해서 이야기하겠다.)

21장

인도 너머 섬들의 신기한 풍습

파텐 섬의 신기한 나무들

앞서 말한 라마리 섬 부근에는 수모보르[1]라고 불리는 다른 섬이 있다. 매우 큰 섬으로, 그곳에는 막강한 권한을 누리는 왕이 살고 있다. 이 나라 사람들은 남자든 여자든 불에 달군 쇠로 얼굴에 표지를 남긴다. 그것은 그들을 다른 나라 사람들과 구별해주는 크나큰 고귀함의 표지이다. 그들은 전 세계에서 자신들이 가장 고귀하고 훌륭하다고 생각한다. 그리고 그들은 앞서 언급한 벌거벗은 종족과 늘 전쟁을 하고 있다.[2]

이 섬 부근에는 베템가라고 불리는 또 다른 섬이 있다.[3] 그곳은 매우 풍요롭고 멋진 섬이다. 그 섬 주변에는 또 다른 많은 섬들이 있다. 그 섬들에는 다양한 종족의 주민들이 살고 있는데, 너무 다양해서 도저히 다 이야기할 수 없다.

베템가 섬을 지나 바다로 나아가면 자바라고 불리는 커다란 섬에 이르게 된다. 이 커다란 나라는 둘레가 2천 마일에 이른다. 그곳의 왕은 막강한 권력을 가진 부유하고 위대한 군주로, 주변의 7개 섬들을 다스리고 있는 7명의 왕들을 지배한다. 자바 섬은 (놀라울 정도로) 인구가

[그림 21-1] 라마리 섬의 나체 종족과 수모보르 섬 주민 간의 싸움 I

[그림 21-2] 라마리 섬의 나체 종족과 수모보르 섬 주민 간의 싸움 II

많아 사람들로 북적거린다. 그리고 생강, 정향, 계피, 강황*, 육두구**와 메이스*** 등 온갖 종류의 향신료가 다른 어느 나라보다도 많이 재배되고 있다. 메이스가 육두구의 껍질이라는 사실을 알아두어야 한다. 개암나무 열매가 다 익어 밖으로 떨어질 때까지 껍질에 싸여 있는 것처럼 육두구 씨앗과 메이스도 그렇다. 이 섬에서는 그 밖의 향료들과 다른 상품들도 많이 재배된다. 그곳은 포도주를 제외한 모든 것이 풍부하다. 금과 은도 많이 난다.[4]

이 나라의 왕은 세상 어느 곳보다도 화려하고 경이로운 아름다운 궁전을 가지고 있다. 연회장과 방으로 통하는 모든 계단들은 금과 은으로 번갈아 만들어졌다. 연회장과 방의 모든 바닥에도 사각형 모양의 금과 은이 번갈아 깔려 있다. 내부의 벽도 모두 금과 은으로 된 아름다운 판들로 덮여 있다. 거기에는 (왕과) 기사들의 전투와 전설들이 새겨져 있는데, 그들 머리 주변의 후광과 왕관들은 값비싸고 커다란 진주와 보석으로 만들어졌다. 어느 누구도 연회장과 방들이 모두 금과 은으로 덮여 있는, 이렇게 화려한 궁전을 보지는 못했을 것이다. 이 섬의 왕은 막강한 권력을 가지고 있다. 그는 바다 너머 저쪽 세계의 하늘 아래에서 가장 으뜸가는 대제大帝인 카타이의 대칸과 싸워서 몇 번이나

* 강황 : 생강과에 속하는 여러해살이풀로 울금, 심황이라고도 한다. 예부터 그 뿌리가 양념, 염료, 의약품, 흥분제 등으로 사용되었다. 코튼 판에는 'zedewall'로, 앵글로노르만어 판에는 'zedoal'로 나오는데, 앵글로노르만어에서 중세영어로 옮겨지면서 표기가 변화한 것으로 보인다.(에거튼 판에서는 누락되어 있다.) Hamelius, p. 125(1부)와 Deluz, 344 참조. 한편, 현대 프랑스어로 강황은 '제도에르(zédoaire)'이다.
** 육두구(nutmeg) : 인도네시아어로는 빨라(Pala)라고 하며 향신료의 대명사로 불릴 만큼 음식에 많이 쓰인다. 살구처럼 생긴 열매가 익으면 갈라지면서 씨와 꽃이 떨어지는데, 이것들을 말려서 향신료로 쓴다.
*** 메이스(mace) : 육두구 씨앗을 싸고 있는 붉은색 속껍질(꽃이 변형된 것)에서 얻는 향신료. 건조 정도에 따라 색이 빨간색, 노란색, 갈색 등으로 변하며 중세 서양에서 고급 향신료로 인기가 높았다.

승리했다. 그들은 여러 차례 전투를 벌였다. 대칸이 이 왕이 다스리는 영토를 빼앗으려 했기 때문이다. 그러나 그럴 때마다 왕은 반격을 가해 대칸을 물리쳤다.[5]

이 섬을 벗어나 바다로 나아가면 파텐이라고 불리는 또 하나의 크고 훌륭한 섬이 나온다. 그곳도 아름다운 도시와 마을들이 많은 커다란 왕국이다. 이 섬에는 전분澱粉이 나는 나무들[6]이 자라는데, 사람들은 그것을 원료로 하얗고 맛이 뛰어난 품질 좋은 빵을 만든다. 이것은 밀처럼 보이지만 전혀 같은 맛이 아니다.

그리고 달콤하고 질 좋은 꿀이 나는 나무들도 있고, 독이 나는 나무들[7]도 있다. 이 독에 듣는 약은 단 하나뿐이다. 같은 나무의 잎을 짓이겨 물에 타서 마셔야 하는데, 그렇게 하지 않으면 곧바로 죽는다.[8] 다른 해독제나 약은 전혀 듣지 않기 때문이다. 일찍이 유대인들은 전 세계의 그리스도교도들을 독살할 목적으로 동료를 시켜 이 독을 구해오게 했다. 나는 유대인들이 죽기 직전에 한 고해에서 그 말을 들었다. 다행히 신의 은총으로 그들은 목적을 달성하지 못했다. 하지만 그런데도 그들은 많은 사람들을 죽게 했다.[9] 이 섬에는 맛이 좋은 술이 나는 나무들도 있다.[10]

그대가 원한다면 앞서 말한 나무에서 어떻게 전분을 얻는지 알려 주겠다. 우선 도끼로 껍질이 벗겨져 나갈 정도로 나무 밑동을 여러 군데 찍는다. 그러면 짙은 수액이 흘러나오는데, 이것을 그릇에 담아 햇볕에 말린다. 그렇게 건조시킨 것을 빻아 분말로 만들면 훌륭하고 새하얀 전분이 만들어진다.[11] 꿀, 포도주, 독도 모두 그와 같은 방법으로 나무에서 채취해서 그릇에 담아 보관한다.

그리고 이 섬에는 죽음의 바다가 있다. 그것은 호수와 같은 것으로 바닥이 없다. 그래서 일단 무엇이든지 그 안으로 던지면 결코 찾을 수 없다. 그 호숫가에는 타비Thaby라고 부르는 갈대가 자라는데, 길이가 30패덤(약 54.9m)이나 된다. 섬 주민들은 그 갈대로 좋은 집이나 배, 그 밖에 필요한 물건을 만드는데, 우리가 참나무 등의 나무로 그러한 것을 만드는 것과 마찬가지다. 어느 누구도 내 말이 거짓말이라고 할 수는 없을 것이다. 내 눈으로 직접 호숫가에 놓여 있는 그 갈대를 여러 차례 보았기 때문이다. 내 동료 20명이 달라붙어도 그 갈대 하나를 뭍으로 옮기지 못했다. 아니, 땅에서 들어올릴 수조차 없었다.[12]

이 나라 주변에서 자라는 또 다른 갈대는 줄기는 앞의 것만큼 길지 않으나 뿌리가 매우 길어 4펄롱(약 804m) 이상이나 뻗는다. 그 뿌리에는 매우 영험한 보석들이 파묻혀 있다. 이 돌을 몸에 하나 지니고 있으면 철이나 금속으로 다치거나 상처를 입거나 피를 흘리는 것을 막을 수 있다. 그래서 이 나라 사람들은 바다에서나 육지에서나 매우 대담하게 싸운다. 이 보석을 지니고 있는 한 그들은 조금도 다치지 않기 때문이다. 이를 알고 있는 적들은 그들과 싸울 때 쇠와 같은 금속을 사용하지 않은 화살과 쇠뇌살*을 쏘아 그들에게 상처를 입혀 죽인다.[13]

칼로낙 섬의 신기한 풍습

이 섬을 벗어나 바다로 나아가면 칼로낙이라고 불리는 또 다른 섬에 도달하게 된다.[14] 아름답고 물자가 매우 풍부한 곳이다. 이 나라의 왕은 몇 명이든 자신이 원하는 만큼 아내를 맞아들인다. 그 고장의 미인들을 닥치는 대로 물색해 불러들여 어느 날은 그 가운데 하나를 품고, 다음날 밤에는 다른 미녀를 품는 식으로 몇 번이고 여자를 바꾼다. 그

---

* 쇠뇌살(quarrel) : 머리부분이 네모난 쇠뇌용 화살.

[그림 21-3] 등에 누각을 매단 전투용 코끼리 와르케스

래서 왕은 아내가 1천 명이나 되는데, 왕은 한 명과 하룻밤 이상 함께 자지 않았다. 그러나 만약 어떤 여자가 다른 사람들보다 그에게 더 큰 쾌락을 가져다줄 경우는 예외였다. 따라서 왕에게는 수많은 자녀가 있는데, 100명이나 200명, 심지어 그 이상의 자식을 둔 왕도 있었다.[15] 그리고 왕은 길들인 코끼리를 1만4천 마리 이상 소유하고 있는데, 그의 영토 안의 마을들에서 농노들을 시켜 사육하고 있다. 주변의 왕들과 전쟁을 할 때면, 왕은 코끼리 등에 신기하게 세운 나무 누각에 무장한 병사들을 올라가게 해서 적과 싸운다. 그 인근에서는 다른 왕들도 마찬가지의 방법을 사용한다. (그것이 이 지방에서 전쟁을 할 때 사용하는 방법이기 때문이다.) 그들은 우리나 다른 나라들이 하는 식으로 전쟁을 하지 않으며, 우리와 같은 전쟁 규범도 없다. 그곳 사람들은 그 코끼리들을 와르케스Warkes라고 부른다.[16]

[그림 21-4] 해변으로 찾아와 드러눕는 칼로낙 섬의 물고기들

이 섬에는 다른 어느 곳보다 불가사의한 일이 하나 있다. 바다에 있는 온갖 물고기가 1년 중 어느 시기가 되면 잇달아 종류별로 찾아오는 것이다. 물고기들은 알아서 해안가에 드러눕는데 그 수가 엄청나다. 어느 누구도 그렇게 많은 물고기는 보지 못했을 것이다. 물고기들은 3일 동안 그 상태로 있는다. 그래서 섬 주민 모두가 각자가 원하는 만큼 물고기를 가져갈 수 있다. 3일째 되는 날 물고기들은 그곳을 떠나 다시 바다로 간다. 그렇게 한 종류의 물고기가 물러가면, 이번에는 다른 종류의 물고기가 와서 앞의 물고기들처럼 해안가에 3일 동안 드러누워 있는다. 이런 식으로 온갖 종류의 물고기가 잇달아 교대로 오고, 사람들은 자신들이 좋아하는 물고기를 원하는 만큼 잡는다.

그런데 아무도 왜 그런 일이 벌어지는지는 알지 못한다. 그 지방 사람들은 단지 세계에서 가장 뛰어난 그들의 왕에게 경의를 나타내는 것은 아닌가 하고 말한다. 신이 아담과 이브에게 "자식을 낳고 번성해서 땅을 가득 채워라(Crescite et multiplicamini et replete terram)"[17]라고 명령하신 것을 그들의 왕이 충실히 이행하고 있기 때문이다. 그가 자식을 많이 낳아 세상의 인구를 불렸으므로, 신은 바다에 있는 온갖 종류의 물고기를 보내 그와 그의 백성들이 잡을 수 있게 하신 것이다. 그들은 신에게 가장 사랑을 받고 세상에서 가장 고귀하고 뛰어난 왕에게 경의를 나타내려고 바다에 있는 온갖 물고기들이 찾아오는 것이라고 말한다. 나는 모르겠다. 신만이 그 이유를 아실 것이다. 그러나 내 생각에 이것은 지금까지 내가 보았던 것 가운데 가장 신기한 일이다. 제멋대로 헤엄치며 넓은 바다를 누비던 물고기들이 어느 누구의 강요도 없이 스스로 그곳에 나타나 인간들의 손에 죽는다는 것은 참으로 불가사의한 일이 아니라 할 수 없다.[18] 그러므로 확신하건대 여기에는 분명 큰 의미가 있을 것이다.

또한 이 나라에는 거대한 달팽이가 있는데, 그 껍질은 마치 작은 집 같아서 많은 사람이 그 안에서 묵을 수 있을 정도이다. 그것만큼 거대하지는 않지만 크기가 매우 큰 다른 달팽이도 있다. 이 달팽이는 사람 넓적다리만 하며 몸은 새하얗고 머리만 새까맣다. 그 밖에 숲에서 볼 수 있는 다른 종류의 달팽이도 있는데, 이것은 앞의 두 종류에 비하면 훨씬 작아서 섬 주민들은 이것을 요리해 왕이나 귀족을 위한 왕실의 음식을 만들곤 한다.

이 섬에는 남편이 죽으면 아내도 남편과 함께 생매장하는 기이한 풍습도 있다. 그들은 아내가 이 세상에서만이 아니라 저세상에서도 남편과 함께하는 것이 당연한 일이라고 말한다.

[그림 21-5] 병자를 나무에 매달아 새가 쪼아 먹게 하는 풍습

새들이 병자를 쪼아 먹게 하는 카폴로스 섬

이 섬을 벗어나 대양을 가로질러 가다보면 카폴로스라는 섬에 다다른다. (이곳에도 진기한 풍습이 있는데) 동료가 중병에 걸리면 사람들은 그를 나무에 매달아 새들이 쪼아 먹게 한다. 그들은 땅속에서 더러운 벌레들의 먹이가 되는 것보다는 하늘의 천사인 새들의 먹이가 되는 것이 낫기 때문이라고 말한다.

이곳에서 또 다른 섬으로 건너갈 수 있는데, 그곳에는 매우 사악한 무리가 살고 있다. 그들은 병자를 물어죽이게 할 목적으로 커다란 개를 키운다. 자연사를 원하지 않기 때문이다. 그들은 자연스럽게 죽을 때까지 내버려두면 죽어가는 자가 너무나 큰 고통을 겪게 된다고 말한다. 그래서 (동료가 죽을 때가 가까워져서 더 이상 살기 어렵다고 여겨지면) 그들은 개들이 병자를 물어죽이게 한다. 그리고 짐승고기를 대신해 죽은 사람의 고기를 먹는다.

이 섬에서 바다로 나와 다른 많은 섬들을 지나면 밀케라고 불리는 섬에 도달한다. 그곳에도 매우 잔인한 종족이 살고 있다. 그들은 사람과 싸워 죽이는 것을 유일한 즐거움으로 삼고 있다. 그들 사이에서는 사람을 가장 많이 죽인 이가 가장 존경을 받는다. 그리고 사람의 피만큼 즐겨 마시는 것도 없는데, 그들은 사람의 피를 신처럼 여긴다. 그래서 두 사람이 다투다가 동료들의 중재로 화해하거나, 그들 가운데 일부가 동맹을 맺게 되면 그들은 합의의 상징으로 상대의 피를 마신다. 서로의 피를 마시는 이 의식을 하지 않으면, 완전한 화해란 있을 수 없으며 동맹이나 합의를 깨도 비난하지 못한다.

이 섬을 벗어나 바다로 나아가 섬에서 섬을 지나면 트라코다라는 섬에 도달하게 된다. 이 섬 주민들은 이성이 없는 야수이다. 그들은 집 짓는 방법을 알지 못해 땅을 파서 땅굴에서 산다. 이방인이 섬을 가로질러 지나려고 하면 땅굴 속으로 들어가 몸을 숨긴다. 그들은 뱀 고기를 먹고, 음식을 아주 적게 먹는다. 그리고 말을 하지 못해 뱀처럼 "쉿쉿" 하는 소리를 낸다. 그들은 현세의 재물이나 부는 거들떠보지도 않으며, 오직 60가지 색채를 가진 보석만 소중히 여긴다. 이 보석은 섬의 이름을 따라 트라코돈Tracodon이라고 불린다. 그들은 이 보석을 다른 무엇보다 좋아한다. 그러나 그 효능에 대해서는 알지 못한 채, 단지 아름답다는 이유에서 무턱대고 탐내고 좋아한다.

소를 숭배하는 개머리 부족 카노폴로스

이 섬에서 대양으로 나아가 많은 섬들을 지나면 나쿠메라라는 섬에 도달하게 된다. 크고 아름다운 섬으로 둘레가 1천마일이 넘는다. 이

[그림 21-6] 화해의 표시로 상대의 피를 마시는 풍습

[그림 21-7] 뱀을 잡아먹고 사는 트라코다 섬 사람들

섬의 주민은 남자와 여자 모두 개 모양의 머리를 가지고 있어서 ('개머리 부족'이라는 뜻의) 카노폴로스Canopholos라고 불린다.[19]

그 섬의 사람들은 (모두 그런 겉모습을 하고 있지만) 상당히 분별력이 있고 지혜롭다. 그들은 소를 신으로 숭배하고, 신을 사랑하고 있다는 징표로 이마에 금이나 은으로 만든 소를 달고 있다. 밖을 다닐 때에도 거의 벌거벗고 있어서 음부陰部 앞에 무릎까지 내려오는 작은 천을 걸치고 있을 뿐이다. 그들은 키가 크고 뛰어난 전사여서 온몸을 감쌀 정도로 커다란 방패와 장창을 들고 출정한다. 그리고 (대담하게 적과 싸우며) 전장에서 적을 포로로 붙잡으면 잡아먹는다.

이 섬을 지배하는 왕은 부자이고 막강한 권력을 지니고 있다. 그리고 종교에 대한 신앙이 매우 독실하다. 목에는 (비단 끈에) 굵고 품질 좋은 300개의 동양산 진주를 꿰어 걸고 있는데, 우리의 호박 묵주와 비슷하다. 우리가 묵주알을 손끝으로 굴리면서 주기도문이나 성모찬가(Ave Maria)를 외듯이, 이 왕도 식사하기 전에 자신의 신을 향해서 염주알을 손끝으로 굴리면서 300번이나 기도를 한다.

그는 목에 아름답고 귀한 동양산 루비도 하나 걸고 있는데, 길이가 대략 1피트나 되고 폭은 손가락 다섯 개 정도이다. 이 섬의 주민들은 어떤 사람을 왕으로 앉힐 때 이 루비를 그에게 주어 손에 쥐게 하는데, 그가 루비를 가지고 말에 타고 도시를 다니면 주민은 한 사람도 빠지지 않고 그에게 복종한다. 그 뒤 그는 언제나 이것을 목에 걸고 있는데, 만약 걸고 있지 않으면 왕으로 여기지 않기 때문이다. 카타이의 대칸은 그 루비를 몹시 탐냈지만 무력이나 금력金力 등 어떤 방법으로도 결코 손에 넣을 수 없었다.[20]

이 섬의 왕은 매우 정의롭고 공평하다. (그는 자신의 영토 안에서 나쁜

[그림 21-8] 소를 숭배하는 개머리 부족 카노폴로스

일이 일어나면 어떤 사람이든지 가리지 않고 처벌하기 때문이다.) 그래서 사람들은 아무 걱정 없이 안전하게 이 나라를 통과할 수 있으며, 원하는 물건을 자유롭게 가지고 다닐 수 있다. 누구도 여행자들에게 해를 끼치거나 물품을 빼앗으려고 하지 않는다. 그렇게 하면 왕이 곧 그들을 처벌할 것이기 때문이다.

악어가 사는 실라 섬

이 섬을 나오면 실라라는 섬에 도달하게 되는데,[21] 이 섬도 그 둘레가 대략 800마일이나 된다. 그러나 섬 대부분은 황무지이고 뱀이나 용, 악어 등만 우글우글하므로 사람들은 감히 살려고 하지 않는다.

악어는 뱀의 일종인데, 등은 누르스름한 색깔이며〔지느러미를 지탱하

[그림 21-9] 실라 섬의 악어

는 각질의⌒ 지느러미살이 있다. 그리고 4개의 짧은 다리와 (2개의 큰 눈) 갈고리와 같은 거대한 발톱을 가지고 있다. 악어는 길이가 5패덤(약 9m)인 것도 있고 6패덤(약 11m)이나 8패덤(약 15m), 10패덤(약 18m)인 것도 있다. (이처럼 몸이 크고 길어서) 악어가 모래밭을 지나간 자국은 마치 사람이 큰 나무를 끌고 지나간 자국처럼 보인다. 이 황무지에는 이 밖에도 코끼리를 비롯한 여러 종류의 야수가 살고 있다.

이 섬에는 커다란 산이 있다. 그리고 산 중앙의 아름다운 평지에는 물이 가득 차 있는 커다란 호수가 있다. 그 지방 사람들의 말에 따르면, 아담과 이브는 낙원에서 추방된 뒤 100년 동안 그곳에서 울었고, 그 눈물이 모여서 호수로 변했다고 한다. 호수 바닥에는 아름다운 보석과 커다란 진주들이 가라앉아 있다. 호숫가에는 커다란 갈대가 무성하게 자라고 있고, 갈대 사이에는 수많은 악어와 (다양한 종류의) 뱀들이 서

[그림 21-10] 실라 섬의 머리 둘 달린 거위

식하고 있다. 그리고 (깜짝 놀랄 만큼) 커다란 거머리도 발견된다.

이 땅의 왕은 아담을 창조한 신의 사랑을 기리고 자선을 베풀 요량으로, 1년에 한 번씩 모든 가난한 자들이 호수 안으로 들어가 진주와 보석을 긁어내도록 허용한다. 보석은 해마다 듬뿍 발견된다. 호수 안에는 해충이 서식하고 있으므로 가난한 자들은 그 안에 들어갈 때 작은 복숭아[22]처럼 생긴 레몬이라는 이름의 과일로 만든 연고를 팔과 허벅지, 다리에 듬뿍 바른다. 그렇게 하면 악어나 그 어떤 독충도 두려워하지 않아도 된다. 이 호수는 산의 한쪽 면을 따라서 흐르는데, 그 강에서도 진주와 같은 보석들이 많이 발견된다. 그 지방 사람들의 말에 따르면, 그 섬의 뱀과 야수들은 그곳을 지나가는 이방인이나 순례자에게는 어떤 해도 끼치지 않고, 그곳에서 태어난 원주민들에게만 해를 끼친다고 한다.

이 섬과 그 부근에는 머리가 둘인 야생거위, 황소만큼이나 커다랗고 몸이 새하얀 사자 등 우리 고장에서는 볼 수 없는 다양한 야수와 새들이 서식하고 있다.[23)]

이 섬이나 부근의 섬들을 에워싸고 있는 바다는 육지보다 몹시 높아서 마치 바다가 하늘에 매달려 땅을 뒤덮을 것처럼 보인다. 이것은 신이 대기를 지탱해주고 있다고 설명할 수밖에 없는 신기한 일이다. 다윗이 「시편」에서 "바다의 파도는 불가사의하구나(*Mirabiles elationes maris*)"[24)]라고 말했듯이 말이다.

22장

저 너머의 세계에 사는 다양한 종족들

병자를 잡아먹는 돈둔 섬

이 섬을 벗어나 배를 타고 남쪽으로 가면 돈둔이라고 하는 또 다른 커다란 섬에 도달한다.[1] 그런데 이 섬에서는 아버지는 자식을, 자식은 아버지를, 남편은 아내를, 아내는 남편을 잡아먹는다. 그 까닭은 이렇다. 만약 아버지나 어머니, 동료가 병에 걸리면 그들은 자신들의 종교를 주관하는 사제를 찾아가서 우상의 신에게 병자의 생사를 물어봐 달라고 간청한다. 그러면 사제는 찾아온 자와 함께 우상 앞으로 나아가 공손히 무릎을 꿇고 병자가 나을지 죽을지를 묻는다. 우상 안에 있는 악마가 살 것이라고 대답하면, 그들은 (악마가 알려준 대로 치료약을 쓰면서) 병자를 잘 보살핀다. 만약 죽을 것이라고 대답하면, 사제는 병자의 아들이나 아내와 함께 병자에게 가서 그의 입을 손[2]으로 막아 질식시켜 죽인다. 그런 다음 그 시신을 작게 조각내고는 죽은 자의 지인들 모두에게 시신을 먹으러 오라고 부탁한다. 그리고 나라의 모든 악사들을 불러 엄숙한 잔치를 연다. 고기를 다 먹고 나면 사람들은 뼈만 따로 모아 묻으면서 큰 소리로 연주하고 노래한다. 친척이든 동료든 누구나

[그림 22-1] 병자를 잡아먹는 돈둔 섬의 풍속

고인을 알고 있으면 그렇게 해야 한다. 잔치에 오지 않는 사람은 영원히 비난받고 창피를 당하며 그 뒤로는 결코 무리에 끼지 못하는 큰 고통을 겪게 된다.

섬 주민들의 말에 따르면, 그들이 고인의 고기를 먹는 것은 고인을 고통에서 구해주기 위해서이다. 땅속의 벌레에게 먹힌다면 고인의 영혼은 크나큰 고통을 겪게 될 것이기 때문이다.

고기가 빈약하고 볼품없으면, 그들은 고인의 동료들이 불필요하게 병자를 오랫동안 큰 고통에 시달리게 놓아두어 쇠약해지게 만든 크나큰 죄를 저질렀다고 말한다. 그리고 고기가 풍족하면, 병자가 너무 오래 고통을 겪지 않게 하루빨리 천국으로 보낸 것은 잘한 짓이라고 말한다.[3]

이 섬의 왕은 막강한 권력을 가진 대왕大王이다. 그는 54개의 큰 섬

[그림 22-2] 다양한 생김새의 종족들

들을 다스리며 그들에게서 조공을 받는다. 각각의 섬에도 왕들이 있는데, 그들은 모두 대왕에게 복종하고 있다.

신기한 모습을 한 다양한 종족들

대왕이 다스리는 그 섬들에는 여러 가지 모습을 한 다양한 종류의 인간들이 살고 있다.[4]

그 가운데 한 섬에는 거인처럼 키가 큰 종족이 살고 있다.[5] 올려다보는 것만으로도 무시무시한 자들이다. 그들은 눈이 이마 한가운데에 하나만 있다. 그리고 날고기와 날물고기만을 먹는다.

또 다른 섬의 남쪽에는 흉한 몰골에 천성이 사악한, 머리가 없는 인간들이 살고 있다.[6] 그들은 눈이 양쪽 어깨에 달려 있다. (말굽 같은 모

[그림 22-3] 외눈박이 거인 종족

[그림 22-4] 머리가 없는 종족

양으로 둥글게 생긴 입은 가슴 한가운데에 붙어 있다. 다른 섬에도 마찬가지로 머리가 없는 인간이 살고 있는데, 그들은 두 눈과 입이 등에 붙어 있다.)

눈과 코가 없이 완전히 평평한 얼굴을 가진 인간들이 사는 섬도 있다. 그들은 눈 대신에 동그랗고 작은 두 개의 구멍을 가지고 있으며, 납작한 입에는 입술이 없다.

또 다른 섬에는 윗입술이 몹시 두껍고 추한 인간이 산다. 그들은 햇볕 아래에서 잠잘 때면 그 입술로 얼굴을 감싼다.

그리고 난쟁이처럼 작은 사람들이 살고 있는 섬도 있다. 그들의 키는 피그미Pygmeyes의 두 배 정도이다.[7] 입은 없는데, 그 대신에 작고 둥근 구멍이 나 있다. 그래서 음식을 먹거나 마실 때면 대롱이나 (갈대의) 관管 같은 것을 이용해 빨아들여야 한다. 혀도 전혀 없어서 말을 하지 못한다. 그 대신 독사가 하는 것처럼 쉿쉿 하는 소리를 내거나 원숭이처럼 몸짓으로 생각을 나눈다. 그런데도 서로 상대가 말하려는 것을 잘 알아듣는다.

다른 섬에는 귀가 매우 크고 길어서 무릎까지 내려오는 사람들도 있다.[8] 또 다른 섬에는 말과 같은 모양의 발을 가진 사람들이 살고 있는데,[9] 그들은 강하고 힘이 세며 달리기가 매우 빠르다. 그들은 빠르게 달려 야수들을 사냥하고 잡아먹는다. 마치 네 발 달린 짐승처럼 두 손과 두 발을 다 사용해 걷는 사람들이 살고 있는 섬도 있다.[10] 그들은 몸이 온통 털로 덮여 있는데, 마치 다람쥐나 원숭이처럼 이 나무에서 저 나무로 옮겨 다니며 나무를 가볍게 잘 탄다.

그 밖에 남자와 여자가 합쳐진 자웅동체雌雄同體의 인간이 살고 있는 섬도 있다.[11] 그들은 남녀의 본성을 다 가지고 있으며, 모두 가슴 한쪽에 유방 하나만을 가지고 있다. 남자와 여자의 성기도 모두 가지고 있

[그림 22-5] 평평한 얼굴을 가진 종족

는데, 원하면 둘 다 쓰기도 하고, 하나씩 번갈아 사용하기도 한다. 그들은 남자 성기를 이용해 아이를 갖게 만들기도 하고, 여자 성기를 이용해 아이를 배기도 한다.

다른 섬에는 정말 놀랍게도 언제나 무릎으로만 걸어 다니는 사람들이 있다.[12] 걸을 때마다 마치 넘어지는 것 같다. 그리고 두 발 모두 8개의 발가락이 달려 있다.

(그 밖에 다리가 하나인 인간이 살고 있는 섬도 있다. 그 외발은 몹시 커서 거꾸로 들면 햇볕으로부터 몸 전체를 가릴 만한 그늘을 만들 수 있을 정도이다. 게다가 외발로 빠르게 달리는 모습은 보기에도 매우 놀랍다.)

(사과 향기만으로 살아가는 인간이 사는 섬도 있다. 그 향기가 없어지면 그들은 순식간에 죽고 만다.)

이 밖에도 다른 여러 종류의 인간들이 살고 있는 섬들이 많다. 하지만 모두 다 말하려면 너무 길어지므로 이 정도로 간략하게 이야기하고 마치려 한다.

세상에서 가장 풍요로운 만키 왕국

이 섬들에서 대양으로 나와 동쪽으로 여러 날 가다보면 만키라고 불리는 크고 거대한 왕국[13]에 도착하게 된다. 그것은 대 인도 안에 있다. 이 왕국은 세계에서 가장 아름답고 좋은 나라로, 인간이 지배하는 땅 가운데 가장 물자가 풍부하고 쾌락이 넘치는 곳이다. 이 나라에는 많은 그리스도교도가 사라센인과 함께 살고 있는데, 그것은 나라가 넓고 비옥하기 때문이다. 나라 안에는 다른 대도시들과 비교가 되지 않는 2천개 이상의 크고 부유한 도시들이 있다. 그리고 물자가 풍요로워 인도의 다른 어느 곳보다도 많은 사람들이 살고 있다.

이 나라에는 거지도 없고, 가난한 사람도 없다. 그리고 주민들은 얼굴색이 창백한 점을 제외하고는 굉장히 곱상하다. 남자들은 긴 수염을 기르는데 숱이 적고 얇다. 남성 한 명의 수염에 털이 겨우 50개밖에 없는데, 마치 표범이나 고양이의 수염처럼 여기저기로 한 가닥씩 뻗어 있다. 이 나라의 여자들은 바다 저쪽 어느 나라의 여자들보다도 훨씬 아름답다. 그래서 어떤 사람들은 이 나라를 [하얗다는 뜻의] 알바니Albany 라고 부르는데, 그것은 그곳에 살고 있는 주민들이 매우 하얗기 때문이다.

이 나라 제일의 도시는 라토린이다.[14] 해안가에서 하루 정도의 거리에 있는 도시로 파리보다도 훨씬 크다. 이 도시 안에는 배가 다닐 수 있을 정도의 커다란 강이 흐르는데, 바다로 곧바로 흘러들어간다. 세상 어디에도 이곳만큼 (잘 정돈되고, 크고 훌륭하며 튼튼한 항구를 갖추고) 많은 선박을 보유하고 있는 도시는 없을 것이다.

그런데 이 도시와 이 나라의 모든 주민들은 우상을 숭배한다. 그리고 그곳에는 우리 고장보다 갑절이나 큰 새들이 서식하고 있다. 그곳의 거위는 (우리의 백조만큼) 새하얀데, 목 부근은 붉다.[15] 그리고 수탉처럼 머리에는 커다란 볏이 달려 있다. 또한 여기보다 그 수가 훨씬 많아서 사람들은 매우 싼 가격에 살아 있는 거위들을 살 수 있다. 뱀도 굉장히 많아서 축제나 중요한 의례가 열릴 때면 주민들은 뱀 요리로 잔치를 벌인다. 그곳에서는 누군가 잔치를 열면서 온갖 재료로 산해진미를 차려도 뱀 요리를 내놓지 않으면 잘 대접받았다는 소리를 듣지 못한다.

이 밖에도 아름다운 도시가 많으며, 온갖 술과 음식이 풍부하고 값도 매우 싸다. 그리고 이 나라에는 그들의 종교를 받드는 사제들이 머무는 사원들도 많다. 그 사원 안에는 거인만큼이나 거대한 우상들이 있는데, 사람들은 축제일이 되면 다음과 같은 방법으로 우상들에게 음식물을 바친다. 우선 불에서 꺼낸 뜨거운 요리를 우상 앞으로 가지고 와서 김이 우상 쪽으로 올라가게 한다. 그들은 그렇게 해야 우상들이 음식을 배불리 먹는다고 말한다. 그것이 끝나면 사제들이 그 음식을 먹어치운다.

이 나라에는 하얀 암탉이 있는데, 깃털 대신 이쪽 세계의 양처럼 새하얀 양털이 몸을 덮고 있다. 그리고 이 나라에서는 결혼하지 않는 여자들이 머리 위에 관을 써서 미혼임을 나타낸다.[16] 이 나라 주민들은 수달이라고 부르는 작은 동물[17]을 붙잡아 강이나 깊은 연못에서 물고기를 잡아오게끔 길들이기도 한다. 그 동물을 물 안에 던져 넣으면 금

[그림 22-6] 깃털 대신 양털이 난 암탉들

방 커다란 물고기를 잡아서 가져온다. 더 많은 물고기를 잡고 싶으면 원하는 만큼 물고기가 잡힐 때까지 다시 그 동물을 몇 번이고 물에 던져 넣으면 된다.[18]

세계에서 가장 큰 도시, 카사이

그곳을 나와 이번에는 육로로 여행을 며칠 계속하면 카사이라고 불리는 다른 도시에 나다르게 된다.[19] 이것은 세계에서 제일 큰 도시로, 카사이라는 이름은 '천국의 도시'라는 뜻이다. 그 둘레는 55마일이고, 놀라울 정도로 인구가 밀집되어 있어서 집 하나에 10가족이 살고 있다. 도시에는 커다란 문이 12개가 있고, 각각의 문 앞으로 3~4마일 떨어진 곳에는 커다란 도시나 마을이 있다. 그런데 이 도시는 베네치아와 마찬가지로 바다의 큰 호수 위에 세워져 있다. 도시 안에는 1만2천 개 이상의 다리가 놓여 있는데, 각각의 다리 끝에는 훌륭한 탑이 세워져 있다. 그리고 그 안에 대칸의 침공에 대비해 도시를 지키고 있는 감시 병이 머무르고 있다. (이것은 대칸의 영토가 이 도시와 국경을 맞대고 있 기 때문이다.) 도시 한쪽에는 도시를 따라 커다란 강이 흐른다.

이 도시에는 그리스도교도와 여러 나라의 상인들이 많이 머무르 고 있는데, 온갖 종류의 좋은 물자가 풍부하기 때문이다. 그들은 비곤 Bigon이라고 부르는 아주 훌륭한 술을 생산하는데, 독하면서도 마시기 좋은 술이다.[20] 이곳은 만키의 왕이 머무르곤 하는 왕의 도시로, 탁발 수도사와 같은 수도승들도 많이 살고 있다.

원숭이를 숭배하는 사원

이 도시를 뒤로 하고 (배를 타고 강의) 물길을 따라 즐겁고 편안하게 내려가다 보면 한 수도원에 도달하게 된다. 그곳의 수도승들은 신앙심 이 두텁고 계율을 잘 지킨다. 이 수도원에는 커다랗고 아름다운 정원 이 있는데, 다양한 종류의 과일나무들이 많이 자라고 있다. 정원 안의 작은 언덕에도 아름다운 나무들이 가득하다. 그리고 그 언덕과 정원에 는 원숭이, 명주원숭이, 개코원숭이 등 다양한 종류의 동물들이 살고 있다.

수도사들은 매일 식사가 끝나면 자선 담당 수도사가 남은 밥을 들고 정원으로 간다. 그리고 은으로 된 걸쇠[21]를 손에 쥐고 정원의 문을 두 드린다. 그러면 곧바로 언덕과 정원 곳곳에 있던 모든 동물들이 다가 오는데 그 수가 3천~4천 마리나 된다. 그들은 가난한 자들과 같은 모 습으로 줄을 서고, 사람들은 금을 입힌 아름다운 은그릇에 남은 음식을 담아 나눠준다. 짐승들이 그것을 다 먹으면 수도사는 다시 정원의 문을 걸쇠로 두드린다. 그러면 짐승들은 다시 제자리로 돌아간다.

수도사들은 (얌전하고) 아름다운 동물들에는 그와 닮은 귀족의 영혼이 들어가 있으므로, 동물에게 음식을 나눠 주는 것은 신을 위하는 것과 매한가지라고 말한다. 그리고 그렇지 않은 추한 동물들에는 가난하고 조야한 평민의 영혼이 들어가 있다고 말한다. (그들의 주장에 따르면 인간의 영혼은 죽어서 육체를 떠날 때 동물의 몸 안으로 들어간다.) 이것은 수도사들의 확고한 신념이어서 아무도 그 소신을 굽히게 할 수는 없다. 그래서 그들은 앞서 말한 동물들을 어렸을 때부터 잡아서 능력이 닿는 만큼 먹이를 주며 기른다.[22]

나는 수도사들에게 동물들에게 먹이를 주느니 가난한 사람들을 구제하는 것이 어떻겠느냐고 물어보았다. 그러자 그들은 이 나라에는 가난한 사람이 하나도 없으며, 만약 있다고 해도 (지혜가 있어 일해서 생계를 유지할 수 있는 가난한 사람에게 주는 것보다) 동물 안에서 참회의 고통을 겪고 있는 영혼들에게 주는 것이 훨씬 자비로운 행위라고 대답했다.

나는 이 도시와 이 나라 근처에서 이 밖에도 신기한 것들을 많이 보았다. 하지만 모두 다 이야기하려면 너무 길어진다.

훌륭한 장인인 피그미 족

이 도시를 벗어나 6일 동안 계속 여행하면, 칠렌포라고 불리는 또 다른 도시에 도달하게 된다.[23] 그곳은 성벽 둘레가 20마일이나 된다. 시내에는 돌다리가 60개 있는데, 어디에서도 볼 수 없었던 아름다운

[그림 22-7] 황새와 싸우는 피그미들

다리들이다. 칠렌포는 물자가 풍부하고 아름다운 도시여서, 만키 국왕
은 한때 이곳을 수도로 삼기도 했다.

그 뒤에는 발라이라고 하는 커다란 강[24]을 건너게 된다. 이 강은 민
물로 된 세계에서 가장 큰 강으로 너비가 가장 좁은 곳도 4마일 이상
이나 된다. 이 강을 건너면 다시 대칸의 나라로 들어서게 된다.

이 발라이 강은 키가 작은 피그미 족의 땅 한복판으로 흘러간다.[25]
그들의 키는 겨우 세 뼘에 지나지 않으나, 남자든 여자든 몸의 균형이
잘 잡혀 있으며 아름답고 상냥하다. 그들은 태어나서 반년도 되지 않
아 결혼해서 자식을 낳는다.[26] 수명은 보통 6년이나 7년 정도이다. 만
약 8년을 살면 아주 장수한 것으로 여겨진다. 그들은 금과 은, 목화,
비단 등 온갖 것들을 정교하게 가공할 수 있는, 세상에서 가장 뛰어난
장인들이다. 그리고 자기 나라의 새들[27]과 자주 전쟁을 벌이는데, 새를
죽여 그 고기를 먹는다. 이들 소인들은 땅에서든 포도밭에서든 중노동
을 하지 않는다. 그 대신 그들 가운데는 우리와 같은 보통 키의 사람들

이 있어서 이 사람들이 소인들을 위해 토지를 경작하거나 포도나무를 재배한다. 우리가 거인을 괴이하게 여기듯이, 그들도 큰 사람을 경멸하고 놀라워하는 마음을 가지고 있다.

이 나라에는 좋은 도시가 하나 있어 소인들이 많이 모여 살고 있다. 그것은 크고 아름다운 도시이다. 소인들 사이에 보통 키의 사람들도 살고 있으나, 아이를 갖게 되면 피그미 족처럼 작은 아이를 낳는다. 그래서 그 나라 주민은 대부분 피그미 족이다. 이는 그들 땅의 본성 때문이다. 이 도시는 대칸의 지배 아래에 있어서 매우 잘 보호되고 있다. 피그미 족은 몸은 비록 작지만 나이에 걸맞은 분별력도 갖추고 있을 뿐 아니라 매우 영리해서 선악도 잘 가릴 줄 안다.

부유한 도시, 얌카이

이 도시를 나와 이 나라의 많은 도시와 마을들을 거치면 얌카이라는 도시에 도달한다.[28] 부유하고 훌륭하며 군주에게 큰 이득을 가져다주고 있는 도시로, 저 너머에서도 사람들이 온갖 종류의 상품을 사러 찾아온다. 이 고장의 군주는 이 도시에서 해마다 많은 세금을 거둬들인다. 시민에게 들은 바로는, 이 도시는 해마다 대칸에게 금화로 5만 쿠만트*를 내고 있다고 한다. 쿠만트는 그들이 쓰는 화폐 단위로, 1쿠만트는 금화로 1만 플로린이다. 계산해 보면 그 금액이 얼마나 큰지 알 수 있을 것이다.

이 고장의 왕은 막강한 세력을 가졌으나 대칸에게 예속되어 있다. 대칸의 지배 아래에 있는 이러한 속주屬州가 12개나 된다. 그런데 이 나라에 있는 좋은 마을들에서는 훌륭한 풍속이 하나 행해지고 있다.

---

* 쿠만트(cumants) : 1만을 뜻하는 몽골어이다.

모든 마을들마다 지인들을 불러 잔치를 열려고 하는 사람들을 위한 크고 깨끗한 여관들이 있다. 잔치를 열려는 사람은 누구나 여관 주인을 찾아가서 "내일 많은 손님들을 대접할 요리를 만들어 주시오"라고 말하면서 어떤 요리를 몇 인분이나 준비해야 하며, 어느 정도의 비용을 지불할 수 있는지를 알려준다. 그러면 여관 주인은 곧바로 그를 위해 전혀 모자라지 않게 근사하고 좋은 요리를 정직하게 준비해 준다. 이렇게 하면 잔치를 연 사람은 자기 집에서 만든 것보다 저렴한 가격으로 훨씬 훌륭한 음식을 마련할 수 있다.[29]

얌카이에서 5마일 떨어진 발라이 강의 초입 부근에는 멘케라고 불리는 또 다른 도시가 있다.[30] 이 도시 안에는 강력한 해군 함선이 있다. 모든 배는 그것을 만드는 데 사용한 나무와 마찬가지로 눈처럼 새하얗다. 그 배들은 크고 아름다우며, 마치 땅 위에 있는 집처럼 거실과 방과 같은 휴식 시설들을 잘 갖추고 있다.

그곳을 나와 많은 마을들을 지나면 란테린이라고 불리는 또 다른 도시에 다다르게 된다.[31] 앞서 말한 도시에서 8일 정도의 거리이다. 이 도시는 카라마론이라는 크고 아름답고 넓은 강[32]의 기슭에 세워졌는데, 카타이의 국토를 가로질러 흐르는 이 강은 자주 범람해 큰 피해를 입히기도 한다.

[그림 22-8] 큰 귀를 가진 종족

[그림 22-9] 외발을 가진 종족

제23장

카타이의 대칸

대칸의 호화로운 왕궁

카타이는 아름답고 부유한 거대한 나라로 상품들이 넘쳐난다. 그래서 1년 내내 상인들이 향료나 그 밖의 온갖 상품들을 사러 다른 어느 곳보다 자주 이 나라로 온다. 그대는 제노바나 베네치아, 로마니아, 롬바르디아 등지에서 온 상인들이 카타이에 당도할 때까지 바다와 육지로 10개월이나 12개월, 때로는 그 이상의 기간이 걸린다는 사실을 알아야 한다. 카타이는 대칸의 영토로 저쪽 세계의 가장 중요한 곳이다.

카타이에서 동쪽으로 여러 날 여행하면 다른 도시들 사이에 있는, 사람들이 수가르마고라고 부르는 훌륭한 도시에 도착한다. 이 도시는 비단과 같은 상품들을 세계에서 가장 많이 보유하고 있는 곳 가운데 하나이다.

동쪽으로 더 가다보면 또 다른 오래된 도시가 나온다. 이 도시는 카타이의 속주이다. 그리고 부근에는 타타르인이 세운 카이돈[1]이라는 도시가 있다. 이 도시들에는 각각 12개의 성문이 있는데, 문과 문 사이의 간격이 모두 1마일이나 된다. 그래서 구도시와 신도시의 둘레는 20

마일[2]이 훨씬 넘는다. 이 도시에 있는 커다란 궁전에는 대칸의 왕좌가 있다. 그것은 세상에서 가장 아름다운 궁전으로 성벽의 둘레가 2마일 이상이나 된다. 그리고 성벽 안에는 다른 아름다운 궁전들도 많이 있다. 커다란 궁전의 정원에는 큰 언덕이 있고, 그 위에는 또 다른 궁전이 있다. 그것은 사람이 상상할 수 있는, 가장 아름답고 가장 부유한 궁전이다. 궁전과 언덕 주변에는 다양한 종류의 과일이 열리는 나무숲이 펼쳐져 있다. 그리고 언덕 바깥에는 깊고 넓은 해자가 있고, 더 바깥에는 여기저기에 거대한 연못이 있다. 해자 위를 지나는 매우 아름다운 다리도 하나 있다. 연못 안에는 수를 셀 수 없을 정도로 많은 야생거위들과 야생오리, 백조, 왜가리가 있다. 해자와 연못 바깥의 거대한 정원에도 야생 동물들이 가득하다.[3] 그래서 대칸은 기분풀이로 사냥을 할 때면, 방을 떠나지 않고 창문으로 야생동물과 새를 잡는다. (매로 야생 조류들을 잡거나 사냥개와 같은 수단을 동원해 사슴을 잡는 것이다.)

대칸의 왕좌가 있는 이 궁전은 매우 아름답고 웅장하다. 궁전 안의 홀에는 순금으로 된 24개의 기둥이 세워져 있다.[4] 그리고 벽이란 벽은 모두 표범panteres이라고 불리는 짐승의 붉은 가죽으로 둘러져 있다. 표범은 매우 아름다운 동물로 그윽한 향기가 나는데, 그 가죽에서 나는 그윽한 향기 때문에 외부의 나쁜 공기가 궁 안으로 들어오지 못한다. 그 가죽은 피처럼 새빨간데, 태양이 비치면 눈이 부셔 가만히 쳐다보고 있을 수 없을 정도로 찬란하게 빛난다. 이 짐승이 가진 이러한 큰 미덕과 좋은 향기 때문에 이 나라의 많은 주민들은 아침에 일어나자마자 곧바로 표범을 숭배한다. 그리고 그 가죽을 순금으로 된 것인 양 매우 귀하게 여긴다.[5]

궁전 한가운데에는 대칸을 위한 단상[6]이 있다. 황금과 보석, 커다란 진주로 꾸며져 있고, 네 귀퉁이에는 4개의 황금 뱀이 달려 있다. 단상 주변에는 황금과 진주로 장식된 거대한 비단이 걸려 있다. 그리고 단상 아래에는 황제의 궁전 안에서 물을 마실 수 있게 해 놓은 수도가 있다. 그 곁에 놓여 있는 수많은 황금 그릇들은 왕족들이 수도의 물을 마실 때 사용하는 것이다. 궁전의 홀은 매우 멋진데, 모든 것들이 더할 나위 없을 정도로 경이롭게 잘 꾸며져 있다. 우선 중앙의 높은 단상에는 황제의 왕좌가 있다. 식사할 때 황제는 그 자리에 앉는다. 그 자체가 보석으로 만들어졌을 뿐 아니라, 테두리도 순금과 보석, 커다란 진주로 장식되어 있다. 왕좌까지 가는 계단도 모두 순금에 보석을 박아서 만들었다.

황제의 왕좌 왼편에는 제1왕비의 좌석이 마련되어 있다. 그것은 왕좌보다는 한 계단 낮은데, 벽옥으로 만들어졌고 황금과 보석으로 된 테를 두르고 있다. 제2왕비의 좌석은 제1왕비보다 한 계단 더 낮다. 그것도 벽옥으로 만들어졌으며, 황금으로 된 테를 두르고 있다. 제3왕비의 좌석은 제2왕비보다 한 계단 더 낮다. 대칸은 어디를 가든지 늘 이세 왕비와 동행한다.[7] 왕비들 아래의 왼편에는 마찬가지로 황제 친척의 부인들이 앉아 있는데, 가까운 정도에 따라 한 계단씩 낮게 줄지어 앉는다. 이 나라의 기혼여성들은 머리 위에 이른바 남성의 발과 같은 모양을 한 것을 쓰고 있다. 그것은 1큐빗 정도의 길이로 크고 질 좋은 동양산 진주로 만들어졌고, 위쪽은 공작새를 비롯한 새들의 화려한 깃털들로 장식되어 있다. 그들은 마치 볏처럼 그것을 머리에 쓰고 있는데, 이것은 그들이 남성의 발 아래에, 곧 남성에게 예속되었다는 표시이다. 미혼여성은 그런 머리장식을 하지 않는다.

황제의 오른쪽에는 뒤를 이을 맏아들이 앉는다. 그의 좌석은 왕좌보다 한 계단 아래에 있으며, 제1왕비의 좌석처럼 꾸며졌다. 맏아들의 좌석 아래 오른편에는 계속해서 황제의 친척인 영주들이 반대편의 부인들과 마찬가지로 지위에 따라 한 계단씩 낮게 줄지어 앉는다.[7]

황제는 전용 식탁을 가지고 있다. 황금과 보석, 수정으로 만들어져 금과 온갖 보석으로 테를 두른 것도 있고, 자수정이나 낙원에서 난 침향, 상아 등으로 만들어져 금테를 두른 것도 있다. 왕비들도 모두 각자의 식탁을 가지고 있다. 그 밖에 황제의 주변에 앉은 모든 이들, 곧 맏아들과 영주들, 그들의 부인들도 모두 각자의 호화로운 식탁을 가지고 있다. 그 식탁들은 모두 매우 진귀한 보물들이다. 황제의 식탁 아래에는 4명의 서기가 앉아 있다. 그들은 황제가 하는 말이라면 그것이 좋은 말이든 나쁜 말이든 토씨 하나 빠뜨리지 않고 적는다. 그의 말은 번복되거나 파기되지 않으며, 반드시 엄히 지켜져야 하기 때문이다.

성대하고 장엄한 축제일이 되면 사람들은 황제 앞에 멋진 황금 식탁을 대령한다. 그 위에는 황금으로 만든 공작이나 그 밖의 여러 새가 놓이는데, 모두 황금으로 화려하게 만들어졌고 에나멜을 입혔다. 그 새들은 춤을 추고 노래를 하고 두 날개를 퍼덕이며 큰 소리를 낼 수 있게 만들어졌다. 정교한 기술 때문인지 마법 때문인지는 알 수 없으나, 보기에 매우 좋고 아름다우며 어떻게 그런 물건을 만들 수 있는지 놀라울 따름이다. 그나마 내가 덜 놀랄 수 있었던 것은, 그 나라 주민들이 세상에서 가장 과학에 능하고 기술이 뛰어나다는 것을 알고 있었기 때문이다. 그들은 하늘 아래에서 가장 섬세하고 솜씨가 있고 공예에 능한 사람들이다. 그들 스스로도 자신들은 두 개의 눈으로 보지만, 그리스도교도는 외눈으로 본다고 말하고 다닌다. 정교함에서는 그들이 그리스도교도보다 훨씬 낫기 때문이다. (그나마 그들은 그리스도교도를 자신들 다음으로 총명하고 영리하다고 생각한다.) 그들은 다른 사람들은 모두 그들과 비교했을 때 정교함이나 일을 하는 능력이 장님이나 다름없다고 말한다. 나는 앞서 말한 물건들이 어떤 기술로 만들어졌는지 알아보려고 엄청나게 노력했다. 그러나 그 작품을 만든 명장은 자신은 신에게 맹세코 그의 장남 이외에는 어느 누구한테도 그 기술을 공개하지 않는다고 내게 대답했다.

황제의 식탁과 다른 식탁들의 위, 그리고 홀의 상단에는 순금으로 만든 포도나무 한 그루가 사방으로 가지를 늘어뜨리고 있다. 포도송이가 많이 달려있는데, 어떤 것은 하얗고, 어떤 것은 녹색이며, 어떤 것은 노랗고, 어떤 것은 붉으며, 어떤 것은 검은데, 모두 귀한 보석들로 되어 있다. 하얀 것은 수정이나 녹주석, 아이리스이고, 노란 것은 황옥이다. 붉은 것은 루비나 석류석, 귀석류석이고, 녹색은 에메랄드, 페리도트, 귀감람석, 검은색은 오닉스, 가란테즈로 되어 있다. 모두 흠잡을 데 없는 놀라운 솜씨로 만들어져서 마치 진짜 포도열매가 달려 있는 것처럼 보인다.

대칸을 섬기는 수많은 신하들

황제의 식탁 앞에는 대영주들과 부호들, 그 밖에 여러 신하들이 늘어서서 황제의 식사 시중을 든다. 황제가 먼저 말을 걸지 않는 한 아무도 입을 열지 못한다. 그런데 악사들은 황제를 즐겁게 하려고 노래를 부르거나 우스운 이야기를 하거나 익살을 부리거나 한다. 홀이나 방으로 운반되어 오는 그릇들은 모두 보석으로 만들어졌다. 특히 황제나 대영주들의 식탁에 놓인 그릇들은 벽옥이나 수정, 자수정, 순금으로 되어 있다. 그리고 그들의 잔도 모두 에메랄드나 사파이어, 토파즈, 페리도트 등의 보석들로 되어 있다. 그곳에서는 은그릇을 찾아볼 수 없다. 은을 귀중하게 여기지 않아 그것으로는 그릇을 만들지 않기 때문이다. 그 대신 그들은 은을 계단이나 기둥, 홀이나 방으로 통하는 통로를 만드는 데 사용한다. 홀의 출입구에는 궁정 하인이나 악사 이외에는 황제가 허락하지 않으면 어떤 사람도 출입할 수 없도록 많은 영주들과 기사들이 무장을 한 채로 지키고 있다. 그 밖의 사람들은 감히 문 가까이 다가가지도 못한다.[8]

 그대는 나와 내 동료들이 부하들과 함께 용병으로 대칸 밑에서 15개월 동안 머무르면서 만키의 왕과 싸웠다는 사실을 알고 있어야 한다. (그곳에 도착했을 때 둘은 싸우고 있었다.) 우리가 용병이 된 것은 전에 말로만 들었던 대칸의 고귀함과 그의 궁전의 부유함, 그가 통치하는 모든 것들이 사실인지 아닌지를 눈으로 직접 보고 싶었기 때문이다. 그리고 실제로 우리는 이야기로 들었던 것 이상으로 그가 고귀하고 뛰어나며 놀라울 정도로 부유하다는 사실을 확인할 수 있었다. 그것은 보지 않았다면 결코 믿을 수 없을 만큼 대단했다. 대칸의 왕궁이 가지고 있는 화려함과 부유함은 직접 보지 않고서는 믿기 어려울 정도였다. 이쪽 세계에는 그러한 궁전이 없다. 이곳의 군주들은 궁전에 그들이 감당할 수 있을 정도로만 하인을 두지만, 대칸은 자기 부담으로 셀 수 없을 정도로 많은 사람을 매일 왕궁으로 불러들인다.

 그러나 식사에 대한 예의나 법도, 청결함은 우리에 미치지 못한다. (음식차림도 우리 쪽이 더 낫고, 식사법도 우리 쪽이 더 낫다.) 그곳의 평민들은 모두 무릎에 천을 놓지 않고, 빵도 없이 고기로만 식사를 한다. 그리고 식사가 끝나면 자기 옷자락에 문질러 손을 닦는다. 게다가 식사는 하루에 한 번뿐이다. 이것이 대칸의 궁정에서 평민들이 식사하는 방법이다. 그러나 군주들의 밥상은 (이 세상의 것이라고는 생각할 수 없을 정도로) 매우 풍성하고 호화로우며 고급스럽다.

(틀림없이 이 천하에는 타타르의 대칸만큼 위대하고 부유하며 세력이 강한 군주는 어디에도 없다. 대 인도와 소 인도의 황제인 사제왕 요한이나 바빌론의 술탄, 페르시아의 황제, 그 밖의 모든 왕들도 그와는 비교가 되지 않는다. 정말로 그가 그리스도교도가 아닌 것이 큰 유감이다. 그러나 그는 신의 이야기에 기꺼이 귀를 기울이며, 자신의 제국 안에 그리스도교도의 거주를 허락하고 있다. 그의 나라에서는 그 누구라도 자신이 좋아하는 종교를 믿을 수 있기 때문이다.)

어떤 사람들은 내 말을 믿으려 하지 않고, 대칸의 신하들과 영토, 왕궁의 화려함, 그의 수많은 백성들을 지어낸 이야기로 치부할지도 모르겠다. 그렇지만 나는 그대에게 대칸과 그의 백성들에 대해 무엇인가를 더 이야기해주려고 한다. 그것은 내가 수차례 본 그들의 관습과 규범들이다. 믿고 싶은 사람은 믿고, 믿고 싶지 않은 사람은 믿지 않으면 된다. 다만 확신하건대 저 너머의 나라들에 가본 적이 있는 사람들이라면 비록 대칸이 사는 곳까지는 가지 못했다 하더라도, 그의 위대함과 탁월함을 질리도록 들었을 것이므로 쉽게 내 이야기를 믿을 수 있으리라고 생각한다. 정말로 나는 내가 보고 경험한 대로만 이야기한다. 그리고 대칸의 나라들이나 궁전에 가본 적이 있는 사람이라면 내가 말하는 것이 진실임을 잘 알고 있을 것이다. 그러므로 보지 않았다고 믿으려 하지 않는 사람들 때문에 이야기를 그만두지는 않겠다. 자, 이제는 대칸과 그의 나라, 그가 어떻게 지방들을 순행하고, 대축제를 여는지 등에 관해서 이야기하겠다.

24장

카타이의 황제를 왜 대칸이라고 부르나

카타이의 황제가 칸이라고 불리는 까닭

우선 그가 왜 대칸이라고 불리는지부터 이야기하겠다. 그대는 노아의 홍수로 온 세상이 파괴되었을 때 노아와 그의 아내, 그들의 아이들만 살아남았음을 알아야 한다. 노아한테는 셈, 캄, 야벳이라는 3명의 아들이 있었다. 캄은 자고 있는 부친의 음경이 드러나 있는 것을 보고는 형제들이 있는 곳으로 가서 손가락으로 그것을 가리키며 조롱해 신의 저주를 받았다. 그러나 야벳은 고개를 돌리고 부친의 음경을 가려주었다.[1] (홍수 뒤에) 이 노아의 세 아들들이 세계를 나누어 차지했다. 캄은 잔혹했으므로 동쪽에 있는 아시아라고 불리는 가장 크고 좋은 부분을 차지했다. 그리고 셈은 아프리카를, 야벳은 유럽을 차지했다. 그렇게 3형제는 세계를 셋으로 나누었다. 형제들 가운데 가장 크고 힘셌던 캄에게는 다른 형제들보다도 더 많은 후손들이 나왔다. 캄의 자식 가운데 하나인 쿠세에게서 거인 니므롯이 태어났다.[2] 그는 인류 최초의 왕으로 바벨탑을 세우기 시작했다. 그리고 그의 시대에 지옥의 악마들이 (인간의 모습을 하고) 여러 차례 찾아와 그의 친족 여자들과 동침해 괴물과 기이한 외모의 다양한 종족들을 낳았다. 그 중에는 머리가 없는 자들, (개의 머리를 가진 자들), 거대한 귀를 가진 자들, 눈이 하나밖에 없는 자들, 거인, 말의 발을 가진 자들 등 자연의 법칙을 거스르는 다양한 모습의 종족들이 있었다. 그리고 캄의 후손에게서 이교도들과 인도의 섬들에 사는 다양한 종족들이 나왔다. 그런데 캄은 세력이 절대적이었기 때문에 어느 누구도 그에게 맞서려고 하지 않았다. 그는 스스로 신의 아들, 전 세계의 왕이라고 칭했다. 그래서 황제는 자신을 전 세계의 지배자라는 뜻의 '캄(Cham)'이라 부른 것이다. 셈의 자손에게서 사라센인들이 나왔고, 야벳의 자손에게서 이스라엘 사람들과 유럽에 살고 있는 우리가 나왔다. 이는 시리아인들과 사마리아인들의 생각이다. 내가 인도로 오기 전까지 그들은 내게 그런 식으로 믿게 했다. 인도에 와서 나는 그렇지 않다는 사실을 분명히 알았다. 그래도 타타르인과 대 아시아에 사는 사람들이 캄의 자손인 것은 확실하다.

그러나 카타이의 황제는 자신을 '캄(Cham)'이라고 말하지 않고, '칸(Chan)'이라고 칭한다. 그 까닭은 다음과 같다.

160년 전까지만 해도 타타르인들은 모두 인근 나라들의 지배를 받는 예속된 상태에 있었다.[3] 그들은 야수 같은 무리들로 유목을 하며 짐승을 키우는 것밖에 할 줄 몰랐기 때문이다. 그들 사이에는 본래 7개의 주요한 부족이 있었다. 첫 번째 부족은 가장 신분이 높은 유력자들로 타타르Tartar라고 불렸다. 두 번째 부족은 탕고트Tanghot이고, 셋째는 에우라크Eurach, 넷째는 발라이르Valair, 다섯째는 세모크Semoch, 여섯째는 메글리Megly, 일곱째는 코보그Cobogh라고 불렸다.[4] 그런데 때마침 첫 번째 부족에는 칸구이스Changuys[5]라는 이름을 가진, 부유하지는 않지만 훌륭한 노인이 있었다. 노인이 어느 날 밤에 침대에 누워 잠을 자고 있을 때였다. 그는 꿈속에서 흰 옷을 입을 기사 한 명을 보았다. 백마에 탄 기사는 그에게 말했다. "칸이여, 당신은 자고 있습니까? 불멸의 신이 나를 당신에게 보냈습니다. 신은 당신이 일곱 부족장들에게 가서 이제부터는 당신이 모두의 황제가 되었다고 선언하기를 원하십니다. 그대가 주변의 나라와 땅들을 모두 평정하면, 이제까지 당신들이 그들에게 굴종했던 것처럼 이제는 그들이 당신에게 굴복할 것입니다. 그것이 영원불멸한 신의 뜻이기 때문입니다."

다음날 잠에서 깬 칸구이스는 일곱 부족장들에게 찾아가 꿈속에서 흰 옷을 입은 기사가 자기한테 했던 말을 이야기했다. 그들은 그를 조롱하고 바보 취급을 했다. 그는 얼굴을 붉히며 자리에서 물러났다. 그러자 그날 밤 같은 흰 옷의 기사가 7인의 부족장들의 꿈에 동시에 나타나 영원불멸한 신의 뜻에 따라 칸구이스를 그들의 황제로 추대할 것을 명령했다. 그리고 그렇게 하면 다른 나라의 지배에서 벗어나고, 그들을 굴복시켰던 다른 나라의 영토들을 오히려 차지하게 될 것이라고 말했다. 그래서 그 다음날 그들은 뜻을 모아 칸구이스를 황제로 추대했다. 그리고 그를 검은색 가마에 태워 장엄한 의식을 거행하며 추대한 뒤, 황금으로 된 의자에 앉히고 정성을 다해 공손히 경배했다. 그리고 흰 옷의 기사가 불렀던 것처럼 그를 칸이라고 불렀다.

그렇게 선출되어 황제의 지위에 앉아 그는 그들을 믿어도 좋을지, 그들이 자신에게 복종하는지를 시험해보려고 했다. 그래서 그는 이샤 칸Ysya Chan이라고 불리는 많은 법과 계율들을 만들었다. 첫 번째 법령은 전능하고 영원하신 신을 따르고 복종하며, 신이 모든 예속 상태에서 백성을 구해주리라는 것을 믿고, 필요한 경우는 언제든지 신에게 도움을 구해야 한다는 것이다. 두 번째 법령은 무장한 모든 남성들은 10인마다 한 명의 우두머리를, 그 위에 다시 100인마다 한 명의 우두머리를, 또 1천명마다 한 명의 우두머리를, 그 위에 다시 1만명마다 한 명의 우두머리를 두어야 한다는 것이다. 칸구이스는 일곱 부족들의 수장을 임명하고 그들로 하여금 모든 재산과 유산을 포기하고 앞으로는 자신이 호의로 준 것을 보수로 받아야 한다고 명령했다. 그들은 명령에 따랐다. 그러자 그는 일곱 부족장들에게 각자의 장남을 끌고와서 망설이지 말고 직접 자식의 목을 베라고 명령했다. 그들은 곧바로 그의 명령에 따랐다. 칸은 그들이 자신의 명령을 어기지 않는다는 것을 확인하고는 그들을 믿어도 된다고 생각했다. 그는 그들에게 곧바로 출정 준비를 하고 그의 깃발 아래 모이라고 명령했다. 그 뒤 칸은 주변 나라들을 모조리 평정해 속국으로 만들었다.

그러던 어느 날의 일이다. 칸은 말에 올라타 적은 수의 사람만 데리고 정복한 나라들을 시찰하러 갔다. 그런데 예상하지 못했던 많은 수의 적군과 마주쳤다. 그는 부하들에게 모범을 보이기 위해 선두에 서서 적과 싸웠다. 그는 적 한가운데로 돌진해 싸우다가 말에서 떨어졌고, 그가 탔던 말은 죽어버렸다. 부하 장병들은 땅에 내동댕이쳐진 그를 보고 죽었다고 생각하고는 도망쳤다. 적은 그들의 뒤를 쫓아갔는데, 말에서 떨어진 사람이 왕이라고는 생각도 못했다. 칸은 적들이 멀어지자 근처의 숲으로 들어가 빽빽하게 우거진 수풀 사이에 몸을 숨겼다. 적군이 추격에서 되돌아와서 누군가 숨어 있지는 않은가 하며 숲속을 조사했고, 찾아낸 자는 모조리 죽였다. 그들은 칸이 숨어 있는 장소 가까이까지 왔으나 그때 문득 나뭇가지에 올빼미 한 마리가 앉아 있는 것을 보았다. 올빼미가 가만히 움직이지 않았으므로 적 가운데 한 명이 동료들을 향해서 아무도 없다고 말했다. 그래서 적군은 그곳에서 물러났다. 이렇게 해서 칸은 간신히 죽음을 모면했고, 밤에 어두움을 이용해 남몰래 아군이 있는 곳으로 돌아왔다. 무리는 주군이 무사히 모습을 드러내자 매우 기뻐했고, 주군을 죽음에서 구하고 적의 손아귀에서 무사히 구해준 불멸의 신과 그 새에게 깊이 감사했다. 그 뒤 그 나라 사람들은 다른 어떤 새보다도 올빼미를 높이 숭배했다. 그리고 어쩌다 올빼미의 깃털 하나라도 손에 넣게 되면 마치 성유물처럼 고이 간직하고, 극진한 공경을 담아 머리에 장식을 하고는 했다. 그들은 그렇게 하면 복을 받고, 온갖 위험과 재난을 피할 수 있다고 여겼다.[6]

그 뒤 칸은 모든 군대를 소집해 그를 습격했던 적군을 공격해 무찌르고 복속시켰다. 칸이 벨리안 산[7]까지 평정하고, 그 절반을 손에 넣자 흰 옷의 기사가 다시 그의 꿈속에 모습을 드러내 다음과 같이 말했다. "칸이여! 불멸의 신은 그대가 벨리안 산을 넘기를 원하신다. 그대는 그 너머 땅으로 가서 많은 나라들을 정복해 속국으로 만들어라. 그러나 거기로 가기 위한 좋은 길이 없으므로 우선 해안에 우뚝 솟은 벨리안 산으로 가서 그곳에서 동쪽을 바라보고 불사의 신을 향해 아홉 번 절을 해라. 그렇게 하면 신은 당신이 지나갈 길을 보여주실 것이다." 칸은 그 말을 따랐다. 그러자 갑자기 산기슭에 닿아 있던 바다가 쭉 물러나서 9피트 너비의 좋은 길이 나타났다. 그래서 칸의 군대는 그 길로 나아가 세상에서 가장 큰 왕국인 카타이를 정복했다.

아홉 번의 절과 9피트의 길 때문에 칸과 타타르 사람들은 9라는 숫자를 매우 중요하게 여긴다. 그래서 칸에게 바치는 어떤 선물이라도, 그것이 말이든 새든 화살이든 활이든 과일이든 다른 무엇이든 언제나 9라는 숫자에 맞춘다. 그리고 그렇게 하면 칸은 100개나 200개를 받은 것보다도 훨씬 기뻐하고 만족스러워한다. 그에게는 9라는 숫자가

영원불멸한 신의 사자가 일러준 가장 신성한 수이기 때문이다.[8)]

화살다발의 가르침

칸은 중국의 영토를 점령하고 그 밖의 많은 나라들을 굴복시킨 뒤 중병에 걸렸다. 그는 자신이 살기 어렵다고 생각되자 12명의 아들들에게 각자 화살을 하나씩 가지고 오라고 말했다. 자식들이 말한 대로 하자 이번에는 그 화살을 3개씩 끈으로 묶으라고 했다. 그런 다음 맏아들에게 끈으로 묶인 화살들을 한번에 꺾어 보라고 명령했다. 그는 이것을 꺾으려고 했으나 도저히 꺾을 수 없었다. 그러자 칸은 둘째아들에게 꺾어 보라고 했는데, 그도 꺾지 못했다. 이런 식으로 칸은 11명의 자식에게 명령했으나 아무도 함께 묶여 있는 화살을 꺾을 수 없었다. 마침내 칸은 가장 나이가 어린 자식에게 다발로 묶여 있는 화살을 풀어낸 다음 하나씩 따로 꺾어보라고 지시했다. 그러자 화살은 쉽게 꺾였다. 칸은 다른 자식들에게 왜 너희들은 화살을 꺾지 못했느냐고 물었다. 자식들은 화살이 단단히 다발로 묶여 있어서 꺾지 못했다고 대답했다. 그러자 칸은 거듭해서 물었다. "그러면 어째서 가장 어린 동생은 그리 쉽게 꺾을 수 있었느냐?" "화살이 뿔뿔이 흩어져 있었기 때문입니다." 자식들이 대답했다. 그러자 칸이 말했다. "내 아들들아 너희들도 참으로 이와 같다. 너희들이 이렇게 3개의 끈으로 묶여 있으면, 곧, 사랑과 믿음, 협력으로 단단히 묶여 있으면, 이 세상 어느 누구도 너희들에게 해를 끼치지 못할 것이다. 그러나 그 묶음이 풀리면, 이를테면 너희들이 (분열되어 싸우거나) 서로를 돕지 않으면 그 순간에 너희들은 파멸하고 완전히 몰락할 것이다. 너희들은 서로를 사랑하고

도와야지만 다른 모든 것들을 지배하고 다스릴 수 있을 것이다." 칸은 자식들에게 이러한 가르침을 남긴 뒤 (왕국 내의 대영주들의 권고를 좇아 제국을 정비하고 나서) 세상을 떠났다.

그 뒤 황제의 자리에 앉은 것은 맏아들인 엑케카 칸Ecchecha Cane[9]이다. 그의 다른 형제들도 프러시아와 러시아까지 진출해 수많은 나라를 평정하고 제각기 칸이라고 불렸다. 그러나 그들 모두는 큰형에게 복종했고, 큰형인 엑케카 칸을 대칸이라고 불렀다. 엑케카 칸 다음에는 구요 칸Guyo Chan이 황제의 자리를 이어받았다. 그 뒤를 이은 것은 망고 칸 Mango Chan이다.[10] 그는 세례를 받고 훌륭한 그리스도교도가 되었다. 그리고 모든 그리스도교도에게 그의 영토 안에 살 수 있도록 한 영구평화의 편지를 주었다. 또한 형제인 할라온Halaon[11]에게 대군을 이끌고 성지로 가서 그 땅을 되찾아 그리스도교도들의 손에 돌려주고, 무함마드의 종교를 파괴하고, 나아가 모든 사라센인들의 통치자이자 황제인 바그다드의 칼리프를 체포하게 했다.

칼리프를 붙잡았을 때 사람들은 그가 막대한 재물을 가지고 있다는 사실을 알았다. 세상 어디에서도 찾아볼 수 없는 엄청난 보물들이었다. 할라온은 칼리프를 끌고오게 한 뒤 말했다. "왜 그대는 그토록 많은 보물들을 가지고도 나라를 지키고, 내게 대항하기 위한 병사들을 더 고용하지 않았는가?" 그러자 킬리프는 지금 있는 병력만으로도 충분하다고 생각했다고 대답했다. 할라온은 다시 말했다. "그대는 사라센인의 신이다. 신은 인간처럼 먹거나 마실 필요가 없다. 그러니 음식 대신에 그대가 그토록 사랑하는 보석과 값비싼 진주, 보물들과 함께 있도록 하라." 그렇게 말하고 할라온은 칼리프를 보석과 함께 감옥에 가두었다. 결국 그는 굶주림과 목마름으로 죽었다.[12] 그 뒤 할라온을 성지를 되찾아 그리스도교도들의 손에 돌려주었다. 그러는 사이에 그의 형제인 대칸이 죽었다. 그것은 그리스도교도들 모두에게 큰 슬픔이자 상실이었다.

　망고 칸의 뒤를 이은 것은 코빌라 칸Cobyla Chan[13]이다. 그도 그리스도교도였으며, 42년 동안 왕위에 있었다. 그는 카타이에 이종게[14]라고 불리는, 로마보다도 큰 도시를 세웠다. 그 뒤를 이은 대칸은 이교도였고, 이후의 모든 대칸들도 그러하다.[15]

대칸의 도장에 새겨진 글

　카타이 왕국은 세계에서 가장 큰 나라이다. 그리고 대칸은 세상에서 가장 강력한 황제이고 하늘 아래 가장 위대한 왕이다. 편지에서 대칸은 자신을 이렇게 칭한다. "칸! 최고신의 아들, 지상 모든 이들의 최고 황제, 왕 중의 왕!(*Chan! Filius Dei excelsi, omnium universam terram colentium summus imperator, & dominus omnium dominantium!*)" 그의 국새에는 다음과 같은 명문이 새겨져 있다. "하늘의 계신 신, 땅에 계신 칸, 그의 권위. 만백성을 다스리는 제왕의 도장(*Deus in celo, Caan Super Terram, eius fortitudo. Omnium hominum imperratoris sigillum*)" 그의 어새에 새겨진 명문은 다음과 같다. "신의 권위. 만백성의 제왕의 도장(*Dei fortitudo. Omnium hominum imperratoris sigillum*)"

　비록 그리스도교도는 아니지만 황제와 모든 타타르인들은 영원불멸한 신을 믿고 있다. 그리고 그들은 누군가를 위협할 때 이런 식으로 말한다. "신도 내가 그대에게 이런 짓을 할 것임을 잘 알고 계신다."

　이상이 그가 대칸이라고 불리는 이유이다.

25장

대칸 궁정의 풍속

카타이의 대축제

이번에는 대칸 궁정의 통치체제와 언제 대축제를 개최하는지에 관
해 말하겠다.[1]

대축제는 해마다 4회 거행된다. 첫 번째는 칸의 탄생일이고, 두 번
째는 칸이 할례를 받기 위해 모세아크Moseach라고 불리는 사원으로 갔
던 날이다. 나머지 두 개의 대축제는 그들의 우상을 위해 열리는데, 하
나는 우상이 처음 사원 안의 좌대에 놓인 날에 열리고, 다른 하나는 우
상이 처음 입을 열거나 기적을 행한 날에 열린다. 그 밖의 축제는 칸의
자식들의 결혼식을 제외하고는 그다지 성대하게 열리지 않는다.

그대는 이러한 대축제가 거행될 때 놀라울 정도로 많은 사람들이 모
인다는 사실을 알아야 한다. 그들은 10명씩, 1백 명씩, 1천 명씩 질서
있게 정렬한다. 그리고 참가자 모두 각자가 해야 할 일을 잘 알고 있고,
주의를 기울여 맡은 일을 열심히 수행하므로 좀처럼 실수를 찾아볼 수
없다. 우선 4천 명의 부유한 유력 귀족들이 축제를 관리·감독하고 황
제에게 봉사할 목적으로 임명된다. 이들 귀족들은 머리에 보석과 커

다란 동양산 진주를 박아 넣은 매우 화려하고 값비싼 금관을 쓴다. 그리고 금사나 타타르 직물, 카마카스 천 등으로 된, 세상 그 누구도 흠잡을 수 없을 만큼 완벽하고 호화로운 옷을 입는다. 그들의 예복은 온통 화려하게 수가 놓여 있으며, 거기에 더해 매우 호화로운 보석과 커다란 동양산 진주로 잔뜩 장식되어 있다. 그들이 그러한 의상을 가지고 있는 것은 당연하다. 그곳에서는 금사나 명주실로 만든 천이 이쪽의 모직물보다도 훨씬 더 싸기 때문이다. 대축제는 홀 바깥의 금사로 된 천이나 타타르 직물로 만든 매우 호화로운 천막들에서 열린다. (그것들은 상상도 못할 정도로 정교하고 세밀하게 만들어졌다.)

앞서 말한 4천 명의 귀족은 4개의 집단으로 나뉜다. 각 집단은 다른 집단과는 다른 색깔의 옷을 화려하게 차려입고 질서정연하게 늘어서는데, 경이롭게 보일 정도이다. 첫 번째 집단은 공작·백작·후작·장군이다. 그들은 녹색 명주실이 섞인 금사로 된 옷을 입는데, 앞서 말한 것처럼 보석과 황금으로 장식되어 있다. 두 번째 집단은 붉은색 명주실이 마름모 모양으로 수놓인 옷을 입는다. 그것은 황금과 자수로 정교하게 꾸며졌고, 커다란 진주와 보석 장식이 가득하다. 세 번째 집단은 보라색과 청색 명주실로 만든 옷을 입고, 네 번째 집단은 황색 옷을 입는다. 그들의 옷은 모두 황금과 보석, 값진 진주로 매우 호화롭고 화려하게 장식되어 있다. 만약 우리나라의 누군가가 그 옷을 단 한 벌이라도 갖게 된다면, 그는 결코 가난해질 일이라고는 없을 것이다. 황금이나 보석, 커다란 동양산 진주는 이쪽이 바다 저쪽 나라들보다 훨씬 비싸기 때문이다.

옷을 차려 입은 귀족들은 둘씩 짝을 지어서 매우 질서정연하게 황제 앞으로 나아간다. 그들은 황제를 향해 고개를 숙이고 있을 뿐 결코 입을 열지 않는데, 모두 벽옥이나 상아, 수정으로 만든 상을 들고 있다. 그들 앞에는 악사들이 여러 가지 악기를 연주하면서 앞장서 나아간다. 이들 첫 번째 1천 명이 행렬을 마치고 모여 한쪽으로 물러나면, 다음 1천 명이 계속하고, 같은 방식으로 세 번째와 네 번째 1천 명도 뒤이어 행렬을 한다. 그러는 동안 어느 누구도 한 마디의 말도 하지 않는다.

황제의 탁자 옆에는 많은 철학자들이 앉아 있다.[2] 그들은 천문학과 강령술, 흙점, 불점, 물점 등 다양한 과학과 점술에 정통한 자들이다. 어떤 사람은 황금으로 만든 천문관측기구를, 어떤 사람은 (보석으로 만든) 혼천의를, 어떤 사람은 죽은 자의 두개골을, 어떤 사람은 모래가 가득 담긴 황금 용기를, 어떤 사람은 새빨간 숯이 가득 담긴 황금 용기를, 어떤 사람은 물이나 술, 기름이 가득 담긴 황금 용기를 자기 앞에 놓고 있다. 매우 호화롭게 잘 만들어진 황금 시계를 가진 자도 있는데, 모두 자신들의 학문에 어울리는 다양한 종류의 기구를 지니고 있다.

그리고 어느 시각에 이르러 때가 되었다고 생각되면, 그들은 앞에 서 있는 관리들을 향해 "조용히 시켜라!"라고 말해 명령을 수행할 때가 되었음을 알린다. 그러면 그들이 다시 다른 관리들을 향해 "자, 조용히! 들으시오!"라고 소리친다. 뒤이어 철학자 가운데 한 명이 "여러분 모두 신의 아들이자 온 세상의 주인이신 황제를 향해 공손히 예를 갖추시오! 이제 때가 되었소!"라고 말하면, 모두 땅으로 머리를 숙이며 절을 한다. 그런 다음 철학자는 무리를 향해 다시 외친다. "일어서시오!" 그러면 사람들은 말에 따른다.

다른 시각이 되면, 이번에는 다른 철학자가 이렇게 말한다. "모두 새끼손가락으로 귀를 막으시오!" 그러면 사람들은 그대로 한다. 다른 시각에 또 다른 철학자가 말한다. "모두 손으로 입을 막으시오!" 사람들은 또 그대로 한다. 다른 시각에 또 다른 철학자가 말한다. "모두 머리 위로 손을 올리시오!" 사람들은 또 그대로 한다. 그런 다음 "원위치로 하시오!"라고 말하면 사람들은 그 말을 따른다.

이처럼 시각이 바뀔 때마다 철학자들은 여러 가지 몸짓을 명령한다. 그들은 이러한 몸짓에는 여러 가지 의미가 있다고 말한다. 나는 넌지시 그러한 몸짓이 무엇을 의미하는지 물어보았다. 그러자 철학자 가운데 하나가 그 시각에 머리를 숙이는 것은 그들이 모두 영원히 황제에 대해 순종하고 성의를 다하겠다는 것, 어떤 종류의 선물이나 약속·재물에도 황제를 배신하거나 거짓이나 악행을 저지르지 않겠다는 뜻을 나타낸다고 대답했다. 또한 그들은 새끼손가락을 귀를 막는 것은 그들 가운데 어느 누구도 황제에 거역하는 말에는 귀를 기울이지 않겠다는 뜻을 나타낸다고 말한다. 그리고 그것을 곧바로 의정기구에 가서 말하거나, 황제와 관계가 있는 일부 사람들에게 밝혀야 한다고 했다. 비록 말한 이가 그의 아버지나 형제, 아들일지라도 말이다. (손으로 입을 막는 것은 그들 가운데 어느 누구도 황제에 대해 나쁜 말을 하지 않겠다는 뜻을 나타낸다.) 이 밖에도 철학자들이 명한 다른 모든 몸짓들에도 다양한 의미가 있다고 한다.

그리고 황제와 관련된 것은 의복이든 식사든 음주든 목욕이든 무엇이든 철학자들이 정한 특정한 시간에만 행해진다. 철학자들은 학문과 계산으로 그러한 일에 적합한 좋은 시각을 뽑아낸다. 그리고 만약 어떤 나라에서 누군가 황제를 향해 전쟁을 시작하면 곧자로 철학자들이 그것을 탐지하여 황제와 의정기구에 알린다. (그러면 황제는 그 나라로 군대를 파견해 적의 기세를 꺾는다.) 철학자들의 자문 없이 황제는 아무것도 하지 않는다.

철학자들이 지시해야 할 일을 모두 지시하면 이번에는 다시 악사들이 차례로 그들이 만들어낼 수 있는 각양각색의 음악을 연주하기 시작한다. 잠시 그들의 연주가 계속된 뒤 황제의 신하 가운데 한 명이 기이하게 꾸며진 높은 무대 위로 올라와 큰 소리로 "조용히!"라고 외친다. 그러면 장내는 조용해진다.

이제 황제의 혈족들인 영주들이 금사로 짜고 문양을 넣은 호화로운 옷을 갖춰 입고, 제각기 수많은 백마를 끌고 등장한다. 백마들도 더할 나위 없이 아름답게 장식을 하고 있다. 이어서 궁정의 집사가 어디의 누구라고 그들의 이름을 하나하나 소리 내어 읽는데, 가장 신분이 높은 영주를 먼저 호명한 뒤 "그대의 주군이신 황제에게 바칠 백마들을 그 숫자대로 준비하시오!"라고 소리친다. 그리고 뒤이어 〔그 다음으로 신분이 높은〕 다른 영주에게 "어디의 누구, 그대의 주군이신 황제에게 바칠 백마들을 그 숫자대로 준비하시오!"라고 소리친다. 그렇게 계속해서 황제의 혈족인 모든 영주들의 이름이 신분의 높고 낮음에 따라 순서대로 불린다. 호명이 끝나면 그들은 차례로 황제의 앞으로 나와 백마를 바치고 물러난다.[3] 그 다음에는 나머지 귀족들이 나와 마찬가지로 신분에 따라 황제에게 보석이나 그 밖의 호화로운 선물을 바친다.[4] 그 뒤에는 그들 종교의 고위 성직자와 수도자들이 선물을 바친다. 이런 식으로 황제에게 모두 신물을 바치고 나면, 가장 높은 성직자가 기도를 올리며 황제를 축복한다.

그것이 끝나면 다시 악사들이 다양한 악기로 그들이 만들어 낼 수 있는 온갖 음악을 연주하기 시작한다. 그 연주가 잠시 계속되다가 다시 조용해지면, 이번에는 황제에게 경의를 표하기 위해 사자나 표범 같은 다양한 네발짐승들과 독수리나 콘도르 같은 여러 새들과 물고기,

뱀 등을 바친다.[5] (들은 바로는 생명이 있는 모든 것은 황제를 우러르고, 황제에게 충성을 바쳐야 하기 때문이라고 한다.)

그 다음에는 마술사와 요술사들이 나와서 여러 가지 기적을 선보인다. 그들은 (황제에게 경의를 표하기 위해) 태양과 달 같은 것을 공중에 출현시키기도 한다. (그 빛이 너무나 밝아 눈이 보이지 않을 정도이다.) 그리고 별안간 주변을 캄캄하게 해 마치 밤이 온 것처럼 아무것도 볼 수 없게 만들고는 다시 밝고 아름다운 찬란하게 빛나는 태양을 출현시켜 낮을 만든다. 그리고 화려하게 차려입고 세상에서 가장 아름다운 (노래하고) 춤추는 처녀들을 등장시킨다. 뒤를 이어 다른 처녀들을 등장시켜 다양한 짐승들의 젖[6]이 가득 들어 있는 황금 잔을 날라서 귀족과 귀부인들이 마시게 한다. 그것이 끝나면 마법사들은 무장을 한 혈기왕성한 기사들을 등장시켜 마상창시합을 하게 한다. 그들은 무작위로 돌진해 뒤엉켜서 격렬하게 싸우면 부러진 창의 파편들이 홀 여기저기를 날아다닌다. 이어서 사냥개들이 입을 벌린 채 수사슴과 멧돼지를 쫓는 사냥 장면도 보여준다. 마법사들은 이 밖에도 요술을 부려 다른 많은 경이로운 것들을 등장시킨다.

이러한 여흥은 연회가 끝날 때까지 계속된다. 앞서도 말했듯이 대칸은 수많은 하인들을 거느리고 있다. 악사만도 13쿠만트에 이른다. 나는 앞에서 1쿠만트가 몇 개를 의미하는지 설명했다.[7]

그런데 이 악사들이 황제 곁에 늘 머무르고 있는 것은 아니다. 황제를 만난 악사는 국적과 무관하게 궁정 악사로 책에 이름이 등록되는데, 그 뒤 그는 어디로 가든 궁정에 소속된 악사라고 불리며 왕들과 영주들에게 선물을 받는 등 귀한 대접을 받는다. 이것이 황제에게 속한 악사의 숫자가 매우 엄청나게 많은 이유이다.

황제에게는 짐승만 돌보는 하인들도 있다. 타조·흰바다매·새매·익더귀·두견새·송골매·사냥매·말 잘하는 앵무새·노래하는 새 등과 같은 다양한 새들, 길들인 코끼리와 야생 코끼리, 개코원숭이·원숭이·명주원숭이 등 여러 야생동물들을 돌보는 이들 사육사의 수는 무려 15쿠만트에 이른다. (황제가 사육하는 코끼리의 수만 해도 1천 마리나 된다.) 황제에게는 200명의 그리스도교도 의사와 210명의 그리스도교도 치료사가 있고, 사라센인 의사와 치료사는 20명이다. 황제는 사라센인보다 그리스도교도의 치료를 더 신뢰한다.[8] 이 밖에도 황제에게는 셀 수 없이 많은 가신들이 있는데, 황제의 궁전이 그들 모두를 먹여 살린다. 궁정 안의 가신 중에는 그리스도교도이거나 그 나라에 거주하는 선량한 그리스도교도의 설교를 듣고 그리스도교로 개종한 사람들이 많다. 그리스도교도인 것을 숨겨 사람들에게 알리지 않은 경우까지 합하면 그 수는 훨씬 많다.

종이로 만든 화폐[9]

대칸은 자기가 원하는 만큼 마음껏 돈을 쓸 수 있다. 그는 가죽이나 (나무껍질) 종이로 찍어낸 화폐를 제작해 사용한다.[10] 이 화폐는 황제의 법령에 따라서 가격이 높아지기도 하고 낮아지기도 한다. 그리고 너무 오래 사용해 (인쇄면이 훼손된) 낡은 화폐는 황제의 재무관에게 가져가면 새 화폐로 바꿔 준다. (외국의 것과 마찬가지로 양면으로 인쇄된) 이 화폐는 황제가 통치하는 모든 나라와 속주들에서 통용된다. 그곳에서는 금이나 은으로 돈을 만들지 않기 때문에 황제는 금과 은을 마음껏 낭비하고 사치스럽게 사용한다. 그는 다른 나라에서 들여온 금과 은으로 자신의 궁전을 칠하거나 장식하기도 하고, 기둥을 세우는 데 사용하기도 하며, 원하는 갖가지 물건을 만드는 데 쓰기도 한다.

황제의 침실에 있는 황금 기둥 가운데 하나에는 반 피트(약 15cm)[11] 길이의 루비와 석류석이 놓여 있는데, 밤이 되면 빛을 내서 방안을 낮처럼 환하게 밝혀준다. 그는 이 밖에도 많은 보석이나 루비, 석류석을 가지고 있지만, 이 2개가 그 중에서도 가장 크고 가장 값진 것이다.

다른 지방으로 행차하는 대칸의 행렬

황제는 여름이 되면 북쪽의 사두즈라는 도시로 거처를 옮기는데, 그곳은 매우 시원하다. 그리고 겨울이 되면 카말레크라고 불리는 기온이 매우 따뜻한 곳으로 거처를 옮긴다. 그러나 황제가 평소에 늘 머무는 곳은 가이도나 용이다.[12] 이곳들은 그쪽의 기준으로는 매우 온난하고 좋은 곳이지만, 우리나라 사람들한테는 몹시 덥게 느껴질 것이다.

대칸이 한 지방에서 다른 지방으로 이동할 때에는 4개의 부대가 그를 수행하는데, 그 가운데 1개 부대는 하루 먼저 출발한다.[13] 그 부대가 밤을 보낸 자리에서 황제가 다음날 밤을 보낸다. 그들의 식량과 물품은 모두 황제가 지원한다. 선두에 선 부대는 보병과 기병으로 구성되어 있고, 병력이 50쿠만트에 이른다. 앞서 말했듯이 1쿠만트는 1만 명이다. 다른 부대는 황제의 오른 날개에 해당하며 반나절 먼저 출발한다. 세 번째 부대도 마찬가지로 반나절 먼저 출발해 대칸의 왼 날개를 호위한다. 이들 두 부대는 모두 선두에 선 부대만큼의 병력을 보유하고 있다. 이어서 네 번째 부대가 따르는데 이 부대의 인원은 앞의 세 부대보다 훨씬 많다. 그들은 화살이 도달한 만큼의 거리를 유지하며 황제의 후위대를 맡는다. 모든 부대는 정해진 날에 정해진 장소에 도착해 밤을 보내며 필요로 하는 것을 얻는다. 만약 부대의 어떤 자가 도중에 사망하는 일이 발생하면, 곧바로 그 인원을 보충해 늘 앞서 말한 인원에서 모자라지 않게 한다.

그대는 대칸이 남몰래 적은 수의 수행원만을 데리고 갈 때 말고는 결코 말에 올라타지 않는다는 사실을 알고 있어야 한다. 저쪽 세계의 다른 대군주들이 그러하듯이 말이다. 그는 네 바퀴의 전차에 탄다. 그 전차 안에는 낙원에서 나는 목재인 침향으로 만든 아름다운 방이 꾸며져 있다. 내가 앞서 말했듯이 이 침향은 어느 시기에 낙원의 강물을 따라 떠내려 온 것이다. 재료로 쓰인 침향 덕분에 전차 내부의 방은 좋은 향기가 가득하며, 안쪽은 구석까지 보석을 박아 넣은 황금 판으로 둘러싸여 있다. 이 전차를 끄는 것은 호화롭게 장식된 옷을 걸친 4마리의 코끼리와 4마리의 하얀 군마이다. 전차 주변에는 화려하고 고급스러운 옷을 입은 4~6인의 대영주들이 말에 올라탄 채 주변을 경비하고 있는데, 이들 귀족 이외에는 대칸에게 따로 부름을 받지 않은 한 어느 누구도 가까이 갈 수 없다. 그리고 황제가 있는 방 위쪽에는 횃대에 4~6마리의 큰 매가 앉아 있다. 만약 도중에 잡고 싶은 야생의 새를 발견하면 황제는 이 매들을 차례로 날려 보내 사냥을 한다. 이는 순행 도중에 황제가 즐기는 여흥거리이다.

대칸의 황후가 국내를 순행할 때에도 그와 같은 모습으로 전차를 타고 네 개 부대의 호위를 받는다. 그러나 병사의 수는 대칸의 순행 때만큼 많지 않다. 대칸의 맏아들도 동일한 방식으로 전차를 타고 호위를 받는다. 그들의 행렬은 헤아리기 어려울 정도로 많은 사람들로 이루어져 있다. 어느 누구도 직접 보기 전까지는 그 수를 어림도 할 수 없을 것이다. 이따금 황제가 따로 가지 않고 황후와 자식을 함께 데려갈 때에는 수행원들 모두가 한데 뒤섞인 다음 다시 네 무리로만 나뉜다.

대칸의 전령[14]

그대는 대칸의 제국이 12개의 지방으로 나뉜다는 사실을 알아 두어야 한다. 지방마다 2천여 개의 도시가 있고, 헤아릴 수 없을 정도로 많은 마을이 있다. 나라가 매우 크기 때문에 지방마다 왕이 하나씩 있다. 그리고 이 12명의 왕들은 그 밑에 다시 군주들을 거느리고 있는데, 그들은 모두 대칸에게 복종한다. 대칸의 영토와 그의 지배가 미치는 범위는 너무나 넓기 때문에 그 주위를 한 번 둘러보는 데에만 뱃길과 육로로 7년이나 걸린다. 그의 영토 안에 있는 사막에는 마을이 전혀 없으나, 일정 지점마다 말과 사람이 쉴 수 있는 객사客舍가 설치되어 있다. 여행자들은 그곳에서 식량을 비롯해 여행에 필요한 것은 무엇이든 마음껏 구할 수 있다.

그리고 이 나라에는 매우 색다르면서도 유용한 풍습이 있다. 악담이든 불만이든 황제에 거역하는 어떤 소식이라도 하루 (이틀) 안에, 만약 먼 곳이라면 3~4일 안에 황제에게 전달되는 것이다. (언제나 각 지방에 대사나 사자가 머무르고 있기 때문에 대칸에 관한 어떤 소문이 사람들 사이에 떠돌면) 소식을 입수한 황제의 사자는 단봉낙타나 말을 타고 전속력으로 앞서 말한 객사로 곧장 달려간다. 그리고 객사 부근까지 오면 뿔피리를 불어 소리를 낸다. 그러면 객사에 있는 사자가 피리소리를 듣고 대칸에게 경고해야 하는 반란인지를 곧바로 파악한다. 그리고 급히 낙타나 말을 준비해 그 정보를 적은 문서를 지니고 다른 객사로 전속력으로 달려간다. 새로운 사자가 편지를 들고 황제를 향해 달려가는 동안 소식 전달을 마친 사자는 휴식을 취하고 낙타와 말에게 먹이를 먹인다. 황제에게 소식이 전해질 때까지 사자들은 그렇게 계속해서 객사에서 객사로 이동한다.

이런 식으로 대칸은 나라 안의 정보를 짧은 시일 안에 손에 넣는다. 대칸이 지방으로 무언가 급한 소식을 전하려고 할 때에도 마찬가지로 한다.

대칸의 사자들은 작은 방울뭉치가 달려 있는 긴 끈을 지니고 있다. 그들이 대칸의 명령을 가지고 정해진 객사로 접근하면, 그 방울 소리를 듣고 객사에 머무르는 사자가 당장 출발할 채비를 한 뒤 전달받은 소식을 가지고 다른 객사로 전속력으로 달려간다. (달려온 사자는 다음 사자에게 문서를 넘기고 쉬고, 문서를 전달받은 사자는 쏜살같이 달려서 또 다른 객사에 당도해 자신은 그곳에서 쉬고 다른 사자에게 문서를 넘긴다.) 이런 식으로 해서 그들은 객사에서 객사로 달려가며 매우 빠르고 신속하게 대칸의 명령을 신속하게 전한다. 이러한 사자를 그들의 말로는 치디도Chydydo라고 하는데, 이는 우리말로 전령이라는 뜻이다.

내가 전에 그대에게 말했듯이 한 지방에서 다른 지방으로 순행할 때 대칸은 많은 도시와 마을을 지나게 된다. 그럴 때 그곳의 모든 사람들은 대문 앞에 불을 피우고, 대칸이 좋은 냄새를 맡을 수 있도록 그 안에다 그윽한 향기를 내는 향료가루를 집어넣는다. 모든 사람들이 대칸을 향해 무릎을 꿇고 그에게 큰 경의를 표한다. 그리고 다른 많은 도시와 지방들에서와 마찬가지로 그곳에 살고 있는 그리스도교도 수도사들은 십자가와 성수를 지니고 "생명의 창조주여 오소서(*Veni creator spiritus*)"라고 소리 높여 노래를 부르며 대칸을 향해 줄지어 걸어간다.

대칸은 그 소리를 들으면 말을 탄 영주들에게 자신의 곁에 서라고 명령한 뒤 수도사들이 자신에게 다가올 수 있게 한다. 수도사들이 십자가를 가지고 대칸의 곁으로 다가가면, 그는 머리에 쓰고 있던 갈라웃galaoth을 벗는다. 그것은 마치 금과 보석, 커다란 진주로 만들어진 염주와 같은데, 그 나라의 왕국 하나를 살 수 있을 정도로 큰 가치를 지니고 있다. 이어서 대칸은 십자가를 향해 무릎을 꿇는다. 그러면 수도사들의 우두머리가 대칸 앞으로 나아가 기도를 하고 십자가로 그를 축복해주는데, 대칸은 몸을 숙인 채 매우 경건하게 축복을 받아들인다. 그것이 끝나면 수도사들의 우두머리는 대칸에게 은쟁반[15]에 배, 사과 등 9개의 과일을 담아서 준다. 대칸은 그 가운데 하나를 집어서 곁에 있는 다른 영주들에게 그것을 넘긴다. 이것은 누구든 대칸을 만날 때에는 반드시 무엇인가를 바쳐야 한다는 관습에서 비롯된 것이다. 구약성서에 "아무도 빈손으로 내 앞에 나와서는 안 된다(Nemo accedat in conspectu meo vacuus)"라고 기록되어 있는 것처럼 말이다. 그 뒤 대칸은 수도사들에게 물러나라고 말하는데, 행진하는 수많은 말들에 밟혀서 그들이 다치거나 상처 입을까 염려해서이다. 수도사들은 대칸의 황후와 맏아들이 지나갈 때에도 마찬가지 방식으로 그들을 맞이해 과일을 바친다.

누구나 자신이 원하는 종교를 가질 수 있는 대칸의 나라

그대는 대칸과 그의 처첩, 왕자들을 호위하는 수많은 군사들이 모두 언제나 궁전 안에 머무르고 있지는 않다는 것을 알아야 한다. 그러나 대칸은 원하기만 하면 언제든지 그들을 불러모을 수 있다. 그들은 순행의 임무를 마치면 다시 각자의 집으로 돌아간다. 오직 궁정에 소속된 자들만 남아서 대칸과 그의 처첩, 왕자들의 시중을 들거나 궁정의 일들을 관리한다.

하지만 비록 임무를 마친 자들이 떠난다 할지라도 대칸의 곁에는 늘 5만 명의 기병과 20만 명의 보병이 남는다. 그 밖에 궁전에는 야생동물과 새들을 사육하는 사람과 악사들도 있는데, 그들의 수는 내가 이미 앞에서 이야기했다.

천하에 대칸만큼 위대하고 세력이 강하며 부유한 군주는 존재하지 않는다. 인도의 황제인 사제왕 요한도, 바빌론의 술탄도, 페르시아의 황제도 대칸에게는 미치지 못한다. 세력과 고결함, 부유함과 권력에서도 그들은 대칸에 비할 바가 못 된다. 대칸은 지상의 모든 군주들을 뛰어넘는다. 따라서 대칸이 신을 충실하게 믿지 않는 것은 매우 유감이다. 그러나 그는 신의 말씀에는 기쁘게 귀를 기울인다. 그리고 그의 권력이 미치는 어디에서나 그리스도교도들이 거주할 수 있도록 허락했으며, 그의 나라 어디에서든 사람들이 그리스도교도로 개종하는 것을 막지 않는다. 대칸의 나라에서는 누구든 자신이 원하는 종교를 가질 수 있기 때문이다.

(또한 대칸의 나라에서는 어떤 남자든 원하는 만큼 아내를 맞아들일 수 있다.) 그 나라의 남자들 중에는 100명의 아내를 거느린 사람도 있고, 60명이나 그 이하의 아내를 거느리고 있는 경우도 있다. 또한 모친이나 딸, 누이를 제외하고는 친척 여자와도 결혼한다. 어머니가 같은 동복누이와는 결혼하지 않지만, 아버지만 같은 이복누이와는 결혼한다. 그리고 형제가 죽으면 그 형제의 아내와, 부친이 죽으면 계모와 결혼하는 관습도 있다.

26장

타타르인의 풍습

타타르인의 생활과 신앙[1]

이 나라 사람들은 가죽을 사용하지 않은 긴 옷을 입는다. 그것은 타타르 천과 금사로 만들어진 값비싼 옷으로, 양쪽이 길게 갈라져 있고 비단 끈으로 묶게 되어 있다. 일부는 가죽으로 된 외투를 입으며, 두건은 쓰지 않는다. 이 나라에서는 남자들이나 여자들이나 같은 방식으로 옷을 입어 한눈에 남녀를 분간하기가 쉽지 않다. 오직 기혼여성들만 남자의 지배 아래 있다는 표시로 남성의 발처럼 생긴 장식을 머리에 얹고 다닌다.

아내들은 같은 집에 모여 살지 않고 각자 따로 살고 있으므로 그녀들의 남편은 내키는 대로 오늘은 이곳, 내일은 저곳으로 간다. 그곳에서는 남자든 여자든 모두 자신의 집을 가지고 있다. 그들의 집은 막대기들을 빙 둘러서 만드는데, 위에 난 둥근 창 하나를 통해 빛을 집안에 들이고 연기를 밖으로 내보낸다. 지붕과 벽, 문은 모두 〔양털 등으로 짠〕 펠트felt로 만든다. 전쟁에 나갈 때는 수레로 집을 옮기는데, 그것은 다른 나라 사람들이 천막이나 가건물을 옮기는 것과 비슷하다. 그들은 집의 한가운데에 불을 피운다.

그들은 다양한 종류의 동물을 많이 기르지만, 돼지는 전혀 기르지 않는다. 그들은 유일신이 만물을 만들고 키웠다고 믿고 있는데, 그런데도 금이나 은, 나무, 천으로 만든 우상들을 지니고 있다. 그리고 이우상들에다 맨 처음 나온 가축의 젖이나 음식물을 자신들이 먹고 마시기 전에 먼저 바친다. 그리고 때로는 말을 비롯한 여러 가지 동물을 바치기도 한다. 그들은 그 신을 이로가Yroga라고 부른다.[2]

그리고 황제는 어떤 이름을 가지고 있든 이름에 칸이라는 호칭이 붙는다. 내가 그곳에 갔을 때 황제의 이름은 티아우트Thiaut여서, 티아우트 칸이라고 불렸다. 맏아들은 테수에Tessue라고 불렸는데, 황제가 되면 테수에 칸이라고 불릴 것이다. 티아우트 칸은 그 당시 테수에를 제외하고 12명의 자식이 있었는데, 그들의 이름은 쿤키Cuncy, 오르디Ordii, 카하다이Chahaday, 부르인Buryn, 네구Negu, 노카브Nocab, 카두Cadu, (시반Syban) 식텐Cicten, 발라키Balacy, 바빌란Babylan, 가레간Garegan이다. 그리고 그에게는 3명의 아내가 있는데 첫 번째 정실부인은 사제왕 요한의 딸인 세리오크 칸Serioch-Chan이다. 다른 한 명은 보락 칸Borak-Chan이며, 나머지 한 명은 카란케 칸Karanke-Chan이라고 불린다.[3]

이 나라 사람들은 모든 일을 〔음력 정월 초하루인〕 신월에 개시한다. 그리고 달과 태양을 크게 숭배해 달과 태양을 향해 자주 무릎을 꿇는다. 그 나라 사람들은 모두 〔말의 배를 차기 위해 신발 뒤에 다는〕 박차를 달지 않고 말을 타며, 그 대신 손에 든 작은 채찍으로 말을 재촉한다.

그들은 매우 도덕적인데 불 안에 단도를 넣거나, 항아리 안의 고기를 단도로 꺼내거나, 채찍으로 말을 때리거나, 고삐로 말에게 상처를 입히거나, 뼈를 다른 뼈로 부수거나, 우유처럼 사람이 마실 수 있는 액체를 땅에 버리거나, 어린아이를 납치해 살해하는 것을 큰 죄로 여긴다. 또한 그들의 말에 따르면, 인간이 저지르는 가장 큰 죄악은 인간이 사는 집 안에서 오줌을 누는 것이다. 그곳에서 오줌을 누는 것이 다른 사람에게 알려지면 그들은 반드시 그 자를 죽여 버린다. 이러한 죄를 저지른 사람은 누구나 사제에게 가서 참회를 하고, 참회의 뜻으로 막대한 은을 지불한다. 그리고 오줌을 눈 장소는 반드시 깨끗하게 정화시키는데, 그렇게 하지 않으면 아무도 그곳에 발을 들이려 하지 않는다. 참회를 할 때에도 죄를 깨끗이 씻어내기 위해 불 속을 한두 차례 통과한다. 대칸에게 편지나 선물을 전하는 사자도 정화를 위해 가져온 것을 들고 불 속을 두 차례 통과해야만 한다. 그것은 대칸을 해칠 수 있는 독물이나 그 밖의 것들을 옮기지 못하게 하기 위해서이다. 그리고 남자든 여자든 간통을 하다 붙잡히면 모두 죽임을 당한다. 도둑질을 한 경우도 마찬가지다.

이 나라 사람들은 모두 명사수이다. 남자든 여자든, 흔들리는 말등 위에서든 두 발로 달리고 있든 그들은 활을 잘 쏜다. 여자들은 옷, 신발 등 온갖 물건들을 만드는데 그 솜씨가 놀라울 정도로 뛰어나다. 그녀들은 수레나 쟁기, 짐마차, 전차도 잘 끌고 다닌다. (그리고 남자들만큼 목공에도 능해서) 집 만드는 재주도 탁월하다. 다만 활, 화살 등의 무기는 남자들이 만든다. 여자는 남자와 마찬가지로 반바지를 착용한다.

주민들은 모두 군주에 대해 충성스럽고, 동포끼리는 결코 싸우거나 비난하지 않는다. 도둑이나 강도가 없어서 누구나 다른 사람을 (사랑하고) 존중한다. 그러나 이방인에 대해서는 설령 군주라 할지라도 따로 경의를 표하지는 않는다.

그들은 개와 사자, 표범, 암말, 망아지, 당나귀, 쥐, 생쥐[4] 등 크고 작은 온갖 동물들을 먹는다. 그러나 구약성서에서 금한 새끼돼지만은 먹지 않는다. 그리고 그들은 동물들의 내장이나 껍질도 모두 먹으며, 오물을 제외하고는 그 어떤 것도 버리지 않는다. 그리고 대군주들의 궁정을 제외하고는 거의 빵을 먹지 않는다. 대부분의 지방에는 완두콩이나 강낭콩이 없고, 야채수프도 없으며 고깃국만 있다. 날고기와 그것으로 만든 국 말고는 다른 것은 거의 먹지 않기 때문이다. 그들은 식사를 마치면 식탁보나 수건을 사용하지 않고 옷자락으로 손을 닦는다. 대영주들의 집에만 수건이 있고 보통 사람들은 가지고 있지 않기 때문이다. 그리고 식사를 마친 뒤에 접시를 닦지 않고 고기나 국이 남아 있는 상태로 항아리나 냄비에 보관해 두었다가 나중에 다시 이것을 먹는다. 부자는 말이나 낙타, 당나귀 등의 젖을 먹는다. 그리고 포도주나 맥주가 없기 때문에 우유로 만든 술이나 꿀과 물을 함께 끓여서 만든 음료를 먹는다. 그들은 매우 비참하게 살아가고 있으며, 하루에 한 끼만 먹으며 그 양도 매우 적다. 이는 궁정이나 다른 곳도 마찬가지이다. 실제로 우리나라 사람 한 명이 하루에 먹는 양이 그 나라 사람 한 명이 3일 동안 먹는 양보다 많다. 이 나라의 군주를 찾아온 외국의 전령도 하루에 한 번, 그것도 매우 적은 양의 식사만 지급받는다.

전쟁터에서 그들은 적을 제압하기 위해 매우 현명하게 처신하며, 언제나 임무를 충실히 수행한다. 모두 2~3자루의 활과 많은 화살, 큰 도끼를 지니고 다니는데, 귀족들은 크고 외날이 날카롭게 벼려진 단창을 지닌다. 그들은 무두질한 가죽으로 만든 흉갑과 투구를 착용하며, 말에도 같은 종류의 보호구를 씌운다. 그리고 전쟁터에서 도망치는 자는 죽인다. 그들은 성이나 성벽이 에워싸고 있는 마을을 포위할 때면 적에게 놀라울 정도로 막대한 금액과 물품을 요구한다. 아무리 큰 금액을 요구해도 수락할 수밖에 없기 때문이다. 그런데 적이 지불하면 그 순간 그들은 적을 모조리 죽인다. 그리고 귀를 잘라서 식초에 절여 대귀족들을 위해 맛있는 음식을 만든다. 그들의 야망과 꿈은 모든 나라를 굴복시키는 것이다. 그들의 예언에 따르면, 그들은 장래에 활 잘 쏘는 사람들에게 정복될 것이라고 한다. (그리고 그 사람들은 그들을 자신들의 종교로 개종시킬 것이라고 한다.) 그러나 그들은 그 사람들이 어떤 나라 사람들인지, 어떤 종파인지 알지 못한다. 그래서 모든 종류의 민족과 모든 종파의 사람들이 그들과 섞여 평화롭게 거주하는 것을 막지 않는 것이다.[5]

또한 이 나라 사람들은 지인들의 모습을 잊지 않기 위해서 그들의 우상이나 모형을 만들어 놓는데, 언제나 옷을 전혀 걸치지 않은 벌거숭이 모양으로 만든다. 그들은 진실한 사랑에는 감추는 것이 없는 것처럼, 사람도 아름다운 옷이나 화려한 치장이 아니라 오로지 신과 같은 형상으로 만들어진 육체와 그 안의 미덕만을 사랑해야 한다고 말한다. 육체는 자연적으로 주어진 것이지만, 화려한 옷은 자연적으로 주어진 것이 아니기 때문이다.

그대는 전쟁에서 도망치는 타타르인들을 쫓는 것이 매우 위험하다는 사실을 알고 있어야 한다. 그들은 달아나면서도 뒤로 활을 쏘아 사람과 말을 모두 죽이기 때문이다. 그들은 싸울 때 한꺼번에 뭉쳐서 달려온다. 그래서 2만 명이라도, 1만 명도 안 되는 것처럼 보인다. 그들은 다른 나라를 상대로 곧잘 승리를 거두지만 그것을 유지하지는 못한다. 성이나 마을 안보다는 바깥의 천막에서 지내는 것을 훨씬 더 좋아하기 때문이다. 그리고 그들은 다른 나라 사람들의 지혜를 하찮게 여긴다.

그들 사이에서 올리브기름은 매우 큰 값어치를 지닌다. 그것이 가장 귀한 약이라고 생각하기 때문이다. 그리고 타타르인은 모두 눈이 작고, 털이 가늘어 잘라버리므로 수염이 적은 편이다. 그들은 거짓되고 배신에 능한 자들로 약속을 지키지 않는다. 또한 그들은 매우 강인한 사람들로 다른 어떤 사람들보다도 큰 고통이나 고난, 질병을 잘 견뎌낸다. 어렸을 때부터 (비참하고 열악한) 자기 고장의 상황에 단련되어 있기 때문이다. 그리고 누가 말한 것처럼 그들은 아무것도 쓰지 않는다.

대칸의 장례식

누가 죽으려고 하면 그들은 시신 곁에 막대기를 세워 둔다. 그리고 죽음이 임박한 사람을 집에 두고는 그가 죽을 때까지 모두 밖에 나가 있는다. 그런 다음 (숨을 거둔 이를 날라다가) 들판에 시신을 묻는다.

대칸이 죽으면 사람들은 그를 대칸의 천막 한가운데에 있는 의자에 앉힌다. 그리고 그의 앞에 식탁을 놓고 깨끗한 천으로 덮은 뒤 신선하고 다양한 요리들과 잔에 가득 따른 말젖을 올려놓는다. 그런 다음 대칸의 시신 옆에 암말과 망아지, 안장과 굴레를 씌운 수말 한 마리를 가져다놓는다. 그리고 수말 위에다가 황금과 은을 잔뜩 올려놓고, 시신 주변에 거대한 짚더미를 가져다 놓는다. 그 뒤 사람들은 넓고 커다란 구덩이를 파서 천막과 함께 살아생전 대칸에게 속했던 모든 것들을 그 안에 집어넣는다. 그들은 대칸이 다른 세계에 갔을 때에도 집과 말, 금과 은이 있어야 하기 때문이라고 말한다. 또한 암말은 다른 세계에서 그가 잘 지낼 수 있도록 젖을 주고 새끼를 낳아 줄 것이라고 한다. (그들이 이렇게 하는 것은) 사람이 죽어서도 이승에서 그랬던 것처럼 다른 세계에서 먹고 마시며, 아내들과 기쁨을 누린다고 생각하기 때문이다.

대칸을 매장한 다음에는 대칸의 지인들이 있는 데에서는 어느 누구도 감히 그에 관해 언급하지 않는다. 그러나 그들은 때때로 대칸의 시신을 남몰래 황야에 묻고는 구덩이 위에 자갈이나 모래를 덮고 풀을 심어 아무도 그곳을 알아챌 수 없게 한다. 무덤 자리를 감추는 것은 대칸의 지인들이 그를 떠올리지 못하게 하기 위해서이다. 그들은 그렇게 하면 대칸이 다른 세계로 가서 이승에서보다도 더 위대한 군주가 된다고 한다.

대칸이 죽은 뒤에는 일곱 부족들이 함께 모여서 대칸의 맏아들이나 대칸과 가장 가까운 혈족을 (다음 후계자로) 선출한다. 그런 다음 그들은 이렇게 말한다. "바라옵고 간청하건데 우리는 당신이 우리의 군주이자 대칸이 되기를 원합니다." 그러면 선출된 자는 이렇게 대답한다. "만약 내가 그대들의 군주가 되기를 바란다면, 그대들 모두는 내가 가라 하면 가고, 오라 하면 와야 하며, 내가 죽어라 하면 죽어야 할 것이오. (동의하는가?)" 이에 사람들은 한목소리로 대답한다. "명령하신 무엇이라도 따르겠나이다." 그러면 황제가 된 자가 말한다. "이제 잘 알아두어라. 지금부터 나의 말은 (강력한 힘을 가지며) 칼처럼 날카롭고 매서울 것이다." 그 뒤 사람들은 그를 검은 말에 태워서 매우 화려하게 장식된 왕좌로 데리고 가서 왕위에 앉힌다. 그렇게 하고 나면 도시의 사람들과 마을 사람들이 모두 대칸에게 호화로운 선물을 보내온다. 이때 새 대칸이 받는 선물은 수레 60대분 이상의 금과 은, 헤아릴 수 없이 큰 가치를 지닌 영주들이 보내온 보석들과 황금으로 만든 보물들, 셀 수 없을 정도로 많은 말들, 화려한 금사 옷과 카마카스, 타타르 직물들 등이다.

27장

카타이와 프러시아 사이의 왕국들

타르세, 투르케스탄, 코라산 왕국

카타이는 아시아 깊숙이 있는데, 그 근방은 대 아시아이다. 카타이 왕국은 서쪽으로 타르세 왕국과 국경을 마주하고 있다. 베들레헴으로 주님을 찾아온 3명의 왕 가운데 한 명이 옛날 이 나라의 왕이었다. 그래서 그의 후손은 모두 그리스도교도이다. 타르세 왕국에서는 아무도 고기를 먹거나 술을 마시거나 하지 않는다.

타르세의 서쪽에는 투르케스탄 왕국이 있다. 이 왕국은 서쪽으로는 페르시아 왕국, 북쪽으로는 코라산[1] 왕국과 맞닿아 있다. 투르케스탄에는 좋은 도시가 적은데, 가장 큰 도시는 옥토라르[2]라고 불리는 곳이다. 그리고 목초시는 넓게 분포하고 있으나 곡식은 거의 생산되지 않는다. 그래서 대부분의 지역에서 사람들이 목축을 하며 천막을 치고 살아가며, 벌꿀로 만든 음료를 맥주처럼 마신다.

그 근방에는 코라산 왕국이 있다. 매우 풍요롭고 좋은 땅이지만 포도주는 전혀 생산되지 않는다. 동쪽에 커다란 사막이 있는데, 그것을 횡단하는 데는 적어도 100일 이상 걸린다. 가장 큰 도시는 코라산으로,

나라 이름도 이 도시에서 비롯된 것이다. 이 나라 사람들은 모두 용감한 전사들이다.

코마니아 왕국

그 근방에는 코마니아 왕국도 있다. 코마니아인들은 한때 그리스에서 살았으나 쫓겨났다. 세계에서 가장 커다란 왕국 가운데 하나인데도 모든 국토에 사람이 살고 있지는 않다. 어떤 곳은 지나치게 추워서 사람이 살 수 없고, 어떤 곳은 지나치게 더워서 도저히 사람이 견딜 수 없기 때문이다. 게다가 파리가 엄청나게 많아서 어디로 움직여야 좋을지 가늠도 못할 정도이다. 그리고 과일나무는 물론 다른 나무들도 거의 없다. 그 나라 사람들은 천막에서 사는데, 나무가 부족해서 동물의 똥을 말려 연료로 사용한다.

이 나라는 프러시아와 러시아로 이어진다. 그리고 이 나라에는 세계에서 가장 큰 강 가운데 하나인 에틸레 강[3]이 가로질러 흐른다. 이 강은 해마다 단단하게 얼어서 그 얼음 위에서 군대들 간의 대규모 전쟁이 자주 벌어지기도 하는데, 한꺼번에 20만 명 이상의 기병이나 보병이 전투를 벌이기도 한다.[4] 코마니아 왕국의 모든 영토는 그 강과 그곳 사람들이 마우레 해라고 부르는 큰 바다 사이에 있다. 그리고 그 나라의 위쪽에는 마우레 해와 카스피 해 사이에 있는, 세계에서 가장 높은 코타즈 산이 있다. 그곳을 흐르는 좁고 위험한 해협은 인도로 흐른다. 그래서 알렉산더 대왕은 그곳에 알렉산드리아 시를 세워 그의 허가 없이는 아무도 통과하지 못하게 했다. 오늘날 사람들은 그 도시를 '지옥의 문'이라고 부른다.[5]

코마니아의 수도는 사락이라고 불리는 도시이다. 이 도시는 인도로 들어가는 세 가지 길 가운데 하나이다. 그러나 겨울철 이외에는 이 길을 선택해서 가는 사람은 거의 없다. 이 길은 데르벤트Derbent라고 불린다.[6] 투르케스탄에서 페르시아를 거쳐서 가는 다른 길도 있는데, 이 길을 선택하면 황량한 벌판을 며칠이나 여행하게 된다. 세 번째 길은 코마니아에서 큰 바다를 건너 아브카즈 왕국[7]을 지나는 것이다.

그대는 프러시아와 러시아에 이르는, 앞에서 말한 모든 왕국들과 땅들이 모두 카타이의 대칸에게 복종하고 있다는 사실을 알고 있어야 한다. 우리 맞은편에 있는 수많은 다른 나라들도 마찬가지이다. 이처럼 대칸의 힘과 권세는 매우 크고 매우 막강하다.

28장

카타이와 그리스 사이의 왕국들

페르시아 왕국[1]

이제까지 나는 그대에게 카타이에서 프러시아와 러시아 방향의 그리스도교 세계에 이르기까지 북방에 있는 왕국과 나라들에 대해서 말해주었다. 이번에는 카타이에서 그리스 해 방향의 그리스도교 세계에 이르기까지의 저쪽 세계의 다른 왕국들에 대해서 이야기하려고 한다.

카타이의 대칸과 인도의 사제왕 요한 다음으로는 페르시아 황제가 가장 위대한 군주이므로 나는 그가 지배하는 페르시아 왕국에 대해 먼저 말하겠다. 이 황제에게는 두 개의 왕국이 있는데, 첫 번째 왕국은 동쪽의 투르케스탄 왕국에서 시작해 서쪽의 피손 강까지 뻗어 있다. 이 강은 낙원에서 발원하는 4개의 강 가운데 하나이다. 그리고 북쪽으로는 카스피 해까지, 남쪽은 인도의 사막까지 뻗어 있다. 이 땅은 비옥한 평지로 인구가 매우 많고, 훌륭한 도시들도 많다. 이 왕국의 양대 도시는 보이투라와 사람들이 소르마간트Sormagant라고 부르기도 하는 세오르네르간트이다.[2] 페르시아의 두 번째 왕국은 피손 강에서 서쪽으로 메디아 왕국과 대 아르메니아까지 뻗어 있다. 북쪽은 카스피 해,

남쪽은 인도에 이른다. 이 왕국의 땅도 마찬가지로 비옥하고 풍요롭다. 그곳에 있는 중요한 세 개의 도시는 네사보르, 사폰, 사르마산이다.[3]

암흑의 땅

다음은 아르메니아로 예전에는 4개의 왕국으로 나뉘어 있었다.[4] 그곳은 훌륭하고 물자가 풍부한 나라인데, 페르시아를 기점으로 해서 서쪽으로 투르크까지 길게 뻗어 있다. 그 너비는 오늘날 '지옥의 문'이라고 불리는, 앞서 말한 알렉산드리아 시에서 메디아 왕국까지이다. 아르메니아 왕국에는 훌륭한 도시가 많이 있는데, 그 중에서도 타우리조가 가장 유명하다.

다음은 메디아 왕국인데 매우 길고 폭이 좁게 뻗어 있다. 그 나라는 동쪽은 페르시아와 소 인도까지, 서쪽은 칼데아 왕국까지, 북쪽은 소 아르메니아까지 뻗어 있다. 이 메디아 왕국에는 높은 산이 많고 평야는 적다. 그곳에는 사라센인뿐 아니라 코르디네스라고 불리는 다른 종족이 살고 있다. 이 왕국의 가장 훌륭한 2개의 도시는 사라스와 카레멘이다.[5]

그 다음으로 게오르기아 왕국[6]이 있는데, 아브조르[7]라고 불리는 큰 산에서 동쪽으로 펼쳐져 있다. 이 나라에는 잡다한 종류의 종족이 살고 있으며, 사람들은 이 나라를 알라모Alamo라고 부르기도 한다. 이 왕국은 투르크와 대양 방향으로 뻗어 있으며, 남쪽은 대 아르메니아와 맞닿아 있다. 그 땅에는 2개의 왕국이 있는데, 하나는 게오르기아 왕국이고, 다른 하나는 아브카즈 왕국이다. 두 왕국 모두 왕을 한 명씩 두고 있으며, 둘 다 그리스도교도이다. 그러나 게오르기아의 왕은 대칸에게 예속되어 있으나 아브카즈 왕국은 강력한 독립국이다. 아브카즈는 모든 외적에 맞서 자기 나라를 잘 지켜내고 있기 때문에 아브카즈의 왕은 누구에게도 굴복하고 있지 않다.

이 아브카즈 왕국에는 아주 불가사의한 일이 하나 있다. 이 나라에는 주위를 돌아보는 데 대략 3일 정도가 필요한 하우이손이라고 불리는 지방이 있다.[8] 그곳은 온통 어둠으로 덮여 있어 빛을 전혀 찾아볼 수 없다. 그 안에 무엇이 있는지 전혀 보이지 않기 때문에 그 누구도 감히 그 지방에 발을 들이려 하지 않는다. 그런데 그 주변에 살고 있는 사람들의 말로는 가끔 그 안에서 사람소리나 말 울음소리, 닭 우는 소리가 들려온다고 한다. 그러므로 어떤 인간인지는 모르나, 누군가가 그곳에 살고 있는 것은 분명하다고 한다. 그들은 이 암흑이 (그리스도교도들을 위해) 신이 보이신 기적이라고 말한다. (그것은 다른 수많은 불가사의하고 경이로운 일들과 함께 옛날이야기로 기록되어 있다고 한다.)[9]

옛날 페르시아 왕국에 사우레스라는 포악한 황제가 있었다. 그는 많은 군대를 이끌고 힘닿는 데까지 그리스도교도들을 추적하여 살육했으며 자신의 우상들에 강제로 희생제물을 바치게 했다. (폭군의 박해에서 벗어나기 위해) 그 나라에 살고 있던 많은 선한 그리스도교도들은 집안의 재산을 버리고 그리스로 피난을 가려고 했다. 그들은 메곤이라는 평원에 집결했는데, (그들이 도망가려고 한다는 사실을 전해들은) 사악한 황제는 대군을 동원해 그들의 앞길을 막아 모두 죽여 조각내려 했다. 그리스도교도들은 땅에 무릎을 꿇고 신에게 구해 달라고 기도했다. 그러자 갑자기 짙은 구름이 몰려와서 황제와 그의 군대를 모두 감쌌다. 그들은 그곳을 빠져나갈 수도 물러날 수도 없었다. 그렇게 신의 기적으로 그들은 최후의 심판까지 암흑 속에 영원히 갇히게 되었다. 그 뒤 그리스도교도들은 그들이 그토록 원하던 땅으로 가서 기쁨을 누렸다.

적이 어둠 속에 갇혀 패하는 데는 한 번의 타격도 필요치 않았다. 우리가 다윗처럼 "이것은 주님이 이루신 것으로 우리들이 보기에는 놀라울 뿐입니다(*A Domino factum est istud & est mirabile in oculis nostris*)"[10]라고 말하는 것은 당연하다. 그것은 신이 그들을 위해 행하신 크나큰 기적이다. 그러므로 그리스도교도들은 다른 어떤 종파의 사람들보다도 주님을 신실하게 섬겨야 한다. 사악함과 죄가 없다면 그리스도교도들은 분명히 온 세계의 주인이 될 수 있을 것이다. 예수 그리스도의 깃발은 언제나 펼쳐져 있고, 그가 진실로 사랑하는 종들을 도울 준비가 모든 면에서 되어 있다. 그러므로 좋은 믿음을 가진 한 명의 선한 그리스도교도가 천 명의 사악한 이단자들을 패배시키고 물리칠 수 있는 것이다. 다윗이 「시편」에서 "어떻게 한 사람이 천 명을 쫓아내고, 두 사람이 만 명을 몰아낼 수 있었으랴. 네 곁에서 천 명이 쓰러지고, 네 오른쪽에서 만 명이 쓰러질 것이다(*Quoniam persequebatur unus mills, & duo fugarent decem milia. Et cadent a latere tuo mille, & decem milia a dextris tuis*)"[11]라고 말한 것처럼 말이다. 어떻게 한 명이 천 명을 쫓아낼 수 있는지 다윗은 이렇게 말했다. "이 모두 주님의 손이 하신 일이기 때문이다(*Quia manus Domini fecit haec omnia*)"[12] 주님도 예언자의 입을 빌어 말씀하시길 "만약 네가 나의 길을 가면, 나의 손이 너의 적을 누르리라(*Si in viis meis ambulaveritis, super tribulantes vos misissem manum meam*)"[13]라고 하셨다. 이처럼 우리는 우리가 선한 사람이면 어떤 적도 우리에게 계속해서 맞서지 못하리라는 것을 분명히 알 수 있다.

그대는 암흑의 땅에서 흘러나오는 거대한 강이 그곳에 사람이 살고 있는 것이 진실임을 많은 증거로 보여준다는 사실을 알고 있어야 한다.

아무도 감히 그 안에 들어가 보지 못했지만 말이다.

그리고 그대는 게오르기아 왕국과 아브카즈 왕국, 소 아르메니아에 선하고 신실한 그리스도교도들이 살고 있다는 사실도 알아 두어야 한다. 그들은 언제나 1주일에 1회나 2회씩 참회를 하며 성체를 받는다. 매일 성체배령을 하는 사람들도 많다.

이쪽 세계에 사는 우리는 그렇게 하지 않는다. 성 바울이 명하고 이르길 "일요일마다 성체배령을 하라(*Omnibus diebus dominicis ad communicandum hortor*)"고 했지만 말이다. 그들은 이 명령을 지키지만 우리는 지키지 않는다. (이 점에서 그들은 우리보다 신앙심이 두텁다. 우리는 1년에 한 번 정도 참회를 하며 사면을 받는 것이 고작이기 때문이다.)[14]

투르크와 칼데아, 메소포타미아

이 나라 부근에는 대 아르메니아와 국경을 접하고 있는 투르크가 있다. 그곳에는 카파도키아, 사우레, 브리쿠에, 쿠에시톤, 피탄, 게멧 등의 많은 지방들이 있다. 그리고 각각의 지방에는 훌륭한 도시가 많이 있다. 이 투르크는 그리스 해 연안에 있는 사칼라 시까지 뻗어 있고, 시리아와도 맞닿아 있다. 내가 전에 말했듯이 시리아는 크고 좋은 나라이다.

인도 위쪽에는 칼데아 왕국이 있다. 이 나라는 칼데아 산지에서 티그리스 강 유역의 니네베 시까지 동쪽으로 뻗어 있다. 너비로 말하자면 북쪽으로는 마라가 시까지, 남쪽으로는 대양까지 펼쳐져 있다. 칼데아는 평원으로 구릉과 하천이 거의 없다.

이어서 메소포타미아 왕국이 있다. 이 나라는 동쪽의 티그리스 강 유역에 위치한 모술이라고 불리는 도시를 기점으로 서쪽의 유프라테스 강 유역의 로이아우즈라는 도시까지 뻗어 있다. 너비로 말하자면 아르메니아의 산지에서 소 인도의 사막까지 펼쳐져 있다. 비옥한 평야를 지닌 땅이지만 하천은 적다. 그리고 나라 안에는 2개의 산이 있는데, 하나는 시마르 산이고, 다른 하나는 리손 산이다. 칼데아 왕국과는 국경을 접하고 있다.

그리고 그곳의 남쪽에는 많은 나라들과 지방들이 있다. 그 가운데는 에티오피아도 있는데, 동쪽은 큰 사막, 서쪽은 누비아 왕국, 남쪽은 모레타네 왕국, 북쪽은 홍해와 접하고 있다.

다음은 모레타네로 에티오피아 산지에서 고지 리비아까지 뻗어 있다. 남쪽은 대양의 연안 지역에 닿아 있고, 북쪽은 누비아와 고지 리비아로 이어진다. 누비아에는 그리스도교도가 살고 있는데, 앞서 말한 나라들과 이집트 사막하고 국경을 접하고 있다. 이집트에 대해서는 이미 이야기했다. 그 다음에 고지 리비아와 저지 리비아가 있는데, 스페인 해까지 뻗어 있다. 이 지역에는 많은 왕국들이 있고 여러 다양한 종족이 살고 있다.

지금까지 나는 그대에게 카타이 왕국과 이쪽 세계 사이에 있는, 대부분 대칸의 지배 아래 놓여 있는 많은 나라들에 대해 이야기했다.

제29장

카타이 너머의 나라와 섬들

칼딜헤 왕국의 신기한 열매

이번에는 내가 말한 나라들의 너머에 있는 (카타이 너머에 있는) 나라들과 섬들에 대해 하나씩 이야기하겠다.

카타이를 지나 인도 고지와 바카리아로 향하는 사람은 칼딜헤라고 불리는 매우 아름다운 왕국을 지나게 된다. 그곳에는 조롱박처럼 생긴 과일이 열린다. 잘 익은 것을 반으로 가르면 안에 살과 뼈, 피가 있는 작은 동물이 들어 있다. 그것은 마치 털 없는 작은 양 같다. 그 나라 사람들은 이 동물도 과일과 함께 먹는다. 이것은 매우 불가사의한 일이다. 그 과일은 믿기 어려울 정도로 놀라운 것이지만 나는 그것을 먹어보았다. 나는 신께서 행하시는 일이 불가사의함을 잘 알고 있다.[1]

나는 그들에게 그만큼 놀라운 것이 이쪽 세계에도 있다고 말해주었다. 그것은 베르나케스Bernakes이다. 나는 그들에게 "(내게는 그대들의 나무가 그다지 놀랍지 않다.) 우리나라에는 새가 되어 날아가는 열매가 열리는 나무가 있다. 그 열매는 물에 떨어진 것만 살고 땅에 떨어진 것은 바로 죽는다. 그 과일은 매우 맛이 좋다"고 말했다. 그들은 이 말을 듣

고 매우 신기하게 여겼는데, 그런 일이 가능할 리 없다고 믿지 않는 사람도 있었다.[2]

이 나라에는 향기가 좋은 기다란 사과들도 있는데, 한 다발에 100개 이상이 열린다. 잎은 매우 길쭉하고 커다란데, 길이가 2피트 이상이나 된다. 이 나라와 부근의 다른 나라들에서는 정향, 육두구, 인도의 커다란 견과[3], 계피 등 다양한 향료들이 난다. 무척 커다란 포도열매가 달리는 포도나무도 있는데, 건장한 남자도 포도 한 송이를 들고 있지 못할 정도이다.

산속에 갇혀 있는 유대인 부족

이 지역에는 우베르Uber라고 불리는 카스피 산맥이 있다. 그런데 그 산맥에는 10개의 유대인 부족이 갇혀 있다. 사람들은 그들을 고스Goth와 마고스Magoth라고 부르는데,[4] 그들은 그 산을 벗어나지 못한다. 그곳에는 22명의 왕들이 자신들의 백성들과 함께 유폐되어 있는데, 그들은 스키티아 산지에서 살았던 이들이다. 알렉산더 대왕이 그 산지에서 그들을 내쫓고, 부하들을 시켜 그들을 가두려 했다. 하지만 대왕은 자신의 힘만으로는 그 일을 끝낼 수 없음을 깨닫고, 조물주에게 그가 시작한 일을 완성할 수 있게 해달라고 기도를 했다. 대왕은 이교도였고 기도를 들어줘야 할 만큼 훌륭한 사람도 아니었지만, 신은 은총을 베풀어 그들을 산에 가두었다. 그들은 카스피 해 방향을 제외하고는 주변이 온통 높은 산들로 가로막힌 그곳에 갇혀 살아가야 했다.

누군가 내게 이렇게 물을지도 모르겠다. "바다가 있는데 그들은 왜 바다 쪽으로 빠져나가 원하는 곳으로 떠나지 않는가?" 이 질문에 대한 내 대답은 이렇다. "카스피 해는 카스피 산지 아래의 땅에서 흘러나와 이 나라 한쪽에 있는 사막을 가로질러 페르시아 국경까지 뻗어간다. 이것은 바다라고는 하지만 바다가 아니라 호수이며, 게다가 세계에서 가장 큰 호수이다. 그 호수를 건넌다 할지라도 그들은 어디에 이르러야 좋을지 알지 못한다. 심지어 그들은 자기 나라 말밖에 할 줄 모르며 자기들 이외의 사람들에 대해 알지 못한다. 그래서 그들은 그곳을 나가지 못한다."

그대는 유대인들이 세계 어느 곳에도 안주할 땅을 갖지 못하고 있으며, 겨우 이 산들에 거주하고 있을 뿐이라는 사실을 알고 있어야 한다. 그들은 아마조니아의 여왕에게 공물을 바치고 있으나, 여왕 쪽에서는 그들이 빠져나가지 않도록 주의 깊게 지키고 있다. (그들이 산을 넘어서 그 산들과 접하고 있는 여왕의 영토에 침입하는 것을 막기 위해서이다.) 카스피 해 연안을 제외하고 주변이 모두 산지로 막혀 있기 때문에 그들은 어디로도 빠져나갈 수 없다.

가끔 몇 사람의 유대인이 산을 넘어가는 경우도 있지만, 우뚝 솟은 높은 산을 오르기 어렵기 때문에 이것을 넘어가는 경우는 그다지 많지 않다. 그래서 온갖 노력을 기울여도 그들은 그곳에 머무를 수밖에 없는 것이다. 그리고 출입구라고는 사람이 만든 좁은 샛길이 있을 뿐인데, 그 길이가 4마일이나 된다.

그리고 그 앞에는 큰 사막이 가로놓여 있다. 아무리 땅을 파도 물을 전혀 찾을 수 없는 곳이므로 사람이 살 수 있는 곳이 아니다. 그리고 용과 뱀 등 독을 가진 짐승들이 우글대기 때문에 겨울을 제외하고는 어느 누구도 감히 그곳을 지나지 못한다. 사람들은 이 육로를 클리론Clyron이라고 부르는데, (앞서 말했듯이) 아마조니아의 여왕이 엄중히 지키고 있다. 일부가 운 좋게 그곳을 벗어나기도 하지만, 그들은 히브리어만 할 줄 알기 때문에 다른 사람들과 말이 통하지 않는다.

그런데도 사람들의 말에 따르면, 적그리스도의 시대가 오면 이 유대인들이 바깥세상으로 나와서 그리스도교도들을 대규모로 학살할 것이라고 한다. 세계 각지에 흩어져 있는 유대인들이 모두 히브리어를 배우는 이유도 그 때문이다. 그들은 산속에 갇혀 있는 유대인들이 나왔을 때, 말이 통해야 그들을 그리스도교 국가로 이끌어 그리스도교도들을 죽일 수 있다고 생각한다. 유대인들의 예언에 따르면 카스피아의 유대인들이 나와 온 세상으로 퍼져나가면 그리스도교도들은 그들에게 굴복하게 될 것이라고 한다. 그들이 그리스도교도에게 오랫동안 굴복해왔던 것처럼 말이다.

그들이 도대체 어떻게 탈출구를 찾을 수 있을지 알고 싶어하는 이들이 있을지도 모르겠다. 그래서 내가 이전에 들었던 다음과 같은 이야기를 들려주겠다.

적그리스도의 시대가 되면 여우가 한 마리 나타나 알렉산더 대왕이 만든 문이 있는 자리에 굴을 판다. 그 여우는 땅을 한참 깊게 파 들어가다 마침내 유대인들 사이에 모습을 드러낸다. 그러면 그런 짐승을 본 적이 없었던 그들은 여우를 보고 몹시 놀랄 것이다. 그들이 갇힐 때 다른 짐승들도 함께 갇혔으나 여우만 없었기 때문이다. 그 뒤 그들은 여우를 쫓아가다 여우가 나온 구멍이 있는 곳까지 이르게 되고, 그 구멍을 따라 힘차게 파 들어가다가 알렉산더 대왕이 거대한 돌과 시멘트로 단단하게 막아 놓은 문을 발견하게 된다. 그리고 그들은 이 문을 부수고 마침내 통로를 발견하게 되는 것이다.

바카리아의 불가사의한 나무와 동물들

이 나라에서 더 나아가면 바카리아에 도달하게 된다. 그곳에는 사악하고 흉측한 인간들이 많이 살고 있다. 이 나라 안에는 마치 양처럼 양모를 만들어내는 나무가 있어서 사람들은 이것으로 옷감 등 양모로 만들 수 있는 온갖 것들을 만든다.

그리고 이 고장에는 히포타이네스hippotaynes도 많이 서식하고 있는데, 어떤 때는 땅으로 올라오고 어떤 때는 물속에 들어가 산다. 그들은 내가 전에 말한 반은 인간이고 반은 말인 반인반마半人半馬의 모습이다. (사람 고기를 좋아해서) 그들은 사람을 붙잡으면 잡아먹는다.

그곳에는 바닷물보다 세 배나 더 쓴 맛이 나는 하천들도 있다. 그리고 이 나라에는 다른 어떤 나라보다도 그리핀griffoun이 많다.[5] 사람들은 그리핀의 상체가 독수리 형상이고 하체가 사자 형상이라고 하는데, 정말 그들이 말한 대로의 모습을 하고 있다. 그런데 그리핀 한 마리는 이들 나라들에 서식하는 사자 8마리보다도 강하고 몸집도 훨씬 크다. 그리고 이쪽 세계에 서식하는 독수리 100마리보다도 더 크고 힘도 세다. 그리핀은 (등에 사람을 태운) 커다란 말 한 마리도 들고 둥지로 날아갈 수 있다. 멍에로 연결된 쟁기질하는 두 마리 소도 마찬가지이다. 그리핀의 발에는 거대한 황소나 큰 수사슴, 소의 뿔만큼이나 길고 큰 발톱이 있는데, 사람들은 그 발톱으로 물을 마실 때 쓰는 잔을 만든다. 그리고 갈비뼈와 날개의 깃털로는 화살과 쇠뇌살을 쏘기 위한 매우 강력한 활을 만든다.

바카리아를 벗어나 며칠 동안 여행을 계속하면 인도의 황제인 사제왕 요한의 영토에 도달한다. 그의 왕국은 펜텍소이레Pentexoire 섬이라고 불린다.

30장

사제왕 요한의 나라

사제왕 요한의 왕국으로 가는 길

이 사제왕 요한은[1] 매우 광대한 나라를 다스리고 있다. 그의 왕국 안에는 많은 훌륭한 도시와 마을, 수많은 커다란 섬들이 있다.[2] 이 모든 인도의 땅들은 섬들로 쪼개져 있는데, 이는 낙원에서 흘러나온 거대한 하천들이 국토를 (가로질러 흐르면서) 수많은 부분으로 나누고 있기 때문이다. 그는 바다에도 많은 섬들을 소유하고 있다. 펜텍소이레 섬에서 가장 훌륭한 도시는 니세이다. 그곳은 매우 호화롭고 웅장한 황제의 도시이다.

사제왕 요한은 많은 왕과 섬들, 각양각색의 종족들을 거느리고 있다. 그의 국토는 매우 비옥하고 풍요롭다. 그러나 대칸의 나라만큼 부유하지는 않다. 너무 멀리 떨어져 있어서 상인들은 물건을 사러 대부분 카타이로 가지 이 나라로는 자주 가지 않기 때문이다. 게다가 상인들은 대칸의 섬에서 그들이 원하는 모든 물건들, 예컨대 금사 옷과 비단옷, 향료, 그 밖의 온갖 상품들[3]을 구할 수 있다. 바다에서의 위험과 긴 여정 때문에 사람들은 사제왕 요한의 섬에 있는 물건들이 훨씬 싼데도 그곳으로 가기를 꺼린다.

그리고 그곳 바다 속 곳곳에 있는 거대한 자석바위는 쇠를 끌어당기는 성질을 가지고 있다.[4] 그래서 쇠못이나 이음쇠를 사용한 배는 결코 그곳을 지날 수 없다. 만약 그러한 배가 그곳을 지난다면 자석바위에 끌어당겨져서 빠져나갈 수 없게 된다. (그 나라의 선박은 모두 나무로 만들어져 있고, 쇠를 조금도 사용하지 않는다.)[5] 나는 예전에 한 번 그 해역으로 가서 멀리서 살펴본 적이 있는데, 마치 나무와 관목들, 가시덤불과 엉겅퀴가 가득한 큰 섬처럼 보였다. 뱃사람들이 내게 해준 말로는 그것은 모두 자석바위가 그곳으로 끌어당긴 커다란 배들이며, 안에 쇠가 있어서 그렇게 되었다고 한다. 그리고 배 안에 있는 여러 가지 물건과 부패한 것들에서 자라난 관목과 가시덤불, 엉겅퀴, 잔디 같은 것들, 그 밖에 돛대와 돛의 활대들이 그것을 숲처럼 보이게 하는 것이라고 한다. 자석바위는 그 주변 곳곳에 널려 있다. 그래서 상인들은 그 길을 잘 알거나 항해술이 뛰어나지 않는 한, 그곳을 지나기를 꺼린다.

그러한 위험이라든가, 거리가 멀다든가 하는 이유 때문에 그들은 더 가까운 카타이로 향한다. 그렇지만 카타이도 그리 가깝지는 않아서 베네치아나 제노바에서 출발해 뱃길이나 육로로 가는 데에는 11개월이나 (12개월이) 걸린다. 하지만 사제왕 요한의 나라로 가려면 그것보다도 훨씬 더 길고 혹독한 여정이 필요하다.

사제왕 요한의 나라로 가려는 상인들은 우선 페르시아 왕국을 거쳐서 헤르메스Hermes라고 불리는 도시로 간다. 이 도시는 헤르메스라고 하는 철학자가 세워서 그런 이름으로 불리게 되었다.[6] 그 다음에는 내해內海를 지나 골바케Golbache[7]라고 불리는 도시로 가는데, 그곳에는 온갖 종류의 상품이 있고, 앵무새가 이쪽 세계의 거위만큼이나 많다.[8]

이 도시를 지나려는 사람은 안전하게 길을 통과할 수 있다. 이 나라에는 밀과 보리가 거의 나지 않아서 주민들은 오로지 쌀과 꿀, 우유, 치즈, 과일만 먹는다. (사제왕 요한과 타타르의 대칸은 혼인으로 영원히 결속하고 있다. 서로 상대의 딸이나 누이와 결혼하기 때문이다.) 사제왕 요한은 늘 대칸의 딸을 아내로 맞이한다. 마찬가지로 대칸도 사제왕 요한의 딸을 아내로 맞이한다. 이는 이들이 하늘 아래에서 가장 위대한 두 명의 군주이기 때문이다.[9]

사제왕 요한의 나라에는 다양한 종류의 크고 아름다운 보석들이 굉장히 많다. 사람들은 그 보석으로 쟁반이나 접시, 잔과 같은 그릇을 만든다. 그리고 다른 신기한 것들도 많은데, 너무나 다채롭고 길어서 책에 다 적기도 어렵다. 그 대신 나는 사제왕 요한이 다스리는 주요한 섬들과 영토, (그와 그의 백성들의) 신앙에 대해서 조금만 이야기하겠다.

이 사제왕 요한은 그리스도교도이고, 그의 영토 안의 주민도 대부분 그러하다. 그러나 그렇다고 해도 그들의 신앙이 우리와 완전히 똑같지는 않다. 비록 그들이 성부와 성자, 성령을 믿지만 말이다. 그들은 매우 신앙심이 두터운 사람들이고, 서로에게 성실하다. 그래서 그곳에는 배신이나 사기, 음모 따위가 없다. 사제왕 요한은 72개의 지방을 다스리고 있는데, 지방마다 왕이 한 명씩 있다. 그리고 이 왕들은 다시 하급의 군주들을 지배하고 있는데, 그들은 모두 사제왕 요한에게 복종하고 있다.[10]

모래바다와 보석으로 가득한 강

사제왕 요한의 영토에는 불가사의한 일이 수없이 많다. 특히 모래와 자갈뿐인 모래바다가 신기하기 짝이 없는데, 그 안에는 한 방울의 물도 존재하지 않는다. 그것은 마치 다른 바다들처럼 거대한 파도를 만들며 물러났다가 밀려오고, 잠시도 가만히 있지 않는다.[11] 물론 배와 같은 것으로도 건너지 못한다. 그래서 모래바다 건너편에 어떤 나라가 있는지는 아무도 짐작조차 하지 못한다. 그리고 그 바다에는 전혀 물이 없는데도 제방 부근에는 물고기가 많이 잡힌다. 모양이나 종류는 다른 바다의 물고기와는 다르지만, 향도 좋고 꽤 맛있다. (나 존 맨더빌도 그것을 먹어 보았다. 그러니 믿어도 된다. 결코 거짓말이 아니다.)[12]

그 바다에서 3일 정도의 거리에는 커다란 산들이 있다. 그곳에서 큰 강이 흘러나오는데, 발원지는 낙원이다.[13] 그 강은 물이 한 방울도 없고 보석으로 가득 차 있다. 그리고 거친 물결을 이루며 사막의 한쪽을 가로질러 흐르다 모래바다로 들어가 사라진다. 이 강은 매주 3일 동안 흐르며 많은 양의 거대한 돌과 바위들을 함께 나르지만 모래바다로 흘러들어가 사라지면 영원히 볼 수 없게 된다. 강이 흐르는 3일 동안은 (유속이 빨라) 감히 누구도 그 안에 들어가지 못한다. 하지만 다른 날들에는 마음껏 들어갈 수 있다. (그리고 보석도 실컷 긁어모을 수 있다.)

그리고 이 강 너머 사막 쪽으로 올라가면 산들이 에워싸고 있는 모래와 자갈뿐인 커다란 평원이 나온다. 그 안에는 날마다 해가 떠오르기 시작하면 자라기 시작하는 작은 나무들이 있다. 그 나무들은 정오까지 자란 뒤에 열매를 맺는다. 그러나 그 열매는 요정의 것으로 여겨지므로 아무도 따려고 하지 않는다.[14] 정오가 지나면 그 나무들은 차츰 작아져 땅속으로 들어가서 해가 진 뒤에는 모습을 전혀 찾아 볼 수 없게 된다. 매일 그런 일이 반복되는데 참으로 신기하다.

이 사막에는 무시무시하게 보이는 야만인들이 많다. 그들은 뿔이 났으며 말을 하지 못하고 돼지처럼 꿀꿀거린다. 야생의 개들도 매우 많이 있다. (그곳의 야생 개들은 이쪽 세계의 여우보다도 수가 훨씬 많은데 사람 곁에는 결코 다가오지 않는다.) 그리고 그들 나라 말로 프시타케스 psitakes라고 불리는 앵무새들도 많다. 그 새들은 선천적으로 말을 할 줄 알아 사막을 지나가는 사람들에게 인사를 하고, 마치 사람처럼 또박또박 말을 건다. 능숙하게 말을 하며 혀가 크고 왼쪽과 오른쪽 발에 각각 5개의 발가락이 있는 앵무새도 있고, 울기만 하고 말은 하지 않거나 조금밖에 할 줄 모르는, 왼쪽과 오른쪽 발에 각각 발가락이 3개만 있는 앵무새도 있다.

사제왕 요한의 행렬과 왕궁

사제왕 요한은 다른 군주와 전쟁을 벌일 때 군대 앞에 군기를 걸지 않는다. 그 대신 그에게는 순금으로 되어 보석이 잔뜩 박혀 있는 3개의 크고 긴 십자가가 있다. 십자가들은 화려하게 장식된 전차에 하나씩 따로 세워진다. 그리고 각각의 십자가 아래에 전쟁에서 군기를 따르는 것과 같은 방식으로 1만 명의 기병과 10만여 명의 보병이 배치된다. (황제가 전쟁에 나갈 때마다 언제나 이 정도 규모의 병력이 십자가들을 수행한다.) 이들은 전쟁 수행을 위한 주력부대나 (식량을 조달하는) 보급부대에도 포함되지 않는다. (황제의 명령을 받드는 영주들의 병력도 아니다.)

전쟁이 아니라 황제가 개인 수행원을 거느리고 외출하는 경우에는 금이나 은, 보석으로 장식되지 않고 색칠도 하지 않은 나무 십자가 하나만 앞세운다. 이는 예수 그리스도가 나무 십자가 위에서 돌아가신 것을 기리기 위해서이다. 황제는 흙을 가득 채운 황금쟁반도 앞세우고 가는데, 이것은 지체 높고 막강한 황제라고 해도 흙으로 돌아갈 수밖에 없다는 뜻을 나타낸다. 황금으로 된 화려하고 귀한 보물들과 (루비, 다이아몬드, 사파이어, 에메랄드, 토파즈, 감람석 등의) 보석들을 채워 넣은 은그릇도 앞세우는데, 이것은 황제의 지배력과 고귀함, 막강한 힘을 상징한다.

　황제는 보통 수사라는 도시에 머무른다. 그의 궁전은 직접 보지 않고서는 감히 상상조차 할 수 없을 정도로 무척 호화롭고 화려하다. 궁전의 주탑 위에는 황금으로 만든 두 개의 둥근 부분이 있는데, (아름답고) 크고 거대한 석류석이 하나씩 박혀 있어서 밤이 되면 찬란하게 빛난다. 그리고 궁전의 대문에는 사람들이 사도닉스라고 부르는 보석이 장식되어 있고, 테두리와 빗장은 상아로 만들어져 있다. 홀과 방의 창은 모두 수정이다. 그리고 식사에 사용하는 탁자에는 모두 에메랄드나 자수정, 황금 등의 보석이 가득 박혀 있다. 그 식탁을 떠받치는 다리들도 그러한 보석들로 장식되어 있다. 황제가 식사를 하려고 옥좌로 올라가는 계단은 하나하나가 오닉스, 수정, 벽옥, 자수정, 사드, 카닐리언 등의 보석으로 되어 있다. 그가 식사할 때 발을 올려놓는 일곱 번째 계단은 감람석으로 만들어져 있다. 그리고 이 계단들은 모두 순금으로 테를 두르고, 옆면과 귀퉁이는 커다란 동양산 진주 등의 보석으로 꾸며져 있다.[15] 옥좌는 옆면은 에메랄드로 만들어졌고 순금 테두리를 둘렀으며, 커다란 진주 등의 보석들로 장식되어 있다. 황제의 침실 기둥들도 순금으로 만들었으며, 보석을 잔뜩 박아 넣었다. 보석 중에는 석류석이 많이 섞여 있어서 밤이 되면 모든 사람들을 향해 찬란하게 빛을 비춘다. 그렇게 석류석이 충분한 빛을 뿜어내는데도 늘 (12개의) 수정 그릇에 향유를 가득 담아 불을 지펴 오염되고 나쁜 공기를 쫓고 황제가 좋은 향기를 맡을 수 있게 한다. 황제의 침대는 순전히 사파이어들로만 만들어졌으며 황금으로 테를 둘렀다. 이는 편안하게 잠을 자고 음욕을 끊기 위한 방법이다. 황제는 사계절에 맞추어 1년에 네 번만 아내들과 동침하는데, 그것도 단지 자식을 얻기 위해서일 뿐이다.[16]

그리고 이 황제는 니세라는 도시에도 훌륭하고 아름다운 궁전을 두고 있는데, 마음이 내키면 그곳에 머무르기도 한다. 그런데 그곳의 공기는 수사에 비해 그다지 온난하지 (않고 건강에 좋지도) 않다.

그대는 사제왕 요한의 나라에서는 어디에서나 대칸의 궁정과 마찬가지로 사람들이 하루에 한 끼만 먹는다는 사실을 알고 있어야 한다. 오고가는 사람을 제외하고도 매일 궁정 안에서 식사를 하는 사람만 3만 명 이상이나 된다. 그러나 사제왕 요한의 나라와 대칸의 나라에서 3만 명이 소비하는 하루 식량은 이쪽 세계에서 1만2천 명이 하루에 먹는 식량에도 못 미친다.

사제왕 요한은 언제나 7인의 왕을 불러 자신을 섬기게 한다. 그들은 사제왕을 몇 개월 동안 섬기다 집으로 돌아간다.[17] (그러면 다른 7인의 왕이 들어와 사제왕을 섬긴다.) 이 왕들은 늘 72명의 공작들과 360명의 백작들의 섬김을 받고 있다. 1년 내내 황제의 궁정 안에서는 12인의 대주교와 20인의 주교가 식사를 한다. 그리고 이곳의 교황과도 같은 성 토마스 총대주교도 궁정에 머무른다. 그 나라에서는 대주교나 주교, 대수도원장도 모두 왕이다. 그리고 이 모든 위대한 군주들은 황제의 궁정에서 각자 맡은 직책을 잘 수행하고 있다. 예컨대 그들은 황제의 집사장이나 시종장, 식사 시종, 잔 시종, 집사, 군사령관, 무기 시종 등이 되어 황제를 충성스럽고 훌륭하게 잘 보필하고 있다. 그런데 사제왕 요한의 나라는 매우 넓어서 여행하는 데 4개월이나 걸리며 그 거리는 측정할 수조차 없다. 말하자면, 우리 반대편 땅에 있는 모든 섬들이 그의 것이다. (이제까지 쓴 내용들을 모두 믿어도 좋다. 나는 내 두 눈으로 그것을 직접 보았다. 내가 말한 것은 그 가운데 일부일 뿐이다. 동료들과 나는 황제 곁에서 오랫동안 머무르면서 이제껏 말한 일들을 모두 목격했다. 보고도 미처 말하지 못한 일들도 꽤 많다.)

가짜 낙원과 암살자[18]

사제왕 요한의 나라인 펜텍소이레 섬 부근에는 미스토락[19]이라고 불리는 또 하나의 길고 넓은 섬이 있다. 이 섬도 사제왕 요한의 지배 아래에 있는데, 물자가 매우 풍부하다.

그리 오래지 않은 옛날에 이 섬에는 가톨로나베스라는 부자가 살고 있었다. 그는 거짓과 교묘한 속임수에 매우 능한 사람이었다. 그는 산 위에 튼튼하고 아름다운 성을 지었다. 그보다 아름답고 견고한 성은 아무도 생각하지 못할 만큼 매우 튼튼하고 훌륭한 성이었다. 그리고 산 전체를 빙 둘러 튼튼하고 견고한 성벽을 세웠다. 그리고 성벽 안에는 어느 누가 보더라도 세상에서 가장 아름다운 정원을 만들어 놓고는, 그 안에 다양한 과일이 열리는 온갖 종류의 나무를 심었다. 그리고 좋은 향기를 풍기는 다양한 종류의 허브들과 아름다운 꽃을 피우는 허브들도 심었다. 그 정원에는 훌륭한 샘들도 많이 있었는데, 부자는 그 곁에다 온통 황금색과 하늘색으로 채색된 아름다운 홀과 방들을 만들게 했다. 그리고 다양한 층마다 각양각색의 물건들을 가져다 놓았다. 그 중에는 기계장치로 움직이지만 마치 살아 있는 것처럼 재빨리 움직이며, 정말로 유쾌하게 지저귀는 짐승이나 새도 있었다.

그는 이 정원에 떠올릴 수 있는 모든 새와 짐승들을 옮겨다 놓고는 사람들이 놀고 즐길 수 있게 했다. 그리고 찾을 수 있는 가장 아름다운 15세 이하의 처녀들과 같은 나이대의 외모가 매우 뛰어난 어린 청년들을 그곳에 모아 놓고는 모두에게 금으로 장식된 화려한 옷을 입혔다. 그리고 그들을 천사라고 불렀다.

그는 그 정원에 아름답고 훌륭한 우물도 3개 만들었다. 그 우물들은 둘레를 벽옥과 수정으로 감싸고 황금으로 장식을 했으며, 보석과 커다란 동양 진주를 박아 넣었다. 그는 땅속을 지나는 관을 만들어서 그가 바라는 대로 3개의 우물 가운데 하나에서는 젖, 다른 하나에서는 포도주, 또 다른 하나에서는 꿀이 나오게 했다. 그리고 그곳을 낙원이라고 불렀다.

굳세고 고귀한 성품을 지닌 훌륭한 기사가 이 부자의 집을 찾아오면, 부자는 그 기사를 낙원으로 안내해 신비롭고 유쾌하게 지저귀는 다양한 새들, 아름다운 처녀들, 젖과 포도주, 꿀이 흘러넘치는 아름다운 우물들 등 낙원 안의 놀라운 것들을 보여주며 그를 즐겁게 했다. 그리고 높은 탑 안에 모습이 보이지 않게 악사들을 몰래 숨겨 놓고는 여러 가지 악기를 연주시켜 기사의 흥을 돋웠다. 그런 다음 그들은 신의 천사들이고 이곳은 신이 그의 친구들에게만 허락하신 낙원이라고 말했다. "내가 너희에게 젖과 꿀이 흐르는 땅을 줄 것이다(Dabo vobis terram fluentem lacte et melle)"[20]라고 말씀하신 것처럼 말이다. 그런 다음 이 부자는 기사들에게 어떤 종류의 음료수를 주었는데, 그들은 그것을 마시고 금세 잔뜩 취해버렸다. 그리고 이전에는 느껴보지 못했던 커다란 환희를 느꼈다. 그러자 부자는 그들에게 말했다. "만약 너희들이 나와 내가 바라는 것을 위해 목숨을 바치면 죽은 뒤에 이 낙원으로 돌아와 영원히 낙원의 처녀들과 같은 나이의 젊음을 유지하고, 영원히 그녀들과 함께 즐길 수 있을 것이며, 그녀들은 영원히 처녀의 상태를 유지할 것이다." 그리고 그 뒤에는 그들 모두를 더 멋진 낙원으로 들어가게 해서 더없는 기쁨으로 가득한 거룩한 신을 볼 수 있게 해주겠다고 했다. (그러자 그들은 어떤 것을 명령해도 뭐든지 하겠다고 대답했다. 이 말을 들은 부자는 그들을 향해서 곳곳으로 가서 자신의 적인 누군가를 죽이라고 명령했다.) 부자는 의도했던 것을 드러내며, 그를 적대시하는 군주나 사람을 죽이러 갈 때 죽음을 두려워하지 않아도 된다고 말했다. 비록 죽더라도 부자가 그들을 다른 어느 곳보다도 백 배 아름다운 낙원으로 보내줄 수 있고, 그곳에서 세상에서 가장 아름다운 처녀들과 영원히 즐기게 될 것이기 때문이라는 것이다.

이 때문에 수많은 건장한 젊은 기사들이 부자와 척을 진 다양한 나라의 대군주들을 죽이기 위해 길을 떠났고, 낙원에 들어가기를 희망하며 스스로 목숨을 끊었다. 그리고 그렇게 부자는 교묘한 책략과 거짓된 속임수를 사용해 자주 자신의 적들에게 복수를 했다.

그러나 그 나라의 귀족들은 가톨로나베스의 이러한 교묘한 거짓말을 알아차렸다. 그들은 힘을 모아 그의 성을 공격해 가톨로나베스를 죽였다. 그리고 그 낙원에 있던 아름다운 장소들과 귀한 것들을 모조리 파괴했다. 우물들과 성벽, 그 밖의 것들의 흔적이 부분적으로 남아 있지만 보물들은 아무것도 남아 있지 않다. 그곳이 파괴된 것은 그리 오래지 않은 과거의 일이다.

31장

사제왕 요한이 다스리는 섬들의 풍습

위험한 골짜기와 악마의 머리[1]

미스토락 섬 옆의 피손 강 왼편 언저리에는 불가사의한 것이 있다. 그곳에는 두 개의 산 사이에 길이가 4마일이나 되는 골짜기가 있다. 어떤 사람들은 마법의 골짜기라고 부르고, 어떤 사람들은 악마의 골짜기라고 부르며, 위험한 골짜기라고 부르는 사람도 있다. 이 골짜기에서는 종종 큰 폭풍우소리와 천둥소리, 요란한 중얼거림과 시끄러운 소리들이 밤낮을 가리지 않고 들려온다. 마치 큰 잔치가 열리는 것처럼 〔작은 북인〕타보르나 〔큰 북인〕네이커 두드리는 소리, 나팔 부는 소리가 크게 들리기도 한다. 이 골짜기에는 예전에도 늘 그러했는데, 지금도 악마가 우글우글하다.

사람들은 그곳이 지옥의 입구 가운데 하나라고 한다. 그 골짜기에는 금과 은이 잔뜩 있다. 그래서 그리스도교도나 이교도나 가리지 않고 보물을 얻으려고 많은 사람들이 그 안으로 자주 들어간다. 그러나 그곳에서 다시 나오는 사람은 이교도든 그리스도교도든 거의 없다. (욕심에 사로잡혀서 간 사람들은 모두) 악마들에게 곧바로 목이 졸려 죽임을 당하기 때문이다.

골짜기 한가운데에 있는 바위 아래에는 악마의 머리와 얼굴이 튀어나와 있다. 그것은 보기만 해도 무섭고 오싹한 광경이다. 어깨 위의 머리만 보이는데도 말이다. 이 세상 어떤 강한 사람이라도, 설령 그리스도교도라 할지라도 그것을 보고 두려워하지 않는 사람은 없을 것이다. 그것은 너무나 무시무시해 사람들은 보는 것만으로도 죽을 것 같은 공포를 느끼게 된다. 게다가 이 악마는 끔찍한 눈초리로 인간들을 매섭게 노려본다. 악마의 눈알은 매우 빠르게 움직이며 불 같은 섬광을 내뿜는다. 매우 험악하게 얼굴표정을 바꾸기 때문에 아무도 감히 다가가지 못한다. 그리고 악마가 (코와 입으로) 내뿜는 연기와 불꽃에서는 그 누구도 견딜 수 없는 지독하고 혐오스러운 악취가 난다.

그러나 신앙심이 두터운 선한 그리스도교도는 무사히 그곳을 들어갈 수 있다. 고해를 하고 성스러운 십자가의 성호를 그은 사람에게는 악마들이 힘을 쓸 수 없기 때문이다. 하지만 그들이 위험에서 벗어난다고 해도 두려움까지 느끼지 않게 되는 것은 아니다. 온갖 악마들이 공공연히 모습을 드러내 지상과 허공에서 (위아래로 뛰어다니며) 수없이 그들을 위협하고 공격하며 천둥번개와 폭풍우를 일으켜 혼비백산하게 만들기 때문이다. 사람들은 (선한 자든 악한 자든 그곳을 지날 때는) 자신이 신의 뜻을 거스르고 저지른 잘못 때문에 신이 보복을 하는 것은 아닌지 큰 두려움에 떨게 된다.

그대는 동료들과 내가 그 계곡에 당도했을 때, 신의 보호에 몸을 맡기고 모험을 할 것인지 아닌지를 놓고 심각하게 고민했다는 사실을 알아 두어야 한다. 우리들 가운데 일부는 들어가자고 했고, 일부는 (그런 위험에 몸을 맡기지 말고 옆으로 돌아가서) 들어가지 말자고 했다. 그런데 우리 동료 가운데에는 롬바르디아 출신의 프란체스코회 수도사가 두 명 있었다. 그들은 들어가기를 원하는 자가 있다면 동행해 주겠다고 했다. 그들의 말을 듣고 우리는 신과 그들을 향한 경건한 믿음으로 미사곡을 부르고 모두가 고해성사와 성체성사를 했다. 그리고 14명이 함께 계곡 안으로 들어갔다. 그런데 계곡에서 나온 사람은 겨우 9명이었다. 나머지 사람들은 어떻게 된 것인지, 사라져버린 것인지, 아니면 되돌아간 것인지는 전혀 알 수 없었다. 어쨌든 우리는 두 번 다시 그들의 모습을 보지 못했다. 그들 가운데 2명은 그리스인이고, 3명은 스페인인이었다. 우리와 같이 계곡에 들어가지 않았던 다른 동료들은 우리에 앞서 바닷가를 따라 다른 길로 돌아갔고 나중에 우리와 합류했다.

우리 일행은 위험한 계곡을 지나면서 그 안에 수없이 많은 금과 은, 보석, 화려한 보물들이 여기저기 널려 있는 것을 보았다. 그런데 나는 그것이 실재하는 것인지 우리한테 그렇게 보이기만 했던 것인지는 알지 못한다. 교활한 악마가 실재와는 다른 환영을 이용해 인간을 속일 수 있다고 생각해서 그것들에 전혀 손을 대지 않았기 때문이다. 내 신앙심도 그것에 손을 대는 것을 허락하지 않았다. 곧 온갖 모습으로 변해 나타난 악마들에 대한 공포와 길가는 물론 계곡 전역에 어지럽게 흩어져 있던 무수히 많은 시체들 때문에 나는 지금까지도 앞으로도 신앙심이 그렇게 깊었던 적은 없었다. 그것은 마치 그 나라의 가장 강력한 두 왕이 전쟁을 벌이다 (양편의) 무수히 많은 사람들이 전멸하고 살해당한 것 같았다. 내 생각에 어떤 나라에도 그 계곡에 있는 시체만큼 많은 사람들이 있지는 않을 것이다. 그것은 보기에 매우 끔찍한 광경이었다. 나는 그 수가 너무나 많은 것뿐 아니라, 시체들이 전혀 부패하지 않고 온전한 채로 있었던 것에도 몹시 놀랐다. (하지만 내가 그 계곡에서 본 것이 전부 진짜 시체인지 아닌지는 단언할 수 없다.) 내 생각에는 악마들이 (우리를 겁주기 위해) 썩지 않은 온전한 시체를 보이게 만든 것 같았다. 그렇게 많은 사람들이 최근에 그곳에 들어와 살해당하고 부패하지 않은 채로 있다고는 생각하기 어렵기 때문이다. 그런데 내가 본 시체의 상당수는 그리스도교도의 복장을 하고 있었다. 확신하건데 그들은 보석에 눈이 멀어 그곳에 왔을 것이고, 신앙심도 지나치게 나약해서 그들의 심장은 그러한 공포를 믿음으로 견뎌내지 못했을 것이다. 그래서 우리는 신앙심을 더욱 돈독하게 다잡았다. 그런데도 우리는 넘어졌고, 바람과 천둥, 폭풍우 때문에 딱딱한 땅바닥에 여러 차례 내동댕이쳐졌다. 하지만 그럴 때마다 신께서 그 은혜로 우리를 도와주셨다. 그렇게 우리는 전능하신 신 덕분에 해를 입거나 방해를 받지 않고 무사히 위험한 골짜기를 빠져나올 수 있었다.[2]

사람을 잡아먹는 거인 종족이 사는 섬

그 골짜기 너머에는 커다란 섬이 있는데, 그곳에는 키가 28피트에서 30피트나 되는 거인 종족들이 살고 있다. 그들은 옷을 입지 않고 짐승 가죽을 몸에 두르고 있다. 빵도 전혀 먹지 않는다. 그 대신 짐승들이 많이 서식해 날고기를 먹고 그 젖을 마신다. 그들은 집도 가지고 있지 않다. 그리고 다른 어떤 고기보다도 사람고기를 즐겨 먹는다. 어떤 사람도 이 섬에는 감히 들어가지 않는다. 만약 사람이 타고 있는 배를 보면 그들은 곧바로 사람들을 붙잡기 위해 바다로 뛰어든다.

전해지는 말로는 그 너머의 또 다른 섬에는 더 거대한 인간이 살고 있는데, 키가 45피트(약 14m)나 50피트(약 15m) 되는 사람도 있다고 한다. 그 가운데 일부는 키가 50큐빗(약 23m)이나 된다는 사람도 있다.[3] 나는 그들을 본 적이 없으며, 그쪽으로 가고 싶지도 않았다. 이 섬이나 앞의 섬에 갔다가는 누구라도 곧바로 잡아먹히게 될 것이기 때문이다. 이 거인들은 이쪽 세계의 소만 한 커다란 양을 기르고 있는데, 털이 매우 길고 거칠다. 나는 그 양들을 여러 번 보았다. 이 거인들이 배에 타고 있는 사람들을 잡아서 뭍으로 끌고 가는 것도 여러 번 목격했다. 거인들은 한 손에 2명, 다른 손에 2명을 움켜쥐고 그들을 산 채로 먹으면서 걸어갔다.

대양에 있는 북쪽의 또 다른 섬에는 본성이 매우 잔인하고 사악한 여인들이 살고 있는데, 눈 안에 보석을 가지고 있다.[4] 그 (보석의) 마력으로 이 여인들은 누군가에게 화가 나면 바실리스크처럼 노려보는 것만으로도 상대를 죽일 수 있다.

첫날밤을 다른 남자와 보내게 하는 섬

그 밖에 많은 사람들이 살고 있는 매우 아름답고 크고 훌륭한 섬도 있다. 이 섬의 풍습은 다음과 같다. (이제 막 결혼한 여자는 첫날밤에 남편과 동침해서는 안 되므로) 결혼한 첫날밤에 신랑을 대신해 다른 남자가 신부 옆에 누워 그녀의 처녀성을 취한다. 그리고 (다음날 아침) 그는 그러한 일에 대해 큰 대가와 감사의 인사를 받는다. 마을마다 그런 일을 전담하는 남자들이 있는데, 이들은 카데베리즈cadeberiz라고 불린다. 이는 '절망한 바보'라는 뜻이다. 그곳 사람들은 여자의 처녀성을 갖는 일을 매우 위험한 큰일이라고 생각한다. 여자의 처녀막을 맨 처음 찢는 사람은 그의 삶을 위험에 빠뜨리게 되기 때문이다. 그래서 어쩌다가 처녀막을 찢어야 할 젊은이가 술에 취했거나 하는 이유로 새색시에 대한 의무를 제대로 수행하지 않아 다음날 밤에 남편이 신부의 처녀막이 찢기지 않았다는 사실을 알게 되면, 그 남편은 그곳의 재판관에게 젊은이를 고발한다. 자칫 신랑을 죽음으로 몰아넣을 뻔했기 때문이다. 새색시들은 다른 남자 옆에 누워 첫날밤을 보낸 뒤에는 매우 엄격히 몸단속을 하며, 다른 이와는 말도 섞지 않는다.[5]

나는 그곳 사람들에게 왜 그런 관습이 생겨났는지 물었다. 그러자 그들은 옛날 처녀성을 취한 일로 사망한 남자들에 대한 이야기를 내게 들려주었다. 처녀들이 품고 있는 뱀이 몸 안에 들어온 남자의 성기를 깨물었고, 그 때문에 남자들이 곧바로 죽임을 당했다는 것이었다. 그래서 그들은 죽음에 대한 공포로 신부를 다른 사람과 먼저 동침시키는 그런 풍습을 갖게 된 것이다. 다시 말해 그들은 위험에 빠지지 않으려고 다른 사람을 앞세우는 것이다.[6]

선거로 왕을 뽑는 섬

이 섬 부근에 또 다른 섬이 있는데, 그곳 여자들은 아이를 낳으면 매우 슬퍼한다. 그러나 아이가 죽으면 큰 잔치를 열고 크게 기뻐하며 즐거워한다. 그리고 죽은 아이를 활활 타오르는 불길 속에 던져 태워버린다. 이 섬의 여인들은 남편을 몹시 사랑하기 때문에 남편이 죽으면 아이들과 함께 불속으로 뛰어들어 타죽는다. 그들은 불이 모든 더러움과 죄악을 정화해 주므로 그녀들은 깨끗하고 순결하게 되어 남편이 있는 저세상으로 건너갈 수 있게 된다고 말한다. 그래서 자식들도 함께 데려가는 것이다. 그녀들이 자식이 태어나면 우는 것은 자식이 이 세상에 태어나 겪을 고생과 슬픔, 고난을 알기 때문이다. 그리고 그들 말에 따르면, 자식이 죽었을 때 즐거워하고 기뻐하는 것은 자식들이 젖과 꿀이 강처럼 흐르는, 슬픔과 고생이 없고 모든 것이 풍요로운 즐거운 낙원으로 갔다는 사실을 알기 때문이다.[7]

이 섬에서는 왕을 언제나 선거로 뽑는다. 그런데 그들은 결코 귀족이나 부자를 뽑지 않고, 그 대신 예절이 바르고 품행이 단정하며 정의롭고 나이가 많고 아이가 없는 사람을 왕으로 선출한다. 이 섬의 사람들은 매우 정의로워서 부자든 가난한 자든, 대단한 사람이든 그렇지 않은 사람이든 잘못을 저질렀는지의 여부와 그 정도에 따라 모두에게 공정하게 판결을 내린다. 그리고 왕이라 할지라도 영주들과 현명한 고문들, 그 밖에 궁정 사람들 모두의 동의 없이는 어느 누구도 사형시킬 수 없다. 그리고 만약 왕이 죄를 범하면, 예컨대 살인이나 그에 준하는 큰 죄를 저지르면 그 죄로 벌을 받는다. 그러나 왕은 다른 사람들처럼 사형에 처해지지는 않는다. 그 대신 어느 누구도 그를 동료로 삼거나 그에게 말을 걸지 않으며 그에게 음식이나 음료를 팔지도 제공하지도 않는다. 그렇게 그는 (곤궁함과 굶주림, 목마름, 비탄 속에서) 비참하게 죽어간다. 그들이 죄인을 애정이나 호의, 재산, 높은 신분 때문에 봐주는 경우는 결코 없다. 모두 죄에 따라 처벌될 뿐이다.[8]

이 섬 너머에 있는 또 다른 섬에는 사람들이 매우 많이 살고 있다. 그들은 산토끼와 암탉, 거위 고기를 전혀 먹지 않는다. 그 동물들을 많이 사육하고는 있지만, 단지 관상용으로만 키운다. 그 대신 그들은 다른 짐승들의 고기를 먹고 젖을 마신다. 이 나라 남자들은 자신의 딸이나 누이, 그 밖에 혈연관계에 있는 여자들을 아내로 삼는다. 그리고 한 집에는 10명이나 12명 이상이 함께 사는데, 그 집에 함께 사는 남자들은 아내들을 모두 공유한다. 그래서 어느 날 밤 한 남자가 그 가운데 한 여자를 안으면, 다른 날 밤에는 다른 남자가 그녀를 안는다. 만약 그녀가 아이를 낳게 되면 자신과 잠자리를 한 남자들 중에서 그녀가 원하는 이에게 그 아이를 준다. 그래서 남자들은 아무도 그 아이가 자신의 아이인지 다른 사람의 아이인지 알지 못한다. 만약 누군가 "그러면 당신은 다른 사람의 자식을 기르는 것이 아닌가?" 하고 말하면 그들은 "다른 사람도 내 자식을 기르고 있지 않은가" 하고 대답한다.

인도의 진기한 동물들

이 나라를 비롯해 인도 전역에는 악어가 엄청나게 많다. 앞서도 말했듯이, 이것은 일종의 기다란 뱀이다. 악어는 밤에는 물속에, 낮에는 땅의 바위나 동굴에서 산다. 그리고 다른 뱀들처럼 겨울 내내 아무것도 먹지 않고 잠자는 것처럼 누워 있다. 이 뱀들은 사람을 죽이고 잡아먹으면서 눈물을 흘린다. 그리고 음식을 먹을 때 위턱만 움직이고 아래턱은 움직이지 않는다. 그리고 이들에게는 혀가 없다.

이 나라와 인근의 다른 나라들에서 사람들은 목화씨를 매년 심고 뿌린다. 그러면 그 씨앗들이 작은 나무로 자라 솜이 달리게 된다. 사람들이 매년 그렇게 하므로 그곳에는 늘 솜이 풍부하다. 또한 이 섬과 그곳의 다른 많은 나라들에는 매우 단단하고 강한 어떤 종류의 나무가 있다. 이 나무를 숯으로 만들어 재 아래에 놓아두면 1년 이상이 지나도 생생하게 잘 타오른다. 그리고 이 나무는 향나무처럼 잎이 많다. 그 밖에도 그곳에는 불에 타지 않는 나무, 썩지 않는 나무 등 많은 나무들이 있다. 그리고 그곳의 개암나무[9]에는 사람 머리만큼 커다란 열매가 달린다.

그곳에는 오라플레스orafles[10]라고 불리는 짐승들도 많다. 아라비아에서는 그것을 게르파운트gerfaunts라고 부른다. 몸에 얼룩무늬와 점이 있는 이 동물은 작은 것도 말보다 훨씬 크다. 그리고 그 목은 길이가 20큐빗이나 된다. 엉덩이와 꼬리는 수사슴과 비슷하다. 그것은 (서 있으면) 커다랗고 높은 집도 내려다볼 수 있다.

이 나라에는 카믈레스camles[11]도 많다. 이것은 야생동물로 염소처럼 작은데, 공기를 제외하고는 아무것도 먹거나 마시지 않는다. (그래서 항상 입을 벌리고 다닌다.) 또한 몸 색깔을 자주 바꾸는데, 사람들이 지켜보는 사이에 순식간에 이 색에서 다른 색으로 변해 버린다. 이 동물은 붉은색과 하얀색을 제외하고는 몸 색깔을 원하는 대로 바꿀 수 있다.

그리고 이 나라에는 굉장히 거대한 뱀이 있는데, 길이가 120피트(약 37m)나 되는 것도 있다. 색깔도 다양해서 줄무늬부터 빨간색, 초록색, 누런색, 푸른색, 검정색 등이 있는데, 모두 몸에 반점이 있다. (수탉처럼) 머리에 볏이 있는 뱀도 있는데, 발로 서서 걸어 다닌다. 길이는 4패덤(약 8m) 이상으로 바위나 산속에 서식한다. 이 뱀들은 입을 늘 쩍 벌리고 있고 거기에서 늘 독액이 흘러나온다.

다양한 색깔의 멧돼지들도 있는데, 그 크기가 이쪽 세계의 소만 하고, 몸에는 새끼 사슴처럼 얼룩무늬가 있다. 우리의 멧돼지만 한 고슴도치도 있는데, 포르크즈 데 스피네Porcz de Spine라고 불린다. 온몸이 새하얗고 크고 힘이 센 사자도 서식한다. 사람들이 로에랑크스Loerancs[12]라고 부르는, 군용 말만큼 크거나 그보다 더 큰 다른 종류의 짐승들도 있다. 그것은 오덴토스odenthos라고 불리기도 하는데, 머리는 새까맣고, 이마에는 칼처럼 날카로운 길고 예리한 3개의 뿔이 돋아 있으며, 몸은 호리호리하다.[13] 이것은 매우 포악한 짐승으로 코끼리를 쫓아가 죽일 정도이다. 마찬가지로 성질이 매우 사납고 포악한 또 다른 종류의 짐승도 있다. 곰보다 훨씬 더 크지는 않지만 머리 모양은 멧돼지와 비슷하다. 발은 6개이고, 모든 발에는 커다랗고 날카로운 발톱이 2개씩 있다. 몸은 곰처럼 생겼고 꼬리는 사자의 그것이다. 개만 한 크기의 쥐도 있고, 까마귀만 한 크기의 노란 쥐도 있다. 그리고 온 몸이 새빨간 거위도 있는데, 이쪽 세계의 거위보다 3배는 더 크다. 그것은 머리와 목, 가슴만 새까맣다.

이 나라들과 그 근방에는 이 밖에도 다양한 동물들과 새들이 많이 있다. 그러나 그대에게 다 말하려면 너무나 길어질 것이다. 그러므로 지금은 이쯤 해두기로 하겠다.

제32장

사제왕 요한이라고 불리게 된 까닭

브라만 섬의 선량한 주민들[1]

이 섬 너머에는 크고 훌륭하며 사람들이 많이 살고 있는 또 다른 섬이 있다. 주민들은 선량하고 진솔하며 신앙심이 두텁고, 자신들의 믿음에 따라 훌륭하게 살아가고 있다. 그리스도교도가 아니라서 완전한 신앙을 지니지는 못했지만, 그들은 자신들의 고유한 신앙에 의지해 온갖 악덕과 악의, 죄악에서 벗어난 도덕적인 삶을 살고 있다. 그들은 오만하거나 탐욕스럽지 않고, 시기하거나 분노하지도 않으며, 탐식을 일삼거나 음란하지도 않다. 자신들이 바라지 않는 것은 다른 사람에게도 하지 않는다. 이런 점에서 그들은 신이 명하신 10개의 계율을 충실히 지키고 있다. 재물이나 부에 얽매이지도 않는다. 거짓말도 하지 않고, 헛된 맹세를 함부로 하지도 않으며 단지 "예, 아니오"로만 간단하게 대답한다. 그들은 맹세를 하는 자는 주변 사람을 속이려고 그러는 것이라고 말한다. 그래서 그들은 무엇이든 맹세를 하지 않는다. 사람들은 이 섬을 브라만 섬이라고 부르는데, 어떤 사람들은 '믿음의 땅'이라고도 한다. 이 섬을 가로지르며 흐르는 커다란 강은 테베라고 한다.

보통 이 섬이나 그 근방에 사는 주민들은 다른 나라 사람들에 비해 더 정직하고, 모든 면에서 더 정의롭다. 이 섬에는 도둑이 없고, 살인자도 없고, 매춘부도 없고, 가난한 거지도 없으며, 결코 누군가를 살해하지도 않는다. 그들은 매우 순수한 사람들로, 마치 수도자인 양 올바른 삶을 영위하고 있으며, 매일 단식을 한다. 매우 정직하고 정의로우며 훌륭하게 살아가고 있기 때문에 그들은 우리가 우리의 죄 때문에 수도 없이 겪는 폭풍우나 천둥, 번개, 우박, 전염병, 전쟁, 굶주림 등과 같은 고난들로 결코 고통 받지 않는다. 이는 신이 그들을 사랑하시고, 그들의 믿음과 선한 행실에 흡족해하시기 때문인 것으로 보인다. 그들은 신이 하신 모든 일을 굳건하게 믿고 신을 숭배한다. 그리고 세속의 부를 탐하지 않으며, 참으로 정의롭다. 그들은 몹시 정돈된 삶을 살고 술과 음식을 절제하기 때문에 수명이 매우 길다. 그들은 대부분 병들어 죽지 않고, 나이를 먹어 자연이 허락한 시간이 다한 뒤에야 죽는다.

　알렉산더 대왕 시대에 있었던 일이다. (전 세계를 손에 넣은) 그는 브라만 섬을 정복해 자신의 것으로 만들겠다고 선포했다. (그리고 만약 다른 나라들처럼 자신의 속령이 되지 않으면 그 섬을 파괴해 버리겠다고 위협했다.) 그러자 이를 들은 이 섬의 사람들은 다음과 같은 답장을 썼다. "온 세상으로도 만족하지 않는 인간이 도대체 무엇이 있어야 만족할 것인가? 우리와 전쟁을 한다고 해도 당신은 우리에게서 아무것도 얻지 못할 것이다. 우리는 재물을 전혀 가지고 있지 않고, 그것을 욕심내지도 않는다. 우리의 (부동산과 동산, 모든 땅과) 모든 물건은 공유물이다. 육신을 지탱하기 위한 음식이 우리가 가진 모든 재산이다. 우리는 금과 은이 아니라 평화와 조화, 타인에 대한 사랑을 보물로 여긴다. 우리는 썩은 고깃덩어리를 감싸는 한 장의 작고 누추한 천을 옷으로 사용하고 있을 뿐이다. 우리의 아내들도 우리의 눈을 즐겁게 하기 위해 꾸미려고 애쓰지 않으며, 그러한 어리석은 짓을 하는 대신에 알맞은 복장을 하고 다닌다. 인간이 신이 만들어주신 것 이상으로 아름답게 보이려고 몸을 치장하는 데 수고를 들이는 것은 큰 죄악이다. 인간은 태어났을 때 신이 주신 것 이상으로 아름답게 보이려고 애쓰지 말아야 한다. 그리고 우리들의 토지는 두 가지 역할을 할 뿐이다. 곧 우리가 살아갈 때에는 필요한 자원이 되고, 죽어서는 묘지가 될 뿐이다. 오늘 날까지 우리는 늘 평화롭게 살아왔는데, 당신이 그것을 우리에게서 빼앗아가려 하고 있다. 우리의 왕은 아무도 심판하지 않는다. 우리 가운데 잘못을 저지르는 사람이 없기 때문이다. 우리는 고귀함을 유지하고 경의를 표하기 위해 왕을 가질 뿐이다. 우리에게는 어디에서도 재판이 필요치 않다. 상대가 우리에게 하길 원하는 행동만 상대에게 하기 때문이다. 그래서 재판과 복수는 우리에게 존재하지 않는다. 그대가 우리에게서 가져갈 것이라고는 우리가 늘 유지해왔던 평화밖에 없다."

알렉산더 대왕은 그들의 편지를 읽고는 이러한 사람들을 곤란하게 하는 것은 커다란 죄라고 생각했다. 그래서 그들에게 평화를 보증하는 서한을 보내 앞으로도 자신을 두려워 말고 지금까지 그들이 유지해왔던 아름다운 풍속과 평화를 지켜가라고 명했다. 그렇게 대왕은 그들을 내버려 두었다.

그 근처에는 옥시드라테와 기노소페라고 불리는 또 다른 섬들이 있다.[2] 그곳 주민들도 훌륭한 신앙을 가진 선량한 사람들이다. 그들 대부분은 앞서 말한 나라의 사람들처럼 좋은 풍속과 생활, 성품을 유지하고 있다. 그러나 그들은 완전히 벌거벗고 다닌다.

알렉산더 대왕은 정찰하려고 그 섬에 들렀다가 그들의 두터운 신앙과 서로를 향한 진실함을 보았다. 그래서 그들에게 해를 끼치는 것을 원치 않으니 재물이든 무엇이든 가지고 싶은 것을 말하면 자신이 기꺼이 들어주겠다고 말했다. 그러자 그들은 육신을 지탱하기 위한 음식과 음료만 있으면 충분히 부자이고, 세속의 부는 사라져버릴 덧없는 것이라고 대답했다. 그러나 만약 자신들을 불멸의 존재로 만들어줄 수 있는 힘이 그에게 있다면 기도하고 감사할 것이라고 말했다. 알렉산더 대왕은 자신도 그들처럼 인간이므로 그러한 힘은 없다고 대답했다. 그러자 그들은 대왕에게 다음과 같이 말했다. "그러면서 왜 그렇게 오만하고 난폭하게 굴며, 마치 신이나 되는 것처럼 모든 세상을 서둘러 그대의 지배 아래 두려고 하는가? 그대 살아생전에는 하루 아닌 단 한 시간도 그 끝을 볼 수 없을 것이며, 온 세상을 그대의 명령 아래 두기를 원한다 할지라도 결국에는 틀림없이 그것이 그대를 떠나거나 그대가 그것을 떠나게 될 것이다. 그대 이전의 다른 사람들이 그랬던 것처럼, 그대 이후의 다른 사람이 그럴 것처럼 말이다. 그대는 아무것도 갖지 못한다. 대신 그대가 알몸으로 세상에 태어난 것처럼 그대가 만들어진 땅으로 알몸으로 돌아가게 될 것이다. 그러니 그대는 불멸하는 존재는 모든 것을 창조하신 신 하나밖에 없음을 마음속 깊이 새기고 명심하라." 이 말을 들은 알렉산더 대왕은 크게 놀라며 부끄러워했고, 당황해 하며 그 섬을 떠났다.

다른 종교를 가졌다는 이유로 경멸당해서는 안 된다

그곳 주민들은 우리의 것과 같은 교리를 갖고 있지는 않다. 그러나 내 생각에 그들의 타고난 진솔함과 선의 때문에 신은 그들을 사랑하시고, 그들의 경배를 호의적으로 받아들이시는 것 같다. 이교도인 욥을 그분의 충실한 하인으로 받아들이신 것처럼 말이다. 그러므로 내가 보기에 세상에는 무수히 많은 종교가 존재하지만 신은 언제나 자신을 사랑하고 진심으로 순종하고 받드는, 다시 말해 이 섬 주민들이나 욥이 그러한 것처럼 세속의 헛된 영예를 싫어하는 사람들을 사랑하신다.

그래서 주님께서는 예언자 호세아의 입을 빌어 "나는 그들에게 나의 많은 신앙을 세웠다(Ponam eis multiplices leges meas)"[3]고 말씀하셨다. 그리고 다른 곳에서는 "그는 온 세상을 그의 신앙 아래 둔다(Qui totum orbem subdit suis legibus)"라고 말씀하셨다. 또한 주님은 복음서에서 말씀하시길, "나에게는 이 우리 안에 들지 않은 다른 양들도 있다(Alias oves habeo, que non sunt ex hoc ovili)"[4]라고 하셨다. 다시 말해 그분은 그리스도교 신앙 아래 있는 자들 이외에 다른 종들도 가지고 계신다. 성 베드로는 야파에서 이것과 일치하는 환시를 보았다. 하늘에서 천사가 내려와 그의 앞에 뱀과 땅을 기어다니는 다른 짐승들, 그 밖에 무수히 많은 짐승들을 가져다놓고는 잡아먹으라고 명령했던 것이다. 그러자 성 베드로는 대답했다. "저는 결단코 더러운 짐승들은 먹을 수 없습니다." 그러자 천사가 말했다. "하느님께서 깨끗하게 만드신 것을 불결하다고 말하지 말라(Non dicas immunda, que Deus mundavit)"[5] 이는 지상의 어떤 사람도 다른 종교를 가졌다는 이유로 경멸당해서는 안 된다는 것을 의미한다. 우리는 신이 누구를 사랑하시고 미워하시는지 알지 못하기 때문이다. 이를테면, (죽은 자들을 위한 기도를 올리며) "깊은 곳에서(De profundis)"[6]를 읊을 때에는 대개 보통은 그리스도교도와 함께 "기도가 필요한 모든 죽은 자들의 영혼을 위해(Pro animabus omnium defunctorum, pro quibus sit orandum)" 그렇게 하는 것이다.

그러므로 하느님께서는 매우 진실하고 충실한 그 섬사람들을 사랑하신다. 그분께서는 그들 가운데 예언자를 많이 가지고 계시고 옛날부터 늘 그래 오셨다. 주님이 성모 마리아에게서 태어나시기 3천년, 아니 그보다 훨씬 전부터 이 섬들에는 예수 그리스도의 육화, 곧 그가 어떻게 동정녀에게서 태어나는지에 관한 예언이 전해져 내려오고 있었다. 그들은 육화를 굳건히 그리고 완전히 믿고 있다. 그러나 그들은 신이 우리를 위해 어떻게 수난을 당하고 죽으셨는지는 알지 못한다.

해와 달의 나무가 있는 사막

이 섬들 너머에는 피탄[7]이라고 불리는 또 다른 섬이 있다. 그 나라 사람들은 음식을 먹지 않기 때문에 땅을 경작하거나 일구지 않는다. 그런데도 혈색이 좋고 그들의 몸집에 알맞은 아름다운 용모를 지니고 있다. 그리고 난쟁이처럼 작지만 피그미처럼 작지는 않다. 그들은 (섬 안에 자생하고 있는) 야생사과의 냄새로 살아간다. 그래서 고향을 벗어나 먼 곳으로 갈 때에는 그 사과를 챙겨 간다. 사과 향기를 맡지 못하면 금세 죽어버리기 때문이다. 그들은 분별력이 매우 부족하고 단순하며 짐승 같다.

그 부근에는 또 다른 섬이 있는데, 그곳 사람들은 얼굴과 손바닥을 제외하고 온몸이 거친 털로 덮여 있어 마치 야수와 같다. 그들은 물 안에서도 육지에서처럼 잘 돌아다닌다. 그리고 고기와 생선을 날것으로 먹는다. 섬 안에는 폭이 2마일 반이나 되는 큰 강이 흐르는데 부에마레라고 불린다.

이 강을 지나 15일 정도 여행하며 강 건너편의 사막들을 통과하면, 나는 가보지 못했지만 그 나라 사람들이 내게 해준 말에 따르면, 해의 나무와 달의 나무가 있는 사막이 나온다고 한다. 그 나무들은 알렉산더 대왕에게 말을 걸어 그의 죽음을 경고했다.[8] 그리고 들은 바에 따르면 그 나무들을 지키는 사람들은 그곳에서 자라는 열매와 발삼을 먹고, 그것들의 효능으로 4백년이나 5백년을 산다고 한다. 사람들이 말하길, 내가 전에 그대에게 이야기해준 바빌론을 제외하고는 이렇게 발삼나무가 많이 자라는 곳은 없다고 한다. 우리는 할 수만 있으면 그 나무들이 있는 곳으로 가고 싶었다. 그러나 내 생각에 10만 명의 무장한 군대라 할지라도 그 사막들을 무사히 통과하지는 못할 것 같았다. 수많은 야수들과 거대한 용들, 커다란 뱀들이 그곳에 접근하는 모든 것을 죽이고 잡아먹기 때문이다.

이 나라에는 온몸이 새하얀 코끼리가 셀 수 없이 많이 서식하고 있다. (푸른 코끼리나 다른 색의 코끼리들도 무수히 많다.) 그리고 유니콘과 사자, 내가 앞서 말했던 온갖 야수들, 무시무시한 동물들도 우글우글하다.

인도 황제가 사제왕 요한이라고 불리게 된 사연

이 밖에도 많은 섬들이 사제왕 요한의 지배 아래에 있다. 그 섬들에는 매우 신비로운 것들이 많은데, 다 말하자면 너무 길어진다. 그가 가진 재물과 고귀한 것들, 수많은 보석들도 마찬가지이다. 나는 그대들이 이 황제가 사제왕 요한이라고 불리는 이유를 잘 알고 있으며, 들은 적이 있으리라고 생각한다. 그러나 혹시라도 모르는 사람들이 있을 수 있으므로 그 연유에 대해 말해주도록 하겠다.

일찍이 이 나라에는 한 황제가 있었는데, 훌륭하고 매우 고귀한 군주였다. 지금의 황제가 그러하듯이 그는 그리스도교 기사들을 휘하에 두고 있었다. 어느 날 그는 그리스도교 교회에서 어떻게 예배가 행해지고 있는지 매우 보고 싶어졌다. 그 무렵 그리스도교도들은 바다 저편의 투르크, 시리아, 타타르, 예루살렘, 팔레스타인, 아라비아, 알레포, 이집트 전역까지 세력을 뻗치고 있었다. 그래서 황제는 한 그리스도교도 기사와 함께 이집트의 어느 교회로 들어갔다. 그날은 성령강림절 주간의 토요일이었고, 주교들이 성직 서임식을 행하고 있었다. 황제는 예배의식을 매우 주의 깊게 보고 들었다. (그리고 그들이 얼마나 엄숙하고 경건하게 성직을 수여하는지 알게 되었다.) 황제는 그리스도교 기사에게 그런 식으로 성직자로 서임되는 자들이 어떤 사람들이냐고 물었다. (그리고 그들이 어떻게 불리는지도 물었다.) 기사는 그들이 사제(priests)라고 대답했다. 그러자 황제는 앞으로는 자신도 국왕이나 황제가 아니라 사제라고 불리고 싶다고 말하며, 교회에서 처음 나오는 사제의 이름을 붙이고 싶다고 했다. 때마침 교회에서 맨 처음 나온 것은 요한이라는 이름의 사제였다. 그 뒤로 줄곧 황제는 사제왕 요한(Prester John)이라고 불리게 되었다.[9]

　사제왕 요한의 나라에는 좋은 교리와 좋은 믿음을 가진 그리스도교도들이 많이 살고 있다. 그들은 그 나라 태생으로, 자신들의 사제를 가지고 있으며, 미사곡을 부르고, 그리스인들이 하는 것처럼 (누룩을 넣은 빵으로) 제단에서 성체성사를 거행한다. 그러나 그들은 이쪽 세계 사람들이 하는 것만큼 미사 때 말을 많이 하지 않는다. 그들은 주님의 가르침을 받은 사도들이 하던 것처럼, 곧 성 베드로와 성 도마와 다른 사도들처럼 주기도문과 성찬례의 말씀만을 읊을 뿐이다. 우리가 미사 때 하는 많은 말들은 나중에 여러 교황들이 만들어 덧붙인 것들이고, 그들은 이를 알지 못한다.

33장

지상낙원에서 흘러나오는 4개의 강

금산을 지키는 왕개미

사제왕 요한의 나라에서 동쪽으로 가면 사람들이 타프로바네라고 부르는 커다랗고 좋은 섬이 나오는데, 매우 근사하고 비옥한 곳이다.[1] 이 섬의 왕은 매우 부유하며 사제왕 요한의 지배를 받고 있다. 그곳 사람들은 언제나 선거로 왕을 선출한다. 그리고 이 섬에서는 1년에 여름이 2회, 겨울이 2회 찾아오며, 수확도 1년에 두 번 이루어진다. 정원도 1년 내내 (수많은 꽃들과 푸른 초목으로) 울창하게 우거져 있다.

그곳 주민들은 선량하고 분별력 있는 사람들로, 그 중에는 그리스도교도들도 많다. 그리고 모두 큰 부자들이어서 자신의 재물이 얼마만큼 있는지도 잘 알지 못한다. 예전에 사제왕 요한의 땅에서 이 섬으로 건너오려면 (옛날) 배로 23일이나 그 이상이 걸렸다. 그러나 오늘날에는 (지금 우리가 사용하는) 배를 타면 7일이면 갈 수 있다. 그리고 바다가 그리 깊지 않아서 곳곳에서 바다 밑바닥까지 보인다.

이 섬 부근 동쪽으로는 두 개의 섬이 있다. 하나는 오릴레라고 하고, 다른 하나는 아르기테라고 하는데, 두 섬 모두 곳곳에 금광과 은

광이 많이 있다.[2] 이 섬들 곁에는 대양에서 비롯된 홍해가 흐른다. 이 섬들에서는 다른 곳들과는 달리 별들이 뚜렷하게 보이지 않는다. 별들이 보이지 않는 그곳에서 유일하게 뚜렷하게 보이는 별은 카나포스Canapos이다. 그곳에서는 보름달을 제외하고는 달도 보이지 않는다.

타프로바네 섬에는 커다란 금산金山이 있는데, 개미들이 부지런히 지키고 있다.[3] 이 개미들은 불순물을 버리고 순수한 금을 가려낸다. 개미들이 사냥개만큼 커다랗기 때문에 사람들은 개미들이 그들을 습격해 잡아먹을까 두려워 금산에 가까이 가려고 하지 않는다. 그 대신 특별한 기지를 발휘해 황금을 손에 넣는다. 날씨가 매우 더울 때 개미들은 1시부터 정오까지 땅속에서 휴식을 취한다. 주민들은 이때 낙타나 단봉낙타, 말 등을 그곳으로 끌고 가서 되도록 재빨리 황금을 가득 실은 다음에 짐승들을 데리고 개미들이 땅에서 나오기 전에 서둘러 도망친다. 하지만 계절이 바뀌고 기후가 덥지 않아 개미들이 땅속으로 들어가지 않으면 다른 방법을 사용해 황금을 얻는다. 그들은 수컷 망아지나 암컷 망아지를 기르고 있는 암말들을 데려와서 빈 용기를 동여맨다. 이때 용기들은 뚜껑을 모두 열어놓고 땅 가까이 닿을락말락하게 해놓는다. 그런 다음 (아침 일찍) 암말들을 금산 부근에 풀어놓고 망아지들은 집에 매어 놓는다. 그러면 개미들이 빈 용기를 보고 곧바로 그 안으로 뛰어 들어간다. 그리고 무엇이든 빈 채로 두지 않고 바로바로 채워 넣는 개미들의 습성 때문에 용기들은 황금으로 가득 차게 된다. 주민들은 용기가 가득 찼다고 생각되면 망아지들을 풀어 놓는다. 망아지들은 엄마 말을 찾아 울기 시작하고, 새끼가 우는 소리를 들은 암말들은 황금을 실은 채 곧장 돌아온다. 그러면 주민들은 말이 싣고 온 용기들을 내려서 황금을 손에 넣는다. 이렇게 하는 까닭은 인간이 아닌,

이성이 없는 다른 동물들은 근처에 있거나 풀을 뜯어도 개미들이 결코 해를 끼치지 않기 때문이다.

낙원과 그곳에서 흘러나오는 4개의 강

사제왕 요한의 지배 아래에 있는 이 나라들과 섬들, 사막들을 넘어 동쪽으로 계속 가면 사람은 전혀 찾아볼 수 없고 (오로지 황무지와) 매우 커다란 산과 바위만 나온다. 그 지역 사람들 말에 따르면 그곳은 암흑 지역으로 낮이건 밤이건 아무것도 보이지 않는다고 한다. 그 황무지와 암흑지역은 우리들의 선조인 아담과 이브가 들어가서 잠시 살았던 지상낙원까지 이어진다.[4] 지상낙원은 동쪽 방향의 대지가 시작되는 지점에 있다. 그러나 그것은 우리가 이쪽 세계에서 동쪽이라고 일컫는, 태양이 떠오르는 곳은 아니다. 지상낙원에서 태양이 동쪽으로 떠오를 때, 이쪽 세계는 아직 한밤중이다. 이것은 내가 앞서 그대에게 말했던 것처럼 대지가 둥글기 때문이다. 하느님은 대지를 천체의 한가운데에 동그랗게 만들어 놓으셨다. 그리고 산과 골짜기는 노아의 홍수로 생겨났다. 부드럽고 연약한 대지가 물에 휩쓸려 간 부분은 골짜기가 되고, 그 때 휩쓸리지 않고 남은 단단한 대지와 바위들은 산이 된 것이다.

낙원에 대해서는 아직 가보지 못한 탓에 정확하게 말할 수 없다. 그곳은 저 멀리 있다. 참으로 유감이지만 나는 낙원에 갈 만큼 훌륭한 사람이 되지 못한다. 그 대신 내가 저쪽 세계 현자들에게서 들은 이야기를 그대에게 기꺼이 들려주려 한다.

현자들의 말에 따르면, 지상낙원은 세계에서 가장 높은 땅으로 너무

높은 나머지 공전하는 달에 거의 닿을 정도이다. 노아의 홍수가 위쪽
과 아래쪽 세계의 대지들을 모조리 덮어버렸을 때에도 낙원에는 이르
지 못했다. 낙원 주위에는 누가 세웠는지 아무도 모르는 벽으로 모두
막혀 있는데, 온통 이끼로 덮여 있어 자연석인지, 아니면 다른 재료로
만들었는지도 알 수 없다. 그리고 남쪽에서 북쪽으로 뻗어 있는 이 벽
의 하나뿐인 출입구에는 불길이 타오르고 있어 유한한 인간은 감히 그
곳으로 들어갈 엄두도 내지 못한다. (그 영원한 불길은 신이 세워둔 '타오
르는 검'이다.)

낙원 한가운데 가장 높은 곳에는 샘이 하나 있는데, 여기에서 4개의
강이 흘러나와 여러 땅들을 가로질러 흘러간다. (이 강들은 낙원 안에서
는 땅 밑으로 들어가 몇 마일을 땅속으로 흐르다가, 나중에 먼 나라들에서
다시 지상으로 모습을 드러낸다.) 첫 번째 강은 피손이라고도 불리고 갠
지스 강으로도 불리는데 같은 것이다. 이 강은 인도와 엠라크를 가로
질러 흐르는데 그 안에는 보석과 침향, 금과 은이 많이 있다. 다른 강
은 닐루스나 기손이라고 불리는데 에티오피아를 지나 이집트로 흘러
간다. 또 다른 강은 티그리스로 아시리아와 대 아르메니아를 지나간다.
마지막 강은 유프라테스로 메디아와 아르메니아, 페르시아를 가로지
른다. 저쪽 세계 사람들은 위쪽 세계와 아래쪽 세계의 모든 단물은 낙
원의 샘이 원천으로, 모두 그 샘에서 나와 흐른다고 말한다.

첫 번째 강의 이름 피손은 그 나라말로 '모임'이라는 뜻이다. 이 이
름은 많은 강들이 만나 그 강으로 흘러들어가는 데서 비롯되었다. 그
강을 갠지스라고 부르는 사람들도 있다. 그것은 이 강이 갠제레스
Gangeres라는 인도 왕이 다스리는 땅을 가로질러 흐르기 때문이다. (그
강은 인도의 오로코바레스 산의 기슭에서 지상으로 모습을 드러낸 뒤에 계

속 동쪽으로 인도를 가로질러 대양으로 흘러간다.) 그 강은 어디에서는 맑고 어디에서는 탁하며, 어디에서는 뜨겁고 어디에서는 차갑다.

두 번째 강은 닐루스Nilus나 기손으로 불린다. (그 강은 아틀라스 산의 좁은 길에서 지상으로 나오고, 거기에서 멀지 않은 곳에서 다시 땅속으로 들어가 그대로 홍해 연안까지 흘러간다. 홍해 연안에서 지상으로 나온 뒤에는 에티오피아를 휘감아 흐르고, 이집트를 가로질러 대 알렉산드리아에 이른다. 그리고 그곳에서 지중해로 흘러들어간다.) 그 강이 기손이라고 불리는 이유는 늘 흐리기 때문이다. 기손은 에티오피아 말로 '흐리다'라는 뜻이고, 이집트 말에서도 마찬가지이다.

세 번째 하천은 티그리스, 곧 '급류急流'라는 이름으로 불린다. 이것은 그 강이 다른 어떤 하천보다도 빠르기 때문이다. 티그리스tigris라고 불리는 짐승이 있는데, 매우 빨리 달린다. (그것은 세상에서 가장 발이 빠른 동물로 그 강의 이름이 그 짐승에게서 비롯되었다는 이야기도 있다. 이 강은 아르메니아의 파르코아트라 산의 기슭에서 모습을 드러내, 아르메니아와 아시아를 가로질러 남쪽으로 흘러가 지중해로 유입된다.)

네 번째 강의 이름 유프라테스는 '풍작豊作'이라는 뜻이다. 이 강의 유역에서는 곡물과 과일 등 많은 것들이 풍부하게 나기 때문이다. (이 강은 메디아, 아르메니아, 페르시아를 가로질러 흐른다.)

그대는 유한한 인간은 결코 낙원에 갈 수 없다는 사실을 알고 있어야 한다. 육로를 선택하면 사막과 야수 때문에, 사람이 지나지 못하는 산과 바위 때문에, 온갖 곳에 흩어져 있는 암흑의 땅 때문에 낙원에 갈 수 없다. 뱃길을 선택해도 마찬가지이다. 물은 저 위 높은 곳에서 맹렬하게 떨어져내려와 매우 거세고 격렬하게 흘러간다. 그 거대한 물결은 배를 저을 수도 항해를 할 수도 없게 만든다. 그리고 포효하는 것 같은 물의 굉음과 그것이 만든 거센 폭풍우 때문에 온갖 수단을 동원해 최대한 큰 소리를 낸다고 해도 배 안에 있는 사람들은 서로의 소리를 들을 수 없다. 굳은 각오를 한 수많은 군주들이 거대한 군대들을 이끌고 몇 번이고 강들을 거슬러 올라가 낙원으로 향하려고 했다. 그러나 그들의 항해는 잘 되지 않았다. 많은 사람들이 강한 물결에 맞서 노를 젓다가 지쳐 죽었다. 하천의 굉음 때문에 장님이나 귀머거리가 된 사람도 있었다. 어떤 이는 물결에 휩쓸려 실종되기도 했다. 이처럼 유한한 인간은 신의 특별한 은총 없이는 결코 그곳에 갈 수 없다. 그러니 나도 낙원에 대해서는 더 이상 말할 수 있는 게 없다. 그 대신 원래 하던 이야기로 돌아가서 (우리의 땅 반대쪽에 있는 사제왕 요한의 나라와 섬들에 대해) 내가 본 것들을 마저 이야기하겠다.

34장

되돌아오는 길

사제왕 요한의 나라를 거쳐 되돌아오는 길

우리가 사는 이쪽 세계 맞은편에 있는, 내가 앞서 말한 사제왕 요한의 나라에 있는 섬들보다 더 먼 저편에는 또 다른 섬들이 있다. 처음 출발했던 곳으로 되돌아가고 싶은 사람은 그 섬들을 지나 계속 나아가 세계를 완전히 한 바퀴 돌면 된다. (신의 은총이 있다면 누구든 고향으로 돌아가게 되는 것이다.) 내가 앞서 말했듯이 똑바른 길로만 가면 충분히 가능한 일이다. 하지만 섬들과 바다, 노를 젓는 고단함 때문에 그 길을 지나려고 시도했던 사람은 거의 없다. (그리고 뱃길로든 육로로든 많은 위험이 끊임없이 도사리고 있어서 외국 땅을 여행하는 사람들은 대부분 이 긴 일주여행을 포기해버린다.) 그래서 사람들은 한 바퀴 도는 그 긴 여행길을 그만두고, 앞서 언급한 섬들에서 벗어나 사제왕 요한의 나라 주변에 있는 다른 섬들과 그의 제국에 있는 섬들을 거쳐 되돌아오는 길을 선택하는 것이다.

그렇게 되돌아오는 길에 사람들은 카손[1]이라고 불리는 섬을 지나게 된다. 이 섬의 길이는 60일 정도의 거리이고, 너비는 50일 이상의 거리이다. 카타이를 제외하고는 이 지방에서는 가장 훌륭한 섬이자 왕국이다. 그래서 상인들은 카타이를 가는 것만큼이나 자주 이 섬에 들르는데, 카타이로 가는 것보다 시간도 훨씬 적게 든다. 이 나라는 인구도 많고, 사람들이 사는 도시나 마을도 매우 많다. 그래서 한 도시에서 나오면 금세 어느 방향으로 가든 다른 도시를 볼 수 있다. 그 나라 어디에서든 그렇다. 섬 안에는 온갖 종류의 향료나 그 밖에 인간이 살아가는 데 필요한 모든 물자가 풍부하다. 그곳에는 거대한 밤나무 숲도 있다. 이 섬의 왕은 매우 부유하고 세력도 막강하다. 비록 대칸에게 복종해 대칸의 영토를 다스리고 있지만 말이다. 대칸은 직접 다스리는 영토와 그가 가진 작은 섬들을 제외하고도 12개의 지방을 지배하고 있는데, 카손도 그 가운데 하나이다.[2]

새들에게 장사를 지내는 리봇

카손 왕국에서 나온 사람들은 되돌아가는 길에 리봇[3]이라고 불리는 또 다른 섬을 지나게 된다. 이 섬도 대칸의 지배 아래에 있다. 매우 좋은 나라로 포도주, 과일 등 모든 산물이 풍부하다. 이 나라 주민들은 집이 없다. 그 대신 그들은 검은 펠트로 만든 천막 안에서 산다. 왕이 머무는 수도는 검은색과 흰색의 돌들로 된 성벽으로 둘러싸여 있다. 그리고 길에도 모두 같은 종류의 돌들이 깔려 있다. 도시 안에 사는 사람들은 누구도 그곳에서 숭배하고 있는 우상에 경의를 표할 목적으로 사람이나 짐승을 피 흘리게 할 정도로 난폭하지 않다. 그리고 섬 안에는 그들의 종교를 주관하는 대사제가 살고 있는데, 로바시Lobassy라고 불린다. 이 로바시가 우상과 관련된 모든 성직과 직책을 부여한다. 그곳 사원의 사제와 수도자들은 이곳 세계의 사람들이 로마 교황에게 복종하듯이 모두 로바시에게 복종한다.

이 섬에는 온 나라에서 행해지는 풍습이 하나 있다. 부친이 죽으면 그 자식은 아버지를 크게 기릴 목적으로 모든 지인과 친척은 물론 수도사들과 사제, 악사까지 잔뜩 불러 모은다. 그런 다음 사람들은 엄숙하면서도 즐겁게 시신을 높은 언덕까지 운반해 간다. 그리고 그곳에 도착하면 최고 성직자가 죽은 자의 머리를 베어서 커다란 접시 위에 놓는데, 부자일 경우 금이나 은으로 된 쟁반이 쓰인다. 자식의 손에 쟁반이 넘겨지면 자식과 다른 친척들은 노래를 부르고 여러 가지 기도를 한다. 이어서 사제들과 수도사들이 죽은 자의 몸통을 모두 조각내고 어떤 기도를 한다. 그러면 오래 전부터 그 풍습을 알고 있었던 그 나라의 모든 맹금류들이 날아와 하늘을 맴돈다. 독수리, 솔개, 큰까마귀 등 육식을 하는 새들이다. 사제들이 그 새들을 향해 사체 조각을 던져주면 그 중 하나가 그것을 낚아채서 조금 떨어진 곳으로 가서는 먹어치운다. 사제들은 죽은 자의 사체가 남지 않을 때까지 계속 그렇게 한다.

그 뒤 이쪽 세계의 사제들이 죽은 자를 위해 '신의 성인들이여 도우러 오소서(Subvenite Sancti Dei et Cetera)'를 부르는 것처럼 그들의 사제들도 소리 높여 그들의 언어로 이렇게 노래한다. "자, 보아라. 그는 얼마나 훌륭하고 선한 사람이었는가. 그래서 신의 천사들도 그를 천국으로 데려가기 위해 오셨도다." (지인들과) 자식은 새들이 날아와서 아버지의 사체를 먹어치우면 장례를 잘 치렀다고 생각한다. 그리고 그 새들의 숫자가 많을수록 (더 기뻐하며) 망자에 대한 추모가 잘 이루어졌다고 믿는다.

그것이 끝나면 자식은 친지와 지인들을 모두 자기 집으로 데려가 성대하게 잔치를 연다. 그리고 제각기 흥겨워하며 새가 다섯 마리였다거나 여섯 마리였다거나 열 마리였다거나 스무 마리나 그 이상이였다거나 하는 식으로 말하며 자랑한다. 식사를 할 때 자식은 부친의 머리를 가지고 와서 그 고기를 특별히 가까운 지인들에게 〔곁들임 요리인〕 앙트레메스나 수카르케 대신 나누어준다. 해골로는 잔을 만드는데, 자식과 지인들은 신의 새들에게 먹힌 성스러운 이를 기리기 위해 매우 공손하게 그 잔으로 음료를 마신다. 그 뒤 자식은 아버지를 기억하며 평생 그 잔을 애용한다.[4]

귀족들이 손톱을 길게 기르는 풍습

이 나라를 나와 되돌아가는 길에 대칸의 영토를 거쳐 열흘 정도를 더 가면 또 다른 좋은 섬이 나온다. 그 큰 왕국은 매우 부유하고 세력이 강성한 왕이 다스리고 있다.

이 섬의 부자들 중에는 (깜짝 놀랄 만큼) 어마어마한 부를 가진 사람이 하나 있다. 그는 왕족도 공작도 백작도 아니었으나 다른 영주들보다 훨씬 많은 땅과 재물을 가지고 있었다. 해마다 그에게는 쌀과 다양한 곡물을 실은 30만 마리의 말이 지대地代로 들어왔다. 그는 그 나라의 관습에 따라 매우 근사하고 호화로운 삶을 살았다. 그는 매일 50명의 아름다운 순결한 처녀들을 거느렸는데, 그녀들은 항상 그의 식사시중을 들었고, 밤에는 함께 잠자리에 들었으며, 그가 원하는 대로 해 주었다. 그가 식사를 할 때면 처녀들은 항상 그에게 한 번에 다섯 가지 음식을 가져다주었고, 음식을 나르면서 노래를 불렀다. 그리고 (마치 아이에게 하는 것처럼) 음식을 잘라서 그의 입 안에 넣어 주었다. 그는 자기 손으로는 무엇 하나 집거나 손을 대지 않은 채 단지 식탁 위에 가만히 두 손을 얹어놓고 있다. 손톱을 너무 길게 기른 탓에 물건을 집을 수 없기 때문이다.

이 나라 사람들에게 긴 손톱을 갖는 것, 곧 손톱을 (자르지 않고) 할 수 있는 만큼 최대한 길게 기르는 것은 귀족스러움을 상징한다. 너무 길게 길러서 손 전체가 손톱으로 에워싸인 경우도 많은데, 그것도 매우 고귀한 신분을 나타내는 것으로 여겨졌다. 그리고 이 나라에서는 작디작은 발이 여성의 고귀한 신분을 상징했다. 그래서 여자아이들은 태어나자마자 발을 꽉 묶어서 자연스럽게 놓아두었을 경우의 절반만큼도 자라지 못하게 했다. 이렇게 해서 그곳의 귀족 여인들은 작은 발을 갖게 되는 것이다.

내가 앞서 말한 아름다운 처녀들은 부자가 식사를 하는 내내 노래를 부른다. 그리고 그가 첫 번째 음식들을 먹어치우면 전에 한 것처럼 노래를 부르며 다시 다른 다섯 가지 음식을 내온다. 그녀들은 그가 식사를 마칠 때까지 계속해서 그렇게 한다. 부자는 이런 식으로 살아간다. 그의 조상들이 그랬던 것처럼 말이다. 그리고 그의 후계자들도 마찬가지로 손을 쓰지 않고 평생 그렇게 편하게 살아갈 것이다. 그런데 그것은 마치 돼지를 살찌우려고 우리에 가두고 먹이기만 하는 것과 같다. (그들은 자신들의 위장을 신처럼 여기는 자들로, 가치 있거나 용감한 일은 전혀 하지 않은 채 오직 육신의 즐거움과 쾌락에만 빠져 살고 있다.)

부자는 매우 아름답고 호화로운 궁전에서 살고 있는데, 성벽의 둘레가 2마일이나 된다. 그는 아름다운 정원들과 홀, 방들도 많이 가지고 있으며, 홀과 방은 금과 은으로 덮여 있다. 그의 정원들 가운데 하나에는 한가운데에 작은 산이 있다. 그리고 그 안에는 작은 초원이 있고,

초원 안에는 탑과 뾰족탑을 가진 모두 황금으로 된 작은 궁전이 있다. 그는 이따금 기분을 전환하기 위해 이 작은 궁전에 앉아 있고는 한다. 그곳은 애당초 오로지 그의 기분전환을 위해 만들어진 것이기 때문이다.[5]

이 나라를 나온 사람은 내가 앞서 말한 대칸의 나라를 지나가면 된다. (한번 했던 말을 되풀이할 필요는 없으리라 생각한다.)

에필로그*

    그대들은 알아야 한다. 내가 앞서 말한 그 모든 땅들과 그 모든 섬들에는 다양한 사람들이 살고 있고, 그들이 가진 종교와 믿음도 다양하다. 하지만 이성과 분별이 있는 한 우리의 교리를 조금이라고 갖고 있지 않거나 우리의 믿음과 일치하는 부분이 전혀 없는 사람은 없다. 그들은 신이 모든 것을 만들고 세상을 창조했다고 믿기 때문에 그분을 '조물주God of nature'라고 부른다. 그래서 예언자들이 말하기를 "온 땅은 그를 두려워할지니(Et metuent eum omnes fines terrae)"[1]라고 했고, 다른 곳에서는 "모든 민족들이 그를 섬길지니(Omnes gentes servient ei)"[2]라고 했다.

    단지 그들은 배우지 못했기 때문에 그것을 완벽하게 말하지 못하고, 타고난 지적 능력만큼만 표현할 뿐이다. 그들은 성자와 성령에 대해 알지 못한다. 그러나 그들은 성서, 예컨대 「창세기」와 예언자들의 말씀, 모세의 책들을 읽을 수 있다. 그리고 그들은 자신들이 숭배하는 피조

★ 『맨더빌여행기』는 원래 별도의 에필로그가 없이 34장까지로 구성되어 있다. 하지만 한국어 번역본에서는 34장의 뒷부분을 에필로그로 분리해 편집하였다.

물들이 결코 신은 아니며, 신의 은총 없이는 존재하지 못할 그것들 안의 미덕을 숭배하는 것일 뿐이라고 말한다. 또한 자연물의 모상과 우상에 대해서는 모상을 갖지 않은 종족은 없다고 한다. 그들은 그리스도교도들도 자신들이 숭배하는 성모 마리아와 다른 성인들의 상을 가지고 있지 않느냐고 말한다. (하지만 그들은 우리가 상 자체가 아니라 성인을 기린다는 것을 알지 못한다.) 그것은 나무나 돌로 된 상이 아니라, 상이 본뜨고 있는 성인들이다. 경전과 책들이 성직자들에게 어떻게 믿어야 하는지 가르쳐주는 것처럼, 성인들을 본떠 만든 상과 그림들은 저속한 사람들에게 성인을 어떻게 숭배하고 마음에 간직해야 하는지 알려준다.

그들은 신의 천사들이 자신들에게 그 우상들이 수많은 큰 기적들을 일으킬 것이라고 전해주었다고 말한다. 또한 그들은 우상들 안에 천사가 하나씩 있다고 말한다. 천사들은 두 종류로 하나는 악하고 하나는 착한데, 그리스인들은 이를 카코(Cacho)와 칼로(Calo)라고 부른다. 카코는 사악한 천사이고, 칼로는 착한 천사이다. 그러나 우상들 안에 있는 것은 착한 천사가 아니라 사악한 천사로, 그들을 속이고 계속해서 잘못을 저지르게 만든다.

저 너머에는 다양한 나라들과 신기한 것들이 정말 많지만 나도 직접 다 보지는 못했다. 그러므로 나는 그곳들이 어떤지를 그대들에게 똑바로 말해 줄 수 없다. 그리고 앞서 말했던, 내가 실제로 가본 나라들이라고 해도 미처 그대들에게 다 말하지 못한 신비롭고 다채로운 일들이 정말 많다. 그러나 그것들을 다 말하려면 이야기가 너무 길어진다. 그래서 나는 일부 나라들만 그대들에게 말해 주었다. 그대들의 존귀함과 탁월한 고귀함에 간청하건데, 지금은 그것으로 만족하기를 바란다. 만약 내가 그대들에게 바다 너머의 세계에 대해 모두 말해버린다면, 저 너머 나라들을 항해하느라 시달리고 고난을 당한 누군가가 이국에서의 낯선 경험을 이야기할 때 내 말을 되풀이한다고 비난을 당할지도 모른다. 그는 청중들의 흥을 돋우거나 열광시키거나 좋아하게 할 만한 새로운 것을 하나도 말할 수 없을 것이다. 사람들이 언제나 말하듯이 새로운 것들과 새로운 소식들이 듣는 이를 즐겁게 하기 때문이다. 그러므로 나는 이쯤에서 저 너머 세계의 신기하고 다채로운 것들에 관해 말하는 것을 멈추어, 그곳으로 갈 누군가가 내가 다루지 않은 새로운 이야기들을 할 여지를 남겨놓고자 한다.

* * *

그대가 원한다면 귀향했을 때의 일을 이야기해주겠다. 나는 로마로 가서 교황에게 내 삶을 고백하고 내 양심에 가로놓인 수많은 온갖 무거운 짐들에 관해 사면을 받았다. 내가 했던 것처럼, 다양한 종족들과 다양한 종파와 신앙을 가진 자들 틈에서 지냈던 사람들은 반드시 그렇게 해야 한다. (그리고 많은 사람들은 자신의 눈으로 보지 않는 한, 아니면 자기 자신이 타고난 지혜로 이해하지 않는 한 결코 믿으려 하지 않기에) 나는 그곳에서의 모든 일들을 문서로 작성해 교황에게 보여주었다. 내가 직접 보지 못하고 다른 사람에게서 들은 정보는 물론이고 신께서 허락하신 은총만큼 내가 직접 볼 수 있었던 신기한 일들과 풍습들 모두를 말이다. 그리고 교황의 거룩한 부권父權에 의지해 나의 책을 지각 높은 평의회와 함께 그분의 현안으로 검토하고 정정해주기를 청했다. (그리고 로마에는 세계의 온갖 민족이 언제나 머무르고 있으므로 다양한 사람들과 상의하기를 부탁드렸다.) 그러자 교황은 특별한 은총을 베풀어 그분의 평의회로 하여금 내 책을 검토하게 하고 (책에 적혀 있는 것이 모두 진실이라고) 증언해주었다. 그렇게 내 책은 진실로 밝혀졌다. 심지어 그들은 내 책을 검토하는 데 사용한 책 하나를 내게 보여주었는데, 그것은 『세계지도(Mappa Mundi)』[3]를 만드는 데 사용되었던 책으로, 그 안에는 백 가지가 넘는 훨씬 더 많은 것들이 담겨 있었다. 그렇게 교황은 내 책을 모든 점에서 확인하고 인가해 주었다.

앞서 말했듯이 나, 기사 존 맨더빌은 비록 미천한 자이나 예수 그리스도 이후 1322년에[4] 고국을 출발해 바다를 건너 수많은 땅들과 섬들, 나라들을 지나, 수많은 낯선 곳들을 탐험했다. 그리고 부족함이 많은 사람이지만 수많은 훌륭한 동료들을 만나 무훈을 떨쳤다. 그러나 이제 집으로 돌아온 나는 (나이와) 오랜 고생 탓에 찾아온 관절의 통풍에 시달려 휴양을 할 수밖에 없게 되었다. 신도 아시겠지만 이것은 나의 뜻이 아니다.

그러므로 나는 내게 남은 비참한 삶에 위안으로 삼고자, 예수 그리스도 이후 1356년, 내가 고국을 떠났던 날로부터 34년 되는 해인 지금, 지나간 시간 동안의 나의 행적들을 기억나는 대로 이 책에 적는다.[5]

그러므로 나는 이 책을 읽는 사람들과 듣는 사람들 모두에게 바라노니, 이 책이 그대들을 즐겁게 했다면 나를 위해 신께 기도를 올려주기를 부탁한다. 그러면 나도 그대들을 위해 기도할 것이다. 그대들이 나를 위해 주기도문과 성모의 기도를 읊어준다면 신은 내 죄를 용서하실 것이다. 그리고 지금까지 내가 해왔고, 앞으로 내 삶이 끝나는 순간까지 할 수 있을 모든 좋은 순례여행과 훌륭한 업적들을 그대들을 동료로 삼아 나눌 수 있도록 허락하실 것이다.

모든 선과 영광의 원천이신 전능하신 신께 청하노니, 하해와 같은 자비와 은총을 베풀어 그들의 영혼을 성령으로 충만하게 하시고, 이승의 악마들로부터 그들을 지켜주시고, 몸과 영혼 모두 구원받을 수 있도록 해주소서. (그리고 생을 마친 그들을 환희와 끝없는 안식과 평화가 있는 곳으로 데려가소서.) 삼위일체이시고, 시작도 없고 끝도 없으시며, 가장 뛰어나시고 가장 크신, 모든 곳에 존재하시고 모든 것을 포함하시는, 그 이상의 선함은 없으시며 그 어떤 악으로도 물들지 않은 그분을 숭배하고 찬미하게 하소서. 신은 완벽한 삼위일체로 존재하시고, 모든 세상과 모든 시간을 다스리시나이다.

　아멘! 아멘! 아멘!

옮긴이의 주석

프롤로그

1) "빌라도가 명패를 써서 십자가 위에 붙였는데, 거기에는 '유대인의 왕 나자렛 사람 예수'라고 쓰여 있었다." 「요한 복음서」 19:19.

2) 아리스토텔레스는 도덕적인 미덕이야말로 중간을 목표로 삼아야 한다고 보았다. Aristotle, *Ethika Nikomacheia*, 전병희 옮김, 『니코마코스 윤리학』(고양: 숲, 2013), 74-78쪽(2권 16장) 참조.

3) "주 하느님이 이렇게 말한다. 이것이 예루살렘이다. 나는 그 도성이 뭇 나라에 둘러싸여 민족들 한가운데에 자리 잡게 하였다." 「에제키엘서」 5:5. 중세 유럽의 세계지도인 '마파 문디(Mappa mundi)'에도 세계의 중심은 예루살렘으로 그려져 있다.

4) 14세기는 서유럽에서 십자군 전쟁(11세기 말~13세기 말)의 열기가 사그라지고 백년전쟁이 가속화되기 시작한 시점이다. 특히, 맨더빌이 이 책을 썼다고 주장하는 1356년은 잉글랜드 왕 에드워드 3세가 프랑스 왕 장2세를 상대로 푸아티에 전투를 벌인 해였다.

5) 에거튼 판본에는 '1332년'으로 나온다. 맨더빌이 항해를 떠난 해는 1322년, 1332년, 1312년, 1422년 등 판본에 따라 차이가 있지만 항해를 떠난 날이 성미카엘 축일이라는 것은 대부분 일치한다. 악마를 무찌른 대천사 미카엘을 기리는 성 미카엘 축일은 절기로는 가을이 시작되는 추분이기도 하다. Jean de Mandeville, *Le Livre des Merveilles du Monde*, ed. Christiane Deluz, Sources d'Histoire Medievale, 31(CNRS Editions, 2000)[이하 'Deluz'로 줄임], p. 92와

Sir John Mandeville, *The Book of Marvels and Travels*, ed. and trans. Anthony Paul Bale(Oxford University Press, 2012)[이하 'Bale'로 줄임], p.168 참조.

6) 이 구절 때문에 한때는 『맨더빌 여행기』가 처음에 라틴어로 쓰였다가 이후 다른 언어로 번역된 것으로 여겨졌다. 하지만 이 내용은 에거튼 판본에는 없고 오직 코튼 판본에만 등장한다. 앵글로노르만어(프랑스어 방언) 판본에는 "이 책을 더 명확하게 기술하려면 라틴어로 써야 했다. 그러나 많은 사람들이 라틴어보다는 프랑스어를 잘 하므로 나는 이 책을 프랑스어로 써서 누구나 이해할 수 있게 했다"고 나온다. 아마 코튼 판본 저자가 앵글로노르만어 판본의 "라틴어로 써야 했다*(eusse cest escrit mis en latin)*"(Deluz, p. 93) 부분을 영어로 옮기면서 "라틴어로 썼다"고 잘못 해석한 것으로 보인다. 그리고 14세기 잉글랜드에서는 프랑스어가 상류계급의 필수덕목으로 여겨지고 있었으므로 프랑스어로 쓰는 것이 대륙과 잉글랜드 모두에서 지식층 독자를 확보하기에 유리했을 것이다. 따라서 오늘날에는 일반적으로 『맨더빌 여행기』가 라틴어가 아니라 프랑스어로 먼저 기록되었으며, 독자층이 확대되면서 라틴어는 물론 영어, 독일어, 이탈리아어 등 유럽 각국의 언어로 옮겨진 것으로 받아들여지고 있다. Sir John Mandeville, *Mandeville's travels: translated from the French of Jean d'Outremeuse*(British Library. Manuscript. Cotton Titus C.16), ed. Paul Hamelius(London: Published for the Early English text society by K. Paul, Trench, Trübner & Co, 1919)[이하 'Hamelius'로 줄임], p. 23(2부)와 Sir John Mandeville, *The book of John Mandeville*, with related texts, ed. and trans. Iain Macleod Higgins(Hackett Publishing Company, 2011)[이하 'Higgins'로 줄임], p. xv 참조.

1장

1) 맨더빌이 소개하는 헝가리에서 콘스탄티노플까지 여행 경로는 알베르트 덱스라샤펠(Albert d'Aix-la-Chpelle, 12세기?)의 『예루살렘 원정의 역사*(Historia Hierosolimitanae Expeditionis)*』에도 유사하게 나온다. Albert of Aachen, *Albert of Aachen's History of the Journey to Jerusalem*, ed. and trans. Susan Edgington(Farnham: Ashgate, 2013), pp. 18-20.

2) 발트 해의 동쪽 연안 옛 리보니아(Livonia) 지방으로 추정.

3) 『맨더빌 여행기』가 등장한 14세기 무렵은 헝가리 왕국의 세력이 절정에 달했을 때이다. 헝가리 왕은 동쪽으로는 흑해, 서쪽으로는 아드리아 해, 북쪽은 발트

해에 둘러싸인 광범위한 영토를 소유하고 있었다. 불가리아가 헝가리 왕국에 합병된 것은 1360년경이다.

4) 키프론(Cypron) : 헝가리 서부의 국경도시 쇼프론(Sopron)으로 추정.

5) 세르비아 북부의 도시 노비사드(Novi Sad)로 추정.

6) 에빌타운(Evil town)은 라틴어 지명 말라 빌라(Mala villa)나 프랑스어 지명 말르 빌(Male ville)을 영어로 번역한 것으로 추정되나 정확한 위치는 알 수 없다.

7) 마록(Marrok) : 불가리아 남부에서 발원하여 터키와 그리스의 국경으로 흘러들 어가는 마리차(Maritsa) 강으로 추정.

8) 니(Nye) : 세르비아 동남부에 있는 도시 니쉬(Niš)로 추정. 에거튼 판본에는 니 (Ny) 대신 스테르네스(Sternes)가 나오는데, 이는 불가리아의 수도 소피아(Sofia) 를 가리킨다. Sir John Mandeville, *The buke of John Mandeuill, being the travels of Sir John Mandeville, knight, 1322-1356: a hitherto unpublished English version from the unique copy*(British Museum, Manuscript, Egerton 1982), ed. George Frederic Warner(Westminster: Nichols & Sons, 1889)[이하 'Warner'로 줄임], p. 4.

9) 피네파페(Fynepape) : 불가리아 남부 마리차 강 유역의 도시 플로브디프 (Plovdiv)로 추정.

10) 유스티니아누스 황제의 기마상에 관한 이 내용은 빌헬름 폰 볼덴젤(Wilhelm von Boldensele, 1285~1339?)의 『성지와 바다건너 어떤 나라들에 관한 책(*Liber de quibusdam ultramarinis partibus et praecipue de terra sancta*)』에서 거의 그대로 차용했다. Higgins, p. 225.

11) 에거튼 판본에는 동쪽이 아니라 서쪽을 가리키고 있다고 나온다. Warner, p. 5.

2장

1) 「마태오 복음서」 27:34, 48 참조.

2) Jacopo da Varazze, *Legenda aurea*, 윤기향 옮김, 『황금전설』(고양: 크리스챤다이 제스트, 2007), 446쪽('거룩한 십자가의 발견' 편) 참조.

3) 로마 총독 빌라도는 히브리어·라틴어·그리스어로 '유대인의 왕 나사렛 사람 예수'라는 명패를 써서 십자가 위에 달게 했다. 「요한 복음서」 19:19-20 참조.

4) 이에 대한 출전은 명확하지 않다. 『구약성서』의 「아가」 7:8-9와 「마카베오기 하 권」 10:7과의 연관성을 어렴풋이 추론할 수 있을 뿐이다.

5) 대홍수를 피해 방주에 탔던 노아는 홍수가 그친 뒤 물이 완전히 빠졌는지를 알 아보려고 비둘기를 날려 보냈다. 그러나 내려앉을 곳을 찾지 못한 비둘기가 곧

바로 방주로 돌아와서 노아는 아직 땅이 물에 잠겨 있다고 생각했다. 이레 후 그는 비둘기를 다시 날려 보냈다. 이번에는 비둘기가 싱싱한 올리브나무의 가지를 물고 돌아와 노아는 물이 빠졌음을 알았다. 「창세기」 8:8-11 참조.

6) 에거튼 판본에는 네 개로 나온다. Warner, p. 6.

7) 낙원으로 찾아와 간청하는 셋에게 대천사장 미카엘은 아직 5500년이 흐르지 않았기 때문에 자비의 나무에서 기름을 얻을 수 없다고 말했다고도 한다. 천사가 셋에게 씨앗이 아니라 자비의 나뭇가지나 아담이 사과를 따 먹은 나무의 가지를 주었다는 이야기도 있다. 고향으로 돌아간 셋이 그 나뭇가지를 아담의 무덤 위에 심자 큰 나무로 자라났고, 그 나무가 뒷날 그리스도의 십자가를 만드는 데 쓰였다고 한다. Jacopo da Varazze, 『황금전설』, 445쪽('거룩한 십자가의 발견' 편) 참조.

8) 성 헬레나가 십자가를 발견하는 이야기는 다음과 같다. 주님의 십자가를 찾기 위해 예루살렘을 방문한 성 헬레나는 유대인 학자인 유다에게 그 위치를 물었다. 유다가 대답하기를 거부하자 그녀는 그를 마른 우물 속에 가두고 굶겼다. 칠일 째 되는 날 유다는 배고픔을 견디다 못해 십자가가 베누스 신전 아래 묻혀 있다고 실토했다. 사람들이 그곳을 파내자 세 개의 십자가가 나와 어느 것이 진짜 예수의 십자가인지 알 수 없었는데, 때마침 그 곁으로 장례 행렬이 지나갔다. 유다는 혹시나 하는 마음에 시신 위에 십자가 세 개를 차례로 얹었고 세 번째 십자가를 올리는 순간 죽은 자가 살아나는 기적이 일어났다고 한다. Jacopo da Varazze, 『황금전설』, 449-454쪽('거룩한 십자가의 발견' 편) 참조.

9) 에거튼 판본에는 유대인이 아니라 제노바 사람들에게서 샀다고 나온다. Warner, p. 6. 실제로 1239년 무렵에 프랑스의 루이 성왕(재위 1226~1270)은 재정난을 겪고 있던 콘스탄티노플 라틴제국의 황제 보두앵 2세(재위 1228~1261)에게서 그리스도의 수난과 관련된 성유물들을 거액을 주고 사들였다. 당시 보두앵 2세는 성유물을 담보로 베네치아에서 차관을 빌린 상태였기 때문에, 프랑스 왕의 돈은 콘스탄티노플이 아니라 베네치아의 중개인들에게 건네졌다고 한다. 맨더빌이 말한 '프랑스 왕의 예배당'은 루이 성왕이 이 유물들을 보관할 목적으로 세운 생트 샤펠(Sainte Chapelle) 성당을 가리키는 것으로 보인다.

10) 「마태오 복음서」 26:69-75 참조.

11) 「요한 복음서」 18:12-13 참조.

12) 「마태오 복음서」 27:27-31 참조.

13) 「요한 복음서」 19:33-34 참조. 중세 유럽에서는 예수의 옆구리를 찌른 성창

(聖槍)이라고 주장하는 유물들이 여러 개 있었다.

3장

1) 에니드로스(enydros)의 정체에 대해서는 몇 가지 추정이 있다. 우선, 그것이 수분 결정을 가진 보석이라는 설이 있다. 대(大)플리니우스(Gaius Plinius Secundus, 23~79)와 이시도루스(Isidorus, 560?~636)는 'Enhygros'를 일종의 광물로 보았다. 대 플리니우스는『자연사』에서 그것이 둥글고 매끄럽고 하얀 광물이며, 그 안에는 흔들면 마치 계란 노른자처럼 움직이는 액체가 들어 있다고 적었다. 이시도루스의『어원』에는 그것이 마치 안에 샘을 머금은 것처럼 물이 스며 나오는 수정의 일종이라고 나온다. Pliny the Elder, *The Natural History*, ed. John Bostock, M.D., F.R.S., H.T. Riley, Esq., B.A(London: Taylor and Francis, 1855), 37. 73와 Isidorus Hispalensis, *The Etymologies of Isidore of Seville*(Cambridge; New York: Cambridge University Press, 2006), p. 326 참조. 그러나 일부 연구자들은 에니드로스를 성 소피아 성당 인근에 위치한 '가라앉은 궁전'이라고 불리는 지하저수지 예레바탄 사라이(Yerebatan Saray)를 비유적으로 표현한 것으로 보기도 한다. Bale, p. 129 참조.

2) 고대 그리스 영웅 서사시에 나오는 트로이 전쟁에 대한 언급이다. 10년에 걸쳐 계속된 이 전쟁은 목마 안에 숨어 들어온 그리스 군의 공격으로 인해 트로이 성이 함락되면서 결국 그리스군의 승리로 끝났다고 한다.

3) 판본마다 섬들의 명칭에는 차이가 있으며 정확한 위치도 파악하기 어렵다. 이를 테면, 에거튼 판본에는 "칼카스(Calcas), 칼리스트라(Calistra), 오이르티게(Oertige), 테쉬리아(Teshiria), 민카(Minca), 플락사니아(Flaxania), 멜로(Melo), 카르파테이아(Carpateya), 렘노스(Lempnia)"로 나온다. Warner, p. 8. 더 다양한 사례는 Deluz, p. 108, 113 참조.

4) 중세의 문헌들에는 땅을 파다 우연히 시신과 함께 예수 그리스도의 탄생을 예언하는 글귀가 적힌 석판이나 두루마리를 발견했다는 이야기가 심심찮게 등장한다. Jacopo da Varazze,『황금전설』, 1174쪽('성 펠라기우스 · 롬바르드인의 역사' 편).

5) "거룩한~없다."는 코튼 판본과 에거튼 판본에는 없고 앵글로노르만어 판본에만 있는 구절이다. Deluz, p. 111.

6) 여기서의 '라틴인들'은 서유럽의 '라틴 그리스도교도들'을 뜻한다. 에거튼 판본에는 '그리스해 이쪽에서 온 사람들'이라고 나온다. Warner, p. 10.

7) 맨더빌은 다양한 나라의 알파벳들을 소개하는데, 그 철자나 명칭은 판본마다 조금씩 다르며 아예 실리지 않은 경우도 있다. 이 책에서는 비교적 누락이 적고 알아보기 쉬운 에거튼 판본의 알파벳을 주로 수록했다. Warner, p. 52와 Sir John Mandeville, *The travels of Sir John Mandeville*, ed. and trans. C. W. R. D. Moseley(Penguin Books, c.1983, 2005)[이하 'Moseley'로 줄임], p. 52 참조.

4장

1) 맨더빌은 '용으로 변한 히포크라테스의 딸' 이야기를 제외한, 콘스탄티노플에서 로도스 섬까지의 여행 경로를 주로 빌헬름의 『성지와 바다건너 어떤 나라들에 관한 책』에서 차용했다. Higgins, p. 226.

2) 키에베토우트(Chievetout) : 오늘날 소아시아 북서부의 겜릭(Gemlik)으로 추정.

3) 실로(Sylo)는 소아시아 서부 해안의 키오스(Chios) 섬으로 추정된다. 14세기 중반 제노바인의 지배 아래 있을 당시에는 스키오(Scio) 섬이라고 불렸다.

4) 맨더빌은 야코부스(1230?~1298)의 『황금전설』에서 '복음사가 요한의 무덤' 전설을 가져온 것으로 보인다. 그에 따르면 복음사가 요한은 설교를 끝낸 뒤 살아 있는 채로 직접 자신이 준비한 무덤에 들어갔는데, 이내 강한 빛과 함께 모습을 감추었고 그가 사라진 무덤 자리에는 만나만이 가득 차 있었다고 한다. Jacopo da Varazze, 『황금전설』, 101쪽('사도 요한' 편) 참조.

5) 크레타 섬은 비잔티움 제국의 영토였으나, 1204년 제4차 십자군 원정으로 콘스탄티노플이 점령되고 라틴제국이 세워진 뒤 베네치아에게 팔렸다. 해상무역을 두고 베네치아와 경쟁하던 제노바는 1261년 니케아 제국과 맺은 님파이움 협정(Treaty of Nymphaeum)으로 사모스(Samos) 섬, 키오스(Chios) 섬 등을 손에 넣었다. 맨더빌은 베네치아와 제노바를 종종 혼동하여 사용하고 있다.

6) 사실 코스(Kos) 섬과 랑고(Lango) 섬은 하나이다. 베네치아와 제노바 사람들은 코스 섬을 랑고 섬이라고 불렀다. 베네치아는 1204년부터 1304년까지, 제노바는 1304년부터 1523년까지 이 섬을 지배했다. Bale, p. 130.

7) 히포크라테스의 딸에 관한 이 전설은 유럽의 민간에서 전해지던 '뱀 여인' 멜뤼진(Melusine) 신화를 상기시킨다. 초자연적인 존재인 멜뤼진은 인간 남자와 결혼했으나 남편의 배신으로 비극적인 운명을 맞는다. 14세기 프랑스 작가 장 다라(Jean d'Arras)가 남긴 이야기에 따르면, 멜뤼진은 어머니로부터 저주를 받아 매주 토요일마다 하반신이 뱀으로 변했다. 그녀는 인간 남자와 결혼해 죽을 때

까지 함께 해야 그 형벌에서 벗어나 영혼의 구원을 얻을 수 있었다. 어느 날 레이몽이란 젊은이가 멜뤼진의 아름다움에 반해 청혼했다. 그녀는 그에게 토요일에는 자신을 만나지 않겠다고 약속하면 결혼하겠노라고 했다. 레이몽은 약속했고 둘은 한동안 행복하게 살았다. 그러나 자식들이 모두 기형으로 태어나자 레이몽은 아내가 토요일마다 부정을 저질렀기 때문이라고 생각했다. 그는 결국 약속을 어기고 숨어서 아내를 감시했고 그녀가 욕조에서 뱀으로 변해 있는 것을 보았다. 레이몽은 그 일을 비밀로 하겠다고 결심했으나 어느 날 화가 나서 아내에게 "내 눈에서 사라져! 이 사악한 뱀아! 네가 내 아이들을 오염시켰어!"라고 소리쳤다. 그러자 멜뤼진은 기절했다가 일어나 남편의 가문을 저주하고 통곡하며 창밖으로 사라졌다고 한다. ed. Carl Lindahl, John McNamara, John Lindow, *Medieval Folklore: a guide to myths, legends, tales, beliefs, and customs*(Oxford; New York: Oxford University Press, 2002), pp. 130-131.

8) 고대 로도스 섬에 있었다는 거대한 상 '콜로수스 로도스(Collossus Rhodes)'에 대한 기억에서 비롯된 것으로 보인다. 기원전 3세기 초 로도스 섬의 항구 입구에 건립된 이 거대한 태양신 청동상은 기원전 226년경 지진으로 파괴되었으나 7세기까지 그 흔적이 남아 있었다고 한다.

9) 맨더빌의 오해이다. 사실 성 바울의 편지는 로도스 섬이 아니라 소아시아의 고대도시 콜로새(Colossae)로 보내는 서한이었다.

5장

1) 빌헬름의 『성지와 바다건너 어떤 나라들에 관한 책』에도 유사한 내용이 나온다. Higgins, pp. 226-227.

2) 카타일리(Cathaillye)는 에거튼 판본에서는 '카탈리(Cathaly)'로 나온다. Warner, p. 14. 과거 사탈리에(Sathalie), 사탈리아(Satalia) 등으로 불렸던 오늘날 터키 남부의 해안도시 안탈리아(Antalya)로 추정된다.

3) 이 이야기는 메두사 신화를 생각나게 한다. 그리스 신화에 따르면 메두사와 그녀의 자매들인 스텐노(Sthenno), 에우리알레(Euryale)는 뱀의 머리카락과 멧돼지의 어금니, 용의 비늘로 덮인 몸을 가진 흉측한 괴물이었다. 이 세 자매는 고르곤(Gorgon, 복수로는 Gorgones)이라 불렸는데 누구든 그녀들과 눈이 마주치면 온 몸이 굳어져 돌로 변했다고 한다. 이러한 메두사 신화에 원형을 둔 이야기는 중세문헌들에 자주 등장한다. Christine Ferlampin-Acher, *Fées, bestes et luitons: croyances et merveilles dans les romans français en prose(XIIIe-XIVe*

siècles)(Paris: Presses de l'Université de Paris-Sorbonne, 2002), pp. 304-310.

4) 저버스 틸버리(Gervase of Tilbury, 1150~1228)의 『황제의 여흥을 위하여*(Otia Imperialia)*』에도 『맨더빌 이야기』와 유사한 머리괴물 전설이 등장한다. "로도스 섬에서 키프로스 섬으로 가는 길에는 사탈리에의 심연(Gouffre de Satalie)이라고 불리는 위험한 만(灣)이 있다. 사람들이 말하길 고르곤의 머리가 바다에 가라앉은 곳이라고 한다. 이 만은 이코니움(Iconium, 소아시아 남부의 고대 국가 리카오니아의 도시)의 술탄이 지배하는 사탈리에 시를 향하고 있다. 전해지는 바에 따르면 고르곤은 미모로 남자들의 이성을 마비시키는 매춘부였다고 한다. 페르세우스는 그녀의 머리를 잘라 바다에 던져버렸다. 이 지방에는 다음과 같은 전설도 내려오고 있다. 옛날에 한 기사가 여왕과 사랑에 빠졌다. 살아생전에는 여왕과 육체적 관계를 맺을 수 없었기에 기사는 그녀가 죽은 뒤 무덤으로 찾아가 남몰래 관계를 가졌고 그 결과 끔찍한 머리괴물이 태어나게 되었다. 잉태의 순간 기사에게 허공에서 소리가 들려왔다. '그녀는 단 한 번의 눈맞춤도 치명적인, 흘낏 보기만 해도 모든 것을 파괴할 존재를 낳을 것이다.' 아홉 달이 흐른 뒤 기사가 찾아가 무덤을 열자 그곳에는 머리 하나가 있었다. 기사는 그 머리와 눈을 마주치지 않았다. 그리고 그 뒤 싸울 때마다 그 머리를 사용했다. 그것은 적들과 적들의 도시를 모두 곧바로 파괴시킬 수 있었다. 그러던 어느 날 항해를 하다가 기사는 연인의 무릎 위에서 잠시 잠이 들었다. 그러자 그녀는 기사 몰래 열쇠를 가져다가 머리가 들어 있는 상자를 열었고, 그 어리석은 호기심 때문에 머리와 눈이 마주쳐 그 자리에서 죽고 말았다. 잠에서 깨어난 기사는 벌어진 일을 깨닫고는 슬픔에 빠졌다. 그는 그 머리를 높이 들어 올렸고, 그 순간 머리와 눈이 마주쳐 배와 함께 가라앉았다. 사람들 말에 따르면 그 날 이후 7년마다 머리가 다시 수면 위로 떠올라 그곳 바다를 지나는 선원들을 위험에 빠뜨린다고 한다." Gervase of Tilbury, *Otia Imperialia*, ed. S. E. Banks and J. W. Binns(Oxford: Clarendon Press, 2002), pp. 328-331(II. 12).

5) 맨더빌은 키프로스 섬의 풍습과 관련된 대부분의 내용을 빌헬름의 『성지와 바다건너 어떤 나라들에 관한 책』에서 가져온 듯 보인다. Higgins, p. 227.

6) 에거튼 판본에는 세 명으로 나온다. Warner, p. 14.

7) 키프로스 섬 라르나카(Larnaca) 지구의 스타브로보우니(Stavrovouni, '십자가 산')로 추정된다. 지금도 그 산 꼭대기에는 4세기에 세워졌다는 스타브로보우니 수도원이 남아 있으며, 십자가 전설이 내려오고 있다.

8) 베네딕트회 수도사를 비유적으로 가리킨 것으로 보인다. 중세에는 수도복 색깔

로 수도회를 구분했다. 예컨대 검은 옷을 입는 베네딕트회 수도사들은 '검은 수도사'로, 회색빛이 나는 흰 옷을 입은 시토회 수도사들은 '하얀 수도사'나 '회색 수도사'로 불렸다. 수도원에서 벗어나 사회에서 생활하는 탁발수도사들도 마찬가지였는데, 입는 옷의 색깔에 따라 도미니크회는 '검은 탁발수도사', 프란체스코회는 '회색 탁발수도사', 카르멜회는 '하얀 탁발수도사'라고 불렸다.

9) 이 책의 2장 참조.

10) 키프로스 섬의 북부 키레니아(Kyrenia) 산 위에 있는 성으로, '사랑의 신의 성'이라는 명칭은 고대 키프로스에서 성행한 아프로디테 여신 숭배에서 비롯된 것으로 보인다. 수도원으로 사용되기도 했던 성으로 성인 힐라리온의 은신처 위에 세워졌다고 해서 '힐라리온의 성'이라고도 불린다.

11) 파피온(papions)은 페르시아나 터키 등에서 사냥용으로 길들었던 치타나 표범과 같은 고양잇과 동물로 추정되지만 정확한 종은 확인되지 않는다. 빌헬름은 파피온을 "길들인 표범(domestici leopardi)"이라고 칭했다. Higgins, pp. 19, 227. 사제 자크 드 비트리(Jacques de Vitry, 1160?~1240)는 파피온에 대해 다음과 같이 말했다. "들개로 알려진 파피온은 늑대보다도 공격적이며, 밤에는 계속해서 끔찍한 소리로 울어댄다." Jacques de Vitry, *Histoire des croisades*, ed. by M. Guizot, Paris: J.-L.-J. Brière, 1825, p. 183. 한편, 마르코 폴로(Marco Polo, 1254~1324)의 『동방견문록』에는 파피오네(papione)라 불리는 여우처럼 생긴 동물이 사탕수수를 갉아먹고 상인들의 물건을 훔쳐 피해를 입힌다고 나온다. Marco Polo, *The Description of the World*, 김호동 옮김, 『마르코 폴로의 동방견문록』(파주: 사계절, 2004), 402쪽.

12) "그대는 정원의 샘, 생수가 솟는 우물..." 「아가」 4:15 참조.

13) 「루카 복음서」 11:27 참조.

14) 성서에는 예수가 티레에서 마귀 들린 딸을 구해달라고 간청한 어느 가나안 여인을 도와주었다고 나온다. 「마태오 복음서」 15:21-28, 「마르코 복음서」 7:24-30 참조.

15) 레바논의 사라판드(Sarafand) 시로 추정된다.

16) 『구약성서』에는 엘리야가 주님의 말씀에 따라 사렙타로 간 뒤, 그곳에서 한 과부에게 먹을 것이 떨어지지 않는 기적을 보이고 그녀의 아들을 죽음으로부터 살려냈다고 나온다. 「열왕기 상권」 17:17-24 참조. 단, 성서에는 엘리야가 살린 과부의 아들 이름은 나오지 않는다. 하지만 요나를 엘리야가 살린 과부의 아들로 보는 오랜 전통이 존재했다.

17) 사예트(Sayete)는 사실 시돈의 중세프랑스식 명칭이다.

18) 사르데나르(Sardenar)는 베이루트와 다마스커스 사이에 있는 세드나야(Sednayah) 시로 추정된다.

19) 그리스 신화에서 안드로메다는 거인이 아니라, 바다 괴물에게 제물로 바쳐졌다가 영웅 페르세우스에게 구출된 에티오피아의 공주이다. 『맨더빌여행기』의 저자가 안드로메다를 거인으로 나타낸 것은 안드로메다에 관한 기록을 잘못 해석했기 때문으로 보인다. 다음은 1세기 로마의 정치가이자 학자였던 대 플리니우스의 기록이다. "조영관(造營官, aedilis, 공공건물과 토목공사 · 치안 · 식량공급 등을 관장하던 고대 로마의 행정관) 스카우루스(M. Scaurus)는 여러 가지 신기한 물건들을 로마에 전시했다. 거기에는 안드로메다가 제물로 바쳐졌던 괴물도 있었다. 유대 도시 요파로부터 가져온 그 짐승의 뼈는 길이가 40피트가 넘었다. 늑골은 인도코끼리의 것보다 더 높았고, 등뼈의 두께는 1.5피트였다." Pliny the Elder, *The Natural History*, 11. 4 참조.

20) 카이파(Cayphas)는 이스라엘 북서부 최대 항구도시 하이파(Haifa)로 추정된다.

21) 사프레(Saffre)는 이스라엘 북부 도시 쉐파람(Shefaram)으로 추정된다.

22) 아크레와 티레 사이, 오늘날 레바논과 국경을 맞대고 있는 이스라엘의 로슈하니크라(Rosh HaNikra)의 절벽으로 추정된다.

23) 벨루스(Belus) 강으로 추정된다.

24) 플라비우스 요세푸스(Flavius Josepus, 37?~100?)의 『유대전쟁사』에는 맨더빌이 전하는 '멤논의 구덩이'와 유사한 이야기가 등장한다. 그에 따르면 시리아의 멤논 거석 근처에 유리를 만드는 데 쓰이는 둥근 모래 구덩이가 있는데, 아무리 모래를 많이 파내도 바람으로 인해 곧 다시 차오른다고 한다. Flavius Josephus, *Josephus: the antiquities of the Jews(III)*, 김지찬 옮김, 『요세푸스 III』(서울: 생명의 말씀사, 2000), 208-209쪽(2.10.2).

25) 30장에는 사제 요한의 나라에 있는 또 다른 모래바다가 등장한다.

26) 대 플리니우스는 유리 제작의 기원을 다음과 같이 적고 있다. "시리아에는 포에니스(Phoenice)라는 지역이 있는데, 유대와 인접한 곳으로 카르멜 산의 저지대와 켄데비아(Cendebia) 늪지를 에워싸고 있다. 벨루스 강은 그곳에서부터 5마일 정도 흘러가 프톨레마이스(톨로마이다) 식민도시 근처에서 바다로 들어간다. 그 강은 유속이 느려 식수로는 적합하지 않으나 종교의식이 거행되는 신성한 곳이다. 질펀한 침전물로 가득한 그 깊은 강은 조수가 빠져나갈 때면 모래를 드러낸다. 그러면 물결이 모래를 흔들어 불순물을 걷어내고 깨끗하게 만든다.

이 정화작용은 바닷물의 매서움이 없다면 불가능했을 것이다. 정화된 모래가 모여 있는 해안가는 반마일이 못되나 그곳의 모래는 수년 동안 유리의 원료로 사용 되어왔다. 다음과 같은 이야기가 전해진다. 초석을 실은 배 한 척이 이곳에 정박하고 있을 때였다. 상인들은 해안가에서 식사준비를 하려 했으나 솥을 지탱할 돌을 하나도 찾을 수 없었다. 그래서 그들은 배에서 초석덩어리를 가져왔다. 불을 피우자 해안가의 모래와 초석이 반응하여 지금까지 알려지지 않았던 투명한 액체가 흘러나왔다. 그렇게 해서 유리가 만들어졌다고 한다." Pliny the Elder, *The Natural History*, 5. 19. 이시도루스도 『어원』에서 유사한 이야기를 언급하고 있다. Isidorus Hispalensis, *The Etymologies of Isidore of Seville*, p. 328.

27) 에커튼 판본에는 3일로 나온다. Warner, p. 17.

28) 이시도루스가 전하는 바에 따르면 가자(gaza)가 페르시아어로 '보물'이라는 뜻이고, 페르시아 왕 캄비세스가 이집트와 전쟁을 벌일 당시 그 도시에 보물을 숨겨 놓은 것을 계기로 그렇게 불리게 되었다고 한다. Isidorus Hispalensis, *The Etymologies of Isidore of Seville*, p. 302.

29) 이 뜬금없는 문장은 『구약성서』에서 비롯된 것이다. 삼손이 가자에서 매춘부와 밤을 보내고 있을 때였다. 가자 사람들은 그를 죽이기 위해 성문에 숨어 동트기를 기다렸다. 그러나 한밤중에 깨어난 삼손은 낌새를 채고, 성문 두 짝을 빗장 채 뽑아 어깨에 짊어지고 가서 헤브론 맞은편 산꼭대기에 버렸다고 한다. 「판관기」 16:1-3 참조.

30) 삼손이 궁전을 무너뜨린 구체적인 정황은 다음과 같다. 삼손을 붙잡은 필리스티아 제후들은 즐거워하며 잔치를 벌였다. 한껏 흥이 오른 그들은 장님이 된 삼손을 연회 자리에 불러내 재주를 부리라고 하며 조롱했다. 삼손은 화를 참으며 시종에게 기둥 쪽으로 데려다 달라고 부탁했다. 그리고 나서는 있는 힘을 다해서 기둥을 밀기 시작했다. 곧 대들보가 중심을 잃어 천장이 머리 위로 무너져 내렸고 삼손과 그 자리에 있던 필리스티아인 모두가 목숨을 잃었다. 「판관기」 16: 23-31 참조.

31) 이스라엘 북부 하이파 남쪽 해안에 있는 성이다. 제5차 십자군 기간인 13세기 초 성전 기사단이 건립한 것으로 십자군의 주요 요새로 사용되었으나, 1291년 아크레가 함락된 뒤에는 이슬람이 장악했다.

32) 아스칼론(Ascalon)은 이스라엘 남부 해안 도시 아슈켈론(Ashkelon)으로 추정된다. 가자지구에서 북쪽으로 13km, 야파에서 남쪽으로 50km 떨어져 있다.

33) 실제 지도상의 경로는 이와 다르다. 남쪽에서 시작하여 북쪽으로 거슬러 올라

가는 해안 도시들의 순서는 '가자, 아스칼론, 야파, 카이사레아, 순례자의 성'이고, 예루살렘은 이 도시들의 동쪽 내륙에 있다.

34) 다이레(Daire) 성은 가자 지구의 중심부인 데이르 알발라(Deir el-Balah, '대추나무 수도원'이란 뜻)으로 추정된다. 고대부터 지중해 동부의 주요 요새로 활용되었으며, 중세시대에는 십자군과 이슬람군에게 번갈아 정복당했다.

35) 이집트 카노팟(Egipt Canopat)은 나일 삼각주에 있던 고대 이집트의 해안 도시 카노푸스(Canopus)로 추정된다.

36) 모르신(Morsyn)은 이집트를 뜻하는 히브리어 'Mizraim'이나 아랍어 'Misr, Mesryn'에서 비롯된 것으로 추정된다.

37) 벨렛(Beleth)은 이집트 북동부 카이로와 이스마일리아 사이에 있는 도시 벨베스(Belbeis)로 추정된다. 그러나 맨더빌은 이집트의 도시 벨베스를 레바논의 도시 발벡(Baalbek)과 혼동하고 있다.

6장

1) 헤롯 왕이 아기 예수를 죽이려 한다는 천사의 경고를 받은 요셉은 마리아와 예수를 데리고 이집트로 도망쳤다. 그들은 헤롯 왕이 죽을 때까지 예루살렘으로 돌아가지 않았다. 「마태오 복음서」 2:13-15 참조.

2) 막내인 요셉은 아버지 이스라엘로부터 가장 큰 사랑을 받았기 때문에 형제들의 시기를 샀다. 어느 날 요셉은 형들에게 꿈에서 그들이 묶은 곡식단이 자기가 묶은 곡식단에게 절을 했다는 이야기를 했다. 화가 난 그들은 요셉을 구덩이에 빠뜨린 뒤 미디안(Midian) 상인들에게 넘겨버렸고, 이후 요셉은 이집트 파라오의 경호대장에게 팔려갔다. 「창세기」 37장 참조.

3) 예루살렘의 소년들이 바빌론으로 끌려오게 된 경위와 그들의 이름에 대해서는 「다니엘서」 1:1-7 참조.

4) 네부카드네자르 왕은 세 소년이 자신의 황금상에 경배하지 않자 분노해 그들을 불가마에 던져 넣었다. 그러나 그들은 전혀 상처를 입지 않고 불속을 거닐며 신을 찬미했다. 왕은 불길 안에 네 사람이 있는 것을 보고는, 하느님이 그들과 함께 한다고 여겨 소년들을 사면하고 벼슬을 내렸다고 한다. 「다니엘서」 3장 참조.

5) 칼라헬리크(Calahelyk)는 살라딘이 이집트 카이로 근처에 세웠다는 요새 '엘칼라(El-Kalah)'로 추정된다.

6) 에거튼 판본에서는 8천명으로 나온다. Warner, p. 18.

7) 베들레헴에서 예수가 태어났을 때 동쪽에서 찾아와 예수를 경배하고 황금, 유향,

몰약을 바친 세 명의 동방박사들이다. 「시편」 72:10-11 참조. 그들은 초창기에는 페르시아의 사제나 점성술사로 묘사되다가 10세기부터는 왕관을 쓴 동방(페르시아, 인도, 아라비아)의 왕들로 그려졌다.

8) 자로콘(Zarocon) : 누르 앗딘(Nur ad-Din, 재위 1146~1174)의 명령으로 1163년 이집트 원정에 나선 장군 시르쿠(Sheerkooh, ?~1169)로 추정된다. 맨더빌의 기록과는 달리 그는 살라딘의 아버지가 아니라 삼촌이었다. 시르쿠는 1169년 카이로를 장악한 뒤에 샤와르(Shawar, ?~1169)를 처형하고 칼리프 알아디드(Al-Adid, 1149~1171)의 승인을 받아 이집트의 와지르(wazir, 재상)가 되었다. 그러나 그는 취임한 지 두 달 만에 병으로 사망했고 조카인 살라딘이 그를 계승했다.

9) 맨더빌의 기록은 아이유브 왕조의 실제 계보와는 차이가 있다. 살라딘이 죽은 뒤 이집트의 통치권은 그의 둘째아들 알아지즈 우트만(Al-Aziz Utman, 재위 1193~1198)에게 돌아갔으며, 장자인 알아프달(Al-Afdal, 재위 1193~1225)은 다마스쿠스를 중심으로 한 시리아 일대를 물려받았다. 알아지즈 우트만의 뒤는 아들 알만수르(Al-Mansur, 재위 1198~1200)가 이었고, 그 자리는 후에 살라딘의 동생인 알아딜 1세(Al-Adil I, 재위 1200~1218)가 물려받았다. 그리고 알아딜 1세는 그의 아들, 곧 살라딘의 조카인 알카밀(Al-Kamil, 재위 1218~1238)을 후계자로 삼았다.

10) 멜레크살란(Melechsalan) : 술탄 알카밀의 아들 살리흐(as-Salih, 재위 1240~1249)로 추정된다. 그의 군대 가운데 상당수는 킵차크 출신의 노예 용병들인 맘루크였다.

11) 맨더빌의 기록과 달리 살리흐는 1249년 11월 병으로 죽었다. 그러나 그의 뒤를 이은 아들 투란샤흐(Al-Muazzam Turanshah, 1249~1250)는 맘루크 군대와 결탁한 살리흐의 후궁 샤자르 알 두르(Shajar al-Durr, 재위 1249~1250)에게 암살되었다.

12) 팀피에만(Tympieman) : 잇즈 알딘 이이비크(Izz al-Din Aybak, 재위 1250~1257)로 추정된다. 맘루크 군대의 사령관으로 살리흐의 미망인 샤자르 알두르와 결혼하여 이집트의 술탄이 되었다. 아내와 정적 관계에 있던 토후의 딸과 결혼하려다 살해당했다. 그의 뒤는 샤자르 알두르와의 사이에서 낳은 아들 알만수르 알리(Al-Mansur Ali, 재위 1257~1259)가 계승했다.

13) 카카스(Cachas) : 쿠투즈(Qutuz, 재위 1259~1260)로 추정된다. 아이바크 휘하의 2인자였다. 아이바크 암살의 책임을 물어 샤자르 알두르를 죽이고 알만수르 알리를 왕으로 세웠다가 1259년 그를 내쫓고 직접 술탄의 자리에 올랐다.

14) 벤도크다레(Bendochdare) : 바이바르스(Baibars, 재위 1260~1277)로 추정된다. 술탄 쿠투즈와 함께 몽골군에게 승리를 거두고 이집트로 개선하다가 그를 죽이고 술탄이 되었다. 몽골군에게 협력한 십자군 도시들을 파괴한 일로 1271년 잉글랜드의 에드워드 1세와 전쟁을 벌였다. 그는 1277년 소아시아에서 몽골과의 싸움을 끝내고 시리아의 다마스쿠스로 돌아온 뒤 갑작스러운 복통 증세로 사망했고, 그로 인해 독살설이 제기되었다. 그의 자리는 아들인 알사이드 바라카가 계승했다.

15) 멜레스크사크(Meleschsach) : 알사이드 바라카(Al-Said Barakah, 재위 1277~1279)로 추정된다. 아버지 바이바르스의 뒤를 이어 17살에 나이에 술탄이 되었다. 그러나 그는 바이바르스의 부하들의 인정을 받지 못해 2년 만에 쫓겨났다. 그의 자리는 당시 7살이던 어린 남동생 솔라미쉬(Solamish)에게 넘어갔다. 그러나 얼마 안가 바이바르스의 부하였던 알 만수르 칼라운은 어린 왕을 폐위시키고 스스로 술탄의 자리에 올랐다.

16) 엘피(Elphy) : 알 만수르 칼라운(Al Mansur Qalawun, 재위 1279~1290)으로 추정된다. 바이바르스의 아들들을 연달아 폐위시키고 스스로 술탄이 되었다. 시리아에 남아 있던 십자군의 도시들을 차례로 점령하였으며, 1287년에는 라타키아(Latakia)를, 1289년에는 트리폴리를 차지했다. 그는 1290년 십자군의 거점이었던 아크레 시 공격을 추진하다가 죽었다. 그의 뒤는 아들인 알 아슈라프 할릴이 계승했다.

17) 멜레타세라프(Mellethasseraf) : 아슈라프 할릴(al-Ashraf Khalil, 재위 1290~1293)로 추정된다. 아버지 알 만수르 칼라운의 뒤를 이어 이집트의 술탄이 되었다. 1291년 팔레스타인에 있던 십자군의 마지막 도시인 아크레를 점령했다.

18) 멜레크나세르(Melechnasser) : 알나시르 무함마드(Al-Nasir Muhammad, 재위 1293~1294, 1299~1309, 1309~1341)로 추정된다. 그는 칼라운의 막내아들로 술탄으로 선출되었다가 쫓겨나기를 반복했다. 암살당한 형 아슈라프 할릴의 뒤를 이어 이집트 술탄이 되었을 당시 그는 9살인 허울뿐인 술탄이었다. 1294년 그는 실질적인 권한을 행사한 알 아딜 키트부가에게 쫓겨나 어머니와 함께 요르단의 알 카락(Al Karak) 성으로 보내졌다. 1299년 술탄 라진이 죽은 뒤 다시 술탄이 되었으나 1309년 바이바르스 알자쉬나키르(Baibars al-Jashnakir)에게 쫓겨났다. 그러나 바이바르스 알자쉬나키르가 기근으로 민심을 잃은 탓에 1년도 되지 않아 다시 자리를 되찾았다. 1341년 알나시르 무함마드가 죽은 뒤에는 그

의 여덟 아들들이 거의 1년 간격으로 술탄의 자리에 올랐다.

19) 구이토가(Guytoga) : 알 아딜 키트부가(Al-Adil Kitbugha, 재위 1294~1296)로 추정된다. 어린 술탄 알나시르 무함마드를 폐위시키고 스스로 술탄이 되었다. 그러나 1296년 부술탄 라진(Lajin)에게 쫓겨났고 일 년 뒤 사망했다.

20) 라친(Lachin) : 라진(Lajin, 재위 1297~1299)으로 추정된다. 맘루크 사령관들의 추대를 받아 알 아딜 키트부가를 쫓아내고 술탄이 되었다.

21) 멜레크마데르(Melechmader) : 알만수르 아부바크르(Al-Mansur Abu-Bakr, 재위 1341)로 추정된다. 1321년 태어난 알나시르 무함마드의 아들로 1341년 술탄의 자리에 올랐다.

22) 멜레크마다브론(Melechmadabron) : 쿠주크(Kujuk, 재위 1341~1342)로 추정된다. 1334년 태어난 알나시르 무함마드의 아들로 1341년 형이 죽은 뒤에 술탄이 되었다.

23) 코튼 판본 원문에는 대장 한 명이 "넷이나 다섯, 때로는 그 이상이나 훨씬 더 많은 것들을 지휘한다(On hath to gouerne .iiij. & anoþer hath to gouerne .v. anoþer mo & anoþer wel mo)"고만 나와 있다. 하멜리우스는 넷(iiij)과 다섯(v)을 나타내는 숫자 뒤에 백을 뜻하는 'c'가 누락된 것이라고 보았다. 그러나 그 숫자가 부대나 마을의 수를 나타내는 것일 수도 있다. Hamelius, pp. 23(1부), 42(2부)와 Higgins, p. 25 참조.

24) 에거튼 판본에는 3명으로 나온다. Warner, p. 20.

25) 「창세기」 11:1-9 참조.

26) 에거튼 판본에는 '세나르(Sennaar)'로 나온다. Warner, p. 21. 「창세기」 10:10에 나오는 신아르(Shinar)로 보이는데, 신아르도 메소포타미아의 변방 도시로만 추정될 뿐 정확한 위치는 알 수 없다.

27) 보트론(Botron)은 시리아 남부의 보스라(Bosra)로 추정된다.

28) 이두메아(Idumea)는 이스라엘과 요르단의 남단인 에돔(Edom) 왕국으로 추정된다.

29) 「창세기」 11:31, 12:1-5 참조.

30) 새로 부임한 아다나의 주교는 부당한 이유로 부주교인 테오필루스를 쫓아냈다. 그는 분을 이기지 못하고 유대인 주술사를 찾아가 악마에게 도움을 요청했다. 악마는 청을 들어주는 대신 그리스도와 성모를 저버리겠다는 계약서에 피로 서명하라고 요구했다. 테오필루스는 그렇게 악마와 계약을 맺고 아다나의 주교 자리에 올랐으나 괴로움에서 벗어날 수 없었다. 그는 뉘우치며 성모에게 용서

를 구했다. 40일의 단식을 끝낸 어느 날 성모가 나타나 그를 꾸짖으며 그리스도에게 사면을 청해보겠다고 말하고는 사라졌다. 그 뒤 다시 나타난 성모는 그리스도가 용서했다고 하면서 악마에게서 빼앗은 계약서를 그에게 돌려주었다. 테오필루스는 미사에서 모든 죄를 고백하고 계약서를 불태우고는 3일 뒤에 죽었다. 그의 영혼은 악마에게서 벗어나 하느님과 성모에게로 갔다고 한다. 테오필루스와 성모 마리아 전설의 보다 자세한 사항은 Adrienne Williams Boyarin, *Miracles of the Virgin in Medieval England: Law and Jewishness in the Marian Legends*(Cambridge: D.S. Brewer, 2010), pp. 42-74 참조.

31) 기혼(Gihon) 강으로 추정된다. 기혼 강은 티그리스(Tigris), 유프라테스(Euphrates), 피손(Pishon) 강과 함께 낙원인 에덴동산에서 흘러나온다는 네 개의 강 가운데 하나이다. 성서에 에티오피아 땅을 흐른다고 나와 있어서 오래전부터 나일 강, 특히 청나일 강(Blue Nile River)과 동일시되었다. 「창세기」 2:13 참조.

32) 아메리카와 아프리카, 남부유럽 등에 분포하는 황새목의 물새인 따오기를 가리킨다. 시코니에스와 이베스는 각각 황새와 따오기를 뜻하는 라틴어 키코니아(ciconia)와 이비스(ibis)에서 비롯된 것으로 보인다.

7장

1) "카이로는~위쪽에 있다." 부분의 에거튼 판본 문장은 약간 다르다. "술탄이 산다고 했던 카이로 시는 전에 말한 소 바빌론 시 옆에 있다. 그것은 앞서 언급한 시리아 사막 방향의 나일 강에서 아주 약간 떨어져 있다." Warner, p. 23.

2) 「창세기」 47:1-11 참조.

3) 코스톤(Coston)은 이집트 나일강 동부 연안의 도시 쿠스(Qus)로 추정된다.

4) 은자 성 안토니우스와 하반신은 말, 상반신은 인간의 형상을 한 히포켄타우로스(Hippocentauros)에 관한 유사한 이야기가 저버스 틸버리의 『황제의 여흥을 위하여(Otia Imperialia)』에도 전해진다. Gervase of Tilbury, *Otia Imperialia*, pp. 98-101(I. 18).

5) 에거튼 판본에는 여덟 번이라고 나온다. Warner, p. 25.

6) 이 과일들의 정체를 정확하게 밝히기는 어렵다. 단, '낙원의 사과'는 바나나, '아담의 사과'는 라임이나 멜론, '파라오의 무화과'는 돌무화과(sycamore fig)를 가리키고 있는 것으로 추정될 뿐이다. Higgins, p. 31와 Bale, p. 134 참조.

7) 에거튼 판본에는 나무부분은 에노크발세(Enochbalse), 열매는 아베비삼

(Abebissam), 수액은 옥스발세(Oxbalse)나 오포발사뭄(opobalsamum)이라고 부른다고 나온다. Warner, p. 26. 맨더빌이 이야기하는 명칭들과 완전히 일치하지는 않지만 이시도루스의 『어원』에도 발삼나무의 목재와 열매, 액체가 각각 다른 이름으로 불렸다는 내용이 등장한다. "그 나무는 발삼이라고 불린다. 그러나 그것의 목재부분은 크시로발사뭄(xylobalsamum), 열매나 씨앗은 카이포발사뭄(caepobalsamum), 수액은 오포발사뭄(opobalsamum)이라고 불린다." Isidorus Hispalensis, *The Etymologies of Isidore of Seville*, p. 349.

8) 알렉산더 대왕과 해의 나무와 달의 나무 이야기는 중세시대 널리 알려진 전설이다. 알렉산더 대왕이 이끄는 군대가 인도의 사막을 지나고 있을 때였다. 늙은 현자는 알렉산더 대왕을 해의 나무와 달의 나무로 안내했다. 그것은 질문에 번갈아 대답을 해주는 신기한 나무들이었다. 알렉산더 대왕이 고향인 마케도니아로 돌아갈 수 있겠냐고 묻자 나무들은 그럴 수 없다고 대답하며 그의 죽음을 예언했다. 얼마 뒤에 알렉산더 대왕은 정말로 바빌론에서 목숨을 잃었다고 한다. 이 책의 32장과 Jehan Wauquelin, *The Medieval Romance of Alexander: Jehan Wauquelin's The deeds and conquests of Alexander the Great*, ed. and trans. Nigel Bryant(Woodbridge: The Boydell Press, 2012), pp. 223-224 참조.

9) 요셉은 꿈에서 살찐 암소 7마리와 야윈 암소 7마리, 좋은 밀 이삭 7개와 마른 이삭 7개를 보았다는 파라오의 말을 듣고는, 그것을 이집트에 오게 될 7년의 풍작과 7년의 흉작으로 해석하였다. 요셉의 해몽이 옳다고 여긴 파라오는 풍작인 일곱 해 동안 곡식을 거두어 흉년이 들 일곱 해를 대비하라고 명령을 내리고 요셉을 그 일의 책임자로 삼았다고 한다. 「창세기」 41장 참조.

10) '요셉의 곡물창고'는 피라미드로 보인다. 빌헬름의 『성지와 바다건너 어떤 나라들에 관한 책』에도 요셉의 곡물창고와 관련해 『맨더빌 여행기』와 유사한 내용이 나온다. 그러나 맨더빌과는 달리 빌헬름은 요셉의 곡물창고가 고대 무덤이라고 주장한다. "잘 살펴보면 그것이 고대 무덤이라는 많은 증거들을 찾을 수 있다. 그러나 단순한 그 지방 사람들은 그것을 성서에 언급된 대기근을 대비하기 위해 만들었던 파라오의 곳간, 요셉의 곡물창고라고 말한다. [···] 그러나 이는 전혀 사실이 아니다. [···] 그것은 지면으로부터 꽤 위쪽에 있는 작은 입구를 제외하고는 바닥부터 꼭대기까지 모두 막혀 있으며, 전체가 거대한 돌들이 정교하게 맞물린 모양새이다. 작은 입구를 지나 매우 어둡고 비좁은 통로로 내려가 봐도 그 사람들이 말하고 믿는 것처럼 곡물을 저장할 만한 넓은 공간이 없다." Higgins, p. 231 참조.

11) 판본마다 알파벳의 개수나 철자, 발음 등은 조금씩 달라지며 아예 실리지 않은 경우도 있다. 여기서는 비교적 정리가 잘 되어 있으며 알아보기도 쉬운 에거튼 판본의 알파벳을 실었고, 명칭은 라틴어 발음을 기준으로 표기했다. Moseley, p. 67 참조.

8장

1) 프랑스마일은 롬바르디아마일과 잉글랜드마일보다 큰 수치로만 추정될 뿐 정확한 길이를 알기는 어렵다. 이 책의 13장 참조.

2) 에거튼 판본에는 'Fare'라고 나온다. Warner, p. 28. 그것을 'Faro', 곧 메시나 해협 쪽으로 나와 있는 시칠리아 섬 북동부의 '파로 곶(Punta del Faro)'으로 보는 해석도 있다. Bale, p. 135.

3) 『황금전설』의 사도 바울 전설에도 유사한 내용이 나온다. 바울을 손님으로 청한 사람들의 자손은 뱀에게 물려도 해를 입지 않는다는 전설이 있었다. 그래서 그 집안에서는 아이가 태어나면 아버지가 뱀을 아이가 있는 요람 속에 집어넣어서 진짜 자신의 아이인지를 확인했다고 한다. Jacobus de Voragine, 『황금전설』, 557쪽('사도바울' 편) 참조.

4) 그레프(Greef) 섬은 그리스 서쪽의 이오니아 제도 북단에 위치한 코르푸(Corfu) 섬으로 추정된다.

5) 『구약성서』에는 모세의 형인 아론도 모세를 도와 이스라엘 민족을 이집트에서 인도해 나왔다고 나온다. 「탈출기」 4:10-17 참조. 에거튼 판본에도 모세와 그의 형인 아론(Aaron)이 함께 언급된다. Warner, p. 29.

6) 「탈출기」 15:23-25 참조.

7) 코튼 판본은 '이스라엘의 자녀들'이라고 모호하게 나오지만 성경과 에거튼 판본에는 '모세'가 나무를 던져 넣었다고 나온다. 「탈출기」 15:25와 Warner, p. 30 참조.

8) 「탈출기」 15:27 참조.

9) 중세 T-O 지도에서 대양(Mare Oceanum)은 아시아, 아프리카, 유럽 대륙을 둥글게 에워싸고 있는 거대한 바다를 가리킨다. Higgins, p. 35. 에거튼 판본에서는 '서해'로 나온다. Warner, p. 30.

10) 원문의 중세영어 'latymeres'는 라틴어로 말하는 사람, (라틴어 등으로) 통역하는 사람이라는 뜻이 있다. 여기서는 문맥상 '통역해 줄 사람'으로 옮겼다. Warner, p. 30.

11) 성서에서 모세가 이스라엘 사람들을 이끌고 도착한 광야로 엘림과 시나이 산 사이의 지역이다. 이 광야에서 이스라엘 사람들은 하느님이 준 메추리와 만나를 먹었다고 한다. 「탈출기」 16:1-36 참조.

12) 『구약성서』에는 하느님이 불타는 떨기나무 한가운데서 나타나 모세를 부르고 그에게 이스라엘 백성들을 이집트에서 구해내라는 소명을 내린다고 나온다. 「탈출기」 3:1-6 참조.

13) 「탈출기」 3:5 참조.

14) 에거튼 판본에는 '네 계단'으로 나온다. Warner, p. 31.

15) 코튼 판본에는 'froteth(문지르다)', 에거튼 판본에는 'stirrez(휘젓는다)'고 되어 있다. Hamelius, p.39(1부)와 Warner, p. 31.

16) 에거튼 판본에는 달콤한 향이 난다는 표현이 없고 "향유나 발삼이 아니었으며 더 거무스름했다"고만 적혀 있다. Warner, p. 31.

17) 에거튼 판본에는 "지금도 피범벅인데, 앞으로도 영원히 그러할 것이다"라고 적혀 있다. Warner, p. 31.

18) 「시편」의 원래 표현은 다음과 같다. "기적들이 당신을 증언하기에 제 영혼이 그것을 따릅니다(Mirabilia testimonia tua, ideo servavit ea anima mea)." 「시편」 119:129.

19) 「탈출기」 17:6 참조.

20) 『구약성서』에는 광야에서 지쳐 잠이든 엘리야에게 천사가 빵과 물을 가져다 주었다고 나온다. "그(엘리야)는 일어나 먹고 마셨다. 그리고 그 음식으로 힘을 얻어 사십일 밤낮을 걸어 하느님의 산 호렙에 이르렀다(Qui, cum surrexisset, comedit et bibit et ambulavit in fortitudine cibi illius quadraginta diebus et quadraginta noctibus usque ad montem Dei Horeb)." 「열왕기 상권」 19:8.

21) 호렙 산과 포도나무에 관한 내용은 에거튼 판본에는 없고, 코튼 판본에만 등장한다. Hamelius, p. 41(1부)와 Warner, p. 32 참조.

22) 에거튼 판본에는 "바로 그 근처에서 우리 주님은 모세에게 자신이 직접 십계명을 쓰신 두 장의 석판을 주셨다."고 나온다. Warner, p. 32. 『구약성서』에 따르면 하느님은 모세에게 신의 계율을 두 번 내리는데, 처음 계율을 내렸을 때 하느님이 직접 손가락으로 쓴 석판 두 개를 준다. 그러나 모세는 산에서 돌아와 이스라엘 백성들이 금송아지를 만들어 숭배하는 것을 보고 화가 나서 그 석판을 깨버린다. 그 뒤 모세의 간청으로 하느님은 다시 십계명을 내리는데 이번에는 모세에게 자신의 말을 석판에 새기게 했다. 「탈출기」 31:18, 34:10-28 참조.

23)「탈출기」24:18, 34:28 참조.

9장

1) 여기서는 사막 지역에 사는 체구가 큰 수단계 아랍인들을 지칭한 것으로 보인다. 그러나 아스코파르데스는 종종 다른 의미로도 사용되었다. Bale, p. 136와 Higgins, p. 108 참조. 이를테면, 알베르트의『예루살렘 원정의 역사』에는 '아스코파르크즈(Ascoparcz, 혹은 Azoparth)'가 에티오피아 출신의 검은 피부를 가진 사람들이라고 나온다. Albert of Aachen, *Albert of Aachen's History of the Journey to Jerusalem*, p. 236. 1300년경 서유럽에서 유행한 영웅담『베비스 햄프턴(*Bevis of Hampton)*』에서 '아스코파르데스(Ascopardes)'는 주인공 베비스 경과 싸움을 벌인 포악한 사라센 거인의 이름이었다. *Four Romances of England: King Horn, Havelok the Dane, Bevis of Hampton, Athelston*, ed. Ronald B. Herzman, Graham Drake, Eve Salisbury(Kalamazoo, Mich.: Medieval Institute Publications, Western Michigan University, 1999), Bevis of Hampton의 2352행 참조.

2) 머리에 두르는 터번(turban)을 가리킨다.

3)『구약성서』에 따르면 아브라함은 헤브론에 있는 마므레(Mamre)의 참나무 곁에서 장막을 치고 살았다. 그러던 어느 날 그는 마므레를 찾은 주님과 두 천사를 잘 대접했고 그 덕에 아들 이삭을 얻었다.「창세기」13:18, 14:13, 18: 1-15 참조.

4)『구약성서』에 따르면 아담과 이브의 맏아들인 카인은 농부가 되고, 둘째아들인 아벨은 양치기가 되었다. 카인은 하느님이 아벨이 바친 제물만을 굽어보자 화가 나 동생을 들로 불러내 죽였고, 그 벌로 카인은 떠돌이 신세가 되었다고 한다.「창세기」4:1-16 참조.

5)『구약성서』에 따르면 모세는 여호수아(호세아)와 칼렙 등 이스라엘 12지파의 우두머리들로 정찰대를 꾸려 약속의 땅인 가나안을 염탐하게 했다. 그들은 헤브론에서 여러 과일들을 따와 사람들에게 보여주고는 그곳이 젖과 꿀이 흐르는 땅이니 차지하러 가자고 선동했다고 한다.「민수기」13:1-33 참조.

6)『구약성서』에 따르면 다윗은 30살에 왕이 되어 40년 동안 그 자리에 있었는데, 헤브론에서 먼저 7년 6개월 동안 유대인들을 다스리고, 예루살렘에서 33년 동안 이스라엘인과 유대인들을 다스렸다고 한다.「사무엘기 하권」5:4-5 참조.

7)「창세기」49:29-33 참조.

8) 성서에는 헤브론의 옛 명칭이 '키르얏 아르바(Kyryat Arba)'라고 나온다.「여호

수아기」 14:15, 「창세기」 23:2, 35:27 참조.

9) 『구약성서』에 따르면 아브라함은 헤브론에서 세 손님을 맞이해 극진히 대접했는데 그중에는 하느님도 있었다. 그러나 성서에는 "세 사람을 보았고 한 사람을 경배했다*(Tres vidit et unum adoravit)*"는 구절이 직접 나오지 않는다. 「창세기」 18:1-8 참조.

10) 신은 다마스쿠스 들판의 진흙으로 아담을 만들어 낙원에 머무르게 했다. 그리고 아담에게 낙원의 모든 나무 열매는 먹어도 되지만 선악과만은 먹지 말라고 명령했다. 하지만 뱀의 꾐에 넘어간 이브로 인해 아담은 결국 그 열매를 먹었고, 화가 난 신은 아담과 이브를 낙원에서 추방해 다마스쿠스 들판으로 도로 내쫓았다고 한다. Jacobus de Voragine, *The Golden Legend or Lives of the Saints, as englished by William Caxton(1483)*, ed. F.S. Ellis(Temple Classics, c. 1900), Volum 1, pp. 74~78 참조.

11) 「창세기」 4:25 참조.

12) 캄빌(Cambyll)이 아시아의 열대식물인 카말라(kamala)에서 추출한, 염료나 위장약으로 사용한 주홍색 분말로 해석하는 주장도 있지만 확실하지 않다. Hamelius, p. 54(2부) 참조.

13) 『구약성서』에서 아브라함은 롯과 헤어진 뒤 헤브론의 마므레에 있는 참나무들 곁에 거처를 마련하고 제단을 쌓는다. 「창세기」 13:18 참조.

14) 전설의 나무로 '외로운 나무(Arbre Sol)'라고도 불린다. 마르코 폴로에 따르면 이 나무는 주변에 다른 나무가 없는 페르시아 변경의 황무지, 알렉산더 대왕과 다리우스 3세 간의 전투가 벌어진 바로 그 자리에 있다고 한다. Marco Polo, 『마르코 폴로의 동방견문록』, 141-142쪽(40장). 프란체스코회 수도사인 오도릭 (Odoric)은 타우리스 시의 사라센들의 모스크에 마른 나무 한 그루가 있다고 전했다. Odoric da Pordenone, *The travels of Friar Odoric*, 『오도릭의 동방기행』 (파주: 문학동네, 2012), 96쪽(2장). 그리스도를 마른 나무에 빗대는 성서구절은 「루카 복음서」 23:31 참조.

15) 게르만어과 로망스어에서는 간질을 'falling sickness', 'falling ill', 'falling evil' 등으로 나타냈고, 이 표현은 오늘날에도 사용되고 있다. 한편, '간질(epilepsy)' 이란 말 자체를 '사로잡히다'라는 뜻의 고대 그리스어에서 비롯되었다고 보기도 한다.

16) 「시편」 132:6 참조.

17) 베들레헴에 있는 '예수 탄생 교회(Church of the Nativity)'를 가리키는 것으로

추정된다.

18) 장미꽃의 탄생에 관한 중세 전설은 Hamelius, pp. 56-57(2부) 참조.

19) 에거튼 판본에는 '열일곱' 걸음으로 나온다. Warner, p. 36.

20) 세 명의 동방박사에 관한 설화는 중세 유럽에서 이미 널리 퍼져 있었다. 마르코 폴로도 세 명의 동방박사의 이름을 전하고 있다. Marco Polo, 『마르코 폴로의 동방견문록』, 122쪽(31장) 참조.

21) '죄 없는 유아들(Innocents)'은 헤롯왕이 예수의 탄생을 막으려고 베들레헴에서 학살한 두 살 이하의 사내아이들을 가리킨다. 「마태오 복음서」 2:16-18 참조.

22) 메사프(Mesaph)는 『꾸란』을 물리적인 책으로 가리킬 때 사용하는, '책으로 묶다'라는 뜻의 무스하프(Mus'haf)에서 비롯된 것으로 추정된다. '하르메(Harme)'는 아라바아어로 '신성함, 신의 금기'라는 뜻인 '하람(Harm)'과 관련된 것으로 보인다.

23) "너희는 믿음을 가져야 한다! 포도주, 도박, 우상숭배, 화살로 점치기는 사탄이 행하는 혐오스러운 짓이다. 그러니 너희에게 금한다. 그리하여 너희는 행복하게 될지니. 사탄은 포도주와 도박을 이용해 너희들 사이에 증오와 미움을 퍼뜨리고, 너희를 알라의 가르침과 기도에서 멀어지게 한다. 자 이제 너희는 그만두겠느냐?" 『꾸란』 5:90-91.

24) 「시편」 7:17 참조.

25) 돼지고기를 먹는 것을 금지하는 내용은 『구약성서』의 「레위기」 11:7-8, 「신명기」 14:8와 『꾸란』 2:173, 5:3, 6:145, 16:115 참조.

26) 에거튼 판본에는 다윗 왕의 아내가 '6명'으로 나온다. 또한 첩의 구체적인 숫자는 밝히지 않고 '많은' 첩이 있었다고만 기록되어 있다. Warner, p. 37.

27) 라헬이 실제로 낳은 아이는 요셉과 벤야민뿐이다. 야곱의 다른 10명의 아들들은 라헬의 언니 레아와 몸종 질파, 빌하에게서 태어난 아이들이었다. 그러나 그들은 하나의 가족을 이루고 있었으므로 '12명의 아들들'은 상징적으로 라헬의 자식이기도 했다. 야곱의 열두 아들들은 훗날 이스라엘 12지파의 시조가 되었다고 한다. 「창세기」 35:23-26 참조.

28) 동방박사들은 별을 따라 예루살렘까지 왔다. 그들은 예루살렘에서 헤롯 왕을 만난 뒤 다시 길을 떠났는데, 그때 동방에서 봤던 별이 다시 나타나 베들레헴까지 그들을 인도해 예수가 태어난 곳에서 멈추었다. 「마태오 복음서」 2:1-12 참조.

10장

1) 에거튼 판본에는 마리타메(Maritame)는 나오지 않고 팔레스타인과 아스칼론만 언급된다. Warner, p. 37.

2) 큰 바다(Great Sea) : 지중해를 가리키는 것으로 보인다. 『구약성서』에서 지중해는 자주 '큰 바다'라고 나온다. 「민수기」 34:6, 「여호수아기」 1:4, 9:1, 「에제키엘서」 47:20 참조. 한편, 지중해(Mare Mediterráneum)라는 말은 대지(terra) 가운데(medi-)에 있는 바다(mare)라는 뜻으로 아프리카, 아시아, 유럽 대륙 사이에 존재하기 때문에 붙은 이름이다. 서양에서 지중해를 부른 또 다른 옛 이름으로는 '우리의 바다(Nostrum Mare)', '내해(內海, Mare Internum)' 등이 있다.

3) 에거튼 판본에서는 아스칼론이 18마일, 야파가 27마일 떨어져 있다고 나온다. Warner, pp. 37-38.

4) 성 카리토트(St. Karitot)는 성 카리톤(Saint Chariton, 3~4세기?)을 가리키는 것으로 추정된다. 전설에 따르면 그는 베들레헴 인근에서 순례를 하던 중 강도들에게 붙잡혀 동굴로 끌려갔으나, 어디선가 나타난 뱀이 강도들이 마시는 술에 독을 넣는 바람에 목숨을 구할 수 있었다. 이 신비로운 일을 겪은 뒤에 그는 그 동굴에 남아 은수자로 지냈는데, 점차 많은 제자들이 모여들어 유대 광야 최초의 수도원이 만들어졌다고 한다.

5) 에거튼 판본에는 '140년'으로 나온다. Warner, p. 38.

6) 하느님은 아브라함의 믿음을 시험하기 위해 그에게 100살이 되어서야 얻은 외아들 이삭을 제물로 바치라고 명령했다. 아브라함은 곧바로 하느님이 말씀하신 곳으로 아들을 데리고 가서 칼로 죽이려 했다. 그러자 하느님의 천사가 나타나 그를 막으셨고, 대신 숫양 한 마리를 바치도록 했다고 한다. 「창세기」 22:1-19 참조.

7) 첫 번째 문장은 「시편」 74:12에서 가져온 것이나 두 번째 문장은 출처가 불분명하다. 그리스어는 둘 다 정확하지 않다.

8) 「시편」 95:10 참조.

9) 보다 자세한 사항은 이 책의 2장 미주 8번과 Jacopo da Varazze, 『황금전설』, 449-454쪽('거룩한 십자가의 발견' 편) 참조.

10) 못 하나는 전투용 말 재갈을 만들고 나머지는 투구에 용접했다는 설도 있다. 헬레네가 못 2개를 콘스탄티누스 황제의 말 재갈에 끼워놓고, 다른 하나는 로마에 있는 콘스탄티누스의 동상을 고정하는 데 썼으며, 나머지 하나는 선원들을 위협하는 소용돌이를 잠재우려고 아드리아 해에 던졌다는 이야기도 있다.

Jacobus de Voragine, 『황금전설』, 453~454쪽('거룩한 십자가의 발견' 편) 참조.

11) 「요한 복음서」 19:26-27.

12) 여호사팟 골짜기는 '결판의 골짜기'라고도 불린다. 『구약성서』에 따르면 하느님은 최후의 날 모든 민족들을 이 골짜기에 모아놓고 그들이 이스라엘에게 행한 일을 심판할 것이라고 한다. 「요엘서」 4:1-3, 9-17 참조.

13) 에거튼 판본에는 "포르타 아우레아(Porta Aurea)라고 불리는 열리지 않는 문이 있다."고 황금 문이 라틴어 명칭으로 나온다. Warner, p. 40.

14) 『신약성서』에는 예수가 어린 암나귀를 타고 예루살렘 도성으로 들어왔다고 나온다. 「마태오 복음서」 21:1-11, 「마르코 복음서」 11:1-11, 「루카 복음서」 19:28-40, 「요한 복음서」 12:12-19 참조. 성전 밖 닫혀 있는 동쪽 대문에 대해서는 『구약성서』의 「에제키엘서」 44:1-3 참조.

11장

1) 중세 전설에서 카롤루스 대제(샤를마뉴)는 예루살렘에 있는 성유물들을 유럽으로 가져오는 역할을 하곤 했다. 예컨대 「샤를마뉴의 순례(Le Pèlerinage de Charlemagne)」라는 무훈시에서 그는 12명의 용사들과 함께 예루살렘으로 건너간다. 그리고 그곳 총대주교로부터 샤를마뉴라는 칭호와 함께 중요한 성 유물들을 선물로 받아 온다. ed. and trans. Michael A. H. Newth, *Heroes of the French Epic: A Selection of Chansons de Geste*(Woodbridge: Boydell Press, 2005), pp. 157 참조.

2) 『황금전설』에는 카롤루스 대제가 천사에게서 받은 그리스도의 포피를 엑스라샤펠(Aix-la-Chapelle)의 성모 마리아 교회로 가져왔다고 나온다. 또 훗날 그것은 프랑스 비엔의 샤룩스(Charroux)로 옮겨졌다가 다시 로마 상타 상토룸(Sancta Sanctorum)으로 옮겨졌다고 한다. Jacobus de Voragine, 『황금전설』, 135쪽('주님의 할례'편).

3) 『신약성서』에 따르면, 유다는 은돈 서른 닢을 받고 예수를 대사제들에게 넘긴다. 「마태오 복음서」 26:14-15 참조.

4) 에거튼 판본에는 이 사원의 높이가 '125큐빗'이고, 중앙의 성단은 '24계단' 올라간 높이라고 나온다. Warner, p. 42.

5) 「에제키엘서」 5:5 참조.

6) 「에제키엘서」 47:1 참조.

7) 모리야와 베텔 모두 『구약성서』에 나오는 지명이다. 모리야는 하느님이 아브라

함에게 그의 아들 이삭을 제물로 바칠 곳으로 지정한 장소이고, 베텔은 야곱이 '하느님의 계단'에 대한 꿈을 꾼 장소이다. 그 계단은 하늘에 닿아 있었고 천사들이 오르내렸다. 깨어난 요셉은 그곳에 기둥을 세우고 기름을 부은 뒤 그곳을 베텔이라 하고 하느님께 서원을 올렸다.「창세기」22:2, 28:19 참조.

8) "둘째 휘장 뒤에는 '지성소'라고 하는 성막이 있었습니다. 거기에는 금으로 된 분향 제단과 온통 금으로 입힌 계약 궤가 있었고, 그 속에는 만나가 든 금 항아리와 싹이 돋은 아론의 지팡이와 계약의 판들이 들어 있었습니다."「히브리인들에게 보낸 편지」9:3-4.

9) 모세가 지팡이로 행한 기적들은「탈출기」9:23, 10:13. 14:16 참조.

10)「창세기」28:16 참조.

11)『구약성서』에 따르면, 어느 날 야곱이 혼자 남게 되었을 때 하느님이 나타나 그와 씨름을 했다. 동이 틀 때까지 씨름은 계속되었고 야곱은 하느님을 붙잡고 놓아주지 않았다. 하느님이 놓아달라고 말하자 그는 축복을 내려달라고 졸랐다. 그러자 하느님은 그에게 네 이름은 이제 야곱이 아니라 이스라엘이라 불릴 것이라고 말하며 축복했다고 한다.「창세기」32:25-29, 35:10 참조.

12)『구약성서』에 따르면, 화가 난 하느님은 천사를 시켜 이스라엘 사람들을 치게 했다. 그러자 흑사병으로 7만 명의 이스라엘인들이 죽었고, 이를 지켜본 다윗 왕은 괴로워하며 하느님께 기도를 올렸다고 한다.「사무엘기 하권」24:17 참조.

13)『신약성서』에 따르면, 시메온의 소원은 죽기 전에 그리스도를 보는 것이었다. 어느 날 성령에 이끌려 성전으로 들어간 시메온은 마리아와 요셉이 아기 예수를 데리고 들어오는 것을 보았다. 그는 자신의 소원이 이루어졌음을 알고는 아기 예수를 받아 안고 하느님을 찬미하며 기뻐하였다.「루카 복음서」2:25-35 참조.

14)『신약성서』에 따르면, 유대의 사제인 즈카르야와 그의 아내 엘리사벳은 나이가 많았으나 오래도록 아이가 없었다. 어느 날 그가 주님의 성소에 들어가 사제의 직무를 수행하고 있을 때였다. 천사가 나타나 그에게 아들 세례 요한이 태어날 것이라는 소식을 전했고, 그의 아내는 임신하여 아들을 낳았다.「루카 복음서」1:5-25 참조.

15)「창세기」14:18 참조.

16) 신전 건립이 다윗 왕에게서 솔로몬 왕으로 내려갔다는 이야기는「역대기 상권」22:7-10, 솔로몬이 성전을 지은 후 하느님에게 기도를 올리는 장면은「역대기 하권」6:18-21 참조.

17) 『신약성서』에 따르면, 악마는 예수를 성전 꼭대기로 데려 간 다음 하느님의 아들이면 천사가 구해줄 테니 몸을 던져보라고 부추긴다. 이에 예수는 성경에서 하느님을 시험하지 말라 했다고 답한다. 「마태오 복음서」 4:5-6, 「루카 복음서」 4:9-12 참조.

18) Jacobus de Voragine, 『황금전설』, 437쪽('사도 소 야고보' 편) 참조.

19) 『신약성서』에 따르면, 베드로는 요한과 함께 성전으로 들어가려다가 아름다운 문 옆에서 태어날 때부터 불구였던 사람을 만나 걷게 만들었다. 「사도행전」 3:1-10 참조.

20) 라틴어로 프로바티카(probatica)는 '양떼'를, 피스키나(piscina)는 샘이나 물웅덩이라는 뜻이다. 곧 프로바티카 피스키나는 '양들의 연못'이라 불리던 성 안나 성당 인근 스데반 문 안쪽의 벳자타(Bethzath) 못으로 보인다. 『신약성서』에 따르면, 이 못 주변에는 5개의 회랑이 있었으며 병자들이 많이 누워 있었다. 그곳에는 38년 동안 병을 앓아 움직이지 못하는 사람도 있었는데, 예수가 "일어나 네 들것을 들고 걸어라"고 말하자 그렇게 되었다고 한다. 「요한 복음서」 5:1-9 참조. 『황금전설』에도 프로바티카 못과 관련된 다음과 같은 전설도 전해진다. 시바 여왕이 솔로몬 왕을 방문했을 때였다. 그녀는 솔로몬 왕이 숲 속의 집을 만드는 데 사용한 나무가 뒷날 그리스도의 십자가를 만드는 데 쓰이게 된다는 사실을 환영을 통해 알게 되었다. 시바 여왕에게서 미래에 그 나무에 매달릴 사람 때문에 유대 왕국이 멸망할 것이라는 말을 들은 솔로몬 왕은 그 나무를 땅속 깊숙한 곳에 묻었다. 그 뒤 그 자리에서 프로바티카 연못이 생겨났는데, 나무 자체의 영험한 힘으로 그 물로 몸을 씻으면 모든 병이 다 나았다고 한다. Jacobus de Voragine, 『황금전설』, 446쪽('거룩한 십자가의 발견' 편) 참조.

21) 헤롯왕의 유아살해와 광기, 여동생 살로메가 그의 유언을 거부한 일, 세 명의 헤롯에 관한 이야기는 『황금전설』에도 나온다. Jacobus de Voragine, 『황금전설』, 102-107쪽('무죄한 유아들' 편) 참조.

22) 예수의 무덤에서 시신이 없어진 것을 맨 처음 발견한 '3명의 마리아'는 중세 미술의 단골 주제였다. 「마르코 복음서」 16:1-11, 「마태오 복음서」 28:1-10, 「요한 복음서」 20:1-18 참조.

23) 「요한 복음서」 18:12-27 참조.

24) 『신약성서』에 따르면, 예수님이 돌아가신 뒤 제자들은 유대인들이 두려워 문을 잠가놓고 있었다. 그 때 어디선가 예수가 나타나 그들 가운데 서서 "평화가 너희와 함께!"라고 말했다. 「요한 복음서」 20:19 참조.

25) 『신약성서』에 따르면, 예수가 나타났을 때 제자들과 같이 있지 않았던 도마는 예수의 부활을 믿지 않았다. 그러자 여드레 뒤 제자 12명이 다 모여 있을 때 다시 나타나 도마로 하여금 자신을 직접 확인하도록 했다. 「요한 복음서」 20:24-29 참조.

26) 『신약성서』에 따르면, 오순절에 제자들이 한자리에 모여 있을 때 하늘에서 불꽃 모양의 혀들이 나타나 그들 위에 내려앉았다. 그러자 제자들은 성령에 가득 차서 각기 다른 나라의 언어로 말하기 시작했고 이를 들은 사람들은 놀라워하였다. 「사도행전」 2:1-13 참조.

27) 코튼 판본에는 복음사가 요한이 그리스도의 '품(가슴)'에서, 에거튼 판본에는 '무릎'에서 잠든 것으로 나온다. Hamelius, p. 61(1부)와 Warner, p. 46 참조. 앤서니 베일(Anthony Bale)은 코튼 판본의 '가슴'이라는 단어가 중세시대 유행한 성모 마리아의 사랑, 모성애에 가까운 그리스도의 사랑과 관계있는 것이라고 추정했다. Bale, 145쪽. 한편, 신약성서에는 이름은 나오지 않으나 예수의 사랑을 받은 한 제자가 마지막 만찬에서 예수님 품에 기대앉았다는 구절이 있다. 「요한 복음서」 13:23 참조.

28) 『황금전설』에 따르면, 사도들이 나르는 성모의 시신을 내동댕이치려 상여에 손을 댄 사람은 두 손이 관에 말라붙어 대롱대롱 매달리게 되었다고 한다. Jacobus de Voragine, 『황금전설』, 731쪽('복된 동정녀 마리아의 승천' 편).

29) 『신약성서』에 따르면, 유다의 배신으로 잡힌 예수는 유대교 원로와 율법학자들이 모여 있는 카야파 대사제의 저택으로 끌려가서 하느님을 모독한 죄로 사형선고를 받는다. 「마태오 복음서」 26:57-66 참조.

30) 갈릴리(Galilee)는 나사렛 인근의 이스라엘 북부 지방을 뜻하므로 예루살렘이나 시온 산과는 떨어져 있다. 여기에서 맨더빌이 말한 '주님의 갈릴리(Galilee of our Lord)'는 '수탉 울음소리'라는 뜻의 라틴어 '갈리칸투(Gallicantu)'를 잘못 쓴 것으로 보인다. 실제로 오늘날 시온 산 동부 기슭에는 12세기 초에 십자군이 세웠다고 전해지는 '갈리칸투 성 베드로 교회(Church of St. Peter in Gallicantu)'가 남아 있다. 유대인 대사제 카야파의 집이 있던 자리에 들어섰다는 그 교회의 이름은 수탉이 울기 전에 예수를 세 번 모른다고 부정했던 성 베드로의 회한을 기리기 위한 것이다.

31) 『신약성서』에 따르면, 야이로라는 회당장이 예수를 찾아와 병이 난 자신의 딸을 살려달라고 간청한다. 그러자 예수가 그의 집으로 따라가 이미 죽어버린 딸을 "일어나라"라는 말로 살려낸다. 「마르코 복음서」 5:21-43 「마태오 복음서」

9:18-26; 「루카 복음서」8:40-56 참조.

32) 『신약성서』에 따르면, 예수는 길에서 만난 장님의 눈에 침으로 갠 진흙을 바른
뒤 실로암의 못으로 가서 씻으라고 시킨다. 예수의 말대로 실로암의 못으로 가
서 씻은 장님은 앞을 보게 되었다. 「요한 복음서」9:1-12 참조.

33) 에거튼 판본에는 'Absalon hand', 앵글로노르만어 판본에는 'Main Absalon'이
라고 적혀 있는데, 라틴어 'Manus Absalon'에서 비롯된 것으로 보인다. 마누스
(manus)는 라틴어에서 '손' 이외에 '수중, 예속, 지배권' 등의 뜻을 나타낸다. 『구
약성서』에 따르면, 압살롬은 자신이 기억되기를 바라는 마음에서 임금의 골짜
기에 기둥을 하나 세웠는데 후대에 '압살롬의 비석'이라 불렸다고 한다. 「사무
엘기 하권」18:18 참조.

34) 「마태오 복음서」(27:5)와 에거튼 판본에는 유다가 목을 매달았다고만 나오고
나무의 종류는 나오지 않는다. 그러나 유다가 목맨 나무를 딱총나무라고 보는
오랜 전통이 존재한다.

35) 「마태오 복음서」27:3-4.

36) 마리아가 즈카르야의 집으로 그의 부인 엘리사벳을 찾아갔을 때, 마리아의 목
소리가 들리자 엘리사벳의 자궁 안에서 아기가 즐겁게 뛰놀았다고 한다. 「루카
복음서」1:39-45 참조.

37) 『신약성서』에 따르면, 엠마우스로 가는 두 제자 앞에 부활한 예수가 나타났
다. 그러나 그들은 예수를 알아보지 못한 채 이야기를 나누었다. 마을에 도착
해 식탁에서 예수가 찬미한 빵을 쪼갠 뒤에야 제자들은 그가 예수임을 알게 되
었다. 하지만 그 순간 예수는 그들의 앞에서 사라졌다고 한다. 「루카 복음서」
24:13-35 참조.

38) 사산 왕조 페르시아의 왕인 호스로우 1세(Khosrow I, 재위 531~579)로 추정
된다. 그리스어로는 코스로에스 1세(Chosroes I)라고 하는 호스로우 1세는 비잔
티움제국의 유스티니아누스 1세와 휴전협정을 체결하고, 중앙아시아 일대까지
영토를 크게 확장했으며, 문화 발달에도 기여해 이슬람 이전 페르시아 제국의
가장 모범적인 군주로 꼽힌다.

39) 이 시내는 예루살렘과 올리브(올리벳) 산 사이에 있는 케드론 계곡(Kedron
Vally)을 흐른다고 한다. 「사무엘기 하권」15:23, 「요한 복음서」18:1 참조. 케드
론 계곡은 여호사팟 계곡이라고도 불렸다.

40) 『황금전설』에 따르면, 솔로몬 왕은 셋이 아담의 무덤에 심은 나무를 숲속의 집
을 짓는 데 사용했다. 그리고 용도나 길이가 맞지 않게 잘라낸 나무기둥들은

연못에 던져 사람들이 건너다니는 다리로 쓸 수 있게 했다고 한다. Jacobus de Voragine, 『황금전설』, 445쪽('거룩한 십자가의 발견' 편).

41) 『황금전설』에 따르면, 성모 마리아는 예수가 승천하고 난 뒤 24년을 더 생존해 있다가 72세의 나이로 죽었다고 한다. Jacobus de Voragine, 『황금전설』, 726쪽('복된 동정녀 마리아의 승천' 편).

42) 『신약성서』에 따르면, 예수는 붙잡히기 전 겟세마네에서 기도를 했다. 그리고 유대인들은 유다가 다가가 입을 맞추는 것을 보고 그가 예수라는 사실을 알았다고 한다. 『마태오 복음서』 26:36-56, 「마르코 복음서」 14:32-50, 「루카 복음서」 22:39-53 참조.

43) 『황금전설』에 따르면, 여호사팟은 왕자 시절 성 바르라암(Barlaam)이라는 사막의 은자가 들려주는 이야기에 감명을 받아 그에게 세례를 받는다. Jacobus de Voragine, 『황금전설』, 1140-1158쪽('성 바르라암과 여호사팟' 편) 참조.

44) 『신약성서』에 따르면, 예수는 산에 올라 제자들에게 '가난한 자, 슬픈 자, 온유한 자, 의로움에 목마른 자, 자비로운 자, 마음이 깨끗한 자, 평화로운 자, 의로움 때문에 박해받는 자'야말로 여덟 가지 참된 행복(Beatitudes)을 누리고 있다고 설교했다. 「마태오 복음서」 5:3-11 참조. 여기에서 "하늘나라가 그들의 것이다"란 구절은 에거튼 판본에만 나온다.

45) 『신약성서』에 나오는 이야기이다. 그러나 성서에는 제자들의 이름은 나오지 않는다. 「마태오 복음서」 21: 1-11, 「루카 복음서」 19: 28-40 참조.

46) 예수가 시몬의 나병을 고쳐주었고, 예수가 부활하신 뒤 사도들이 그를 르망(Le Mans)의 주교 율리아누스로 만들었다는 이야기는 Jacobus de Voragine, 『황금전설』, 213쪽('성 율리아누스' 편) 참조.

47) 예수가 베타니에 있는 나병환자 시몬의 집 머물 때 마리아와 성 마르타의 시중은 「요한 복음서」 12:1-3, 예수가 자신의 발에 향유를 부은 여인의 죄를 용서했다는 이야기는 「루카 복음서」 7:36-50, 라자로의 부활은 「요한 복음서」 11:1-44, 12:1-3 참조.

48) 예수 그리스도의 열두 제자 가운데 한 사람인 도마(Thoma)는 '도마의 불신(의심)'이라는 말이 생겨날 정도로 다른 이들이 말하는 신의 기적을 불신하다가 자신의 눈으로 직접 확인하고서야 믿는 인물로 그려진다. 신약성서에 따르면, 그는 죽은 예수님이 부활했다는 다른 사도들의 말을 믿지 않다가 자신의 눈앞에 예수가 나타난 뒤에야 믿었다고 한다.(「요한 복음서」 20:19-29 참조) 『황금전설』에도 유사한 이야기가 전해진다. 마리아가 죽자 사도들은 그녀의 시신을 무

덤에 눕히고 그 주위에 앉았다. 그렇게 있은 지 3일째 되는 날 예수가 천사들과 함께 나타나 마리아의 영혼과 육신 모두를 천상으로 데려갔다. 그러나 도마는 그 자리에 있지 않았기 때문에 다른 사도들이 하는 말을 믿지 않았다. 바로 그 때 성모 마리아의 허리띠가 도마의 손에 떨어졌고 그는 비로소 성모 마리아가 승천했음을 알았다고 한다. Jacobus de Voragine, 『황금전설』, 732쪽('복된 동정 녀 마리아의 승천' 편) 참조.

49) 「마태오 복음서」 28:1-8, 「요한 복음서」 20:18 참조.

50) 『황금전설』에 따르면, 아들의 죽음을 슬퍼하는 마리아 앞에 천사가 나타나 낙 원에서 가져온 종려나무 가지를 주며 3일 후에 죽게 될 것임을 알려주었다고 한다. Jacobus de Voragine, 『황금전설』, 727쪽('복된 동정녀 마리아의 승천' 편) 참조.

51) 여호수아의 예리코 점령에 대해서는 「여호수아기」 6:1-21 참조.

52) 『신약성서』에 따르면, 세리(稅吏)들의 우두머리이자 부자였던 자캐오는 예리 코에 온 예수를 보기 위해 나무 위에 올라갔다. 그런 자캐오의 모습을 본 예수 는 그의 집에 머무르겠다고 했다. 예수를 집으로 맞이한 자캐오는 자신의 재산 절반을 가난한 자에게 나누어주고 남의 것을 빼앗은 것이 있다면 네 배로 갚겠 다고 했고, 예수는 그를 축복하였다. 「루카 복음서」 19:1-10 참조.

53) 『구약성서』에 따르면, 라합의 도움으로 예리코 정탐에 성공한 여호수아는 예 리코를 파괴할 때 그녀와 그녀의 가족들만은 모두 살려주었다고 한다. 「여호수 아기」 2:1-21, 6:22-26 참조.

54) 「마태오 복음서」 10:41.

55) 「여호수아기」 2:9.

56) 『신약성서』에는 성모 마리아의 남편 요셉이 라합과 살로몬의 후손이라고 기록 되어 있다. 「마태오 복음서」 1:1-17(특히 4-5) 참조.

57) 라틴어 '40'을 뜻하는 콰드라긴타(Quadraginta)나 '40일 간의 단식'을 뜻하는 콰드라겐나(Quadragena)에서 비롯된 것으로 보인다. Bale, 147쪽 참조.

58) 『신약성서』에 따르면, 악마는 사십 일간 금식한 배고픈 예수를 광야로 데려가 서 돌을 빵으로 바꿔보라고 유혹했다. 이에 예수는 사람은 빵만이 아니라 하느 님의 말씀으로 살아간다고 대답했다고 한다. 「마태오 복음서」 4:1-4 참조.

59) 엘리사(Elisha)는 「열왕기」에 등장하는 이스라엘의 예언자로 엘리야의 후계자 라고 불린다. 엘리사는 엘리야와 함께 여러 지역을 다니다가 요르단 강가에서 엘리야가 승천하면서 떨어뜨리고 간 겉옷을 주워 엘리야의 능력을 얻게 되었다.

구약성서에는 엘리사가 물이 나빠 땅이 생산력을 잃어버렸다는 이야기를 듣고
는 사람들에게 소금을 가져오게 해서 물이 나오는 곳에 소금을 뿌리며 신의 이
름으로 축복하자 물이 다시 되살아났다는 이야기가 전해진다. 「열왕기 하권」
2:19-22 참조.

60) 「마르코 복음서」 10:46-52, 「마태오 복음서」 20:29-34, 「루카 복음서」
18:35-43 참조.

61) 「마태오 복음서」 3:13-17, 「마르코 복음서」 1:9-11 참조.

62) 이 단락의 내용은 에거튼 판본에는 없고, 코튼 판본에만 실려 있다.

12장

1) 사해 서쪽에 있는 이스라엘의 오아시스 지역인 엔 게디(Ein Gedi)로 추정된
다. 엔 게디는 고대 질 좋은 발삼의 원산지로 유명했다. 유대 역사가 요세푸스
(Flavius Josephus, 37?~100?)는 『유대고대사』(9권 1장 2절)에서 "이들은 예루살
렘에서 300펄롱 떨어져 있으며 아스팔티티스 호수에 위치한 엔게디에 진을 쳤
다. 그곳은 최고급 종려나무와 발삼나무가 자라는 장소이다."고 적었다. Flavius
Josephus, 『요세푸스 I』, 570쪽. 한편, 히브리어와 아랍어로 엔(Ein)은 샘, 게디
(Gedi)는 새끼 염소라는 뜻이다. 「사무엘기 상권」 24:2-3 참조.

2) "엔 게디 포도밭의 헤나 꽃송이어라." 「아가」 1:14.

3) 『신약성서』에 따르면, 이스라엘인들이 모압 벌판에 진을 치자 모압의 임금 발락
은 사제 발라암을 불러 그들을 저주해 내쫓기로 결심한다. 그러나 하느님이 반
대로 발라암은 모압에 와서 오히려 이스라엘인들을 축복하고 갔다고 한다. 「민
수기」 22-24장 참조.

4) 에거튼 판본에서는 '초레아(Zorea)'로 나온다. 『신약성서』에서 소돔이 멸망할 때
롯과 그의 가족들이 피난한 초아르(Zoar, '소알'이나 '세고르'로도 불림)로 추정
된다. 「창세기」 19:1-29 참조.

5) 에거튼 판본에는 사해의 길이가 780펄롱으로 나온다. Warner, p. 50.

6) 소돔과 고모라의 멸망은 「창세기」 13:10, 아드마와 츠보임의 멸망은 「호세아서」
11:8 참조.

7) 「창세기」 19:15-23 참조.

8) 「창세기」 19:30-38 참조. 에거튼 판본에는 롯의 딸들에 관한 내용이 누락되어
있다.

9) 「창세기」 19:26 참조.

10) 롯의 가계에 대해서는 「창세기」 11:27-29, 아브라함의 아들들의 출생과 할례에 대해서는 「창세기」 16:15, 17:25, 21:1-4 참조. 그러나 『구약성서』에는 사라가 롯의 누이라는 분명한 언급은 없으며, 이스마엘은 13세에 할례를 받았다고 나온다.

11) 「창세기」 32:23 참조.

12) 이시도루스의 『어원』에도 유사한 내용이 나온다. "유대에 있는 요르단 강의 이름은 요르와 단이라는 두 샘에서 유래한 것이다. 서로 떨어져 있는 그 두 개의 하천이 하나로 만나 요르단 강이 된다. 레바논 산기슭에서 출발하는 이 요르단 강은 유대와 아라비아를 나누며 구불구불 흐르다가 예리코 근처에서 사해로 들어간다." Isidorus Hispalensis, *The Etymologies of Isidore of Seville*, 281쪽(13권 21장 18항 '강에 대하여'편).

13) 「마태오 복음서」 3:17 참조.

14) 『구약성서』에 따르면, 여호수아와 그가 이끄는 이스라엘 백성들은 하느님의 도움으로 요르단 강을 건너 예리코로 들어갈 수 있었다. 그들의 사제들이 계약의 궤를 메고 요르단 강 앞에 서자 위에서부터 물이 멈추어 마른 땅이 되었던 것이다. 그들은 요르단 강 한복판에서 가져온 12개의 돌을 길갈(Gilgal)에 세워 후대에 전할 기적의 증표로 삼았다. 그러나 여호수아가 요르단 강 한복판에다 12개의 돌을 세웠다는 구절도 함께 나온다. 「여호수아기」 3, 4장 참조.

15) 『구약성서』에 따르면, 시리아 아람 왕국의 장수인 나아만은 나병을 고치기 위해 이스라엘의 예언자 엘리사를 찾아간다. 엘리사는 그에게 요르단 강에서 일곱 번 목욕하라고 지시했고 그렇게 하자 정말로 몸이 어린아이 살처럼 깨끗해졌다고 한다. 「열왕기 하권」 5:1-14 참조.

16) 「여호수아기」 8:1-29 참조.

17) 「마태오 복음서」 4:9 참조.

18) 맨더빌은 여기서 요르단에 있는 십자군 성 두개를 섞어 놓았다. 하나는 예루살렘 왕 보두앵 1세가 1115년경 사해 남동부 쇼박(Shoubak)에다 세운 몽레알 십자군성(Krak de Montreal)이다. 다른 하나는 예루살렘 라틴 왕국 치하에 몽레앙의 영주였던 집사장 파이엥(Payen le Bouteiller, ?~1148)이 1140년경 세운 모압 십자군성(Krak des Moabites)이다. 그는 낡은 몽레알 십자군성을 대신하여 사해 동부 알 카라크(Al Karak)에 새 성을 세웠던 것이다. 한편, 카라크(Karak), 크라크(Krak), 케라크(Kerak) 등은 '요새, 성채'라는 뜻의 시리아어에서 나온 말이다.

19) 맨더빌이 이야기하는 라맛(Ramath)과 소팀(Sothim)은 사실 라마타임 소핌

(Ramathaim Sophim)이라 불리는 하나의 도시로, 에프라임 산지의 라마(Ramah)로 추정된다. 구약성서에 따르면 예언자 사무엘은 라마에서 엘카나와 한나의 아들로 태어났으며, 그곳에서 판관으로 일했고, 죽은 뒤에도 라마에 묻혔다고 한다. 「사무엘기 상권」 1:1, 1:19, 2:11, 7:17, 25:1 참조.

20) 『구약성서』에 따르면, 이스라엘인들은 필리스티아인들과의 싸움에서 이기기 위해 실로에서 하느님의 계약 궤를 가져왔다. 그러나 이스라엘이 팔리스티아에게 패하고 궤까지 빼앗기자 엘리는 충격으로 죽었다. 하지만 이후 궤가 일련의 재난을 가져오자 필리스티아인들은 그것을 이스라엘인들에게 도로 돌려주었다. 「사무엘기 상권」 4~6장 참조.

21) 『구약성서』에 따르면, 하느님은 소년 사무엘을 불러 앞으로 대사제 엘리의 집 안을 심판할 것이라고 알려주었다. 「사무엘기 상권」 3:1-21 참조.

22) 「열왕기 상권」 15:22 참조.

23) 시켐은 스켐(Skem)·세켐(Sekem)·네아폴리스(Neapolis)·네오폴리스(Neopolis)라고도 불렸다. 오늘날 요르단 강 서안지구 북부에 있는 나블루스(Nablus) 시로 추정된다. 한편, 나블루스에서 예루살렘까지의 실제거리는 약 30마일(50km)이다.

24) 『신약성서』에 따르면, 예수는 시카르(시켐)에 있는 야곱의 우물에서 마주친 사마리아 여인에게 마실 물을 달라고 청한 뒤 이야기를 나눈다. 「요한 복음서」 4:5-7 참조.

25) 에거튼 판본에는 "이스라엘의 왕 예로보암"으로 나온다. 사실 맨더빌의 이야기와 달리 금송아지를 만들게 시킨 것은 유다 왕국(이스라엘 남부)의 왕 레호보암이 아니라 이스라엘 왕국(이스라엘 북부)의 왕 예로보암이다. 구약성서에 따르면, 예로보암은 자신의 백성들이 유다 왕국에 있는 예루살렘의 성소에 희생제물을 바치러 갔다가 자신을 배신하고 레호보암을 섬길까 두려웠다. 궁리 끝에 그는 금송아지 두 마리를 만들어 단과 베텔의 제단에 가져다 두고는 그것을 대신 숭배하도록 했다고 한다. 「열왕기 상권」 12:20-33 참조.

26) 루즈는 베텔의 구 명칭이다. 「창세기」 28:19. 아브라함의 베텔 거주에 대해서는 「창세기」 12:6-8 참조,

27) 『구약성서』에 따르면, 야곱의 딸 디나는 시켐에 갔다가 그곳 족장 하모르의 아들인 시켐에게 능욕을 당했다. 디나에게 반한 시켐은 아버지와 함께 야곱을 찾아가 부족 전체가 여인들을 교환하여 혼인계약을 맺자고 청한다. 그러자 야곱의 아들들은 그들이 자신들과 같이 할례를 받아야지만 그렇게 하겠다고 답한

다. 이에 시켐의 남자들은 모두 할례를 받았다. 하지만 누이 디나가 더럽혀졌다고 생각한 야곱의 아들들은 약속을 어기고 시켐의 남자들이 아직 아파하고 있을 때 성읍으로 찾아가 그들 모두를 죽이고 여자와 가축들을 약탈해왔다. 「창세기」 34:1-31 참조.

28) 「창세기」 22:1-19 참조.

29) 「창세기」 37:12-28 참조.

30) 요르단 강 서안지구 나블루스 인근의 세바스티아(Sebastia) 시로 추정된다.

31) 『황금전설』에 따르면, 세례 요한의 제자는 참수당한 스승의 유해를 세바스트에 묻었다. 그러자 그 무덤에서 많은 기적들이 일어났고 이를 못마땅하게 여긴 배교자 율리아누스 황제는 세례 요한의 뼈를 사방에 흩어뜨렸다. 그런데도 기적이 계속 일어나자 황제는 그 뼈를 다시 모아 가루가 될 때까지 불태우고 부순다음 바람에 날려버렸다고 한다. Jacobus de Voragine, 『황금전설』, 813쪽('세례 요한의 참수' 편) 참조.

32) 「요한 복음서」 1:29 참조.

33) 『황금전설』에는 성 테클라가 불타지 않은 세례 요한의 손가락을 노르망디나 알프스의 성 막시무스 교회로 옮겼다고 나온다. Jacobus de Voragine, 『황금전설』, 819-820쪽('세례 요한의 참수' 편) 참조.

34) 『황금전설』에는 테오도시우스 황제가 자주색 천으로 세례 요한의 머리를 싸서 콘스탄티노플로 가져가 교회를 세웠다고 나온다. Jacobus de Voragine, 『황금전설』, 819쪽('세례 요한의 참수' 편) 참조.

35) 사실 코튼 판본에는 '백 수도회(hundred ordres)의 수녀들'로 나오는데, 이는 프랑스어 'cordeliers(코르들리에)'를 'ordre(수도회, 성직)'로 오역한 것으로 보인다. 앵글로노르만어 판본(p. 233)에서는 'nonaignes cordelers'로 나오고, 에거튼 판본에서는 이 부분이 아예 빠져 있다. Hamelius, pp. 17, 73(2부) 참조.

36) 이시도루스의 『어원』에서 '욥의 샘'은 다음과 같이 나온다. "이두마이아(Idumaea, 남부 레반트 지방)에 있는 욥의 샘은 한 해에 네 번 색이 변한다고 한다. 즉, 누렇게 탁했다가 피같이 붉어졌다 녹색이 됐다 맑아진다. 3개월간 하나의 색을 유지한 뒤 바뀌는 것이다." Isidorus Hispalensis, *The Etymologies of Isidore of Seville*, 276쪽(13권 13장 8항 '다양한 물에 대하여'편). 한편, 에거튼 판본에는 '욥의 샘(well Jol)', 앵글로노르만 어판본에서는 '요엘의 샘(fontaigne Joel)'이라고 나온다. Hamelius, p. 73(2부) 참조.

37) 유대인의 알파벳은 에거튼 판본을 참조했다. Moseley, p. 93.

13장

1) "필립보는 안드레아와 베드로의 고향인 벳사이다 출신이었다." 「요한 복음서」 1:44.

2) 「시편」 120:5 참조.

3) 출처는 불문명하다. 그러나 성서에서 뱀은 아담과 이브를 유혹에 빠뜨린 동물이자 우상 숭배의 상징, 사탄 등으로 종종 묘사된다. 「창세기」 3:1-6, 「열왕기하권」 18:3-4, 「요한계시록」 12:9, 「다니엘서」 14:23-30 참조.

4) 「마태오 복음서」 11:20-24, 「루카 복음서」 10:13-16 참조.

5) 예수는 가나안 여인의 간청에 그녀의 마귀들린 딸을 치료해주었다. 「마태오 복음서」 15:21-28 참조. 사실 코튼 판본에는 '시몬의 아내 카네(his wif Canee)'라고 나오는데, 이는 앵글로노르만어 판본의 '가나안 여인(femme cananee)'을 오역한 것으로 보인다. Hamelius, p. 74. 에거튼 판본에는 시몬만 나오고 가나안 여인은 언급되지 않는다. Warner, p. 55.

6) 가나는 갈릴리 지방에 있는 고장이고, 가나안은 팔레스타인과 남시리아 일대를 가리키는 옛 명칭이지만 맨더빌은 이 둘을 혼동하고 있다. 가나안의 혼인잔치에 대해서는 「요한 복음서」 2:1-12 참조.

7) 이스라엘이 필리스티아인들에게 패배하여 하느님의 궤를 빼앗긴 상황은 「사무엘기 상권」 4:1-11 참조.

8) 『구약성서』에 따르면, 이스라엘의 장군 바락은 여사제이자 판관인 드보라의 지원을 받아 키손 하천에서 가나안의 왕 야빈의 군대를 물리쳤다. 야빈의 장수인 시스라는 도망치다가 헤베르의 아내 야엘의 천막에 숨어들어갔다. 야엘은 그를 숨겨주는 척 했으나 얼마 뒤 안심하고 잠이 든 시스라의 관자놀이에 말뚝을 박아 살해했다. 「판관기」 4:1-24 참조.

9) 『구약성서』에 따르면, 이스라엘의 판관 기드온은 3백 명의 군사를 선발하여 미디안 군대를 물리쳤고, 미디안의 제후 오렙, 즈엡, 제바, 찰문나 등을 죽였다. 「판관기」 7:1-25, 8:1-21 참조.

10) 『구약성서』에 따르면, 이즈르엘의 왕 아합은 나봇의 포도밭을 사서 자신의 정원으로 만들려고 했다. 하지만 나봇이 이를 거절했고 실망한 왕은 자리에 드러누웠다. 소식을 들은 아합의 왕비 이제벨은 나봇을 죽여 강제로 포도밭을 빼앗았다고 한다. 「열왕기 상권」 21:1-10 참조.

11) 코튼 판본과 앵글로노르만어 판본은 '요라스(Joras)', 에거튼 판본에는 '유다 임금 요시아스(Josias þe kyng of Juda)'라고 나온다. 'Jozais, Jonas, Jozais' 등으로

기록된 판본들도 있다. 정황과 이름 철자로 보았을 때 예후에게 죽임을 당한 이스라엘 임금 요람(Joram)과 유다 임금 아하즈야(Ahaziah, 그리스어로 Ochozias 라고도 함)가 뒤섞인 것으로 보인다. 구약성서에 따르면, 예후는 이즈르엘로 찾아가 아합과 이제벨의 아들인 요람 왕을 죽였다. 때마침 이즈르엘을 방문했던 아하즈야 왕은 놀라서 메기도로 도망쳤으나 예후에게 붙잡혀 죽임을 당했다. 아하즈야의 신하들은 그를 병거에 실어 예루살렘으로 옮기다 다윗 성(시온 산성)에 무덤에 묻었다고 한다. 「열왕기 하권」 9:24 참조. Moseley, p. 94 참조.

12) 「사무엘기 하권」 1:21.

13) 『구약성서』에는 이스라엘과의 싸움에서 승리한 필리스티아인들이 이스라엘 왕 사울과 그의 세 아들들의 시체에서 머리를 잘라 내 벳산 성벽에 매달았다고 나온다. 「사무엘기 상권」 31:9-10 참조.

14) 「루카 복음서」 1:28.

15) 「루카 복음서」 4:28-30 참조.

16) 「탈출기」 15:16.

17) Jacobus de Voragine, 『황금전설』, 726쪽('복된 동정녀 마리아의 승천' 편).

18) 「창세기」 14:17-18 참조.

19) 『신약성서』에 따르면, 예수는 베드로, 야고보, 요한만을 데리고 높은 산에 올라 갔다. 그리고 그곳에서 새하얗게 빛나는 모습으로 변한 다음 엘리야, 모세와 함께 이야기를 나누었다. 놀란 베드로는 어찌할 바를 몰라 초막 셋을 지어 각각 예수, 모세, 엘리야에게 드린다고 했다. 그 순간 하느님의 음성이 들려오면서 모든 것이 본래대로 돌아왔고 예수는 그들과 함께 산을 내려오며 자신이 부활 하기 전까지는 본 것을 누설하지 말라고 당부했다. 「마태오 복음서」 17:1-9, 「마르코 복음서」 9:2-10, 「루카 복음서」 9:28-37 참조.

20) 최후의 심판에 대해서는 「마태오 복음서」 25:31-46, 「요한계시록」 20:11-15, 「테살로니카 신자들에게 보내는 첫째 서간」 4:13-18 참조.

21) 『신약성서』에 따르면, 예수는 나인 성문 앞에서 사람들이 과부의 죽은 아들을 메고 나오는 것을 보았다. 과부를 가엾게 여긴 예수가 관에 손을 대자 과부의 아들이 즉시 살아났다. 「루카 복음서」 7:11-17 참조.

22) 『구약성서』에는 카인의 후손인 라멕이 누구를 죽였는지에 대해서는 분명하게 나오지 않는다. 「창세기」 4:23-24 참조.

23) 『신약성서』에 따르면, 새벽에 호수 위를 걷는 예수를 본 베드로는 자신도 그렇게 할 수 있게 해달라고 요청했고 이에 예수는 그에게 건너오라고 했다. 그러나

베드로는 건너오던 중 갑자기 두려움에 사로잡혀 물에 빠지고 말았다. 「마태오 복음서」 14:22-33 참조(인용구절은 14:31).

24) 「요한 복음서」 21:1-14 참조.

25) 「마태오 복음서」 4:18-22, 「마르코 복음서」 1:16-20, 「루카 복음서」 5:1-11 참조.

26) 「루카 복음서」 24:35.

27) 「마태오 복음서」 14:13-21, 「마르코 복음서」 6:30-44, 「루카 복음서」 9:10-17, 「요한 복음서」 6:1-13 참조.

28) 『신약성서』에는 예수가 카페르나움에서 백부장의 중풍 걸린 종을 고쳐주었다고 나온다. 「마태오 복음서」 8:5-13 참조.

29) 「여호수아기」 19:10-16, 19:32-39 참조.

30) 사실 이에 대한 모세의 직접적인 언급은 성서에 존재하지 않는다. 맥락상 유사성을 찾아볼 수 있는 구절은 「민수기」 5:5-8.

31) 순서대로 「시편」 9:2(111:1), 32:5, 118:28, 75:11 참조. 한편, 라틴어 'Confiteor'에는 '고백하다, 찬미하다, 드러내다' 등의 뜻이 있다. 성서에서는 주로 '찬미하다'로 해석되는데, 맨더빌은 '고백하다'는 의미로 사용하고 있다.

32) "자기 잘못을 감추는 자는 성공하지 못하지만 그것을 고백하고 끊어 버리는 이는 자비를 얻는다." 「잠언」 28:13.

14장

1) 「창세기」 15:2 참조.

2) 「창세기」 4:8 참조.

3) 사해와 아카바 만 사이 요르단에 있는 세이르 산(Mount Seir)로 추정된다. 그러나 맨더빌은 그것을 지금의 위치보다 훨씬 북쪽에 있는 산으로 묘사하고 있다. 한편, '세이르 산'은 구약성서에 자주 등장하는 지명이기도 하다. 「창세기」 14:6, 36:8-9, 「신명기」 1:2, 2:1, 2:5, 「여호수아기」 15:10, 24:4, 「역대기 상권」 4:42, 「에제키엘서」 35:2 등 참조.

4) "사랑하는 의사 루카와…" 「골로새 신자들에게 보내는 서간」 4:14 참조.

5) 성 바울의 개종은 「사도행전」 9:1-9, 환시는 「코린토 신자들에게 보낸 둘째 서간」 12:1-10 참조.

6) 사르데낙의 성모(Lady of Sardenak)는 시리아의 사이드나야(Saidnaya) 시에 있는 사이드나야의 성모 수도원(Our Lady of Saidnaya Monastery)으로 추정된다.

결손 판본들에는 'nostre dame de Gardemarche(혹은 Sardemarke)'라고 나온다. Jean de Mandeville, *The Defective Version of Mandeville's Travels*(The Queen's College, Oxford, MS 383, f. nv), ed. M. C. Seymous(Oxford: Oxford University Press, 2002)[이하 'Seymours'로 줄임], p. 82 참조.

7) 대 플리니우스도 "유대에는 안식일이 되면 마르는 강이 있다"고 했지만, 요세푸스는 안식일에만 흐르는 강이 있다고 한다. Pliny the Elder, *The Natural History*, 31.18와 Flavius Josephus, 『요세푸스 III』, 623-624쪽(7.5.1) 참조.

8) 『황금전설』에 따르면, 역병을 일으키는 용을 달래기 위해 매일 양 한 마리와 제비뽑기로 뽑은 사람 하나를 제물로 바치는 나라가 있었다고 한다. 그러던 어느 날 왕의 딸이 용의 먹잇감으로 뽑혔는데, 다행히 성 게오르기우스가 그녀를 구출했다. 그리고 그곳의 왕과 백성들이 모두 세례를 받는 조건으로 용을 죽였다고 한다. 단, 『황금전설』에는 그 일이 일어난 곳이 리비아 지방의 실레나(Silena) 시였다고 나온다. Jacobus de Voragine, 『황금전설』, 386-389쪽 참조('성 게오르기우스'편).

9) 그레프(Greff) 섬은 이오니아 해의 코르푸(Corfu) 섬으로 추정되는데, 이탈리아와 가까웠던 코르푸 섬은 중세시대 제노바과 베네치아 등 이탈리아 도시국가들의 지배를 받았다.

10) 『구약성서』에는 마타티아스가 예루살렘을 떠나 모딘에 자리를 잡았고, 그에게는 유다 마카베오를 비롯한 5명의 아들이 있었다고 나온다. 「마카베오기 상권」 2:1-4 참조.

11) 「아모스서」 1:1 참조.

12) 에거튼 판본(Warner, p. 263)과 결손 판본(Hamelius, p. 53)에서는 유스타케가 아내를 잃은 상태에서 강을 건너다 두 아이마저 잃었다고 나온다. 이와 관련하여 『황금전설』에는 다음과 같은 이야기가 전해진다. 군사령관이었던 유스타케는 역병을 피하기 위해 아내와 두 아들들을 데리고 집을 나섰다. 그들 가족은 배를 얻어 탔는데 못된 선장은 뱃삯 대신 유스타케로부터 아내를 빼앗았다. 선원들의 위협에 어쩔 수 없이 유스타케는 아이들만 데리고 배에서 내려야 했다. 유스타케는 물이 불어난 강 앞에 이르러 아이 하나를 먼저 업고 헤엄쳐 건너편으로 옮겼다. 그러나 다른 아이를 마저 데리러 돌아가는 중 양쪽 강둑에서 늑대와 사자가 나타나 아이들을 모두 채가고 말았다고 한다. Jacobus de Voragine, 『황금전설』, 1006-1014쪽 참조('성 유스타케'편).

13) 바토(Batho)는 징기스칸의 손자로 유럽 원정을 지휘한 바투 칸(Batu Khan,

?~1255)에서, 오르다(Orda)는 군대나 군주둔지를 뜻하는 투르크어 오르두(Ordu)에서 비롯된 것으로 보인다. 바투 칸은 1240년에는 러시아 대부분을 정복하고 1241년경에는 중부 유럽까지 침입했다. Bale, p. 154 참조.

14) 에거튼 판본에서는 "러시아, 니플란드(Nyfland), 크라코우(Crakow) 왕국, 레토우(Lettow), 그라프텐(Graften) 왕국과 다른 많은 곳들을 가보았다"고 나온다. Warner, p. 65.

15) 썰매를 가리킨다. 앵글로노르만어 판본은 '솔레이에스(Soleies)'로, 에거튼 판본과 결손 판본은 별도의 명칭 없이 "썰매와 바퀴가 없는 마차로"라고 나온다. Deluz, p. 26과 Warner, p. 65 참조.

15장

1) 『꾸란』에서 낙원은 풍부한 과일과 샘, 비단침대, 시원한 그늘, 금실로 누빈 옷, 순결한 처녀들이 있는 곳으로 그려진다. 『꾸란』 2:25, 13:35, 55:54-76, 56:12-38, 76:12-22 참조.

2) 『꾸란』에 나오는 마리아의 예수 출산에 대해서는 『꾸란』 19:16-34 참조.

3) 에거튼 판본에서는 'Takyna', 앵글로노르만어 판본과 결손 판본에서는 'Takina' 라고 나온다. 『꾸란』에는 없는 명칭으로, 이슬람교에서의 종교적 위장(위험에서 벗어나기 위해 신앙을 숨기거나 부정)을 의미하는 아라비아어 '타키야(Taqiyya)'와 관련 있어 보인다.

4) 윌리엄 트리폴리(William of Tripoli, 13세기?)의 『사라센인들에 대하여(De Statu Saracenorum)』에 유사한 이야기가 등장한다. Higgins, pp. 241-242 참조.

5) 「루카 복음서」 1:26. 이슬람교도들은 『꾸란』을 신의 말씀이 천사 가브리엘을 통해 무함마드에게 전달된 것으로 믿는다.

6) 삼위일체론은 동일하게 유대교 전통에서 시작된 그리스도교와 이슬람교의 교리가 가장 크게 갈리는 부분이다. 『꾸란』에서 예수는 무함마드와 마찬가지로 예언자이자 하느님의 사자로서 존경을 받는다. 그러나 유일신의 교리를 더 엄격하게 고수하는 이슬람교는 예수를 신과 동일시하는 삼위일체론에 대해서는 다신론이라고 비판한다.

7) 「코린토 신자들에게 보낸 둘째 서간」 3:6 참조.

8) 이 술탄과의 대화 내용은 13세기 시토회 수도사 체사리우스 폰 하이스터바흐(Caesarius von Heisterbach)의 『기적들에 관한 대화(Dialogus miraculorum)』 4.15에도 나온다. Higgins, p. 86 참조.

9) 윌리엄 트리폴리의 『사라센인들에 대하여』에 유사한 이야기가 등장한다. Higgins, pp. 236-237과 Hamelius, p. 86(2권) 참조.

10) 코로단(Corrodane)은 이란 북동부 지방인 호라산(Khorasan)으로 추정된다.

11) 에거튼 판본에는 620년이라고 나온다. Warner, p. 70.

12) 『창세기』16:15 참조.

13) 에거튼 판본에는 '모압인'이라 명칭은 나오지 않고 "롯이 그의 두 딸에게서 얻은 두 아들들의 이름을 따서 암몬인이라도 불렀다"고 나온다. Warner, p. 70. 모압과 암몬의 탄생에 대해서는 『창세기』19:30-38 참조.

14) 에거튼 판본에는 야자(Calamus)를 여러 가지 향신료와 섞어서 만드는 음료라고 나오며, 앵글로노르만어 판본에는 사탕수수로 만든다고 되어 있다. 고대부터 오늘날까지 중근동 지방에서 애용되고 있는 음료인 샤르밧(Sharbat)을 가리키는 것으로 추정된다. 샤르밧은 단순한 설탕물에서 레몬, 오렌지, 망고, 파인애플 등의 과일을 섞은 것까지 다양하게 만들어지는데, 여기에서 오늘날 얼음과일음료를 뜻하는 영어의 셔벗(sherbet)과 프랑스어의 소르베(sorbet)가 비롯되었다. 코튼 판본에는 '가슴에도 좋다'고 되어 있는데, 이는 앵글로노르만어 판본의 'poitrine'을 그대로 옮긴 것이다. 하지만 'poitrine'에는 '가슴, 흉곽'만이 아니라 옛 프랑스어에서는 '폐'나 '폐병'의 의미도 있었다. 따라서 여기서는 '폐에도 좋다'고 옮겼다. Hamelius, p. 91(1부) 참조.

15) 윌리엄 트리폴리의 『사라센인들에 대하여』에 동일한 구절이 등장한다. Higgins, p. 239 참조.

16) 판본마다 알파벳의 개수나 철자, 발음 등이 조금씩 다르다. 여기서는 비교적 정리가 잘 되어 있으며 알아보기도 쉬운 에거튼 판본의 사라센 알파벳을 실었다. Warner, p.71과 Moseley, p. 110 참조.

16장

1) 『구약성서』에 따르면 에덴에서 흘러나오는 네 개의 강은 피손(Pison), 기혼(Gihon), 티그리스(Tigris), 유프라테스(Euphrates)이다. 『창세기』2:10-14 참조. 맨더빌은 기혼을 나일 강으로 보고 있으며, 피손('갠지스 강'으로 추정)에 대해서는 말하지 않는다.

2) 여기서 큰 바다는 흑해를 가리키는 것으로 보인다.

3) 아마조니아에 대한 상세한 소개는 이 책의 17장 참조.

4) 라틴어 알부스(Albus)에는 '희다, 창백하다'라는 뜻이 있다. 이시도루스는 『어원』

에서 알바니아는 아마조니아의 이웃이며, 그들이 알바니아인이라 불리는 것은 하얀 머리카락을 가지고 태어나기 때문이라고 적었다. Isidorus Hispalensis, *The Etymologies of Isidore of Seville*, pp. 195, 288.

5) 알바니아의 개에 대해서는 Pliny the Elder, *The Natural History*, 8.61 참조.

6) 헤라클레스의 기둥은 지브롤터 해협의 동쪽 끝에 해협을 끼고 솟아 있는 두 개의 바위산을 가리킨다.

7) 에거튼 판본에는 "한때 폰투스의 문(Le Porte de Pounce)이라고 불렸다"고 나온다. Warner, p. 73.

8) 아침기도라고 옮겼으나 원문에는 '제1시과(at Prime, 오전 6시경) 기도'라고 나온다. 가톨릭의 하루기도 시간은 다음과 같다. 제1시과(Prime, 오전 6시), 제3시과(Terce, 오전 9시), 제 6시과(Sext, 정오), 제 9시과(Nones, 오후 3시), 저녁기도(Vespers, 저녁 먹기 전~해질 무렵), 종과(Compline, 9시부터 자기 전).

9) 에거튼 판본에는 이 부분이 "이 성은 앞서 말한 나라들로 곧장 가는 길에 있지 않다. 그러나 불가사의를 보고 싶다면 때로는 원래 길을 이탈하기도 해야 한다."고 나온다. Warner, p. 74.

10) 아르티로운(Artyroune) : 터키 북동부의 도시 에르주룸(Erzerum)으로 추정.

11) 「창세기」 8:1-5 참조.

12) 아니(Anye)는 일찍이 아르메니아의 수도였던, 아라라트(Ararat)에서 북서쪽으로 약 60마일 떨어진 곳에 있던 아니(Ani)로 추정된다. 이 도시는 1319년 지진으로 파괴되었다.

13) 오도릭의 『여행기(*Itinerarius*)』에도 사르비사칼로 인근 노아의 방주가 있는 산에 대해서 나온다. 그가 지역 주민들에게 들은 바에 따르면 신이 허락하지 않아 누구도 그 산에 올라간 적이 없다고 한다. 하지만 오도릭은 일행이 기다려주기만 했다면 자신은 그곳에 올라갔을 것이라고 적었다. Odoric da Pordenone, 『오도릭의 동방기행』, 95쪽(16장). 마르코 폴로의 『동방견문록』에는 대(大)아르메니아의 높은 산 위에 노아의 방주가 있는데, 엄청난 양의 눈이 쌓여 있어 아무도 꼭대기까지 올라간 적이 없다고 나온다. Marco Polo, 『마르코 폴로의 동방견문록』, 104쪽(22장).

14) 'avoirdupois'는 무게라는 뜻이지만 여기서는 문맥상 무게로 달아 파는 상품을 광범위하게 지칭하는 것으로 보인다.

15) 오도릭은 풍족한 도시인 타우리스 근처에 소금 산이 있어 누구나 공짜로 마음대로 퍼 갈수 있다고 전한다. Odoric da Pordenone, 『오도릭의 동방기행』, 96(2

장)쪽. 마르코 폴로도 타이칸 마을 남쪽에 큰 소금 산들이 있어서 사람들이 쇠곡괭이를 가지고 와서 파낸다고 이야기 했다. Marco Polo, 『마르코 폴로의 동방견문록』, 152쪽(46장).

16) 「마태오 복음서」 2:11 참조.

17) 에거튼 판본에서는 도시의 이름이 카르다바고(Cardabago)나 바파(Vapa)라고 불리기도 한다고 나온다. Warner, p. 75.

17장

1) 「창세기」 36:33 참조.

2) 에거튼 판본에는 만나를 "변비와 피를 깨끗하게 하는 약"에 넣는다고 나온다. Warner, p. 76. 현실에서의 만나는 소아시아가 원산지인 키가 작은 관목들로 그 달콤한 수액은 변을 무르게 하는 완화제로도 쓰인다.

3) 오도릭의 만나에 대한 언급은 Odoric da Pordenone, 『오도릭의 동방기행』, 100쪽(3장) 참조.

4) 이 책의 6장과 「창세기」 11:1-9 참조.

5) 오도릭은 칼데아에 남자들은 말쑥한 옷차림을 하고 준수한 외모를 가진 반면 여자들은 무릎까지 내려오는 초라한 속옷만을 입고 산발을 한 채 맨발로 다닌다고 적었다. Odoric da Pordenone, 『오도릭의 동방기행』, 100-101쪽(4장)

6) 이 책의 12장과 「창세기」 11:27, 11:31-32, 12:4-6, 19장 참조.

7) Moseley, p. 116 참조.

8) 중세인들의 사고에서 에티오피아의 지리적 위치는 정확하지 않다. 그곳은 인도로 들어가기 전에 있는 다양한 괴물들과 이상한 동물들이 사는 환상적인 공간으로 그려졌다. Higgins, p. 98 참조.

9) 다리가 하나뿐인 인간은 '그림자 발'이라는 뜻의 그리스어 스키아포데스(sciapodes)라고 불리는데, 맨더빌이 기록한 괴종족 가운데 첫 번째로 나오는 종족이다. 뱅상 드 보베(Vincent de Beauvais)의 『역사의 거울』 1. 93와 이시도루스의 『어원』에도 나온다. "스키오포데스는 에티오피아에 사는 종족이다. 그들은 다리가 하나인데 놀랍도록 빠르다. 그리스 사람들은 그들을 그림자 발을 가진 자들이라고 부른다. 태양이 뜨거울 때면 바닥에 등을 대고 누운 다음 커다란 발로 그림자를 만들기 때문이다." Isidorus Hispalensis, *The Etymologies of Isidore of Seville*, p. 245.

10) 에거튼 판본에는 "에티오피아에서는 어린 아이들이 백발이었다가, 해가 갈수

록 머리카락이 검어 진다"고 나온다. Warner, p. 78.

11) 마르코 폴로는 사바 시는 세 명의 동방박사들이 베들레헴을 향해 출발한 곳으로, 그들의 온전한 유해가 안장된 아름다운 묘 세 개가 있다고 전한다. Marco Polo, 『마르코 폴로의 동방견문록』, 121-122쪽(31장).

12) 인도가 어떻게 3개의 지방으로 나누어지는가는 정확하지 않다. 대인도가 오늘날 우리가 알고 있는 인도라면 세 번째 인도는 히말라야 산맥 저편의 나라일 것이다. 그러나 소인도가 어디를 지칭하는지 명확하지 않다. 인더스 강 서남부의 연안 지역으로 아라비아 남부와 에티오피아 일부를 포함하는 것으로 보일 뿐이다. 요컨대, 중세인들의 사고 속에서 인도의 지리적 위치는 에티오피아만큼 모호했다.

13) 맨더빌은 다이아몬드를 가리키는 단어로 '아드만드(Ademand)'를 사용하기도 하는데, 이는 무엇에도 파괴되지 않는 견고한 물질이라는 뜻이다.

14) 중세 사람들은 광물을 종종 살아있는 것처럼 묘사했다. 맨더빌의 다이아몬드에 관한 설명과 유사한 내용은 뱅상 드 보베(Vincent de Beauvais)의 『자연의 거울』 8.40에도 나온다. Bale, p. 157 참조.

15) 중세 지도에서는 동쪽이 최상단이다.

16) 에거튼 판본에서는 이 부분이 "이시도루스가 『어원』 16권 수정 편과 바르톨로뮤(Bartholomew of England, 1203~1272)의 『사물의 성질에 대하여(De Proprietatibus Rerum)』 16권 다이아몬드 편에서 설명하고 있듯이 나도 여러분에게 설명하겠다."고 나온다. Warner, p. 79.

17) 중세 문헌에서 '적(enemy)'은 악마로 해석될 소지가 다분하다.

18장

1) 크루에스(Crues)는 에거튼 판본에는 케르메스(Chermes)로 나온다. Warner, p. 81. 페르시아 만 입구 부근에 있었던 작은 섬 오르무즈(Ormuz)로 추정된다.

2) 이 책의 30장과 Odoric da Pordenone, 『오도릭의 동방기행』, 129쪽(5장) 참조.

3) 「코린토 신자들에게 보낸 첫째 서간 상권」 8:4 참조.

4) '기사'를 뜻하는 것으로 보인다. Hamelius, p. 133(2부).

5) 에거튼 판본에는 표범과 곰도 나온다. Warner, p. 83.

6) 에거튼 판본에는 '24일'로 나온다. Warner, p. 83.

7) 에거튼 판본에서는 바다에 널어 햇빛에 말린다고 나온다. Warner, p. 83. 오도릭도 후추가 담쟁이덩굴처럼 자라 포도송이 같은 열매를 맺으며, 수확기가 되면

그 열매를 포도를 수확하듯이 따서 햇볕에 말려 항아리에 저장한다고 적었다. Odoric da Pordenone, 『오도릭의 동방기행』, 148쪽(16장) 참조.

8) 에거튼 판본에는 처음 열매가 맺힌 것이 긴 후추이고, 그것이 자연 상태로 익은 것이 하얀 후추이고, 익은 것을 불로 태우거나 태양에다 건조시킨 것을 검은 후추라고 부른다고 나온다. Warner, p. 83. 에거튼 판본의 분류는 이시도루스와 상당히 일치한다. "후추나무의 잎은 향나무 같이 생겼다. 뱀들이 후추나무를 지키고 있기 때문에 그 지역 주민들은 후추가 익으면 그것들을 태운다. 그러면 뱀들이 불을 피해 달아나고 원래는 하얗던 후추가 불에 타 '검게' 변한다. 사실 후추 열매에는 몇 가지 종류가 있다. 푸릇한(덜 익은) 것은 '긴 후추'라고 부른다. (익었으나) 불에 태우기 전의 것은 '하얀 후추'라고 부른다." Isidorus Hispalensis, *The Etymologies of Isidore of Seville*, p. 349.

9) 맨더빌은 후추의 종류나 수확 방법에 대해서는 이시도루스와 다르게 설명하지만 상인들의 속임수에 대해서는 비슷한 말을 한다. 다음은 이시도루스도의 『어원』에 나오는 구절이다. "후추는 가벼우면 오래된 것이고, 무거우면 신선한 것이다. 그러나 오래된 후추에 납이나 밀타승을 뿌려 무겁게 만드는 방식으로 사기를 치는 상인들도 있으니 조심해야 한다." Isidorus Hispalensis, *The Etymologies of Isidore of Seville*, p. 349.

10) 코튼 판본은 'snayles(달팽이)'로, 에거튼 판본과 앵글로노르만어 판본 등에서는 'lymon(레몬)'으로 나온다. 아마도 코튼 판본에서 'lymons(레몬)'을 'limaçons(달팽이)'와 혼동한 것으로 보인다. Hamelius, p. 112(1부)와 Warner, p. 84 참조.

11) 오도릭은 맨더빌과 달리 밀짚에 불을 지펴 큰 뱀들을 쫓아야 후추를 수확할 수 있다고 말한다. Odoric da Pordenone, 『오도릭의 동방기행』, 149쪽(16장) 참조.

12) 에거튼 판본에는 "나, 이 존 맨더빌도 이 우물의 물을 세 번 마셨다. 내 동료들도 모두 그것을 마셨다. 그 뒤 나는 몸 상태가 꽤 좋아졌고, 건강도 좋아졌다. 신이 내게 허락하신 이승의 시간 동안 나는 건강하리라 생각한다."고 기록되어 있다. Warner, p. 84.

13) 맨더빌은 젊음의 샘에 관한 이야기를 아마 『사제왕 요한의 편지(Letter of the Prester John)』에서 차용했을 것이다. "올림포스 산기슭의 숲에는 올림포스 산기슭의 숲에는 온갖 맛들을 머금고 있는 맑은 샘물이 있다. 샘물의 맛은 낮과 밤의 매 시간마다 변화한다. 이 샘물은 아담이 추방당한 낙원에서 3일이 안 되는 거리에 있다. 그 샘물을 단식 중에 3번 마신 사람은 그날부터 병에 걸리지 않

고 평생을 32살로 오랫동안 살 수 있다." Michael Uebel, *Ecstatic transformation: on the uses of alterity in the Middle Ages*(New York: Palgrave Macmillan, 2005), p. 156.

14) 아르키프로토파파톤(Archiprotopapaton)이란 직책은 『사제왕 요한의 편지』에서 사제왕 요한과 함께 식사를 하는 사제들 가운데 하나로 등장한다. Michael Uebel, *Ecstatic transformation: on the uses of alterity in the Middle Ages*(New York: Palgrave Macmillan, 2005), p. 159.

15) 오도릭은 폴룸붐에서는 왕이나 평민이나 가릴 것 없이 매일 아침 소의 오줌으로 세수를 하고 똥은 몸에 바르며, 반인반우(半人半牛)의 우상에게 숭배하기 위해 자식들까지 바쳤다고 전한다. Odoric da Pordenone, 『오도릭의 동방기행』, 150-151쪽(17장) 참조.

16) 순장(殉葬)에 대한 오도릭의 언급은 Odoric da Pordenone, 『오도릭의 동방기행』, 151쪽(17장) 참조.

19장

1) 마바론(Mabaron)은 인도 남동부 코로만델 해안에 있는 도시 미라포레(Mylapore)로 추정된다.

2) 사도 도마의 유골이 에데사로 옮겨졌다는 전설은 뱅상 드 보베의 『역사의 거울』 9. 66과 야코부스의 『황금전설』에도 나온다. Jacobus de Voragine, 『황금전설』, 71쪽 참조('사도 도마'편).

3) 「요한 복음서」 20:27 참조.

4) 오도릭은 모바르 왕국에, 마르코 폴로는 마아바르 지방에 사도 도마의 유해가 있다고 전한다. 지명의 근소한 차이는 큰 의미가 없어 보인다. Odoric da Pordenone, 『오도릭의 동방기행』, 152쪽(18장)와 Marco Polo, 『마르코 폴로의 동방견문록』, 460쪽(176장).

5) 원문에서 'Sumulacres(모상)'이라는 용어를 사용해서 'Idols(우상)'과 구분하고 있다. Hamelius, p. 115(1부). 자연물을 본뜬 '모상'과 자연에 존재하지 않는 것을 만들어내는 '우상'의 차이는 이 책의 18장 참조.

6) 자신에게 상처를 입히는 순례자나 공물을 던진 연못, 금과 보석을 두른 화려한 신상 등에 관한 이야기는 오도릭에게서 차용한 것으로 보인다. Odoric da Pordenone, 『오도릭의 동방기행』, 153-154쪽(18, 19장) 참조.

7) 힌두교의 크리슈나 신상 숭배를 묘사한 것으로 보인다. 크리슈나 신상을 실은

전차에 치여 죽으면 극락에 갈 수 있다는 오랜 믿음이 존재했다.

8) 오도릭은 우상숭배 수레행렬 때문에 1년도 채 안 되는 기간에 5백 명이 목숨을 잃었다고 적었다. Odoric da Pordenone, 『오도릭의 동방기행』, 155쪽(19장).

20장

1) 인도네시아 서부의 적도에 걸쳐 있는 섬을 가리키는 것으로 추정된다.

2) 「창세기」 1:28 참조.

3) 벌거벗고 다니는 라마리 섬의 주민들과 그들의 식인 풍습, 아내를 공유하는 것, 상인들이 아이를 데려와서 팔아넘기는 일 등은 오도릭의 이야기와 상당히 유사하다. Odoric da Pordenone, 『오도릭의 동방기행』, 156−157쪽(20장).

4) 오도릭은 라모리에서부터는 지구가 가로막고 있어 더 이상 북극성을 볼 수 없다고 말한다. Odoric da Pordenone, 『오도릭의 동방기행』, 156쪽(20장). 북극성이 보이지 않는 섬에 대한 마르코 폴로의 이야기는 Marco Polo, 『마르코 폴로의 동방견문록』, 431쪽(166장) 참조.

5) 에거튼 판본에는 "두 별 사이에 있는 선이 창공을 똑같이 둘로 나눈다."고 나온다. Warner, p. 90.

6) 「시편」 74:12 참조.

7) 에거튼 판본에서는 '사제왕 요한의 나라(land of Prestre Iohn)'라고 나온다. Warner, p. 91.

8) 저버스 틸버리의 『황제의 여흥을 위하여(Otia Imperialia)』에는 다른 세상을 여행한 사람의 이야기가 동굴을 통과하는 형태로 다소 환상적으로 그려진다. 잉글랜드의 어느 돼지치기가 한눈을 팔다가 영주의 암퇘지를 잃어버리고 만다. 그는 돌아올 꾸중이 두려워 돼지를 찾아 이리저리 헤매고 다니다가 거센 바람을 뿜어대는 동굴에까지 들어가게 된다. 동굴 안은 밖과는 달리 바람 없이 조용했고 그는 돼지를 찾아 더 안으로 들어갔다. 얼마쯤 지나자 갑자기 밝은 들판으로 나오게 되었는데, 사람들이 한창 수확 중이었다. 그곳에 돼지도 있었다. 돼지를 찾은 것에 기뻐하며 원래 있던 곳으로 돌아온 돼지치기는 아까 본 반대편 세상에서는 수확을 하는데 자신이 있던 곳은 아직 추운 겨울임을 깨닫고는 매우 놀랐다고 한다. 이 이야기 끝에 저버스는 다음과 같이 덧붙인다. "이 일이 증명하는 것처럼 이쪽에 태양이 없는 탓은 분명 태양이 다른 곳에 가 있기 때문이다." Gervase of Tilbury, *Otia Imperialia*, pp. 642−645(III. 45).

9) 「시편」 104:5와 「욥기」 26:7 참조.

10) 원문에는 'superficialtee of the erthe'으로 나온다. Hamelius, p. 124(1부). 직역하면 지표면이지만 여기서 'the erthe'는 대륙을 의미하는 것으로 보인다. 맨더빌의 지리인식에서 대륙(the earth)과 대양(the ocean)은 하나이다. 그리고 이것을 가운데에 두고 잉글랜드와 인도가 마주보고 있다고 생각했다. 에거튼 판본에는 '지표의 고도(height of þe erthe)'라고 나온다. 요컨대 맨더빌은 가장 서쪽의 저지대에 잉글랜드, 노르웨이(노르웨이령 아이슬랜드), 스코틀랜드 등의 섬이 있고, 맞은편 가장 동쪽의 저지대에 사제왕 요한이 다스리는 인도의 섬들이 놓여 있다고 생각한 것 같다. 이러한 맨더빌의 서술들을 바탕으로 그가 생각하는 세계의 모습을 지도로 그려보는 것도 재미있는 작업일 것이다.

11) 이 책의 10장 참조.

21장

1) 수마트라 섬으로 추정된다. 에거튼 판본에는 소모베르(Somober)로 되어 있다. Warner, p. 93. 오도릭은 이를 수몰트라(Sumoltra)라고 적었다. Odoric da Pordenone, 『오도릭의 동방기행』, 157쪽(20장).

2) 오도릭도 이들이 남녀 가리지 않고 얼굴에 뜨거운 쇠붙이로 낙인을 찍으며 다른 벌거숭이들과 싸우곤 한다고 전한다. 그러나 그 낙인이 고귀함을 나타낸다는 말은 없다. Odoric da Pordenone, 『오도릭의 동방기행』, 157-158쪽(20장).

3) 에거튼 판본에는 보테니가(Boteniga)라고 나온다. Warner, 93.

4) 맨더빌은 육두구와 메이스에 대해 비교적 명확하게 설명하고 있다.

5) 쿠빌라이 칸(Kublai Khan, 재위 1260~1294)은 1293년경 조공을 거부한 이유로 자바 섬을 공격했다. 그러나 좀처럼 결판이 나지 않고 1년간 대치와 교전이 계속되다가, 결국 몽골원정대는 자바 섬의 저항군에게 쫓겨 후퇴했다.

6) 사고야자(Sago palm)를 가리키는 것으로 보인다. 이 나무는 인도네시아 제도가 원산지로 줄기에서 흰 전분이 채취된다. 그 녹말은 탄수화물이 88%에 달하는 순수한 녹말로 태평양 남서지역에서는 주식량으로 사용되었다.

7) 주변의 모든 생물을 죽이는 맹독성 가루를 날리는 것으로 알려진 우파스 나무(Upas)로 추정된다. 자바와 인금 섬에서 자라는 나무로, 원주민들은 맹독이 있는 이 나무껍질 액을 이용해 독화살을 만들기도 한다.

8) 일부 앵글로노르만어 판본들에는 독이 나는 나무의 치료약이 '잎(프랑스어 feuille)'이 아니라 '똥(프랑스어 fiente)'이라고 나온다. Higgins, p. 117과 Bale, p. 160 참조. 오도릭의 경우 독이 나는 나무의 해독제는 단 하나 밖에 없다고 이야

기하지만 그것이 무엇으로 만드는지는 전하지 않는다. 대신 물로 관장을 한 다음 그 해독제를 복용하면 낫는다고 말한다. Odoric da Pordenone, 『오도릭의 동방기행』, 159쪽(22장).

9) 인류를 독살시키려 했던 유대인에 대한 이 이야기는 유대인이 흑사병을 유행시켰다는 14세기에 널리 퍼진 속설의 영향을 받아 만들어진 것으로 보인다.

10) 야자즙을 발효시킨 종려주인 토디(toddy)를 가리키는 것으로 보인다.

11) 오도릭은 전분이 나는 나무의 액체를 보름 동안 햇볕에 말린 뒤 바닷물에 담갔다가 맹물로 씻으라고 보다 상세하게 설명하고 있다. Odoric da Pordenone, 『오도릭의 동방기행』, 160쪽(22장). 마르코 폴로도 판수르(Fansur) 왕국에 대해 이야기하면서 나무에서 전분을 추출하는 방법에 대해서 자세히 전하고 있다. Marco Polo, 『마르코 폴로의 동방견문록』, 437쪽(170장).

12) 이 단락의 원문은 다소 혼란스럽다. 독자들이 읽기 편하도록 코튼 판본의 문장 순서를 에거튼 판본과 비교하여 약간 조정해 옮겼다.

13) 사해와 갈대 이야기는 오도릭에게서 차용한 것으로 보인다. 오도릭은 이 갈대를 카산(Cassan)이라고 부르고 있는데, 그곳 사람들은 그 갈대 뿌리에서 난 보석을 어린 아들의 팔에 상처를 내 아예 부적처럼 집어넣는다고 한다. Odoric da Pordenone, 『오도릭의 동방기행』, 160-161쪽(22장).

14) 에거튼 판본에는 '칼라녹(Calanok)'으로 되어 있다. Warner, p. 95. 인도차이나 반도 남부의 참파(Champa)일 것으로 추정된다.

15) 마르코 폴로가 이 섬을 방문했을 때 왕은 326명의 자식이 있었다고 한다. Marco Polo, 『마르코 폴로의 동방견문록』, 427쪽(162장).

16) 오도릭도 1만4천 마리의 길들인 코끼리에 관해 말하고 있다. Odoric da Pordenone, 『오도릭의 동방기행』, 162쪽(23장).

17) 「창세기」 1:28 참조.

18) 육지로 올라와 눕는 물고기 이야기도 오도릭에게서 비롯된 것으로 보인다. Odoric da Pordenone, 『오도릭의 동방기행』, 162-163쪽(23장). 마르코 폴로는 사순절에 몰려오는 물고기에 대해 전하고 있다. Marco Polo, 『마르코 폴로의 동방견문록』, 107쪽(23장).

19) 마르코 폴로는 안가만(Angaman) 섬에 사는 주민들이 모두 머리와 이, 눈이 개의 모양처럼 생겼다고 전한다. Marco Polo, 『마르코 폴로의 동방견문록』, 439쪽(172장). 오도릭은 니코베란이라 불리는 섬에 소를 숭배하고 싸움을 잘하는 개의 얼굴을 한 사람들이 있다고 적었다. Odoric da Pordenone, 『오도릭의 동방기

행』, 164쪽(24장).

20) 마르코 폴로의 『동방견문록』에도 세상에서 가장 아름다운 루비에 대한 기록이
있다. 그에 따르면 세일란(Seilan) 섬의 왕인 센데르남(Sendernam) 왕에게 길이
가 한 뼘에 남자 팔뚝만 한 크기의 루비가 있는데, 대칸이 사신을 보내 그 루비
를 사려고 했으나 거절했다고 전한다. Marco Polo, 『마르코 폴로의 동방견문록』,
441쪽(173장). 오도릭은 그 루비가 왕이 선정을 베풀고 백성들이 편히 지낼 수
있게 해 준다고 적었다. Odoric da Pordenone, 『오도릭의 동방기행』, 164-165쪽
(24장).

21) 스리랑카의 이전 명칭인 실론(Ceylon)으로 추정된다. 오도릭은 실란(Sillan)이
라고 적고 있다. Odoric da Pordenone, 『오도릭의 동방기행』, 165쪽(25장).

22) 코튼 판본에는 완두콩(pensen)으로 되어 있으나, 앵글로노르만어 판본에
는 복숭아(pesches)로 나온다. Deluz, p. 353. 중세영어로 옮겨지면서 복숭아
(프 pêche, 영 peach)를 완두콩(프 pois, 영 pease)으로 오역한 것으로 보인다.
Hamelius, p. 109(2부). 본문에서는 복숭아로 번역했다.

23) 아담과 이브의 눈물로 만들어진 연못, 레몬을 바르고 연못에 들어가 보석을
줍는 사람들, 머리 둘 달린 거위 등은 오도릭의 기록에도 나온다. Odoric da
Pordenone, 『오도릭의 동방기행』, 165-167쪽(25장).

24) 「시편」 93:4 참조.

22장

1) 에거튼 판본에는 둔데야(Dundeya)라고 나오는데, 어디를 가리키는지 확인되
지 않는다. Warner, p. 99 참조. 오도릭은 돈딘(Dondin)이라고 적었다. Odoric da
Pordenone, 『오도릭의 동방기행』, 167쪽(26장).

2) 에거튼 판본에서는 '천'으로 막는다고 나온다. Warner, p. 99.

3) 우상에게 물어 병자의 생사를 결정하는 풍습, 시신을 토막 내 먹어치우는 주민
들과 그렇게 하는 이유 등이 오도릭의 기록에도 유사하게 나타난다. Odoric da
Pordenone, 『오도릭의 동방기행』, 167-169쪽(26장).

4) 이 기괴한 인간들은 오도릭의 기록에는 나오지 않는다. 오히려 이 괴인들은 헤
로도토스의 『역사』, 대(大)플리니우스의 『자연사』, 스트라보의 『지리지』, 파우사
니아스의 『그리스 이야기』, 이시도루스의 『어원』 등의 옛 사료들이나 12세기 무
렵에 등장해 13~14세기에 크게 유행한 중세 『동물지(Bestiary)』에 영향을 받은
것으로 보인다. 중세 지도에도 그러한 괴인들이 많이 묘사되어 있다.

5) 이 외눈박이 인간은 아리마스피(Arimaspi)라고 불렸는데, 스키타이어로 '눈이 하나밖에 없는'의 뜻이다. 고대 사료들에서 그들은 스키타이 북부의 섬에 살면서 금을 놓고 그리핀과 늘 전쟁을 벌이는 존재들로 묘사된다. Pausanias, *Description of Greece* 1. 24; Pliny the Elder, *Natural History* 7. 2; Herodotus, Histories apodexis, 천병희 옮김, 『역사』(고양: 숲, 2009), 382쪽(4.27).

6) 이 몸통인간은 고대 그리스어로 블레미아스(Blemmyas, '가운데로 응시하는'), 스테르노프탈모스(Sternophthalmus, '가슴 눈'), 아케팔로스(Acephalos, '머리가 없는') 등으로 불렸는데, 머리가 없고 눈, 코, 입이 가슴에 달려 있다고 한다. 아프리카나 인도 등에 산다고 알려져 있으며 중세 동물지나 지도 등에도 자주 등장했다. Pliny the Elder, *Natural History* 7. 2; Herodotus, 『역사』, 465쪽(4. 191).

7) 에거튼 판본에는 "피그미보다 조금 큰 정도이다"라고 나온다. Warner, p. 103.

8) 이 큰 귀 인간은 파노티오스(Panotios)라고 불렸는데 이는 '완전히 귀'라는 뜻의 고대 그리스어에서 유래한 말이다. 고대 사료에서 그들은 추운 북쪽 지방에 살며 거대한 귀를 덮고 잔 것으로 그려진다. Pliny the Elder, *Natural History* 4. 27 참조.

9) 이 말발굽 인간은 켄타우루스(Centaurus)라 불렸다. 반인반마(半人半馬)의 형상을 한 힘이 세고 호전적인 존재들로 산속 동굴에 사는 것으로 그려졌다. 고대 사료에서는 헤라클레스와 전쟁을 벌인 것으로 유명하다. Pausanias, *Description of Greece* 1. 17. 2; Strabo, Geography 9. 5. 12 참조.

10) 이 털북숭이 인간은 라틴어로 고르가데스(Gorgades)라고 불렸다. 고대 사료들에서 그녀들은 아프리카 대서양 연안의 섬에 사는 여자들로 온 몸이 털로 덮여 있었다고 나온다. Pliny the Elder, *Natural History* 6. 200 참조.

11) 이 암수 한몸인 인간은 라틴어로 마클리에스(Machlyes)라고 불렸다. 고대 사료들에서 이들은 리비아 부족들로 자신의 선택에 따라 두 가지 성(性)을 마음껏 사용할 수 있다고 나온다. Pliny the Elder, *Natural History* 7. 15.

12) 이 무릎보행 인간은 라틴어로 눌리(Nuli)라고 불렸다. 고대 사료들에서 이들은 발이 거꾸로 달려 있어 무릎으로 밖에 걸을 수 없으며 8개의 발가락을 가진 것으로 나온다. Pliny the Elder, *Natural History* 7. 23 참조.

13) 남중국 지방을 가리키는 것으로 추정된다.

14) 오늘날의 중국 광둥성(Canton) 일대를 가리키는 것으로 추정된다. 오도릭이 적은 켄스칼란(Censcalan) 시와 묘사가 비슷하다. Odoric da Pordenone, 『오도릭의 동방기행』, 226쪽(29장).

15) 에거튼 판본에는 "머리에 아주 동그란 붉은색의 점이 있다"고 나온다. Warner, p. 101.

16) 에거튼 판본에서는 반대로 나온다. "이 나라에서는 결혼한 여자들이 머리에 관을 써서 자신들을 미혼자와 구분한다." Warner, p. 101.

17) 코튼 판본에 중세 영어로 'loyres'로 나온다. 라틴어 명칭이 로이르스(loirs)인 수달(otter)을 가리키는 것으로 보인다.

18) 오도릭은 물새를 이용한 물고기잡이 방법에 대해 이야기한다. Odoric da Pordenone, 『오도릭의 동방기행』, 230쪽(31장).

19) 코튼 판본에는 Cassay로 에거튼 판본에는 Causay로 되어 있다. 오도릭은 그것 이 천국의 도시를 의미하는 이름이라고 적었다. Odoric da Pordenone, 『오도릭의 동방기행』, 231쪽(32장). 아마도 지금의 중국 항저우(Hang chow)를 가리키 는 것으로 보인다.

20) 비곤(Bigon)은 맥아주의 일종이다. 오도릭은 '비그니(bigni)'라고 적었다. Odoric da Pordenone, 『오도릭의 동방기행』, 233쪽(32장).

21) 에거튼 판본에는 '종'이라고 나온다. Warner, p. 102.

22) 오도릭도 원숭이를 숭배하는 사원에 대해 이야기한다. 수도사들이 종을 치면 수많은 원숭이들이 산에서 내려와 순서대로 음식을 받아간다. 오도릭이 그들은 잔인한 야수들일 뿐이라고 주장했지만, 수도사들은 그 원숭이들이 귀인들의 영 혼이 들어간 고귀한 동물이라고 답한다. Odoric da Pordenone, 『오도릭의 동방 기행』, 234-235쪽(33장) 참조.

23) 에거튼 판본에는 'Chibense', 오도릭에는 'Chilenfu'로 되어 있다. 중국의 난징 을 가리키는 것으로 보인다. Warner, p. 103과 Odoric da Pordenone, 『오도릭의 동방기행』, 235쪽(34장).

24) 양쯔강으로 추정된다. 오도릭은 이를 '탈라이(Talay)'라고 적고 있다. Odoric da Pordenone, 『오도릭의 동방기행』, 235쪽(34장).

25) 피그미들에 대한 전설은 고대 사료에 일찍부터 등장했다. 그에 따르면 이들 은 키가 팔꿈치에서 손마디 뼈 길이밖에 안 되는 작은 종족들로 인도나 아프 리카에 살며 두루미들과 끝없는 전쟁을 벌였다고 한다. Pliny the Elder, *Natural History* 7. 26.

26) 오도릭은 난쟁이 나라 비두니의 여자들이 5세에 결혼한다고 기록하였다. Odoric da Pordenone, 『오도릭의 동방기행』, 236쪽(34장).

27) 에거튼 판본에는 '학(鶴)'이라고 나온다. Warner, p. 103.

28) 에거튼 판본에는 'Iamcly', 오도릭은 'Iamzai'라고 적고 있다. 중국의 양저우를 가리키는 것으로 보인다. Warner, p. 104와 Odoric da Pordenone, 『오도릭의 동방기행』, 237쪽(35장).

29) 오도릭도 연회를 담당하는 전문적인 여관에 대해 이야기 한다. Odoric da Pordenone, 『오도릭의 동방기행』, 238쪽(35장).

30) 오도릭은 눈처럼 하얀 배가 있는 도시를 멘주(Menzu)라고 적고 있다. 그러나 그는 백색 도료를 칠해 그렇게 보이는 것이라고 이야기한다. Odoric da Pordenone, 『오도릭의 동방기행』, 239쪽(35장).

31) 에거튼 판본에는 'Lanteryn', 오도릭은 'Lenzin'라고 적고 있다. Warner, p. 104와 Odoric da Pordenone, 『오도릭의 동방기행』, 239쪽(36장).

32) 황하를 가리키는 것으로 보인다. 에거튼 판본에는 'Caremoran'으로 나온다. Warner, p. 104.

23장

1) 몽골인들이 'Daidu'라고 부른 'Tatu', 곧 1267년 베이징 북동쪽에 건설된 대도(大都)로 보인다. 에거튼 판본에서는 '가이돈(Gaydon)'이라고 나온다. Warner, p. 105. 마르코 폴로의 『동방견문록』에는 'Cambaluc'라고 나온다. 마르코 폴로는 '군주의 도시'라는 뜻의 캄발룩(Cambaluc)이라는 옛 도시가 있었으나 점쟁이들이 그 도시가 반란을 일으킬 것이라고 하자, 대칸은 강 건너에 새 도시를 만들어 반란을 일으킬 우려가 있는 사람들을 이주시켰는데 그것을 타이두(Taidu)라고 불렀다고 전한다. Marco Polo, 『마르코 폴로의 동방견문록』, 241쪽(85장).

2) 에거튼 판본에는 24마일로 나온다. Warner, p. 106. 오도릭은 캄발레크가 12개의 성문이 2마일 간격으로 세워져 있는 총 둘레가 40여 마일이 되는 도시라고 적었다. Odoric da Pordenone, 『오도릭의 동방기행』, 240쪽(37장).

3) 에거튼 판본은 동물의 종류를 더 상세하게 나열하고 있다. Warner, p. 106.

4) 마르코 폴로는 대리석으로 된 대칸의 궁전에 대해 자세한 기록을 남겼다. Marco Polo, 『마르코 폴로의 동방견문록』, 211-214쪽(75장). 대칸 궁전의 화려함에 대한 오도릭의 기술은 Odoric da Pordenone, 『오도릭의 동방기행』, 241-242쪽(37장).

5) 표범에게는 짙은 발삼향기가 나서 다른 야생동물들이 표범에게 모여든다는 중세의 『동물지』 이야기에서 비롯된 내용으로 보인다. "다양한 색을 가진 표범이라 불리는 동물이 있다. 그것은 매우 아름답고 온화한 동물이다. 피지올로구스

가 말하길 용만이 그 동물의 유일한 적이라고 한다. 표범은 배부르게 많이 먹으면 동굴로 들어가 잠을 잔다. 그리고 3일이 지난 뒤 잠에서 깨어나 크게 으르렁거리는데 그 입에서는 온갖 종류의 향수가 섞여 있는 것 같은 달콤한 향기가 난다. 그 소리를 들은 다른 동물들은 표범이 가는 곳을 어디든 따라 다니는데 이는 표범이 내뿜는 감미로운 향기 때문이다. 오직 용만이 그 소리를 듣고 두려움에 사로잡혀 땅속 동굴로 달아난다." *Aberden Bestiary*(1200년경 잉글랜드에서 제작), Folio 9r. 한편, 마르코 폴로는 대칸의 천막에 대해서 이야기하면서 그것이 바깥은 사자가죽으로 덮여 있고, 안쪽은 흰 담비와 검은 담비의 모피로 되어 있다고 기록하고 있다. Marco Polo, 『마르코 폴로의 동방견문록』, 265쪽(94장). 오도릭은 대칸의 궁전이 붉은 가죽으로 덮여 있다고 했으나 "세상에서 제일 멋진 가죽"이라고 할 뿐 구체적으로 어떤 동물의 가죽인지는 이야기하지 않고 있다. Odoric da Pordenone, 『오도릭의 동방기행』, 241쪽(37장).

6) 에거튼 판본에는 'ascensory'로 나온다. Warner, p. 106.

7) 오도릭의 기록에도 대칸의 왼편에는 왕비와 궁실 여인들이, 오른편에는 장자와 황실 혈통의 황족들이 앉는다고 나온다. Odoric da Pordenone, 『오도릭의 동방기행』, 242-243쪽(38장).

8) 오도릭과 마르코 폴로도 대칸의 연회와 식탁에 대해 자세한 기록을 남겼다. Marco Polo, 『마르코 폴로의 동방견문록』, 249-252쪽(86장)과 Odoric da Pordenone, 『오도릭의 동방기행』, 242-244쪽(38장) 참조.

24장

1) 「창세기」 9:20-27 참조.

2) 「창세기」 10:6-10 참조.

3) 칭기즈 칸이 몽골부족들을 통합하고 제위에 오른 것은 1206년이다.

4) 이 부분과 유사한 내용은 아르메니아 수도사 하이톤(Hayton of Armenia)의 『동방사의 전성기(*Flos Historiarum Terrae Orientis*)』(1300년경 작성)에서도 찾아볼 수 있다. Hayton of Armenia, *The Flower of Histories of the East*, 3. 16.

5) 칸구이스(Chaanguys)는 칭기즈 칸(Genghis Khan)을 가리키는 것으로 보인다.

6) 칭기즈 칸과 올빼미에 관한 동일한 이야기가 하이톤의 『동방사의 전성기』에도 나온다. Hayton of Armenia, *The Flower of Histories of the East*, 3. 16.

7) 하이톤은 '벨기안(Belgian)'이라고 적었다. Hayton of Armenia, *The Flower of Histories of the East*, 3. 16.

8) 몽골인이 9라는 숫자를 중시하고 있다는 것에 대해서는 마르코 폴로와 하이톤의 기록에도 나온다. 마르코 폴로는 대칸에게 선물을 바칠 때에는 9의 9배(81)를 해야 한다고 적었으며, 하이톤도 9피트의 길과 9번의 절에 대해 유사한 이야기를 남겼다. Marco Polo, 『마르코 폴로의 동방견문록』, 255쪽(89장)과 Hayton of Armenia, *The Flower of Histories of the East*, 3.17 참조.

9) 에거튼 판본에는 'Cichota'로 나온다. Warner, p. 112. 칭기즈 칸의 뒤를 오고타이 칸(Ogodei Khan)을 가리키는 것으로 보인다. 그러나 사실 그는 칭기즈 칸의 장자가 아니라 셋째 아들이었다.

10) 대칸의 자리는 칭기즈 칸(재위 1206~1227)에서 그의 셋째 아들 오고타이 칸(재위 1229~1241)으로, 오고타이 칸에서 오코타이의 맏아들 구유크 칸(재위 1246~1248)으로, 구유크 칸에서 구유크 칸의 사촌동생인 몽케 칸(재위 1251~1259)으로 이어졌다.

11) 몽케 칸의 셋째 동생 훌라구(Hulagu, 1217~1265)로 보이며 하이톤도 유사한 이야기를 하고 있다. 그러나 하이톤은 훌라구가 성지를 정복했다고는 말하지 않았다. 그에 따르면 훌라구는 알레포와 다마스쿠스를 점령한 뒤 예루살렘으로 진공하려 했으나 1259년 몽케 칸의 죽음으로 소환되었다고 한다. Hayton of Armenia, *The Flower of Histories of the East*, 3.29 참조.

12) 이설에 따르면 그는 카펫에 말려 질식사했는데, 녹인 금을 목구멍에 흘려 넣었다고 한다. 그리고 부유한 칼리프가 보석이 가득한 방에 갇혀 굶어죽은 이야기는 마르코 폴로의 『동방견문록』에도 수록되어 있다. Marco Polo, 『마르코 폴로의 동방견문록』, 112-114쪽(25장).

13) 칭기즈 칸의 손자인 쿠빌라이 칸(Kublai Khan, 재위 1260~1294)이다. 사실 그는 맨더빌의 기록과는 달리 42년이 아니라 35년간 왕위에 있었다.

14) 에거튼 판본에는 'Iong'으로 되어 있다. Warner, p. 113. Yen 또는 Yen-King, 곧 연경(燕京)으로 지금의 베이징을 가리키는 것으로 보인다.

15) 쿠빌라이와 그 후계자들은 불교도였다. 에거튼 판본에는 사라센인이 되었다고 나오는데 이는 사실과 다르다. Warner, p. 113.

25장

1) 마르코 폴로는 대칸의 생일과 새해 아침에 행해지는 성대한 축제에 대해 상세한 기록을 남겼다. Marco Polo, 『마르코 폴로의 동방견문록』, 252-258쪽(87-90장). 4대 명절에 행해지는 대칸의 축하연에 대한 오도릭의 기록은 Odoric da

Pordenone, 『오도릭의 동방기행』, 250-252쪽(42장) 참조.

2) 마르코 폴로는 대칸의 궁전에 있는 박시(bacsi)들에 대해 전하고 있다. 박사(博士)를 뜻하는 것으로 추정되는 그들은 궁중의 의례 등을 담당한다고 기록되어 있다. Marco Polo, 『마르코 폴로의 동방견문록』, 214-215쪽(75장).

3) 마르코 폴로는 원단(元旦)에 칸에게 헌상된 백마의 수는 10만 마리 정도라고 했고, 오도릭은 믿을 수 없을 정도로 어마어마한 수라고 썼다. Marco Polo, 『마르코 폴로의 동방견문록』, 255쪽(89장)과 Odoric da Pordenone, 『오도릭의 동방기행』, 251쪽(42장).

4) 마르코 폴로에 따르면 귀족의 수는 1만2천 명에 달했다고 한다. Marco Polo, 『마르코 폴로의 동방견문록』, 257쪽(90장).

5) 오도릭의 기록에는 동물들을 진상한다는 내용은 없다. 대신 여자들의 노래가 끝난 뒤 광대가 사자를 끌고 와서 대칸에게 경의를 표한다고만 나올 뿐이다. Odoric da Pordenone, 『오도릭의 동방기행』, 251-252쪽(42장).

6) 에거튼 판본에서는 암말의 젖으로 나온다. Warner, p. 116.

7) 오도릭에 따르면 칸의 악사의 수는 13투만(Tumans)이고, 사냥개와 야생동물을 사육하는 사람들의 수는 15투만이라고 한다. 맨더빌은 쿠만트(cumants)라는 말을 사용하는데, 모두 1만을 의미한다. Odoric da Pordenone, 『오도릭의 동방기행』, 251-252쪽(42장).

8) 그리스도교도 의사의 치료를 신뢰한다는 문장은 오도릭에는 없다. 맨더빌이 첨가한 것이다. 오도릭은 대칸에게는 어의 가운데 4백명은 우상숭배자이고 8명은 기독교이고 1명은 사라센이라고 적을 뿐이다. Odoric da Pordenone, 『오도릭의 동방기행』, 244쪽(38장).

9) 종이 화폐에 관한 내용은 마르코 폴로의 『동방견문록』에도 기록되어 있다. Marco Polo, 『마르코 폴로의 동방견문록』, 270-273쪽(96장). 오도릭은 칸의 전 영토에서 종이돈이 통화 구실을 한다고 적었다. Odoric da Pordenone, 『오도릭의 동방기행』, 252쪽(42장).

10) 에거튼 판본에는 나무껍질로도 돈을 만들었다고 기록되어 있다. Warner, p. 117. 하지만 코튼 판본과 앵글로노르만어 판본에는 나무껍질이라는 말은 없다.

11) 에거튼 판본에는 1피트(약 30cm)라고 나온다. Warner, p. 117.

12) 개평부(開平府, Kaipingfu)에 있는 칸의 피서지로 보인다. 오도릭은 'Sandu', 마르코 폴로는 'Cahandu'라고 썼다.

13) 대칸의 순행 모습에 대한 오도릭의 기록은 Odoric da Pordenone, 『오도릭의 동

방기행』, 245-246쪽(39장). 마르코 폴로는 대칸이 1만2천 명의 호위를 받는다고 기록하고 있다. Marco Polo,『마르코 폴로의 동방견문록』, 248쪽(86장).

14) 역참(驛站) 제도를 설명하고 있는 이 내용은 마르코 폴로의『동방견문록』과 오도릭의『여행기』에도 전해진다. Marco Polo,『마르코 폴로의 동방견문록』, 275-281쪽(98장)과 Odoric da Pordenone,『오도릭의 동방기행』, 246-248쪽(40장).

15) 에거튼 판본에서는 금쟁반으로 나온다. Warner, p. 120.

26장

1) 마르코 폴로도 타타르인의 풍습과 종교에 대한 자세한 기록을 남겼다. Marco Polo,『마르코 폴로의 동방견문록』, 192-199쪽(69-70장).

2) 몽골의 땅의 여신인 이두겐(Itugen)을 가리키는 것으로 보인다. 그녀는 고국과 자연의 수호자로 영원한 처녀이고, 살아있는 모든 것은 그녀에게 속해 있다고 한다. 한편, 이탈리아 프란체스코회 수도사 카르피니(Giovanni da Pian del Carpini, 1182~1252)의『몽골의 역사(Historia Mongolorum)』에는 '이토가(Ytoga)'란 이름으로 유사한 내용이 나온다. (1980, 12) Higgins, p. 147.

3) 맨더빌은 카르피니의『몽골의 역사』에 기초해 이 가계도를 작성한 것으로 보인다. Higgins, p. 148. 마르코 폴로도 칭기즈칸 이후의 칸들에 대해 기록하고 있다. Marco Polo,『마르코 폴로의 동방견문록』, 191쪽(69장)

4) 쥐와 생쥐는 과학적인 분류가 아니라 크기에 따른 것이다. 앞의 것이 중간 크기, 뒤의 것은 더 작은 것이다.

5) 이 예언은 카르피니의『몽골의 역사』에도 나온다. Higgins, 149.

27장

1) 에거튼 판본에는 'Corasme'로 나온다. Warner, p. 125.

2) 에거튼 판본에서는 'Eceozar'로 나온다. Warner, p. 아랄해 동남부의 파랍(Farab)이라는 옛 도시를 가리키는 것으로 보인다.

3) 볼가강으로 추정된다. 하이톤의『동방사의 전성기』에서는 에틸(Etil) 강이라 칭한다. 그는 이 강이 매년 얼고 어떤 경우에는 1년 내내 얼어 있어서 사람과 짐승이 그 위를 땅에서처럼 걸어 다닌다고 적었다. Hayton of Armenia, *The Flower of Histories of the East*, 1.5 참조.

4) 에거튼 판본에는 10만 명으로 나온다. Warner, p. 126.

5) 코튼 판본에는 지옥의 문으로, 에거튼 판본에는 '철의 문(Porte de Fer)'이라고 나온다. 마르코 폴로는 '철의 문'으로 전하고 있다. Warner, p. 126와 Marco Polo, 『마르코 폴로의 동방견문록』, 105쪽(23장) 참조.

6) 에거튼 판본에는 'Berhent'로 나온다. Warner, p. 126.

7) 아브카즈(Abchaz)는 코카서스 산맥의 북방 흑해 연안에 위치한 오늘날의 '아브하지아(Abkhasia)'로 추정된다. 에거튼 판본에는 'Abcaz'로 나온다. Warner, p. 126.

28장

1) 페르시아 왕국에 대한 맨더빌의 설명은 하이톤의 『동방사의 전성기』와 상당 부분 겹친다. Hayton of Armenia, *The Flower of Histories of the East*, 1.7 참조.

2) 각각 보하라(Bokhara)와 사마르칸트(Samarkand)를 가리키는 것으로 보인다. 에거튼 판본에는 'Bactria'와 'Seormegraunt'로 되어 있다. Warner, p. 127. 하이톤도 페르시아의 첫 번째 왕국에 대해 설명하며 그곳의 가장 큰 두 도시를 보하라(Poktara)와 사마르칸트(Seonorgant)라고 적고 있다. Hayton of Armenia, *The Flower of Histories of the East*, 1.7 참조.

3) 에거튼 판본에는 'Nessabon, Saphaon, Sarmassane'으로 나온다. Warner, p. 127. 앞의 두 개는 니샤푸르(Nishapur)와 이스파한(Ispahan)으로 추정되지만 사르마산은 어디를 가리키는지 정확히 확인되지 않는다. 하이톤의 경우 페르시아의 두 번째 왕국의 대도시를 니샤푸르(Niwshapuh)와 이스파한(Spahan) 두 곳만 적고 있다. Hayton of Armenia, *The Flower of Histories of the East*, 1.7 참조.

4) 아르메니아와 메디아 왕국에 대한 맨더빌의 설명은 하이톤의 『동방사의 전성기』와 유사한 점이 많다. Hayton of Armenia, *The Flower of Histories of the East*, 1.8, 1.9 참조.

5) 각각 이란 남서부 도시 쉬라즈(Shiraz)와 동남부 도시 케르만(Kirman)을 가리키는 것으로 보인다.

6) 게오르기아 왕국에 대한 하이톤의 설명은 Hayton of Armenia, *The Flower of Histories of the East*, 1.11, 1.9 참조.

7) 코카서스 산맥의 최고봉인 엘브루즈(Elbruz) 산으로 추정된다. 에거튼 판본에는 'Abior'로 나온다. Warner, p. 128. 하이톤은 게오르기아 왕국을 소개하면 그곳이 알포니스(Alponis)라고 불리는 산의 동쪽에서 시작된다고 적고 있는데, 맨더빌과 그 내용이 거의 유사하다. Hayton of Armenia, *The Flower of Histories of the*

East, 1.10 참조.

8) 마르코 폴로도 '암흑의 지방'을 이야기하지만 그 내용은 다소 다르다. 그에 따르면 북쪽으로 가면 '암흑'이라고 불리는 지방이 있는데, 그곳은 해와 달이 보이지 않고 늘 초저녁과 같은 어둠에 싸여 있다고 한다. 그리고 타타르인들이 망아지가 딸린 암말을 데리고 그곳으로 와서 망아지를 입구에 놓고 그곳으로 들어가 주민들을 약탈한다고 기록하고 있다. 나올 때 암말이 망아지가 있는 곳으로 가는 길을 잘 찾기 때문이다. Marco Polo, 『마르코 폴로의 동방견문록』, 542쪽 (217장) 참조.

9) 이 암흑지대 이야기 역시 하이톤에서 비롯된 것으로 보인다. "하셴(Hamshen)이라는 지역은 그 둘레를 돌아보는 데만 3일이 걸린다. 그 크기에도 불구하고 그곳은 안개가 가득하고 매우 어두워서 아무것도 보이지 않는다. 그곳으로 통하는 길도 없다. 주민들이 말하길 종종 그 숲에서는 사람의 고함소리나 닭 우는 소리, 말울음 소리 등이 그곳에서 흘러나오는 강줄기 소리에 섞여 들려온다고 한다." Hayton of Armenia, *The Flower of Histories of the East*, 1.10 참조.

10) 「시편」 118:23 참조.

11) 「신명기」 32:30, 「시편」 91:7 참조.

12) 「욥기」 12:9 참조.

13) 「신명기」 11:22-23 참조.

14) 성체배령과 고해성사는 늘 함께 붙어 다닌다. 그에 대한 근거는 「코린토 신자들에게 보내는 첫째 서간」 11:23-31 참조.

29장

1) 오도릭은 카델리 왕국의 산에서 자라는 커다란 멜론에 대해 이야기하며, 그것이 익어서 터지면 그 속에서 새끼 양 같은 작은 동물이 발견되므로 고기와 멜론 둘 다 얻을 수 있다고 적었다. Odoric da Pordenone, 『오도릭의 동방기행』, 252쪽(42장).

2) 오도릭은 아일랜드에 새를 낳는 나무가 있다고도 전하나 그 이름은 말하지 않는다. Odoric da Pordenone, 『오도릭의 동방기행』, 252, 279쪽(42장) 참조.

3) 'great nuts of Ind(인도의 커다란 견과)'는 코코야자를 가리키는 것으로 보인다.

4) 「요한계시록」 등에 등장하는 곡(Gog)과 마곡(Magog)을 나타내고 있는 것으로 보인다. 성서에서 곡과 마곡은 최후 심판의 날에 악마의 부림을 받아 파멸과 재앙을 가져다주는 존재로 묘사되어 있다. 「요한계시록」 20:7-9. 에거튼 판본에

는 곡과 마곡으로 나온다. Warner, p. 131. 알렉산더 대왕이 동방의 끝까지 원정을 가서 그곳에 거대한 방벽을 세워 곡과 마곡을 가두어 두었다는 전설이 전해지는데, 맨더빌이 이를 유대인에 관한 이야기로 바꾸어놓은 것 같다. 한편, 마르코 폴로는 곡과 마곡을 웅(Ung)과 몽굴(Mongul)이라는 지명으로 보고, 웅에는 곡이, 몽굴에는 타타르가 산다고 기록하였다. Marco Polo, 『마르코 폴로의 동방견문록』, 206쪽(74장)

5) 그리핀(griffin)은 사자의 몸통에 독수리의 머리와 날개를 가졌다는 전설의 동물이다. 다음은 그리핀에 관한 이시도루스(7세기)와 바르톨로뮤(13세기)의 기록이다. "그것이 그리핀(grypes)이라 불리는 이유는 깃털(grus)과 네 발(pes)을 가지고 있기 때문이다. 이 야수는 상춘의 나라의 산지가 고향이다. 그들은 사자의 몸통에 독수리의 날개와 얼굴을 가지고 있다. 그리핀은 말들에게 매우 적대적이다. 그리고 인간들을 보면 달려들어 찢어 죽이려 한다." Isidorus Hispalensis, *The Etymologies of Isidore of Seville*, p. 252(7. 2. 17). "그리핀은 발이 네 개로 독수리와 같은 머리와 날개가 있고 몸은 사자와 같다. 그들은 상춘의 나라 언덕에 살고 있다. 그리핀의 가장 큰 적은 말과 인간이다." Bartholomew of England, *De Proprietatibus Rerum*, 12. 마르코 폴로도 그리핀에 대해 이야기한다. 그는 모게닥소(Mogedaxo) 섬의 남쪽에 위치한 섬들에는 그리폰(Grifon) 새가 사는데, 그 섬의 주민들은 그것을 루크(ruc)라고 부른다고 전하고 있다. 하지만 마르코 폴로는 그 새가 반은 사람, 반은 사자의 모습이 아니라 독수리처럼 생겼는데 크기가 엄청나게 클 뿐이라고 전한다. 그 새는 코끼리를 하늘 높이 들어 올렸다가 떨어뜨려 그것을 뜯어 먹을 정도로 힘이 세다고 한다. Marco Polo, 『마르코 폴로의 동방견문록』, 496쪽(191장).

30장

1) 사제왕 요한은 중세 유럽인들의 상상 속에 존재했던 허구의 인물이다. 그들은 동방 어딘가에 그리스도교를 믿는 군주가 있어서 이슬람교도를 물리치고 성지를 되찾게 해 줄 것이라고 믿었다. 마르코 폴로는 칭기즈칸과 함께 초원의 주도권을 두고 다투었던 옹 칸[uncan, 왕한(王汗)]을 사제왕 요한으로 보았다. Marco Polo, 『마르코 폴로의 동방견문록』, 184쪽(64장).

2) 맨더빌이 이 장에서 유명한 위작인 「사제왕 요한의 편지(*The Letter of the Prester John*)」를 이용한 것은 의문의 여지가 없다. 이 편지는 1165년 사제왕 요한으로부터 비잔티움 황제 마누엘에게 보내진 것으로 사제왕 요한 왕국의 무수한 기

괴하고 신비로운 일들과 그 영토의 넓음 등을 상세히 기술하고 있다. 중세 유럽에서 크게 유행했던 이 편지는 초기의 지도를 괴물과 만들어진 이야기로 채우고, 지리학상의 발견에 새로운 자극을 주었다. 또한 당시 이교와 이단 세력이 커지는 상황에서 그리스도교 국가에 새로운 희망을 주었고, 이야기 창작자들에게는 수많은 이야깃거리를 제공해 주었다.

3) 에거튼 판본에서는 "그 밖에 사치품들"로 나온다. Warner, p. 133.

4) 맨더빌은 18장에서도 천연 자석 바위에 대해서 언급했다.

5) 오도릭도 자신이 선체에서 쇠붙이라고는 통 찾아볼 수 없는 끈으로만 봉합한 배를 타고 인도의 나타에 도착했다고 적었다. 그러나 오도릭은 자석 바위에 대해서는 이야기하지 않고 있다. Odoric da Pordenone, 『오도릭의 동방기행』, 129쪽(5장).

6) 현자 헤르메스가 이 도시를 창건했다는 이야기는 하이톤도 기술하고 있다. Hayton of Armenia, *The Flower of Histories of the East*, 1.6 참조.

7) 에거튼 판본에서는 'Soboth'나 'Colach'라고 불린다고 나온다. Warner, p. 134.

8) 에거튼 판본에는 "우리나라의 종달새(lark) 만큼이나 많은"이라고 되어 있다. Warner, p. 134.

9) 오도릭도 사제왕 요한이 맹약에 의해 대칸의 딸을 아내로 맞았다고 간단하게 적었으나 대칸도 그랬는지에 대해서는 말하고 있지 않다. Odoric da Pordenone, 『오도릭의 동방기행』, 283쪽(44장).

10) 이 단락은 사제왕 요한의 편지의 "72명의 왕들이 나에게 조공을 바친다." 부분을 이용한 것으로 보인다. Michael Uebel, *Ecstatic transformation: on the uses of alterity in the Middle Ages*, p. 155.

11) 사막의 유사(流砂)를 가리키는 것이라고 보기도 한다. 오도릭은 자신이 이에스트라는 도시에서 기이하고 극히 위험한, 바람에 따라 파도처럼 일렁이고, 여행자들을 빠뜨리는 모래 바다를 만났다고 적었다. Odoric da Pordenone, 『오도릭의 동방기행』, 98쪽(3장).

12) 「사제왕 요한의 편지」에는 이 물고기가 먹기에 아주 맛있다고 나온다. Michael Uebel, *Ecstatic transformation: on the uses of alterity in the Middle Ages*, p. 156.

13) 이 보석 강에 대한 이야기도 「사제왕 요한의 편지」에서 비롯되었다. "낙원으로부터 출발한 강은 속주 전체를 이러 저러 굽이쳐 흐르는데 거기에서는 에메랄드, 사파이어, 홍수정, 토파즈, 감람석, 오닉스, 녹주석, 자수정, 사도닉스 등의 자연석들과 수많은 보석들이 나온다." Michael Uebel, *Ecstatic transformation: on the*

uses of alterity in the Middle Ages, p. 156.

14) 에거튼 판본에서는 "아무도 이 과일을 먹거나 가까이 가려고 하지 않는다. 그
것은 눈을 속이는 환상과도 같은 것이기 때문이다."라고 나온다. Warner, p. 135.

15) 왕궁의 묘사는 「사제왕 요한의 편지」에 매우 충실하다. 옥좌로 오르는 계단은
마법의 거울로 올라가는 계단의 변형이다. 이 거울에는 사제왕 요한에게 불리
한 행동이나 모략을 꾸미는 등 모든 음모가 비치는데, 맨더빌은 이 내용을 누
락시켰다. Michael Uebel, *Ecstatic transformation: on the uses of alterity in the
Middle Ages*, p. 158.

16) 사제왕 요한과 여인들의 동침에 대해서도 「사제왕 요한의 편지」에 나온다. "나
는 세상에서 가장 아름다운 여인들을 가지고 있다. 그러나 그녀들은 1년에 네
번, 아이를 얻을 목적으로만 내게 온다. 다윗에 의해 벳세바가 그렇게 된 것처
럼 나로 인해 그녀들도 정결해진다. 동침이 끝난 뒤 그녀들은 본래 있던 곳으로
돌아간다." Michael Uebel, *Ecstatic transformation: on the uses of alterity in the
Middle Ages*, p. 158.

17) 에거튼 판본에는 1개월로 되어 있다. Warner, p. 136.

18) 이 이야기는 오도릭에서 비롯되었다. 오도릭은 필레스토르테라는 나라의 '산
의 노인'이라는 사람이 두 산 사이에 있는 성곽 하나를 낙원처럼 꾸민 뒤 청
년들을 현혹시킨 뒤 적을 죽이는 데 이용했다는 이야기를 남겼다. Odoric da
Pordenone, 『오도릭의 동방기행』, 287-288쪽(47장). 이 이야기는 마르코 폴로
의 『동방견문록』에도 '산상의 노인과 암살자들'에 관한 이야기로 기록되어 있다.
마르코 폴로에 따르면 이 '산상의 노인'은 그들 나라 말로 '알라오딘(Alaodin)'
이라고 불렸으며, 물렉테(Mulecte)라는 지방에 살았다고 한다. Marco Polo, 『마
르코 폴로의 동방견문록』, 143-148쪽(41장). 이 이야기는 12세기 후반에 시리
아에서 이슬람의 정치적 분파인 니자리 이스마일파를 이끌었던 라시드 앗딘
시난(Rashid ad-Din Sinan, 1125?~1135)과 관련되어 있다. 시리아의 마시아프
(Masyaf)를 근거로 했던 그는 '현자' 또는 '산의 노인'이라는 뜻의 셰이크 알
자발(Shaykh al Jabal)로 불렸다. 파티마 왕조의 칼리프 알 무스탄시르가 죽은
(1094) 뒤, 하산 에 사바흐(Hasan-e Sabbah)가 창시한 니자리 이스마일파는 아
사신(Assassin)이라고도 불렸는데, 아바스 왕조의 칼리프들과 장군, 정치가들에
대한 암살을 수행했다. 이 종파는 적을 살해하는 것을 종교적 의무로 여기며 순
교를 위해 떠나기 전에 하시시(hashishi)라는 약물을 흡입해 환상을 맛보게 하
는 관행이 있었다. 이 종파의 암살자들에 대한 이야기는 십자군에게도 두려움

을 일으켜 그들을 가리키는 '아사신'이라는 말은 서구에서 '암살자'를 뜻하는 말로 사용되었다.

19) 에거튼 판본에는 'Mulstorak'으로 나온다. Warner, p. 137.

20) 「레위기」 20:24 참조.

31장

1) 위험한 골짜기에 관한 이야기는 오도릭의 이야기를 윤색한 것으로 보인다. 오도릭은 환희의 강가에 자리한 계곡을 지나면서 널브러진 시체들과 큰 북소리 때문에 공포에 사로잡혔다고 한다. 또한 그는 자신이 암벽에 나타난 무시무시한 사내의 얼굴을 본 것 같았다고 적었다. Odoric da Pordenone, 『오도릭의 동방기행』, 289-291쪽(49장).

2) 마르코 폴로도 사막에서 여행자들이 환상에 시달려 죽음에 이르게 된다는 이야기를 기록하고 있다. Marco Polo, 『마르코 폴로의 동방견문록』, 170쪽(57장).

3) 에거튼 판본에는 "그 중에는 키가 50피트나 되는 사람이나 60피트나 되는 사람도 있다고 한다"고 나온다. Warner, p. 140.

4) 에거튼 판본에는 그 여인들이 남쪽에 살며 눈 안에서 보석이 자란다고 나온다. Warner, p. 141.

5) 에거튼 판본에는 "남자들과 말을 하거나 교제하거나 할 수 없다"고 되어 있다. Warner, p. 141.

6) 피에 대한 공포감에서 비롯된 이 풍습은 필리핀의 섬들이나 티베트, 아프리카 등에서 오늘날에도 일부 발견되고 있다.

7) 오도릭은 점파라는 왕국에서는 결혼한 남자가 죽으면 그 아내를 함께 화장하여 다른 세상에서도 함께 할 수 있도록 한다고 적었다. Odoric da Pordenone, 『오도릭의 동방기행』, 163쪽(23장).

8) 왕을 사형시키는 이러한 독특한 방식은 대(大)플리니우스의 『자연사』에도 나오는 내용이다. "왕도 잘못을 저지르면 사형에 처해진다. 그러나 아무도 그를 죽이지는 않는다. 대신 그에게서 등을 돌린다. 모두가 그와의 소통과 교류를 일체 거부하는 것이다." Pliny the Elder, *The Natural History*, 6.24.

9) 코코야자의 열매를 나타내고 있는 것으로 보인다.

10) 기린(giraffe)을 가리킨다. 기린을 직접 볼 기회가 거의 없었던 유럽인들에게 기린은 환상속의 동물에 가까웠다. 기린을 묘사한 중세시대 그림 또한 실제 기린과는 차이가 컸다.

11) 에거튼 판본에는 'cameliouns'라고 나온다. Warner, p. 142.

12) 에거튼 판본에는 'Louherans'라고 나온다. Warner, p. 142. 코뿔소(rhinoceros)로 추정된다.

13) 에거튼 판본에는 호리호리하다(sclendre)는 말 대신 노란색(ȝalow)이라고 나온다. Warner, p. 143.

32장

1) 마르코 폴로는 라르(Lar)의 브라만(Braaman)에 대해서 가장 뛰어나고 신뢰할 만한 상인들이라고 기록하고 있는데, 그 내용은 맨더빌의 기술과 비슷하다. 그들은 고기를 먹지 않고 술도 마시지 않으며, 다른 여자와 쾌락을 추구하지도 않는다. 그리고 조금밖에 먹지 않고 엄격하게 절제해 세상의 어느 민족보다도 오래 산다. 특히 추기(Ciugui)라는 교단의 수행자들은 어떤 피조물도 상생하지 않으며 엄격한 수행 생활을 한다고 이야기하고 있다. Marco Polo, 『마르코 폴로의 동방견문록』, 465-470쪽(177장).

2) 에거튼 판본에는 옥시드라케(Oxidrace), 기노스크리페(Gynoscriphe)로 되어 있다. Warner, p. 145.

3) 「호세아서」 8:12 참조.

4) 「요한 복음서」 10:16 참조.

5) 「사도행전」 10:9-15

6) 주로 장례미사 때 부르는 애도가로 사용되었다. 「시편」 130:1 참조.

7) 대(大)플리니우스의 『자연사』에 나오는 아스토미(Astomi) 족과 유사하다. 그에 따르면 이들은 갠지스 강 상류에서 살고 있으며 온 몸은 털로 뒤덮여 있다. 또한 입이 없기 때문에 아무것도 마시지도 먹지도 못하며, 대신 콧구멍으로 냄새를 빨아들이는 방식으로 영양공급을 한다. 그래서 장거리 여행을 하게 될 경우에는 향기로운 냄새가 나는 야생 사과나 꽃, 뿌리 등을 챙겨가서 그 냄새를 맡는다. 이들의 이웃 부족은 트리스피타미(Trispithami)와 피그미(Pygmies)인데 키가 27인치 성도로 매우 작다. 맨더빌의 기술은 이들 부족들에 대한 설명을 뒤섞어 버린 듯하다. Pliny the Elder, *The Natural History*, 7.2 참조.

8) 해의 나무와 달의 나무에 대한 알렉산더 전설은 Jehan Wauquelin, *The Medieval Romance of Alexander: Jehan Wauquelin's The deeds and conquests of Alexander the Great*, pp. 223-224 참조.

9) 「사제왕 요한의 편지」에는 나오지 않는 내용이다.

33장

1) 대(大)플리니우스의『자연사』에도 나오는 내용이다. 그에 따르면 타프로바네 (Taprobane) 섬에서는 왕을 선거로 선출하며, 왕일지라도 잘못을 할 경우 사형에 처해질 수 있다고 한다. 대신 그 처형 방식은 독특하게 타인과의 소통을 단절시키는 방법으로 행해진다고 한다. Pliny the Elder, *The Natural History*, 6.24 와 이 책의 31장 참조.

2) 에거튼 판본에는 'Oriell'과 'Argyre'로 되어 있다. Warner, p. 149. 이 섬들은 반(半) 전설적인 공간으로 금과 은을 생산한다고 해서 그러한 이름으로 불리게 되었다. 그 토양은 모두 귀금속으로 이루어져 있다고 믿어졌다.

3) 개미들이 금산을 채굴한다는 이야기는 헤로도토스의『역사』(3. 102-105)에도 나오는 오래된 전설이다. Herodotus,『역사』, 334-335쪽(3. 102~105)

4) 27장에서 서술한 이야기와 중복된다.

34장

1) 오늘날 중국의 산시성(Shanxi)이나 간쑤성(Gansu)으로 추정된다.

2) 카손에 대한 맨더빌의 기술은 오도릭과 상당부분 일치한다. 오도릭에 따르면 그 도시는 세상에서 두 번째로 좋은 성으로 가장 좁은 곳마저도 너비는 50일간의 여정이고 길이는 60여 일간의 여정이라고 한다. 그리고 어디에나 사람이 살고 있는 것, 한 도시의 성문을 나오면 다른 도시의 성문이 보이는 것, 밤이 많이 나는 것, 대칸의 12개의 성 가운데 하나라는 것 등도 맨더빌의 이야기와 유사하다. Odoric da Pordenone,『오도릭의 동방기행』, 283쪽(44장).

3) 티베트(Tibet)를 가리키는 것으로 보인다. 오도릭은 티베트에 대해서 인도 본토에 접하고 있는 대칸의 속국이라고 쓰고 있다. Odoric da Pordenone,『오도릭의 동방기행』, 284쪽(45장).

4) 부모의 시신을 새에게 먹이는 풍습에 대해서도 맨더빌은 오도릭의 기술을 상당부분 답습하고 있으면서도 간간이 내용에 살을 붙였다. Odoric da Pordenone,『오도릭의 동방기행』, 284-285쪽(45장).

5) 50명의 처녀들의 시중을 받는 부자의 이야기와 높은 신분을 상징하는 긴 손톱, 여성의 아름다움을 작은 발로 보는 풍습은 오도릭의 기록에도 나온다. 하지만 맨더빌에 비해 그 내용은 간략한 편이다. Odoric da Pordenone,『오도릭의 동방기행』, 285-286쪽(46장) 참조.

에필로그

1) 「시편」 96:9 참조.

2) 「시편」 72:11 참조.

3) 세계지도(마파문디, Mappa Mundi) : 마파 문디는 일반적으로 중세 유럽에서 쓰이던 세계지도를 가리키는 단어로, 라틴어로 마파(Mappa)는 천과 약도를 문디(Mundi)는 세계를 뜻한다. 그 크기와 상세한 정도, 형태는 지도마다 다른데 당시 사람들의 세계관과 종교관, 문화, 상상력 등을 보여주는 다양한 정보를 담고 있다. 오늘날까지 비교적 완벽한 형태로 남아있는 유명한 헤리퍼드 마파문디(Hereford Mappa Mundi)가 잉글랜드에서 제작된 것은 1290년경이다.

4) 이 책이 기본서로 삼은 코튼 판본에는 1322년으로, 에거튼 판본에서는 1332년으로 나온다. Hamelius, p.210(1부)와 Warner, p. 155 참조.

5) 코튼 판본에서는 1366년, 에거튼 판본에는 1376년으로 나온다. Hamelius, p. 210(1부)와 Warner, p. 156 참조.

옮긴이의 해설

　1499년 밀라노에서 프랑스로 떠나는 레오나르도 다 빈치의 도서목록에는 세계지도 한 장과 성서, 플리니우스, 이시도루스, 오비디우스, 단테의 작품들과 함께 '어떤 책'이 있었다. 1492년 인도로 항해를 준비하는 콜럼버스의 손에도 같은 책이 들려 있었다. 바로 『맨더빌 여행기(The Travels of Sir John Mandeville)』이다.

　존 맨더빌이라는 남자가 1322년부터 1356년까지 바다 너머의 경이롭고 신비로운 나라들을 여행하고 병상에서 그 기록을 남겼다고 주장하는 『맨더빌 여행기』는 오늘날에 남아 있는 사본의 숫자만 300여 개에 이를 정도로 중세와 르네상스 시대 독자들에게 큰 인기를 누렸다. 그 유명한 제프리 초서Geoffrey Chaucer, 1342?~1400의 『캔터베리 이야기 (Canterbury Tales)』의 사본도 오늘날 80여개만이 전해지고 있다는 것을 감안하면 중세에 이 여행기가 얼마나 큰 인기를 얻고 있었는지를 짐작할 수 있다. 단테Dante, 1265~1321의 『신곡(La divina commedia)』도 800여 개의 이탈리아어 사본이 남아 있지만, 종교적인 주제 때문에 그 독자층은 오랫동안 성직자와 지식층에 한정되어 있었다. 하지만 맨더빌의 여행기는 등장한 지 100년도 되지 않아 프랑스어·영어·독일어·이탈리아어·라틴어·스페인어·덴마크어·네덜란드어·체코어 등 거의 대부분의 유럽 언어로 번역되어 유럽 전역으로 퍼져나갔다. 그리고 그 독자층도 샤를 5세와 같은 군주부터 레오나르도 다 빈치와 같은 지식인, 크리스토퍼 콜럼버스와 같은 뱃사람, 심지어 뒷날 종교재판으로 화형을 당하는 이탈리아의 한 방앗간 주인에 이르기까지 매우 다양하게 분포하고 있었다. 15세기 활판인쇄술이 등장한 뒤 가장 활발히 인쇄되었던 책이 성서와 더불어『맨더빌 여행기』였다고 하니, 이 책이야말로 최초의 국제적 베스트셀러라고도 할 수 있을 것이다.

중세에는『맨더빌 여행기』이외에도 성직자와 상인, 연대기 작가들이 쓴 동방 여행기가 여럿 존재했다. 특히 13~14세기에는 많은 사람들이 동방에 관한 여행기를 남겼다. 13세기에 들어서 몽골이 동유럽을 공격해오고, 바그다드를 점령해 이슬람의 아바스 왕조를 무너뜨리자 로마 교황과 유럽의 군주들은 잇따라 중국에 사신과 선교사들을 파견했다. 그들은 돌아와 자신들이 여행에서 보고 겪은 일들을 기록으로 남겼는데, 이 때문에 이 시기에는 동방에 관한 기록들이 풍성한 편이다. 1245년 교황 이노켄티우스 4세에 의해 중국으로 파견되었던 이탈리아 프란체스코회 수도사 카르피니Giovanni da Pian del Carpini, 1182~1252는『몽골의 역사(Historia Mongolorum)』라는 기록을 남겼다. 1253년 기욤 드 뤼브룩Guillaume de Rubrouck은 프랑스 왕 루이 9세의 명을 받아 중국을 다녀온 뒤『몽골제국여행기(Voyage dans l'Empire Mongol)』를 남겼다. 마르코 폴로도 1271년부터 1295년까지 중국을 여행히고 돌아와『동방견문록』을 남겼으며, 프란체스코회 수도사인 오도릭Odorico da Pordenone, 1285?~1331도 선교를 위해 중국으로 파견되었다가 1330년 귀국하여 여행기를 남겼다. 마리뇰리Giovanni de' Marignolli, 1290~1357?도 교황 베네딕투스 12세의 명으로 1338년부터 몽골과 중국 등에 머무르다가 1353년에 돌아와 기록을 남겼다.

하지만 어떤 여행기도 맨더빌의 여행기의 인기와 권위에는 미치지 못했다. 고대 그리스에서부터 내려온 유럽의 전통적인 상상과 동방에 대한 호기심을 뒤섞고, 역사와 지리, 종교와 문화에 대한 다양한 지적 욕구까지 충족시킨 이 통속적인 여행기는 다른 여행기들과는 비교할 수 없을 만큼의 인기를 얻었다. 『맨더빌 여행기』는 존 맨더빌이라는 잉글랜드 출신의 기사가 예루살렘을 비롯한 근동 지방과 인도, 중국 등을 여행하며 보고 겪은 일들을 자전적으로 기록한 형식으로 되어 있다. 이 점은 오도릭이나 마르코 폴로의 여행기 등도 마찬가지다. 하지만 오도릭이나 마르코 폴로의 여행기가 말 그대로 '견문見聞'에 한정되었던 것에 비해, 『맨더빌 여행기』에는 불사조와 외눈박이 거인 등 상상 속에서나 있을 법한 온갖 존재들이 등장한다. 심지어 이교도의 입을 빌어 교황을 정점으로 한 서구 그리스도교 사회의 문제를 날카롭게 풍자하는가 하면, 선거로 왕을 선출하는 나라도 있다고 소개하며 불온한 정치의식마저 자극한다. 그리고 스스로 여행을 하며 북극성과 남극성의 고도로 관측한 수치를 근거로 들며 지구가 둥글다는 사실을 자세히 증명하고 있을 뿐 아니라, 동쪽이 아니라 반대편인 서쪽으로 돌아가면 대칸이 다스리는 중국과 사제왕 요한이 다스리는 인도에 다다를 수 있다고 말하며 전통적인 그리스도교적 지리인식과는 다른 새로운 지리인식도 제시한다.

중세 사람들은 이러한 맨더빌의 놀라운 이야기에 매료되었다. 군주와 모험가들은 그의 여행기에서 다른 세계에 대한 정보를 얻으려 했으며, 대중들은 어려운 라틴어가 아니라 자국어로 된 이 책을 통해서 지적 욕구를 채웠다. 지구구형설에 기초한 맨더빌의 새로운 지리인식은 수많은 모험가들이 오스만제국에 가로막힌 동쪽 항로를 대신할 신항로 개척에 나서도록 자극했다. 콜럼버스를 비롯한 탐험가들은 맨더빌의 여행기를 읽으며 사제왕 요한이 다스리는 인도를 향해 항해를 떠날 모험심을 키웠고, 지리학자들은 이 여행기의 내용에 기초해 지구본과 새로운 세계지도를 제작하기 시작했다. 이처럼 맨더빌의 여행기는 중세 유럽의 지리인식과 문화인식을 변화시켜 르네상스의 인문주의 정신과 대항해 시대를 여는 데 매우 큰 영향을 끼쳤다.

『맨더빌 여행기』의 판본들

『맨더빌 여행기』는 1357년에서 1360년대 초 사이에 프랑스어로 처음 쓰인 것으로 추정되는데, 오늘날 전해지는 가장 오래된 것은 '파리 텍스트'라고 불리는, 1371년에 파리의 샤를 5세 궁전에서 제작된 필사본(Paris, Bibliotheque Nationale, MS nouv. acq. fr. 4515)이다. 그것은 샤를 5세의 주치의이자 저명한 책 수집가인 제르베 크레디앵Gervais Chrétien을 위해 라울레 도를레앙Raoulet d'Orleans이 필사한 책이라는 서지 정보가 남아 있다. 그 뒤 맨더빌의 여행기는 프랑스의 궁정과 귀족들 사이에서 크게 인기를 끌면서 잉글랜드로 유입되었고, 유럽의 다른 지역으로도 빠르게 퍼져나갔다.

『맨더빌 여행기』의 초기 영역본은 크게 '코튼 판본cotton version', '에거튼 판본Egerton version', '결손 판본Defective version' 등으로 구분된다. 각각 한 부씩만 존재하는 코튼 판본과 에거튼 판본이 내용면에서 가장 충실하며, 결손 판본들은 그 이름이 나타내듯 편집되거나 누락된 부분이 많다.

'코튼 필사본'은 1400년경 제작된 크기 '230×160mm'의 양피지 책이다. 서지 번호는 'London, British Library, Manuscript Cotton Titus C. XVI'로 코튼 도서관의 서고에서 영국 박물관으로 넘어간 필사본 가운데 하나였기 때문에 그러한 이름으로 불리게 되었다.『맨더빌 여행기』의 코튼 판본은 대표적인 세 영역본 가운데 가장 프랑스 판본과 가깝다. 그러나 종종 프랑스어를 오역하거나, 논리적으로 이해되지 않는 부분도 나타난다. 인쇄본은 1725년부터 나오기 시작했는데, 한국어판 번역에 기초로 삼은 코튼 판본 원문과 현대어 번역서는 Sir John Mandeville, *Mandeville's travels: translated from the French of Jean d'Outremeuse*, ed. Paul Hamelius(London: Published for the Early English text society by K. Paul, Trench, Trübner & Co, 1919)와 Sir John Mandeville, *The travels of Sir John Mandeville: the version of the Cotton manuscript in modern spelling*, trans. Alfred William Pollard(London: Macmillan and Co. edition, 1900)이다.

'에거튼 필사본'도 15세기 전반에 고딕 필기체로 쓰인 크기 '215×150mm'의 양피지 책이다. 서지 번호는 'London, British Library, Manuscript Egerton 1982'로 영국 도서관이 프랜시스 에거튼 백작Francis Egerton, 1756~1829의 기부금으로 구입한 필사본이라 그렇게 불리게 되었다. 에거튼 판본은 코튼 판본과 전반적인 내용은 거의 유사하다. 그러나 내용이 삭제, 보충되거나 달라지는 부분이 있으며, 지명이나 숫자도 약간 차이를 보인다. 그리고 코튼 판본에 비해 문맥상 흐름을 자연스럽게 하려고 노력한 흔적이 있다. 인쇄본은 1889년부터 나오기 시작했는데, 번역에 참고한 에거튼 판본의 원문과 현대어 번역서는 Sir John Mandeville, *The buke of John Mandeuill, being the travels of Sir John Mandeville, knight, 1322-1356: a hitherto unpublished English version from the unique copy*, ed. George Frederic Warner(Westminster: Nichols & Sons, 1889)와 Sir John Mandeville, *The travels of Sir John Mandeville*, ed. and trans. C. W. R. D. Moseley(Penguin Books, c.1983, 2005)이다.

'결손 판본'은 35개에 달하는 필사본들이 현존한다(35개 결손판본들의 서지 사항은 Tamarah, pp. 95-97를 참조할 것). 그 만큼 그 성격과 제작시기가 다양한데, 그 가운데는 일찍이 14세기 후반에 제작된 것들도 있다. 결손 판본들은 다른 두 판본과 비교했을 때 내용이 누락되거나 간략한 부분이 많다. 특히 성지 순례의 여로와 같은 복잡하거나 다소 지루할 수 있는 부분을 과감하게 삭제하고, 신기한 괴물들과 흥미로운 풍습이 나오는 부분을 부각시킨 점이 눈에 띈다. 전반적으로 코튼 판본보다는 에거튼 판본과 유사한 점이 많은데, 어떤 부분에서는 마치 에거튼 판본의 요약문처럼 보일 정도이다. 그러나 두 판본의 관계나 둘 가운데 무엇이 먼저인지는 여전히 논란거리이다. 결손 판본들은 분량이 적은 만큼 많이 제작되었다. 인쇄본도 일찍이 15세기 말부터 나오기 시작했으며 그 뒤 18세기 중반까지 세 판본 가운데 가장 많이 발행되었다. 결손 판본은 '핀손 판본'이라고 불리기도 하는데, 1496년의 그 첫 인쇄본을 제작한 것이 인쇄업자 리차드 핀손 Richard Pynson, 1448~1529이기 때문이다. 다양한 결손 판본들 가운데 옮긴이는 'Oxford, The Queen's College, MS 383, f. nv'의 원문과 현내어 번역서인 Jean de Mandeville, *The Defective Version of Mandeville's Travels*, ed. M. C. Seymous(Oxford: Oxford University Press, 2002)와 Sir John Mandeville, *The Book of Marvels and Travels*, trans. Anthony Paul Bale(Oxford University Press, 2012), 그리고 'London, British Library, MS Royal 17 C. xxxviii'의 원서인 Sir John Mandeville, *The Book of John Mandeville*, ed. Tamarah Kohanski and C.

David Benson, Kalamazoo(Mich.: Medieval Institute Publications, 2007)을 참조했다.

한편, 『맨더빌 여행기』의 프랑스어 필사본은 크게 '도서 판본Insular version', '대륙 판본Continental version', '삽입 대륙 판본Interpolated Continental version'으로 나뉘며, 각각 25개(앵글로노르만어 14개, 대륙 프랑스어 11개), 30개, 17개가 현존한다(프랑스어 판본들 간의 차이와 분류에 대한 자세한 사항은 Higgins, pp.187-199를 참조할 것). 코튼 판본을 비롯한 중세 영문 판본들은 그 가운데 '도서 판본'과 유사한 점이 많다. 이에 옮긴이는 앵글로노르만어로 작성된 도서 판본의 원문과 현대어 번역서인 Jean de Mandeville, *Le Livre des Merveilles du Monde*, ed. Christiane Deluz(Paris: CNRS Editions, 2000)와 Sir John Mandeville, *The book of John Mandeville, with related texts*, ed. and trans. Indianapolis: Iain Macleod Higgins(Hackett Publishing Company, 2011)을 참조했다.

이 책의 작가는 누구인가

이 여행기의 화자는 자신을 "잉글랜드의 세인트올번스에서 태어난 나, 기사 존 맨더빌"이라고 소개한다. 그리고 자신은 "1322년에 고국을 출발해 바다를 건너 수많은 땅들과 섬들, 나라들을 지나, 수많은 낯선 곳들을 탐험했고", 이제는 나이와 고된 여행이 남긴 통풍으로 몸이 자유롭지 않게 되어 "1356년, 고국을 떠났던 날로부터 34년 되는 해인 지금, 지나간 시간 동안의 행적들을 기억나는 대로 이 책에 적는다"고 말하고 있다.

그러나 존 맨더빌(*John Mandeville*)이라는 인물에 대해서 알려진 내용은 이 두 개의 구절뿐이다. 맨더빌의 여행기가 실제라고 믿었던 중세와 르네상스 시기의 독자들은 그를 최고의 여행가이자 모험가로 꼽기도 했으나, 그가 실존했던 인물인지도 확인되지 않는다. 그래서 그는 '수수께끼의 기사'로 불리기도 한다.

오늘날 맨더빌에 관해 알려지고 있는 내용은 대부분 벨기에 리에주Liege의 연대기 작가인 장 두트르뫼즈Jean d'Outremeuse, 1338~1400가 『역사의 거울(*Ly Myreur des Histors*)』이라는 저작에 남겼다는 기록에 근거한다. 그는 자신이 리에주의 내과의사였던 장 드 부르고뉴(*Jean de Bourgogne*)라는 사람이 1372년에 죽을 때 공증인으로 임종에 참여했는데, 그 노인이 죽기 전에 자신이 존 맨더빌이라고 고백했다는 것이다. 장 두트르뫼즈에 따르면, 잉글랜드 출신인 맨더빌은 무장을 하지 않은 백작을 죽이고 고향을 떠나 여러 대륙들을 여행하다가 1342년에 리에주에 정착해 장 드 부르고뉴로 이름을 바꾸고 살았다. 그는 '긴 수염의 장(*Jean à la Barbe*)'이라고도 불렸는데, 훌륭한 박물학자이자 의사로 질병에 관한 논문을 남기기도 했다.

이에 근거해 장 드 부르고뉴를 이 여행기의 실제 저자로 보는 사람도 있다. 하지만 장 두트르뫼즈의 주장 말고는 이를 입증할 수 있는 자료가 없어서, 오히려 그러한 기록을 남긴 징 두드르뫼즈를 이 여행기의 진짜 저자로 보는 학자도 있다. 한편, 세인트올번스의 수도사이자 필사가였던 토마스 월싱엄Thomas Walsingham, ?~1422도 자신이 맨더빌이라고 주장하는 기록을 남기기도 해서, 이 여행기의 실제 작가가 누구인지는 오늘날에도 여전히 논쟁거리로 남아 있다.

여행기에 이용한 문헌들

그러나 진짜 작가가 누구이든 이 여행기가 실제의 경험을 근거로 하고 있다는 주장은 대부분의 학자들이 거짓으로 본다. 이 책의 내용은 대부분 당시 동방에 관해 다루고 있던 여러 문서들과 자료들을 교묘하게 가져와 모아놓은 것들로 구성되어 있기 때문이다.

맨더빌의 여행기는 크게 두 부분으로 나뉘는데, 그에 따라 주로 인용하는 자료도 달라진다. 전반부(1장~15장)까지는 잉글랜드를 출발해 콘스탄티노플과 지중해의 섬들, 아라비아, 이집트, 팔레스타인을 둘러보는 여정이다. 맨더빌은 헝가리에서 콘스탄티노플, 소아시아를 지나 예루살렘에 이르는 여행에 관해서는 12세기 알베르트 텍스라샤펠Albert d'Aix-la-Chpelle의『예루살렘 원정의 역사(Historia Hierosolimitanae Expeditionis)』에 많은 부분을 의존한다. 안티오크에서 예루살렘으로 이르는 길은 자크 드 비트리Jacques de Vitry, 1160?~1240의『예루살렘의 역사(Historia Hierosolomitan)』에서 내용을 가져오고, 콘스탄티노플과 성지에 대한 묘사는 빌헬름 폰 볼덴젤Wilhelm von Boldensele, 1285~1339?의『성지와 바다건너 어떤 나라들에 관한 책(Liber de quibusdam ultramarinis partibus et praecipue de terra sancta)』의 내용을 인용한다. 여기에 야코부스Jacobus de Voragine, 1228?~1298의『황금전설(Legenda Aurea)』에서 가져온 성인들과 성유물과 관련된 기적들의 이야기를 뒤섞고, 저버스 틸버리Gervase of Tilbury, 1150~1228의『황제의 여흥을 위하여(Otia Imperialia)』에서 가져온 비기독교적인 민간전승들을 교묘하게 버무린다. 사라센인들의 신앙과 예언자 무함마드에 관한 이야기는 13세기 윌리엄 트리폴리William of Tripoli의『사라센인들에 대하여(De Statu Saracenorum)』에서 가져온 것으로 추정되며, 체사리우스 폰 하이스터바흐Caesarius von Heisterbach의 『기적들에 관한 대화(Dialogus miraculorum)』에서는 '술탄과의 대화'라는 소재를 가져왔으나, 그 내용을 자신의 입맛에 맞게 윤색했다. 그리고 이슬람의 교리에 관한 내용은 이탈리아의 도미니크회 수도사로 바그다드에서 이슬람 신학을 연구한 크로체Ricoldo de Monte Croce, 1242~1320의 기록이, 동방 교회들의 교리와 관습에 대해서는 프랑스의 추기경인 자크 드 비트리Jacques de Vitry의 『동양사(Historia Orientalis)』의 내용이 많이 이용되었을 것으로 보인다. 이 밖에 『성지에 관한 책(Liber de Terra Sancta)』 등 당시 여러 종류가 있었던 성지안내서 등도 이용된 것으로 추정된다.

후반부(16장~34장)는 성지 너머에 있는 아프리카와 중국, 사제왕 요한의 나라인 인도에서 경험하게 되는 환상적인 내용이 주를 이룬다. 이 부분에서는 뱅상 드 보베Vincent de Beauvais, 1190~1264가 펴낸 백과전서인 『거대한 거울(Speculum majus)』이 많이 이용되었다. 이 책은 자연(Naturale), 교의(Doctrinale), 역사(Historiale), 도덕(Morale)의 4부로 이루어져 있는데, 특히 '자연의 거울(Speculum Naturale)'과 '역사의 거울(Speculum Historiale)'의 내용들이 많이 이용되었다. 여행기의 저자는 이 백과전서를 통해서 헤로도투스Herodotus, 파우사니아스Pausanias, 플리니우스Gaius Plinius Secundus, 솔리누스Gaius Julius Solinus, 이시도루스Isidorus Hispalensis, 히에로니무스Eusebius Hieronymus 등과 같은 고대 작가들의 글을 비롯해 알렉산더 대왕의 전설 모음집과 초기의 동물지(Bestiaries) 등을 자유롭게 이용할 수 있었다. 그리고 13세기 후반 이후에 나타난 하이톤Hayton of Armenia의 『동방사의 전성기(Flos Historiarum Terrae Orientis)』, 카르피니Giovanni da Pian del Carpini, 1182~1252의 『몽골의 역사(Historia

Mongolorum)』, 오도릭의『여행기』와 마르코 폴로의『동방견문록』 등도 중요하게 이용되었다. 그리고 사제왕 요한의 나라에 사는 신기한 동물들과 괴인들, 젊음의 샘, 보석 강, 물고기가 잡히는 모래바다 등의 이야기는「사제왕 요한의 편지*(The Letter of Prester John)*」에서 가져왔다.

아마조니아의 여전사와 기이한 종족들의 이야기는 뱅상 드 보베의 '자연의 거울'과 '역사의 거울'에서 가져온 것으로 보이며, 페르시아와 타타르, 아르메니아 왕국에 대한 부분은 하이톤의『동방사의 전성기』에서 주로 내용을 가져온 것으로 보인다. 몽골의 역사와 문화, 대칸의 계보에 관한 내용은 카르피니의『몽골의 역사』에서 가져온 것으로 추정되며, 중국과 인도의 여러 기이한 풍습들은 오도릭의『여행기』와 마르코 폴로의『동방견문록』을 중요하게 이용한 것으로 보인다. 이 밖에 기린과 솜이 나는 나무, 알렉산더 대왕의 전설들에 관한 내용은 중세에 유행했던『알렉산더 로맨스*(Alexander Romance)*』에서 가져왔으며, 아라라트 산과 노아의 방주에 대한 이야기는 기욤 드 뤼브룩Guillaume de Rubrouck의『몽골제국여행기』에서 가져왔다.

이처럼 맨더빌이 스스로 직접 보고 겪었다고 주장하는 것들은 대부분 헤로도토스, 플리니우스, 이시도루스, 야코부스, 자크 드 비트리, 뱅상 드 보베, 오도릭, 마르코 폴로 등 고대에서 14세기에 이르는 다양한 작가들의 기록에 등장하거나, 민간에서 떠돌던 여러 가지 전설들에 기초하고 있다. 오늘날을 기준으로 하면 분명히 '표절'이자 '위작'인 셈이지만, 더 흥미로운 것은 맨더빌이 다른 사람의 글에서 소재를 가져오더라도 그것을 전혀 다르게 해석하고 배치하고 의미를 부여하고 있다는 점이다.

예컨대 이집트 사막에 있는 피라미드에 대한 맨더빌의 묘사는 빌헬름 폰 볼덴젤의『성지와 바다건너 어떤 나라들에 관한 책』의 그것과 거의 유사하다. 그러나 그 정체에 대해서는 맨더빌은 빌헬름과 상반된 주장을 한다. 빌헬름은 "잘 살펴보면 그것이 고대 무덤이라는 많은 증거들을 찾을 수 있다. 그러나 단순한 그 지방 사람들은 그것을 성서에 언급된 대기근을 대비하기 위해 만들었던 파라오의 곳간, 요셉의 곡물창고라고 말한다. […] 그러나 이는 전혀 사실이 아니다. […] 그것은 지면으로부터 꽤 위쪽에 있는 작은 입구를 제외하고는 바닥부터 꼭대기까지 모두 막혀 있으며, 전체가 거대한 돌들이 정교하게 맞물린 모양새이다. 작은 입구를 지나 매우 어둡고 비좁을 통로로 내려가 봐도 그 사람들이 말하고 믿는 것처럼 곡물을 저장할 만한 넓은 공간이 없다."고 말하며 그것이 고대 왕들의 무덤이라고 주장한다. 이에 대해 맨더빌은 피라미드에 대한 빌헬름의 묘사를 그대로 따오면서도 "그 창고를 두고 위대한 왕들의 무덤이라고 말하는 사람도 있지만 그것은 사실이 아니다. 멀리 떨어진 곳이나 가까운 곳이나 그곳 사람들은 모두 그것을 요셉의 창고라고 말하기 때문이다. 그런 사실은 성서와 연대기에서도 확인할 수 있다. 만약 그것들이 무덤이었다면 속이 비어 있지 않았을 것이며, 안으로 들어가는 입구도 없었을 것이다. 그대들도 알다시피 무덤과 묘지는 그토록 크게 만들지도, 그토록 높이 세우지도 않으니 말이나. 그러므로 그것들을 무덤이라고 믿으셔는 안 된다."고 말한다.

맨더빌은 오도릭의 기록도 마찬가지의 방식으로 다룬다. 오도릭은 중국과 인도의 기이한 풍습에 대해 설명한 뒤 그 말미에 종종 "이 밖에도 그들에게는 황당하고 지긋지긋한 풍속들이 더 많이 있다.", "이 왕국에는 그 밖에도 많은 일들이 있지만, 별로 기술하고 싶지 않다.",

"이 나라의 다른 많은 일들은 한 번 읽거나 듣기만 해도 경악을 자아 낸다. 그래서 지금은 별로 기술하고 싶지 않다."라는 말로 끝을 맺는 다. 하지만 맨더빌의 경우에는 그런 식의 언급은 거의 하지 않는다. 오히려 더 이야기할 것이 많은데 "모두 다 말하려면 너무 길어지므로 이 정도로 간략하게 이야기하고 마치려 한다.", "내가 실제로 가본 나라 들이라고 해도 미처 그대들에게 다 말하지 못한 신비롭고 다채로운 일 들이 정말 많다. 그러나 그것들을 다 말하려면 이야기가 너무 길어진 다."는 식의 태도가 다반사이다. 맨더빌의 눈에 동방의 풍습은 이쪽 세 계와는 다르지만, 그 나름의 합리적이고 경건한 이유를 가지고 있으며, 그래서 더 궁금해지는 그런 곳이었던 것이다.

이렇게 맨더빌은 다른 기록들에서 가져온 소재들을 의도에 따라 선 택적으로 자기가 원하는 부분에 배치해 놓고, 그것들에 전혀 다른 의 미를 부여한다. 때로는 동일한 자료를 가져다가 원작자의 의도와는 정 반대로 해석하기도 한다. 그것은 마치 크기와 모양이 가지각색인 여러 개의 천 조각들을 이어 만든 재미있는 보자기와도 같다. 중세의 독자 들에게도 그 다양한 색감은 '표절'이 아니라 '매력'으로 다가왔음이 분 명하다.

『맨더빌 여행기』의 의의와 영향

첫째, 새로운 문화인식을 확산시켰다는 점이다.

『맨더빌 여행기』를 우리말로 옮기면서 가장 인상 깊었던 것은 타자 에 대한 그의 따뜻하고 호기심 어린 시선이었다. 맨더빌은 자신이 사는 곳과는 다른 바다 건너 동방의 온갖 나라들에 대해서 이야기한다. 그의 펜 끝에서 그곳은 괴물과 위험한 상상의 동물들이 살아가는, 이상한 모습의 사람들이 기이한 풍습을 행하는 공간으로 그려진다. 그러나 이 여행기가 이국의 종교와 문화를 대하는 태도나 방식은 다른 여행기들과는 사뭇 다르다. 수도사인 오도릭은 그렇다고 쳐도, 상인인 마르코 폴로조차도 화려하고 웅장한 중국의 문화를 대하면서도 유럽의 종교와 문화가 우위에 있다는 태도만은 버리지 않는다. 그러나 맨더빌은 다르다. 그는 그리스도교도가 아니면서도 경건하게 신을 섬기는 이교도들에 대해서 이야기하며, 종교가 다르다는 이유로 이들이 경멸을 받아서는 안 된다고 말한다. 그리고 어떤 경우에는 이교도의 시각을 빌어 그리스도교 사회의 현실을 풍자하고 비판하기도 한다. 맨더빌의 여행기에서 타자는 업신여기고 경멸해야 할 대상이 아니라 자신을 비추는 거울인 셈이다.

나아가 맨더빌은 이교도의 삶과 생활방식에 대한 묘사를 통해 그리스도교 사회의 문제를 간접적으로 드러내기도 한다. 선거를 통해 왕을 선출하는 섬, 모든 재산을 공유하는 섬의 이야기에서는 그리스도교 사회의 사회·정치 현실에 대한 비판적 시각이 드러나고, 알렉산더 대왕마저도 감화시킨 브라만 섬 주민들의 선량한 삶의 태도에 대한 묘사에서는 종교의 현실에 대한 풍자적 의식이 드러난다. 이런 점에서 『맨더빌 여행기』는 르네상스의 인문주의적 정신의 기초를 닦았다고도 평가할 수 있다.

한편, 이 책은 중세 산문 문학의 발달에도 큰 영향을 끼쳤고, 수많은 작가와 문학작품들에 영향을 끼치기도 했다. 셰익스피어William Shakespeare, 스펜서Edmund Spenser, 밀턴John Milton 등이 작품들에 『맨더빌 여행기』의 내용을 가져다 썼으며, 조나단 스위프트Jonathan Swift는 다른 세계의 이질적인 존재의 삶에 대한 묘사를 통해서 자기 사회의 문화를 풍자하고 비판하는 『맨더빌 여행기』의 형식과 특징을 그대로 계승해 『걸리버 여행기(Gulliver's Travels)』를 창작하기도 했다.

둘째, 새로운 지리인식을 확산시켰다는 점이다.

이미 기원전 3세기에 그리스의 수학자이자 천문학자인 에라스토테네스Erastothenes는 지구가 둥글다는 지구구형설에 기초해 지구 둘레의 길이를 계산했다. 하지만 기독교의 영향으로 중세에는 지구가 평평하다는 지구평형설이 일반 사람들에게는 진리로 여겨졌으며, 지구구형설은 일부 학자들의 사고 속에서만 존재했다. 3세기 말의 그리스도교 신학자였던 락탄티우스Lactantius는 "사람의 발이 머리보다 높이 있고… 나무와 열매가 거꾸로 자라며 눈과 비가 위쪽 땅으로 내리는 곳이 있다고 믿을 만큼 멍청한 사람이 있을까?"라며 지구구형설을 비웃었고, 아우구스티누스 등의 교부들도 마찬가지였다. 콜럼버스가 항해할 때에도 일부 선원들은 적도를 지날 무렵에 배가 낭떠러지로 떨어질지 모른다고 두려워했다고 하니 지구평형설이 중세에 얼마나 오래 계속해서 영향을 끼쳤는지 알 수 있다.

그러나 『맨더빌 여행기』는 지구가 둥글기 때문에 한 바퀴 일주할 수 있으며, 실제로 과거에 어떤 사람이 (그 자신은 그 사실을 미처 깨닫지 못했지만) 지구를 한 바퀴 돌아서 고향으로 돌아온 적도 있다고 전한다. 그리고 맨더빌은 북극성과 남극성을 고도계로 관측한 수치로 지구가 둥글다는 사실을 자세히 증명하고 있을 뿐 아니라, 동쪽이 아니라 반대편인 서쪽으로 돌아가면 중국과 사제왕 요한이 다스리는 인도에 다다를 수 있다고 말한다. 그는 "건강하고 좋은 동반자와 배가 있다면 우리는 위 아래 모든 세상을 여행할 수 있으며, 그 후에는 다시 고국으로 돌아올 수 있다. 계속되는 여정을 통해 사람들을 만나고 새로운 땅과 섬들, 그리고 도시와 마을을 마주치게 될 것"이라며 신항로를 개척하기 위한 항해를 부추긴다.

『맨더빌 여행기』의 폭넓은 인기는 유럽인들에게 비유럽 세계에 대한 호기심을 부추기고, 지구구형설을 확산시켜 유럽이 새로운 지리적 탐험에 나서도록 하는 데 큰 자극이 되었다. 이 여행기의 영향으로 지구평형설에 기초한 그리스도교적 지리인식은 낡은 것으로 여겨졌고, 그것을 대체할 새로운 세계의 모형이 활발히 탐구되었다. 유럽의 지식인들과 상인들은 이 책을 탐독하며 먼 나라에 대한 지식의 갈증을 달랬고, 지리학자들은 이 책을 중요한 자료로 삼아 새로운 세계지도를 제작했다. 1492년에 마르틴 베하임Martin Behaim이 최초의 지구본을 제작할 때에도 『맨더빌 여행기』의 정보들이 영향을 끼친 것으로 알려져 있고, 16세기에 『지구의 무대(Theatrum orbis terrarum)』라는 세계지도책을 완성한 오르텔스Ortels나 '메르카토르 도법'으로 유명한 메르카토르 Gerardus Mercator도 지도를 제작할 때 맨더빌의 정보를 중요하게 참고했다고 전해진다. 그리고 수많은 사람들이 맨더빌의 말에 따라 신항로를 개척하기 위한 항해를 떠났다.

이처럼 유럽에서 어떤 여행기보다 폭넓은 독자층을 가지고 있었던 『맨더빌 여행기』는 지구가 둥글다는 인식을 일반에게 널리 보급시키는 역할을 했다. 그리고 그 책이 전하는 동방의 온갖 신기한 이야기들은 사람들의 모험심과 열정을 자극했다. 이렇게 이 책은 신항로 개척을 위한 탐험과 여행을 부추겨 유럽을 대항해시대로 이끌었다.

맺음말

『맨더빌 여행기』의 영향으로 수많은 탐험가들이 새로운 지리적 발견들을 이루어 저 너머의 세계가 실체를 드러낼수록,『맨더빌 여행기』가 전달하는 정보의 한계들도 드러났다. 특히 이 여행기의 상당 부분이 다른 문헌들에서 내용을 가져와 상상과 허구를 덧붙여 구성된 것임이 밝혀지면서 객관성과 실증을 강조한 18세기 이후에 이 책은 높았던 인기만큼이나 큰 비판을 받기도 했다. 그래서 오늘날에는 비교적 견문見聞에 충실한 오도릭이나 마르코 폴로의 기록들에 비해 맨더빌의 여행기의 사료적 가치는 덜 중요하게 평가된다.

하지만 상상과 허구가 덧붙여진 '이야기'로서의『맨더빌 여행기』의 특징은 오히려 중세 유럽인의 생각과 정서를 있는 그대로 살펴볼 수 있게 해준다고도 볼 수 있다. 곧, 중세 유럽인들이 동방에 대해 어떻게 생각하고 있었는지, 더 나아가 자신들과 다른 문화들에 대해 어떤 태도를 지니고 있었는지, 세계와 타자에 대한 생각이 어떻게 변화되어왔는지를 생생하게 살펴볼 단서를 제공해주고 있는 것이다. 이 책은 중세 유럽인의 믿음과 생활상, 관습, 인식을 생생하게 담고 있는 그 시대의 백과사전과 같다. 낯선 세상에 사는 사람들에 대한 정보, 신앙, 생활, 관습에 대한 그 당시 유럽인들의 태도와 의식을 드러내고 있다는 점에서, 이 책은 문화와 정신, 의식을 탐구하는 문화사와 심성사의 연구에는 오히려 더할 나위 없이 소중한 사료인 셈이다.

참고문헌

(1) 『맨더빌 여행기』의 주요 원문 판본과 현대어 번역본들

Jean de Mandeville, *Le Livre des Merveilles du Monde*, ed. Christiane Deluz, Paris: CNRS Editions, 2000. ('Deluz'로 줄임)

Jean de Mandeville, *The Defective Version of Mandeville's Travels*(The Queen's College, Oxford, MS 383, f. nv), ed. M. C. Seymous, Oxford: Oxford University Press, 2002. ('Seymours'로 줄임)

Sir John Mandeville, *Mandeville's travels: translated from the French of Jean d'Outremeuse*(London, British Library. MS Cotton Titus C.16.), ed. Paul Hamelius, London: Published for the Early English text society by K. Paul, Trench, Trübner & Co, 1919. ('Hamelius'로 줄임)

Sir John Mandeville, *The Book of John Mandeville*(London, British Library, MS Royal 17 C. xxxviii), ed. Tamarah Kohanski and C. David Benson, Kalamazoo, Mich.: Medieval Institute Publications, 2007.('Tamarah'로 줄임)

Sir John Mandeville, *The book of John Mandeville, with related texts*, ed. and trans. Indianapolis: Iain Macleod Higgins, Hackett Publishing Company, 2011. ('Higgins'로 줄임)

Sir John Mandeville, *The Book of Marvels and Travels*, trans. Anthony Paul Bale, Oxford University Press, 2012. ('Bale'로 줄임)

Sir John Mandeville, *The buke of John Mandeuill, being the travels of Sir John Mandeville, knight, 1322-1356: a hitherto unpublished English version from the unique copy*(London, British Library, MS Egerton 1982), ed. George Frederic Warner, Westminster: Nichols & Sons, 1889. ('Warner'로 줄임)

Sir John Mandeville, *The travels of Sir John Mandeville*, ed. and trans. C. W. R. D. Moseley, Penguin Books, c.1983, 2005. ('Moseley'로 줄임)

Sir John Mandeville, *The travels of Sir John Mandeville: the version of the Cotton manuscript in modern spelling*, trans. Alfred William Pollard, London: Macmillan and Co. edition, 1900.

(2) 그 밖의 참고문헌

Adrienne Williams Boyarin, *Miracles of the Virgin in Medieval England: Law and Jewishness in the Marian Legends*, Cambridge: D.S. Brewer, 2010.

Albert of Aachen, *Albert of Aachen's History of the Journey to Jerusalem*, ed. and trans. Susan Edgington, Farnham: Ashgate, 2013.

Aristotle, *Ethika Nikomacheia*, 천병희 옮김, 『니코마코스 윤리학』, 고양: 숲, 2013.

Carl Lindahl, John McNamara, John Lindow(ed.), *Medieval Folklore: a guide to myths, legends, tales, beliefs, and customs*, Oxford: Oxford University Press, 2002.

Christine Ferlampin-Acher, *Fées, bestes et luitons: croyances et merveilles dans les romans français en prose(XIIIe-XIVe siècles)*, Paris: Presses de l'Université de Paris-Sorbonne, 2002.

Flavius Josephus, *Josephus: the antiquities of the Jews*, 김지찬 옮김, 『요세푸스』, 서울: 생명의 말씀사, 2000.

Gervase of Tilbury, *Otia Imperialia*, ed. S. E. Banks and J. W. Binns, Oxford: Clarendon Press, 2002.

Hayton of Armenia, *Flos Historiarum Terrae Orientis*(http://rbedrosian.com/hetumtoc.html)

Herodotus, *Histories apodexis*, 천병희 옮김, 『역사』, 고양: 숲, 2009.

Isidorus Hispalensis, *The Etymologies of Isidore of Seville*, Cambridge; New York: Cambridge University Press, 2006.

Jacobus de Voragine, *The Golden Legend or Lives of the Saints, as englished by William Caxton(1483)*, ed. by F.S. Ellis, Temple Classics, c. 1900.

Jacopo da Varazze, *Legenda aurea*, 윤기향 옮김, 『황금전설』, 고양: 크리스챤

다이제스트, 2007.

Jehan Wauquelin, *The Medieval Romance of Alexander: Jehan Wauquelin's The deeds and conquests of Alexander the Great*, ed. and trans. Nigel Bryant, Woodbridge: The Boydell Press, 2012.

Letter of Prester John, "Appendix: Translation of the Original Latin Letter of prester John" in Michael Uebel, *Ecstatic transformation: on the uses of alterity in the Middle Ages*, New York: Palgrave Macmillan, 2005(pp. 155-160).

Marco Polo, *The Description of the World*, 김호동 옮김, 『마르코 폴로의 동방 견문록』, 파주: 사계절, 2004.

Michael A. H. Newth(ed. and trans.), *Heroes of the French Epic: A Selection of Chansons de Geste*, Woodbridge: Boydell Press, 2005.

Odoric da Pordenone, *The travels of Friar Odoric*, 『오도릭의 동방기행』, 파주: 문학동네, 2012,

Pliny the Elder, *The Natural History*, ed. John Bostock, M.D., F.R.S., H.T. Riley, Esq., B.A, London: Taylor and Francis, 1855.

Ronald B. Herzman, Graham Drake, Eve Salisbury, Kalamazoo(ed. and trans.), *Four Romances of England: King Horn, Havelok the Dane, Bevis of Hampton, Athelston*, Mich.: Medieval Institute Publications, Western Michigan University, 1999.

찾아보기

중세 필사본과 현대 영어 표기가 다른 경우 '중세 필사본 표기(현대 영어 표기)'로 표시함.

인 명

가브리엘(천사) Gabriell(Gabriel) 140-141, 163-164, 170-171

가이우스(로마 황제) Gayus(Gaius) 99

가톨로나베스 Gatholonabes 310, 312

갓리게 Gadrige 171

게오르기우스(성인) George(Georgius) 31, 125, 147, 150, 155-157

고드프루아 드 부이용 Godefray de Boleyne(Godefroy de Bouillon) 99

구이토가 Guytoga 57

나손 Naasones(Naasson) 124

네부카드네자르(왕) Nabugodonozor(Nebuchadnezzar) 54, 63

노아 Noe(Noah) 25, 49, 99, 128, 143, 182-183, 189, 261, 333-334

니누스(이집트 왕) Nunus(Ninus) 189

니므롯 Nembroth(Nimrod) 60, 261

니콜라우스(성인) Nicholas(Nicolaus) 38, 40

다니엘 Daniel 63

다윗(왕) Dauid(David) 55, 82, 86-87, 94-95, 99, 110-111, 117, 125, 140, 147-148, 219, 238, 295

대칸 Grete Chane(Great Chan) 61, 159, 225-226, 234, 251, 254-256, 258-261, 267-269, 274-281, 284, 287-288, 291-292, 297, 303, 305, 309, 338, 340, 342

델릴라 Dalida(Delilah) 51

도마(사도) Thomas 117, 123, 209-210

디도 Dydo(Dido) 48, 62

디스마스 Dysmas(Dismas) 23, 46

디아나 Deane(Diana) 40

라자로 Lazar(Lazarus) 123

라친 Iachyn 57-58

라합 Raab(Rahab) 124

라헬 Rachell(Rachel) 94

레베카 Rebekke(Rebecca) 87

레아 Lya(Rhea) 87

레오(비잔티움제국 황제) Leoun(Leo) 77

롯 Loth(Lot) 88, 128-129, 171, 189

루이 성왕(루이 9세, 프랑스 왕) Seynt Lowy3s(Louis IX St. Louis) 56-57

루카(복음사가) Luke 30, 153

리처드 1세(잉글랜드 왕) Richard the firste(Richard I) 56

마르코(복음사가) Mark(Marco) 76

마르타(성인) Seynt Martha 123

마리아 막달레나 Marie Magdaleyne(Mary Magdalena) 102, 104, 123

마리아 클레오파스 Marie Cleophee(Mary Cleophas) 104, 123

마타티아스 Matathias 157

맨더빌, 존 John Mandeville 15, 306, 346

멜레스크사크 Meleschsach 57

멜레크나세르 Melechnasser 57-58

멜레크마다브론 Melechmadabron 58

멜레크마데르 Melechmader 58

멜레크살란 Melechsalan 56

멜레타세라프 Mellethasseraf 57

멜키세덱 Melchisedech(Melchizedek) 95

멜키오르 Melchior 91

모세 Moyses(Mose) 77-80, 82-83, 110, 142, 147, 167, 343

모압 Moab 126, 128, 171

모압인 Moabytes 171

무어인 Mowres(Moors) 66, 193

무함마드 Machomete(Muhammad) 61-62, 93, 162, 166-167, 170-173, 267

미사엘 Mizaell(Mishael) 54

미카엘(성인) Michell(Michael) 15

미칼 Michol(Michal) 94

바르나바스(성인) Barnabce(Barnabas) 46

바르바라(성인) Barbre(Barbara) 54

바울(사도) Poul(Paul) 43, 153, 167, 296

바토 Batho 160

발타자르 Balthazar 91

베두인 Bedoynes(Bedouins) 55, 84-86

베르베르인 Barbaryencs(Barbarians) 96

베르사브 Bersabee(Bathsheba) 85-86

베스파시아누스(황제) Vaspasianes(Vespasianus) 107

벤도크다레 Bendochdare 57

벤야민 Beniamyn(Benjamin) 94

보두앵(예루살렘의 왕) Bawdewyn(Baudouin) 99, 132

보라딘 Boradyn 56

빌라도 Pylate(Pilate) 29, 113

사라 Sarre(Sarah) 87, 129, 189

사라센인 Saracens 46-47, 57-59, 61, 66, 70-71, 77, 87-89, 93, 96, 101, 105, 108, 130, 132, 135-136, 140, 147-149, 161, 162-163, 165-168, 170-173, 181, 185, 203-204, 245, 262, 267, 275, 293

사무엘 Samuel 120, 132, 156

사우레스(왕) Saures 294

사울 Saul 94, 139-140

사제왕 요한 Prestre Iohn(Prester John) 61, 219, 260, 283, 292, 303-305, 307, 309-310, 313, 323, 329-331, 333, 336-337

살라딘 Sahaladyn(Saladin) 56, 63, 105

살로몬 Salomon(Solomon) 124

삼손 Sampson(Samson) 51-52

성 힐라리온(성인) Hyllarie(Hilarion) 46

성모 Oure Lady(Our Lady) 30, 54, 62, 67, 82, 93, 111, 112-113, 115-117, 119-121, 123-124, 140-142, 145, 152-154, 156, 163, 167, 234, 328, 344, 346

세 명의 왕(동방박사들) Three Kynges(Three Kings) 55, 186

셈 Sem 261-262

셋 Seth 26, 88

소피아(성인) Sophie(Sophia) 21, 33

솔로몬(왕) Salomon(Solomon) 55, 86, 95, 107-108, 111-112, 117

스테파노(성인) Steuene(Stephanus) 103, 114-116

시메온(성인) Symeon(Simeon) 111-112, 159

시몬(나병환자) Symon Leprous(Simon Leprous) 122-123, 139

아게노르 Agenore(Agenor) 48

아담 Adam 13, 26, 69, 87-89, 99, 143, 215,

216, 230, 236-237, 333

아레 Are 187

아리스토텔레스 Aristotle(Aristotle) 31

아모스 Amos 157

아벨 Abell(Abel) 87, 152

아브라함 Abraham 62, 86-89, 99, 125, 129, 133, 142, 152, 167, 171, 189

아스코파르드 족 Ascopardes(Ascopards) 84

아이네이아스 Eneas(Aeneas) 48, 62

아자르야 Azaria(Azariah) 54

아타나시우스(성인) Athanasie(Athanasius) 179, 180

안나(성인) Anne(Anna) 30, 113, 145

안드로메다 Andromeda 49

알렉산더(대왕) Alisandre(Alexander) 31, 70, 192, 200, 290, 299, 301, 324-326

암몬 Amon(Ammon) 171

암몬인 Ammonitae 171

압살롬 Absalon(Absalom) 118

야고보(성인) James 50, 112, 114-116, 119, 121-122, 142, 144, 147, 211

야스파르 Iaspar(Jaspar) 91

야벳 Japhet 49, 261-262

에드워드 선량왕 Gode kyng Edward(Edward I the Good) 57

에사우(이두메아 왕) Esau 187

에프렘 Effraym(Ephrem) 62

엘리사(예언자) Helisee(Elisha) 125, 133

엘리사벳 Elizabeth 119

엘리야(예언자) Helye(Elijah) 48-49, 82, 142

엘리에제르 다마스쿠스 Helizeus Damascus(Eliezer Damascus) 152

엘피 Elphy 57

여호사팟(왕) Jehoshaphat 121

여호수아 Iosue(Joshua) 123, 131

예레미야(예언자) Ieremye(Jeremiah) 125

요나(과부의 아들) Jonas 48

요나단 Jonadan 140

요셉 Joseph 54, 65, 72, 94, 115, 133, 140

요셉 아리마테아 Ioseph of Aramathie (Joseph of Arimathea) 102

요아네스 크리소스토무스 John Crisostom (Joannes Chrysostomus) 30

요아킴 Ioachym(Joachim) 113

요하네스 22세(교황) John the XXIJ (Joannes XXII) 33

요한(복음사가) John the Euuangelist 38, 102

요한(성인) John 50, 135

요한(세례) John the baptist 114, 119, 125, 131, 133-135

우리야 경 Sire Vrye(Sir Uriah)

유다 마카베우스 Judas Machabeus 95, 157

유다/가롯 유다 Iudas Scarioth(Judas Iscariot) 118, 121, 165

유대인 Jewes(Jew) 14, 23-26, 28-29, 87, 89, 91, 96, 100, 105, 107, 108-112, 117, 121, 129, 133, 135-137, 141, 165, 167-168, 183, 226, 299, 300-301

유스타케(성인) Eustace 158

유스티니아누스(황제) Justynyan(Justinianus) 20-21

율리아누스(로마 황제, 배교자) Julianus(Julianus) 108, 133, 135

이브 Eue(Eve) 87-89, 215-216, 230, 236, 333

이사야(예언자) Ysaye(Isaiah) 118

이삭 ysaac(Issac) 72, 87, 129

이스마엘 Ishmael 129, 171

이스마엘인 Ishmaelites 171

자로콘 Zarocon 56

자캐오 Zacheus(Zacchaeus) 123

제노니무스(성인) Zenomyne(Zenonimus) 46

즈카르야(사제) Zacharie 111

즈카르야(예언자) Zacharie 111

카롤루스 대제(샤를마뉴) Charles(Charlemagne) 107

카리토트(성인) Karitot(Caritot) 96

카야파 Cayphas(Caiphas) 29, 50

카인 Caym(Cain) 87, 143, 152

카카스 Cachas 57

카타리나(성인) Kateryne(Catharina) 76-77, 79-83

칸구이스 Changuys 262-264

칼렙 Caleph(Caleb) 87

캄 Cham 261-262

코르디네스(종족) Cordynes 293

코스드로에(왕) Cosdroe 120

코엘(왕) Cool(Coel) 27

콘스탄티누스(황제) Constantyn(Constantinus) 26-27, 100

콘스탄티우스(황제) Constance(Constantius) 27

콜레페우스(왕) Colepeus 190

쿠만족 Coman(Cuman) 31, 56-57

쿠세 Chuse 261

크룩 Cruk 180

키루스(페르시아 왕) Cirus(Cyrus) 60

타크니아 Taknia 163-164

타타르인 Tartary 57, 96, 254, 262, 268, 282, 286-287

테라 Thare(Terah) 189

테오필루스 Theophilus(Theophilus) 62

토비트(예언자) Thobye(Tobit) 189

투르코폴족 Turcople(Turcopole) 31

티투스(로마 황제) Tytus(Titus) 107, 109

팀피에만 Tympieman 57

파라오(이집트 왕) Pharao(Pharaoh) 72, 78, 110

페체네그족 Pyncemarcz(Pecheneg) 20, 31

필리스티아인 Philistyencs(Philistines) 51, 87

하가르 Agar(Hagar) 129, 171

하가르인 Agareni(Hagarenes) 171

하난야 Ananya(Anania) 54

하드리아누스(로마 황제) Adryan(Hadrianus) 108

한나스 Anne(Annas) 28, 116

헤롯 아그리파 Heroud Agrippa(Herod Agrippa) 114

헤롯 아스칼로니테 Heroud Ascolonite (Herod Ascalonite) 114

헤롯 안티파스 Heroud Antypa(Herod Antipas) 114

헤롯(왕) Heroud(Herod) 54, 113-114

헤르메스(현자) Hermogene(Hermes) 33, 304

헬레나(성인) Elyne(Helena) 26-27, 30, 100, 113

호세아 Hosea 327

히에로니무스(성인) Ierome(Hieronymus) 92

히포크라테스 Ypocras(Hippocrates) 40

지 명

가나안 Chananee(Canaan) 48, 96, 139, 189

가이도 Gaydo 276

가자 Gaza 51, 52

갈릴리 Galylee(Galilee) 117, 123, 130-132, 138-140, 143-146, 152

갈보리 Caluarie(Calvary) 26, 98, 100

갠지스(강) Ganges 334

게멧 Gemeth 296

게벨 Gebel 159

게오르기아 Georgia 293, 296

겟 Geth 186

겟세마네 Gethsemany(Gethsemane) 121

고모라 Gomorre(Gomorrah) 128, 189

고센 Gessen(Goshen) 65

고스라 Gosra 187

그레프 Greef 76, 156

그리스 Grece(Greece) 20-21, 26, 30-31, 33, 75-76, 79, 96, 99, 149-150, 156-157, 292, 294, 296, 315, 330, 344

기노소페 Gynosophe 325

기빌렛 Gibilet 159

기쁨의 산 Mountjoye(Mount Joy) 120, 132, 156

기손(강) Gyson (Gison) 63, 334

나이르몬트 Nairmont 158

나일(강) Nyle(Nile) 63, 65-66, 72, 77, 177

나쿠메라 Nacumera 232

나폴리 Naples(Napoli) 75

네사보르 Nessabor 293

네이스부르그 Neiseburgh 20

노르웨이 Norweye(Norway) 19, 220

누비아 Nubye(Nubia) 66, 297

니 Ny 20

니네베 Nynyuee(Nineveh) 189, 296

니세 Nyse 303, 309

니케아 Nike(Nicaea) 38, 157

니코시아 Nichosie(Nicosia) 45

니플란 Niflan 20, 160

다뉴브(강) Danubee(Danube) 20

다레스텐 Daresten 160

다마스쿠스 Damask, Damasce(Damascus) 49, 57, 88, 144, 152, 158

다만후르 Demeseer(Damanhur) 66,

다미에타 Damyete(Damietta) 66, 76

다미에타(신) Newe Damyete(New Damietta) 66

다이레 Daire 52

단 Dan 129

대양 Occean(Ocean) 78, 177-178, 193, 199, 231-232, 245, 293, 296-297, 317, 332, 335

돈둔 Dondun 239, 240

두라스 Duras 76, 156, 157

디스폴리스 Dispolis 156

라마리 Lamary 215, 223

라마타 Ramatha 96, 157

라메스 Rames 156, 159

라시드 Resich(Rashid) 66

라야이스 Layays 180

라이 Lay 158

라쿠트 Lacuth 159

라토린 Latorin 245

라판 Raphane 154

란테린 Lanterine 252

랑고 Lango 40

러시아 Roussye(Russia) 20, 160, 267, 290-292

레트 Lette 160

렘노스 Lempne(Lemnos) 31

로도스 Rodes(Rhodes) 41, 43-45, 76, 156

로마니 Romany 158

로이아우즈 Roiauz 297

롬 Lomb 204

롬바르디아 Lombardye(Lombardia) 20, 74, 156, 315

롱게마트 Longemaath 158

루마니아 Romanie(Rumania) 21

루즈 Luz 133

루피넬 Ruffynell 157

리마솔 Limassol(Lymettes) 46

리봇 Ryboth 338

리비아 Lybye(Libya) 16, 66, 179, 218

리비아(고지) Hyere Libye(High Lybia) Lybia the higher 178, 218, 297

리비아(저지) Lowe Libye(Low Lybia) Lybia the low 178, 297

리손(산) Lyson 297

리클라이 Riclay 158

마라가 Maraga 296

마록(강) Marrok 20

마르미스트르 Marmistre 158

마르타 Martha 40

마리오크 Marioch 158

마리타메 Maritame 95

마린 Maryn 159

마므레 Mambree(Mamre) 86, 88, 131

마바론 Mabaron 209

마우레(해) Maure 290

마우레타니아 Morekane(Mauretania) 64, 193

마우벡 Maubek 159

마일브린 Mailbrins 158

마카림 Macharyme 133

마케도니아 Macedoigne(Macedonia) 31, 195

마트 Math 55

만키 Mancy 245, 248, 250, 259

메곤 Megon 294

메디아 Mede(Media) 56, 179, 194, 292-293, 334-335

메소포타미아 Mesopotayme(Mesopotamia) 61-62, 101, 129, 177, 209, 296

메카 Methon(Mecca) 61

멘케 Menke 252

멜로 Melo 31

모딘 Modyn 157

모레타네 Moretane 297

모로코 Mayrok(Morocco) 63, 177

모술 Mosell(Mosul) 297

몬트로얄 Mountryuall(Mountroyal) 57-58

미니아 Mynea 31

미록 Myrok 76, 156, 157

미스토락 Mistorak 310, 313

밀케 Milke 232

바그다드 Baldak(Bagdad) 62-63, 415

바르바리 Barbary 63

바빌론(대, 메소포타미아) Gret Babyloyne(Great Babylon) 60-61, 177, 188

바빌론(소, 이집트) Lesse Babyloyne(Less Babylon) 52-55, 61-65, 74-79, 177, 329

바카리아 Bacharie 298, 302

박트리아 Bactria 178

발라이(강) Balay 250, 252

발론 Valon 156

베네치아 Venyse(Venezia) 49, 75, 156, 179, 199, 247

베다니 Bethanye(Bethany) 30, 123, 124

베들레헴 Bethlem(Bethlehem) 84, 90-96,

114, 186, 194, 289

베르사브(도시) Bersabee(Bersabe) 85, 86

베르셰바 Bersabee(Beersheba) 96, 146

베오그라드 Belgraue(Beograd) 20

베이루트 Beruth(Beirut) 48, 155

베템가 Betemga 223

벨렛 Beleth 53

벨론 Belon 51

벨리안(산) Belyan 265

벳파게 Bethfagee 122

보이투라 Boyturra 292

보카르 Bochar 154

보트론 Botron 62

부르고뉴 Burgoyne(Bourgogne) 74, 156

부에마레(강) Buemare 328

불가리아 Bulgarie(Bulgaria) 20

브라만(섬) Bragman 323

브라반트 Brabant 218

브리쿠에 Brique 296

브린디시 Brandys(Brindisi) 75

사도니 Sadonye 185

사두즈 Saduz 276

사라스 Sarras 293

사락 Sarak 290

사르데나르 Sardenar 48

사르데낙 Sardenak 153-155

사르디니아 Sardyne(Sardinia) 75

사르마산 Sarmassane 293

사르케 Sarchee 204

사르펜 Sarphen 48

사마르 Samar 60

사바 Saba 194

사바토리 Sabatory 154

사비소콜르 Sabissocolle 183

사우레 Saure 294, 296

사이드 Sahyth 66

사칼라 Sachala 296

사폰 Saphon 293

사프레 Saffre 50

샤르트르 Chartres 107

세오르네르간트 Seornergant 292

세이르(산) Seyr 129, 152

세인트시메온(항구) Seynt Symeon 159

세인트올번스 Seynt-Albones(SaintAlba-ns) 15

소돔 Sodom 128, 189

소바크 Sobach 132

소아시아 Asye the Lesse(Asia Minor) 21, 30, 39, 101

수가르마고 Sugarmago 254

수모보르 Sumobor 223

수사 Suse(Susa) 308-309

수시아나 Sweze(Susiana) 187

스칸톤 Scanton 158

스코틀랜드 Skotlond(Scotland) 19, 219, 222

스키티아 Schithie(Scythia) 177, 299

스타기라 Stragers(Stagira) 31

스페인 해 Spayne See(Spain Sea) 177-178

슬라보니아 Solauonye(Slavonia) 20

시나이(산) Synay(Sinai) 52, 74-83, 115, 155, 171, 177

시노플 Synople 157

시돈 Sydon(Sidon) 48, 155

시리아 Surrye(Syria) 16, 21, 53, 55, 57-58, 65-66, 84, 95-96, 100, 130-131, 146-151, 177, 262, 296, 330

시마르(산) Symar 297

시온(산) Syon(Sion) 105, 114-119, 139

시칠리아 Cecyle(Sicily) 49, 75

시켐 Sychem 132-133, 189

신 광야 Desert of Syne(Desert of Sin) 78

실라 Silha 235-237

실레지아 Slesie(Silesia) 19

실로 Sylo 38, 132

아니 Any 183

아드리아(해) Adria See(Adria Sea) 75

아드리아노플 Dandrenoble(Adrianople) 20

아라라트 Ararath(Ararat) 183

아라비아 Arabye(Arabia) 16, 21, 60-65, 77-79, 84, 96, 101, 126, 146, 170-171, 177, 189, 194, 321, 330

아르기테 Argyte 331

아르메니아(대) Grete Ermonye(Great Armenia) 16, 100, 146, 154, 182-183, 292, 293-297, 334-335

아르메니아(산) Armenia 297

아르메니아(소) Lesse Ermonye(Little Armenia) 16, 100, 180, 296

아르카데스(평야) Archades 158

아르케스 Arkes 153-154

아르토이스 Artoise 158

아르티로운 Artyroun 182

아마조니아 Amazoyne(Amazonia) 16, 190-192, 300

아바나 Abbana 158

아브조르(산) Abzor 293

아브카즈 Abchaz 291, 293-294, 296

아세르 Assere 158

아스칼론 Ascolonge(Ascalon) 52, 58, 96

아시리아 Assirie(Assyria) 96, 209, 334

아일랜드 Irelond(Ireland) 19, 222

아켈다마 Acheldamach(Aceldama) 119

아켈렉(사막) Achellek 53

아크레 Akoun(Acre) 49-51, 57, 159

아토스(산) Athos 30-32

아풀리아 Appuille(Apulia) 75

아프리카 Affryk(Africa) 48, 62-64, 72, 261

안티오크 Antioche(Antioch) 158-159

안티오크(소) Lesse Antioche(Less Antioch) 158

알레포 Halappee(Aleppo) 53, 55, 101, 330

알렉산드리아 Alisandre(Alexandria) 64, 66-67, 76, 77, 179, 192, 290, 293, 335

알로트 Aloth 64

알르마뉴(독일) Almayne(Germany) 19-20, 29, 159

알바니아 Albany(Albania) 178

알타자르 Altazar 183

야복(강) Iaboch(Jabbok) 129

야파 Jaffa 49, 52, 96, 117, 146, 156, 159, 327

얌카이 Jamchay 251-152

에데사 Edisse(Edessa) 209

에빌타운 euyll town / Evil town 20

에트나(산) Ethna(Etna) 75-76

에티오피아 Ethiope(Ethiopia) 16, 64-66, 101, 178, 192-194, 199, 297, 334-335

에틸레(강) Ethille 290

에페소스 Ephesim(Ephesus) 39-40

엘림의 골짜기 Vale of Elyn(Vale of Elim) 78

엠라크 Emlak 194, 334

엠마우스 Emaux(Emmaus) 119, 156

여호사팟 골짜기 Vale of Iosaphath(Valley of Jehoshaphat) 103, 105, 115, 117-118, 120-122, 143.

예루살렘 Ierusalem(Jerusalem) 14, 16, 19, 21, 30, 38, 44, 47, 49, 52, 55, 58, 67, 74, 76,

84-88, 94, 95-104, 108, 112, 117, 119-120, 122-123, 125, 127, 132-133, 135, 141-142, 152, 155-157, 159-160, 219, 330

예리코 Ierico(Jericho) 96, 123, 125, 126, 146

오르다 Orda 160

오르만크스 Ormanx 158

오르코바레스(산) Orcobares 334

오릴레 Orille 331

옥시드라테 Oxidrate 325

옥토라르 Octorar 289

올리벳(산) Olyuete(Olivet) 120, 122-123

올림포스(산) Olympus(Olympus) 30-31

요르단(강) Iordan(Jordan) 124-125, 129-131, 133, 139, 144-145, 159

우르 Hur(Ur) 189

웨일스 Wales(Wales) 19, 222

유프라테스(강) Eufrates(Euphrates) 60-61, 177, 182-183, 334-335

이두메아 Ydumee, Ydumea(Idumea) 62, 129-130, 139, 187

이종게 Izonge 268

이집트 카노팟 Egipt Canopat 53

이집트(상) Egypt the High(Upper Egypt) 16, 65, 101

이집트(하) Egypt the lowe(Lower Egypt) 16, 65, 101

인도 Inde(India) 16, 61, 64, 92, 102, 152, 171, 177, 179, 183, 185, 187, 194-196, 198-200, 202, 204, 219-220, 222-223, 245, 262, 290, 292-293, 296, 298-299, 302-303, 320, 329, 334-335

인도(대) Inde the more(Great Indo) 70, 260

인도(소) Inde the lasse(Less Indo) 101, 260, 297

잉글랜드 Engelond(England) 15, 19, 27, 56-57, 146, 219

자바 Java 223

제노바 Janeweys(Genova) 40, 46, 75-76, 135, 156-157, 179, 199, 254, 304

징글란츠 Zinglantz 204

칠렌포 Chilenfo 249-250

카나 Chana 200, 204

카넬 Channel 159

카라마론(강) Caramaron 252

카레멘 Karemen 293

카르멜(산) Carmelyn(Carmel) 49-50

카르타고 Cartage(Carthage) 48, 62

카르파트 Carpate 31

카말레크 Camaalech 276

카사이 Cassay 247

카삭 Cassak 185-186

카손 Casson 337-338

카스피 해 Caspie see(Caspian Sea) 177, 290, 292, 299-301

카이돈 Caydon 254

카이로 Cayre(Cairo) 53, 63, 65, 68-69

카이사레아 Caesarea 52

카이파 Cayphas 159

카타이(중국) Cathay 61, 159, 225, 234, 252-254, 261-262, 265, 268-269, 289, 291-292, 297-298, 304, 338

카타일리 Cathaillye 44

카파도키아 Cappadoce(Cappadocia) 296

카폴로스 Caffolos 231

칼데아 Caldee(Chaldea) 60, 62-63, 152, 171, 177, 179, 188-190, 193, 293, 296-297

칼딜헤 Caldilhe 298

칼라미 Calamye 209-210

칼라브리아 Calabre(Calabria) 49, 75

칼라헬리크 Calahelyk 55

칼로낙 Calonak 227, 229

칼리스트레 Calistre 31

칼카스 Calcas 31

캄파니아 Champayne(Campania) 75

케사리아 필리피 Cesaria Philippi 159

켈시테 Celsite 192

코라산 Khorasan 289

코로단 Corrodane 171

코르나 Cornaa 186-187

코르시카 Chorisqe(Corsica) 75

코마니아 Comanye(Comania) 290

코스 Colcos(Kos) 40

코스톤 Coston 66

코타즈 Chotaz 290

콘스탄티노플 Constantynoble(Constantino
ple) 19-20, 22-24, 28-30, 32-33, 36, 38, 43,
76, 135, 157, 177, 180

콜체스터 Colchestre(Colchester) 27

쿠에시톤 Quesiton 296

크라코 Crako

크레타 Crete 40, 49, 76

크루에스 Crues 199

크리티게 Critige 31

큰 바다 Grete see(Great Sea) 96, 177, 215,
290-291

키에베토우트 Chievetout 38

키우톡 Chiutok 157

키프로스 Cypre(Cyprus) 23, 44-49, 76, 96,
155-156, 194

키프론 Cypron 20

타르메기테 Tarmegyte 192

타르세 Tharse 289

타미(강) Thamy 177

타우리소 Thauriso 184-185

타우리조 Taurizo 293

타타르 Tartarye(Tartary) 16, 59, 159-160,
179, 212, 260, 262, 265, 282, 286-288, 305,
330

타프로바네 Taprobane 331-332

테만 Theman 187

테베(강) Thebe 323

테스브리아 Tesbria 31

테코아 Techue(Tekoa) 157

토르토우세 Tortouse 159

토스카나 Tussye(Toscana) 75

토우르소우트 Toursout 158

투르케스탄 Turkestan 289, 291-292

투르크 Turkye(Turkey) 16, 38-39, 43, 58,
96, 100, 157, 180, 182, 293, 296, 330

트라케 Trachie(Trace) 31

트라코다 Tracoda 232

트레비존드 Trapazond(Trebizond)
179-180, 182

트로이 Troye(Troy) 31, 48, 62, 108

트리폴리 Tripollee(Tripoli) 57, 155, 159

티그리스(강) Tygris(Tigris) 62, 177, 296,
334-335

티레 Tyre 47-50, 155

파란(사막) Pharan 130

파르시피 Pharsıpee 180

파르코아트라(산) Parchoatra 335

파르파르 Farphar 158-159

파리 Parys(Paris) 28-29, 82, 245, 290

파마구스타 Famagost(Famagusta) 46, 156

파테라 Paterane(Patera) 40

파텐 Pathen 223, 226

파트모스 Pathmos(Patmos) 38-39

판노니아 Pannonye(Pannonia) 19

팔레스타인 Palostyne(Palestine) 51, 78, 93, 95, 146, 177, 330

페니케 Phenice 158

페르네(강) Ferne 158

페르시아 Percye(Persia) 16, 21, 60-61, 96, 101, 152, 177, 179, 183-184, 186-187, 260, 281, 289, 291, 294, 304, 334-335

펜텍소이레 Pentexoire 302-303, 310

폴란드 Polayne(Poland) 19

폴롬브 Polombe 206

푸아티에 Peyteres(Poitiers) 107

풀루에랄 Pulueral 157

프러시아 Pruysse(Prussia) 159, 161, 267, 289-292

플라그라미 Flagramy 159

플라크손 Flaxon 31

플란드리네 Fladrine 204

플로라크 Florach 158

플로리두스 들판 Feld Floridous(Field Floridus) 90

피네파페 Fynepape 20

피사 Pyse(Pisa) 76

피손(강) Phison 292, 313, 334

피탄 Pytan 296, 328

하란 Daraym(Haran) 62

하우이손 Hauyson 294

헝가리 Hungarye(Hungary) 19-20, 31

헤브론 Ebron(Hebron) 86-88, 90, 95-96, 132

헬레스폰트(해협) Hellespont(Hellespont) 30

헬리오폴리스 Elyople(Heliopolis) 67

호렙(산) Horeb 82-83

홍해 Rede See(Red Sea) 66, 78, 84, 110, 158, 178, 297, 332, 335

히르카니아 Hircanye 178

히베리아 Hiberye 178

사 항

가란테즈 Garantez 258

간질 Fallynge euyll 89, 171

갈까마귀 Ravens 79

갈라멜 Galamell 173

갈라옷 Galaoth 280

감송향 Spykenard 71

개암나무 꽃 Chattes of Hasell 205

개코원숭이 Babewynes 248, 275

걸쇠 Clyket 248-249

겹 무덤 Double Spelunk 87

고해 Confessioun 147-150, 226, 314-315

구호기사단 Hospitalere 43, 104

귀감람석 Chrysolites 258

귀석류석 Alabraundynes 258

그리핀 Griffoun 302

길잡이별 Lodesterre 217

까마귀 Crowes 79, 203

낙원의 사과 Apples of Paradys 69

남극성 Antartyk 217-219

네이커 Naker 313

녹주석 Berylle 258

두견새 Lanyeres 275

루비 Ruby 48, 234, 258, 276, 308

마른 나무 Dry Tree 88, 89

만나 Manna 39, 110, 188

멘논의 구덩이 Foss of Mennon 51

명주원숭이 Marmesettes 248, 275

모래 바다 Gravely Sea 186

모상 Simulacres 200-202, 344

발삼 Balsam 69-72, 80, 126, 329

뱀 Snake 60, 72, 75, 138, 200, 202, 205-206, 232, 235-237, 246, 256, 274, 300, 318, 320-321, 327, 329

베네디치테 찬가 Benedicite 54

베르나케스 Bernakes 298

보석 Precious Stones 77, 110, 163, 169, 188, 196, 197, 210-211, 225, 227, 232, 236-237, 255-258, 267, 270-271, 273, 276-277, 280, 288, 305-308, 311, 315-317, 329, 334

붉은부리까마귀 Chough 79

사냥매 Sacrettes 275

사도닉스 Sardonyne 308

사드 Sardyne 308

삼위일체 Trinitee 131, 156, 347

새매 Sparehaukes 180-182, 202, 275

석류석 Grenaz 258, 276, 308

성 구원자 교회 Chirche of seynt Sauyour 114

성 니콜라스 교회 Chirche of seynt Nicholas 92

성 야고보 교회 Chirche of seynt James 115

성체 Corpus Domini 13, 103, 106, 296, 315, 330

송골매 Sacres 275

수달 Loyres 246

수카르케 Sukkarke 340

스타피스의 포도 Reisins of Staphis 83

시코니에스 Sikonyes 64

아담의 사과나무 Appull tree of Adam 69

아스트롤라베 Astrolabre(Astrolabe) 217-218

앙트레메스 Entremess 340

앵무새 Popyngayes 275, 304, 307

에메랄드 Emeraudes 68, 258-259, 308

오닉스 Onichez 258, 308

오리엘 Oriell 68

요셉의 곡물창고 garners of Joseph 72

우상 Idos 60, 200-202, 207, 209-214, 239, 246, 269, 283, 286, 294, 338, 344

원숭이 Apes 243, 248, 275

유니콘 Unycornes 329

익더귀 Faukons gentyls 275

자수정 Amatystes 257-258, 308

자오선 Meridionall 218

젊음의 샘 Fons Juventutis 206

정향 Clowes of Gylofre 71, 225, 299

조물주 God of nature 343, 299

죄 없는 유아들 Innocentes(Innocents) 92

주기도문 Pater Noster 103, 234, 330, 346

주야평분점 Equenoxium 219

지옥의 문 Gate of Hell 293

침향 Lignum aloes 77, 277, 334

카나포스 Canapos 332

카닐리언 Corneline 308

칼리프 Caliph 55-56, 62-63, 267

큰매 Gerfacouns 277

타조 Ostrycches 275

터펜틴 Turbentyne 71

토성 Saturne 198

트란스몬타네 Transmontane 217, 218

파라오의 무화과 Figes of Pharoon 69

페리도트 Perydos 259

표범 Panteres 46, 245, 255, 273, 284

피닉스(불사조) Fenix 67-68

해의 나무와 달의 나무 Trees of the Sonne & of the Mone 70, 328-329

혼천의 Speres 271

황옥 Topazes(Topaz) 258, 259, 308

흰바다매 Gerfacouns 275

히포타이네스 Hippotaynes 302

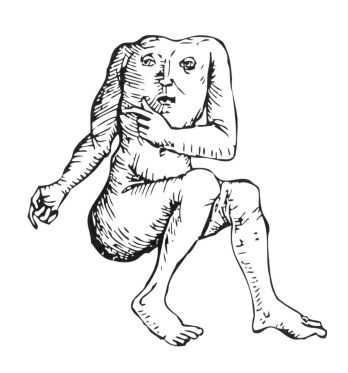

맨더빌여행기

초판 발행   2014년 11월 24일

글쓴이   존 맨더빌
옮긴이   주나미
펴낸이   김두희
펴낸곳   도서출판 오롯
출판등록   2013년 1월 10일 제251002013-000001호
주소   407-814 인천시 계양구 장제로 863번길 15, 702호
전자우편   orot2013@naver.com
홈페이지   http://orot2013.blog.me
전화번호   070-7592-2304
팩스   0303-3441-2304

© OROT, 2014. printed in Incheon, Korea
ISBN   979-11-950146-2-0   93920

이 도서의 국립중앙도서관 출판시도서목록(CIP)은 서지정보유통지원시스템 홈페이지(http://seoji.nl.go.kr)와 국가자
료공동목록시스템(http://www.nl.go.kr/kolisnet)에서 이용하실 수 있습니다.(CIP제어번호: CIP2014031587)

※ 책값은 뒤표지에 있습니다. 잘못된 책은 바꾸어 드립니다.